打好基础
涉税服务相关法律

税务师职业资格考试辅导用书·基础进阶

斯尔教育 组编

北京理工大学出版社
BEIJING INSTITUTE OF TECHNOLOGY PRESS

·北京·

版权专有　侵权必究

图书在版编目（CIP）数据

打好基础. 涉税服务相关法律 / 斯尔教育组编. --北京 : 北京理工大学出版社, 2024.5
税务师职业资格考试辅导用书. 基础进阶
ISBN 978-7-5763-4021-1

Ⅰ. ①打… Ⅱ. ①斯… Ⅲ. ①税法—中国—资格考试—自学参考资料 Ⅳ. ①F810.42

中国国家版本馆CIP数据核字(2024)第101165号

责任编辑：封　雪	文案编辑：毛慧佳
责任校对：刘亚男	责任印制：边心超

出版发行 / 北京理工大学出版社有限责任公司
社　　址 / 北京市丰台区四合庄路6号
邮　　编 / 100070
电　　话 /（010）68944451（大众售后服务热线）
　　　　　（010）68912824（大众售后服务热线）
网　　址 / http://www.bitpress.com.cn
版 印 次 / 2024年5月第1版第1次印刷
印　　刷 / 三河市中晟雅豪印务有限公司
开　　本 / 787mm×1092mm　1/16
印　　张 / 33.5
字　　数 / 821千字
定　　价 / 68.70元

图书出现印装质量问题，请拨打售后服务热线，负责调换

推荐语一

千里之行，始于足下。既然开始，就别停下。我会带着《打好基础》陪你一路同行！

想要和得到中间还有两个字就是要做到。对于法律这个学科来说，想必大家都想要高效通关，但是要做到这点一定离不开一本适合你的辅导书。在此，向大家强烈推荐这本《打好基础》。本书将庞杂且晦涩难懂的法条以最简洁明了、通俗易懂、专业实用的方式呈现出来，并且书中还设置了"解题高手""原理详解""精准答疑"和"典例研习"等栏目，致力于帮助大家无痛学法、学以致用，并精准解题、高效提分。愿这本书可以陪伴大家度过奋斗的征程，见证你的高光时刻。

当您翻开这本书的时候，我相信您已经做好了开始学习的准备。但是在整个备考的过程中，也希望您能一直做好准备，坚持到底。毕竟"世上无难事，只要肯登攀"。

"涉税服务相关法律"在税务师五门中难度数一数二。有一些同学，考前集中冲刺半个月，低分飘过；有一些同学，认认真真学一年，勉强考过；也有同学，考了三四次，才考过。

什么时候开始备考，是一个"见仁见智"的问题。这与同学们自身情况有很大的关系。但大的原则是：

如果你备考时间充裕，早点开始，通关概率肯定更高。

如果你只剩这一科，那更要早点开始，容错空间大，更加稳妥。

但如果你同时备考多个考种、多个科目或者时间真的不充裕，那么冲刺复习，也不失为一种策略，但这一定会很辛苦，请一定做好心理准备。

当然，仅仅了解自己还不够，你还得了解"涉税服务相关法律"这门学科，才能选择出更适合自己的学习方案。

下面具体介绍"涉税服务相关法律"这门考试的基本情况。

一、税务师"涉税服务相关法律"科目的考试情况
（一）基本情况

2024年税务师全国统一考试时间已经公布，具体时间为2024年11月2日～11月3日。根据惯例，"涉税服务相关法律"科目的考试时间预计在2024年11月2日16：30～19：00，考试时间为150分钟，总题量为80题。整套试卷满分为140分，及格线为84分。结合反馈来看，时间够用，大部分同学能够顺利完成作答。

"涉税服务相关法律"科目共有三种题型，分别为单项选择题、多项选择题和综合分析题（不定项选择题）。具体来看，三种题型的特点主要为：

（1）单项选择题（40题×1.5分/题=60分）。

单项选择题共40道题，每题4个选项，有且仅有1个正确答案，是性价比最高的题目，难度相对较低，分值较高，且可以运用"排除法"等解题技巧，相对较易得分。在单项选择题的考查中，会涉及很多判断正误的题目，要求大家判断选项的描述是否正确，因此，平时的学习要格外关注易错易混点的辨析。

（2）多项选择题（20题×2分/题=40分）。

多项选择题共20道题，每题5个选项，有2~4个正确答案，至少有1个错误选项。多选题虽然难度较大，但是在评分规则上相对友好：少选但未错选，选对的选项每个可得0.5分。为稳妥起见，在考试中，模棱两可的选项不要贸然选上。

多项选择题的考查方式有二：一考法条，清晰直白地考查教材原文。需要根据我们的积累去判断选项表述正确与否。二考案例，以案例形式考查对法条的辨析与运用。因

此，在复习备考过程中，我们不能只停留在知识点的表层，还需要对法条加深理解。

（3）综合分析题（5大题×4小题×2分/小题=40分）。

综合分析题共5道案例题，每道案例题有4小题，均为不定项选择题。每小题有5个选项，有1～4个正确答案，难度较大，但一般不会涉及"跨编"的综合考查。涉及行政法的综合题，通常仅考查行政法部分内容，而不会将行政法与民商法或刑法综合进行考查。此外，有些小题实则是披了案例"外衣"的多选题，把案例材料省掉，单将一个小题拿出来考查也完全不会突兀。作为初学者的我们，不要被复杂的案例题惊到畏葸不前，只要基础扎实，理解清晰，任何题目都是手到擒来。

（二）命题特点

结合近三年的真题情况，总结以下三个"涉税服务相关法律"考试的命题特点：

（1）考点广泛，立意新颖。

"涉税服务相关法律"教材共计19个章节，涉及行政法律制度、民商法律制度、刑事法律制度以及诉讼法。在每年真题试卷中会有不同的侧重。因此，每一章的分值的范围跨度较大。

在行政法与刑法的案例考查中，其案例中规中矩。而对于民商法的案例，就不得不让人感慨一句，设计巧妙，环环相扣了！

因此，同学们在学习时，需要把所学知识与生活有机结合，多多思考。但也要考虑到一个现实的因素，我们学习法律，是为了解决生活中的问题，很多事情在生活中没有标准答案，所以，在发散思维的同时，切勿钻牛角尖。

（2）重点恒重，角度有变。

上文中，我们已经提及，"涉税服务相关法律"科目内容较多，各章节的分值分布并不太稳定。但重点章节还是较为明确的，考查的知识点自然也有重点与非重点之分。核心重点知识点的地位基本牢固，只不过在考查方式上有所调整。

因此，希望同学们重点把握近5年真题中所涉及的考点，要学懂、学透，更要灵活理解与掌握。

（3）文字增加，阅读量大。

在本科目的考试中，有80道题目，这已经远超其他考种、其他科目的题量了。在此基础上，还有5个案例，涉及行政法和刑法的案例字数一般，人物关系也相对清晰，但在民法案例中，人物多、关系乱，自然而言，阅读量也很大。

因此，希望同学们在复习备考的过程中，建立阅读长案例的耐心，提高阅读速度，尽量把复杂案例转化为能用图、表展现的形式。

二、本图书特点
（一）重点指引

当你翻开这本图书时，细心的同学们会发现许多"星星"。这些"星星"是为了给同学们复习提供一个明确的方向和指引。

本图书根据"涉税服务相关法律"（2024年度）考试大纲以及历年真题考查的重

点来标注星级，具体来说：

（1）一星级是了解。了解是指考生应当知悉和理解税务师执业所需掌握的行政法、民商法、刑法、诉讼法的基本概念和基本原理。

（2）二星级是熟悉。熟悉是指考生应当在理解基本概念和基本原理的基础上，能够运用行政法、民商法、刑法、诉讼法的基本行为规范和裁判规范，分析、判断和解决涉税服务中遇到的一般法律实务问题。

（3）三星级是掌握。掌握是指考生应当在了解和熟悉基本概念、基本原理、基本规范的基础上，能够综合运用相关法律知识，分析、判断和解决涉税服务中遇到的相对复杂的法律实务问题。

（二）特色专栏

本图书主要设置"解题高手""原理详解""精准答疑""典例研习"四个专栏解决学习困惑，具体而言：

（1）解题高手。主要帮助同学们梳理重要考点的命题角度和解题技巧，整合知识，对比辨析。

（2）原理详解。对于原理性的内容进行一定的解读。

（3）精准答疑。对以往考生的高频问题进行分析整理并进行专业化解释，提升类似问题理解的时效性，以帮助同学们高效复习。

（4）典例研习。这个专栏精选了最具有代表性的题目与案例，学习知识后，加以巩固，一定能事半功倍！

三、本年本书的核心变化

章节名称	主要变化	变动解读
第一章 行政法基本理论	新增：行政法的地位、行政机关概念	实质变动很小，对考试的影响可以忽略
第二章 行政许可法律制度	（1）修改：行政许可的设定变为税务行政许可的实施，并单独成一节内容。 （2）完善表述：在"具有管理公共事务职能的组织"前，添加"法律、法规授权"，并非实质修改	实质变动很小，对考试的影响可以忽略

章节名称	主要变化	变动解读
第三章 行政处罚法律制度	（1）新增：①限制民事行为能力人从轻或减轻行政处罚表述。 ②行政执法机关移送涉嫌犯罪案件程序的依据。 ③新增税务机关对违反发票管理法规行为的处罚部门。 （2）修改：行政处罚听证申请期限。 （3）删除：部门规章"一定数额罚款"的细化规定	实质变动较小，对考试的影响不大
第四章 行政强制法律制度	无实质性变动	
第五章 行政复议法律制度	本章依照新《中华人民共和国行政复议法》（以下简称《行政复议法》）重新编写，全章内容变化很大	实质变动很大，但在考试中本章节分值预计仍与之前保持一致
第六章 行政诉讼法律制度	删除：行政诉讼与行政复议的联系中"复议终局型"相关表述	实质变动很小，对考试的影响可以忽略
第七章 民法总论	（1）新增：越权代表、代理人超越职权的相关规定。 （2）删除：①民事责任的免责事由的部分内容。 ②删除民事权利的行使和保护的部分内容	实质变动较小，改动之处较为细碎，多为调整并完善相关表述，重点掌握新增内容
第八章 物权法	（1）删除：①部分物的分类。 ②引用《中华人民共和国民法典》（以下简称《民法典》）条文。 （2）完善表述：①居住权设立。 ②特殊动产物权变动	实质变动较小，对考试的影响不大

章节名称	主要变化	变动解读
第九章 债　法	（1）新增： ①在债的分类中，增加了"给付行为与给付结果"。 ②债权多重让与的相关规则。 ③定金的类型、与定金罚则的适用。 （2）修改： ①债权人代位权中的非专属于债务人自身的权利。 ②债权人撤销权明确"明显不合理价格"的界定，以及调整适用债权人撤销权的情形。 ③合同解除的相关规定。 （3）删除：引用的部分《民法典》条款	实质变动适中，在原有重点的基础上，也要掌握本章中"新""变"的部分
第十章 婚姻家庭与继承法	（1）新增：遗产债务清偿的原则。 （2）修改：婚姻家庭法的基本原则、结婚的条件和程序、收养的解除等。 （3）删除：事实婚姻和同居、收养的原则、继承的种类、继承纠纷处理、遗赠与遗嘱继承的区别	实质变动适中，对考试影响预计不大
第十一章 个人独资企业法	（1）修改：《中华人民共和国个人独资企业法》的适用范围和事务管理。 （2）删除：个人独资企业与其他民事主体的区别	实质性变动较小，注意相关法律适用范围及事务管理的表述修改
第十二章 合伙企业法	（1）新增《中华人民共和国合伙企业法》的意义。 （2）删除：合伙企业与公司、普通合伙企业与特殊普通合伙企业的区别及普通合伙企业与有限合伙企业的区别	实质变动较小，对考试的影响可以几乎忽略不计

章节名称	主要变化	变动解读
第十三章 公司法	根据2024年7月1日开始实施的《中华人民共和国公司法》对本章重新编写，几乎删除了原有司法解释	变动非常大，建议同学们当成全新的章节来学习，本年考试中就本章可能有所侧重
第十四章 破产法	无实质性变动	
第十五章 电子商务法	（1）章节数量由原有的3节增加至7节，将原有知识点进行整合、扩写。 （2）实质变动适中： ①新增：电子商务法的基本原则概念。 ②修改：电子商务的特征、电子商务经营者的义务、电子商务平台经营者的义务、自动信息系统、快递物流提供者的义务、电子签名。 （3）删除：电子商务经营者登记的必要性、电子商务经营一般规则、电子商务经营者依法享受税收优惠的举例、电子商务争议解决	本章重要性在考试出题中会有所提升，与合同考查综合分析题的可能性增加
第十六章 社会保险法	调整与修改细节性规定	本章为非重点章节，实质性变动较大或较小，对考试的影响都不算大
第十七章 民事诉讼法	（1）新增：涉外民事案件的管辖。 （2）修改：民事诉讼法的基本原则、民事诉讼的管辖种类、委托诉讼代理人、民事诉讼证明程序等。 （3）删除：必要共同诉讼与普通共同诉讼的区别、细节性表述	实质性变动较大，删除了很多以前年度曾考查过的真题内容，考试出题方向与范围可能发生较大变化
第十八章 刑　法	（1）修改： ①应当减刑的情形。 ②根据司法解释对涉税犯罪新增了一些内容。 （2）删除：追诉时效的中断部分内容	实质性变动适中，变动集中在涉税犯罪，可能在综合分析题中有所涉及

章节名称	主要变化	变动解读
第十九章 刑事诉讼法	（1）新增： ①刑事诉讼与刑事诉讼法。 ②刑事诉讼中的专门机关。 ③刑事诉讼管辖、回避、代理制度。 ④刑事诉讼程序中立案、执行。 （2）修改： ①认罪认罚从宽制度中删除较多内容。 ②其他细节调整。 （3）删除： 刑事诉讼法的基本原则等	实质性变动较大，建议重新学习，请关注新变点

目　录

第一章　行政法基本理论　考3~5分

第一节　行政法基础 / 2
第二节　行政主体 / 7
第三节　行政行为 / 13

第二章　行政许可法律制度　考1.5~3分

第一节　行政许可法基础 / 24
第二节　税务行政许可的设定 / 28
第三节　行政许可的实施 / 31

第三章　行政处罚法律制度　考4~7分

第一节　行政处罚法概述 / 42
第二节　行政处罚的种类和设定 / 44
第三节　行政处罚实施主体、管辖及适用 / 46
第四节　行政处罚程序 / 50
第五节　税务行政处罚 / 60

第四章　行政强制法律制度　考3~5分

第一节　行政强制概述 / 66
第二节　行政强制措施的实施 / 69
第三节　行政强制执行的实施 / 75

第五章　行政复议法律制度　考3~5分

第一节　行政复议概述 / 84
第二节　行政复议范围 / 85
第三节　行政复议参加人 / 89
第四节　行政复议机关及行政复议管辖 / 92
第五节　行政复议程序 / 95

第六章　行政诉讼法律制度　考3~8分

第一节　行政诉讼概述 / 108

第二节 　行政诉讼受案范围 / 110
第三节 　行政诉讼管辖 / 112
第四节 　行政诉讼参加人 / 113
第五节 　行政诉讼证据 / 119
第六节 　行政诉讼程序 / 123

第七章　民法总论 考7~15分

第一节 　民法概述 / 138
第二节 　主体制度 / 143
第三节 　民事权利 / 149
第四节 　民事法律行为和代理 / 154
第五节 　诉讼时效和除斥期间 / 166

第八章　物权法 考13分左右

第一节 　物权总论 / 172
第二节 　所有权 / 180
第三节 　用益物权 / 187
第四节 　担保物权 / 192
第五节 　占　有 / 203

第九章　债　法 考20分左右

第一节 　债法总论 / 208
第二节 　合同法 / 238
第三节 　侵权责任法 / 270

第十章　婚姻家庭与继承法 考3~10分

第一节 　婚姻家庭法 / 284
第二节 　继承法 / 294

第十一章　个人独资企业法 考1.5~3分

第一节 　个人独资企业法基础 / 306
第二节 　个人独资企业的设立、变更与终止 / 307

第十二章　合伙企业法 考3~13分

第一节　合伙企业法基础 / 312
第二节　普通合伙企业 / 313
第三节　有限合伙企业 / 322
第四节　合伙企业解散、清算 / 326

第十三章　公司法 考5~12分

第一节　公司法概述 / 332
第二节　公司设立 / 336
第三节　股东出资与股东资格 / 339
第四节　公司组织机构 / 343
第五节　股东权利与股东诉讼 / 358
第七节　公司财务会计 / 369
第八节　公司变更、解散与清算 / 371
第九节　公司登记 / 374

第十四章　破产法 考5~12分

第一节　破产法基础 / 378
第二节　破产程序 / 379
第三节　管理人制度 / 382
第四节　破产债权 / 385
第五节　债权人会议与债权人委员会 / 387
第六节　债务人财产 / 389
第七节　重整与和解 / 398
第八节　破产清算 / 403

第十五章　电子商务法 考1~5分

第一节　电子商务法基础 / 406
第二节　电子商务经营者 / 407
第三节　电子商务平台经营者 / 409
第四节　电子商务合同 / 410
第五节　电子签名和电子认证 / 413
第六节　电子支付 / 414
第七节　电子商务税收法律 / 416

第十六章 社会保险法 考0~2分

第一节 社会保险法基本理论 / 418
第二节 基本养老保险 / 419
第三节 医疗保险 / 420
第四节 工伤保险 / 421
第五节 失业保险 / 423
第六节 生育保险 / 424

第十七章 民事诉讼法 考1.5~5.5分

第一节 民事诉讼法基础 / 426
第二节 民事诉讼受案范围和管辖 / 428
第三节 民事诉讼参加人 / 432
第四节 民事诉讼证据和证明 / 437
第五节 民事诉讼程序 / 439

第十八章 刑 法 考9~20分

第一节 刑法基础 / 450
第二节 犯罪构成 / 451
第三节 刑罚种类 / 456
第四节 刑罚适用 / 459
第五节 涉税犯罪 / 470
第六节 涉税职务犯罪 / 488

第十九章 刑事诉讼法 考3~5分

第一节 刑事诉讼法基础 / 494
第二节 刑事诉讼制度 / 498
第三节 强制措施 / 507
第四节 刑事诉讼程序 / 512

第一章 行政法基本理论

学习提要

重要程度：次重点章节

平均分值：3~5分

考核题型：单项选择题、多项选择题

本章提示：行政法入门不易。作为行政法的理论性章节，学习本章有一定难度。但考试均为浅显的理论题目，相对简单。同学们在学习本章时，需要记住三个字：不较真。待本书行政法部分都学完，相信大家一定会豁然开朗

> 考点精讲

第一节 行政法基础

一、行政法概述

（一）行政法的概念

行政权属于行政法的核心范畴。从规制行政权的角度讲，行政法是指关于行政权力的授予、行使以及对行政权力进行监督控制和对其消极后果予以补救的法律规范的总称。它调整在行政权力的授予、行使及对其监督、救济过程中所发生的各种社会关系。

> **原理详解**
>
> 根据《中华人民共和国税收征收管理法》（以下简称《税收征管法》）第40条，从事生产、经营的纳税人、扣缴义务人未按照规定的期限缴纳或者解缴税款，纳税担保人未按照规定的期限缴纳所担保的税款，由税务机关责令限期缴纳，逾期仍未缴纳的，经县以上税务局（分局）局长批准，税务机关可以采取下列强制执行措施：
>
> （1）书面通知其开户银行或者其他金融机构从其存款中扣缴税款。
>
> （2）扣押、查封、依法拍卖或者变卖其价值相当于应纳税款的商品、货物或者其他财产，以拍卖或者变卖所得抵缴税款。
>
> 税务机关采取强制执行措施时，对上述所列纳税人、扣缴义务人、纳税担保人未缴纳的滞纳金同时强制执行。个人及其所扶养家属维持生活必需的住房和用品，不在强制执行措施的范围之内。这即为通过立法为税务机关设定行政权力。但税务机关在行使强制执行权的过程中，仍应遵循相关法律的规定，在符合上述条件下方可行使。在行使的过程中，也要受到法定程序的约束。同时，行政机关行使行政权力时也要受到监察、审计及上下级行政机关之间的监督。如果行政机关及行政执法人员违法行使行政权力，那么行政相对人的权利可能会遭受损害。为此，必须对行使行政权力产生的后果予以补救。
>
> 因此，行政法是设定行政权力，规范行政权力运用及行使，监督行政权力的法，也是对行政权力产生的后果进行补救的法。

（二）行政法的特征（★）

分类	具体规定
形式上	（1）行政法没有统一、完整的法典。 （2）行政法规范数量多，且具有多种法律渊源
内容上	（1）行政法内容广泛。 （2）行政法规范易于变动。 （3）行政法中往往包含实体与程序两种规范

二、行政法的基本原则

（一）行政合法性原则（★）

1.概念

行政合法性原则，是指行政权的存在、行使必须依据法律、符合法律规定，不得与法律规定相抵触。

2.内容

（1）行政权力的存在和行使必须有法律依据（此为"有法可依"）。

（2）行政权力必须按照法定程序行使（此为"程序合法"）。

（二）行政合理性原则（★）

1.概念

行政合理性原则，是指行政行为的内容要客观、适度、符合理性。

2.内容

（1）行政行为应符合立法宗旨及意图、目的。

（2）行政行为应建立在考虑相关因素的基础上。

（3）平等地适用法律规范，遵循行政惯例或先例，做到相同情况相同对待，不同情况区别对待。

（4）行政行为应保持适度，符合比例原则要求。

（5）行政行为应符合法理、情理及事理要求，符合自然规律、客观性要求和社会道德观念，符合人类理性和公平正义观念。

解题高手

命题角度：区分行政合法性原则和行政合理性原则。

行政合理性原则是行政合法性原则的延伸，行政合法性原则实际上是一种形式合法性原则，而行政合理性原则实际上是一种实质合法性原则。

在判断选项所体现的原则时，可以先确定该项所述是否符合合法性原则：合法性原则可以概括成"有法可依"和"程序合法"，是在行政行为实施的过程中的基本要求，行政机关行使行政权力应当有法律依据，并且按照法律规定的程序行使。

> 除上述情形之外，其余选项大多体现为行政合理性原则。但请同学们注意下述两种情形："行政行为应符合立法宗旨及意图、目的""行政行为应符合法理、情理及事理要求"等是为了约束行政机关行使行政权力时应当遵循立法目的，也是行政职权是否能得到行使的大前提，此为合理性的体现。

（三）行政应急性原则

1.概念

行政应急性原则，是指在特殊的紧急情况下，出于国家安全、重大社会公共利益的需要，行政机关可以采取没有明确的现行法律依据的或依据紧急状态法作出与通常状态下的法律规定不同的措施。

行政机关为控制严重自然灾害、重大人为事故、突发公共卫生事件（如重大疫情）、社会动乱、恐怖事件及进入紧急状态等突发性危机，消除其现实的社会危害，可行使法定紧急权力，采取行政应急措施。

2.行使条件

（1）必须存在明确无误的紧急危险或危害。

（2）非法定机关不得行使应急权力，否则无效，除非事后经有权机关作出特别决定予以追认。

（3）行政机关作出应急行为应接受有权机关的监督，尤其是权力机关的监督。

（4）行政机关行使应急权力应当尊重和保障人权，应当遵循合目的原则、比例原则以及安全原则。

提示：遵循比例原则要求行政应急行为应当适当、适度，尽最大可能将负面损害控制在最小或者最低限度的范围内。

典例研习·1-1

根据《中华人民共和国行政处罚法》（以下简称《行政处罚法》）和行政法基本理论，下列关于税务机关对纳税人作出行政处罚的要求中，属于行使行政处罚裁量权的合理性要求的有（　　）。

A.处罚应当符合法律设定该处罚的目的
B.处罚应平等地适用法律，相同情况相同处罚
C.处罚应有法定依据，不逾越法定权限，遵守法定程序
D.处罚应全面考虑事实、性质、情节以及危害后果等相关因素
E.处罚应保持适度适中，符合比例法则，符合情理且具有可行性

本题考查行政法基本原则。选项A当选，处罚应当符合法律设定该处罚的目的，体现的是行政行为应当符合立法目的，属于合理性原则的要求。选项B当选，处罚

应平等地适用法律,相同情况相同处罚,体现的是平等地适用法律规范,属于合理性原则的要求。选项C不当选,处罚应有法定依据,不逾越法定权限,遵守法定程序,体现的是"有法可依"和"程序合法",属于行政合法性原则的要求。选项D当选,处罚应全面考虑事实、性质、情节以及危害后果等相关因素,体现的是行政行为应建立在考虑相关因素的基础上,属于合理性原则的要求。选项E当选,处罚应保持适度适中,符合比例法则,符合情理且具有可行性,体现的是行政行为应保持适度,符合比例原则要求,属于合理性原则的要求。

本题答案 ABDE

三、行政法的渊源(★)

一般来讲,行政法的渊源体系主要由宪法、法律、行政法规、规章、地方性法规、民族自治条例和单行条例及行政法的其他渊源等构成。

(一)行政法的渊源体系

1.基本规定

形式	制定机关	举例
宪法	全国人民代表大会	—
法律	基本法律 全国人民代表大会	《中华人民共和国行政诉讼法》(以下简称《行政诉讼法》)、《中华人民共和国行政处罚法》(以下简称《行政处罚法》)等
法律	一般法律 全国人民代表大会常务委员会	《税收征管法》《中华人民共和国治安管理处罚法》(以下简称《治安管理处罚法》)、《中华人民共和国行政复议法》、《中华人民共和国行政强制法》(以下简称《行政强制法》)及《中华人民共和国公务员法》(以下简称《公务员法》)等
行政法规	国务院	行政立法权:《中华人民共和国发票管理办法》《中华人民共和国政府信息公开条例》《国有土地上房屋征收与补偿条例》《中华人民共和国行政复议法实施条例》(以下简称《行政复议法实施条例》)、《中华人民共和国税收征收管理法实施细则》《中华人民共和国车船税法实施条例》等
行政法规	国务院	授权立法:国务院根据全国人民代表大会授权制定《中华人民共和国增值税暂行条例》等

续表

形式	制定机关	举例
地方性法规	有地方立法权的地方人民代表大会及其常务委员会	—
规章 / 部门规章	国务院各部委、具有行政管理职能的直属机构	（1）海关总署根据有关法律、行政法规制定的《中华人民共和国海关办理行政处罚案件程序规定》。（2）国家税务总局根据有关法律、法规制定的《重大税务案件审理办法》《纳税担保试行办法》《中华人民共和国发票管理办法实施细则》
规章 / 地方政府规章	地方人民政府	—
民族自治条例、单行条例	民族自治地方权力机关	—
其他渊源	国际条约和国际协定涉及国内行政管理的部分	—

2.法律保留事项

税种设立、税率确定和税收征收管理等税收基本制度，只能由法律规定。

（二）行政法渊源的效力

1.效力等级

（1）宪法＞法律＞行政法规＞地方性法规。

（2）宪法＞法律＞行政法规＞部门规章。

2.行政法渊源中效力冲突解决方式

（1）同一制定主体：

一般来说，新法优于旧法，特别法优于一般法。

①法律之间对同一事项的新的一般规定与旧的特别规定不一致，不能确定如何适用时，由全国人民代表大会常务委员会裁决。

②行政法规之间对同一事项的新的一般规定与旧的特别规定不一致，不能确定如何适用时，由国务院裁决。

（2）不同制定主体：

①根据法律制定机关授权制定的法规与法律规定不一致，不能确定如何适用时，由全国人民代表大会常务委员会裁决。

②各部门规章之间、各部门规章与地方政府规章之间具有同等效力，它们对同一事项的规定不一致时，由国务院裁决。

③国务院部门规章与地方性法规之间对同一事项的规定不一致，不能确定如何适用时，由国务院提出意见，国务院认为应当适用地方性法规的，应当决定在该地方适用地方性法规的规定；认为应当适用部门规章的，应当提请全国人民代表大会常务委员会裁决。

四、行政法律关系

行政法律关系，通常是指由行政法调整的，在行政主体行使职权时与相对方形成的一种行政法上的权利与义务关系。

（一）行政法律关系的特征

（1）行政法律关系当事人一方必须是行政主体。

（2）行政法律关系具有非对等性，即行政法律关系当事人双方的权利义务不对等。

（3）行政法律关系的内容一般是法定的，即行政法律关系当事人之间通常不能相互约定权利义务，不能自由选择权利和义务，必须依据法律享有权利，承担义务。

（4）行政主体实体上的权力与义务往往是重合的。

（5）行政法律关系争议通过行政程序、准司法程序以及司法程序解决。

（二）行政法律关系的要素

要素	具体规定	举例	
主体	行政法律关系中权利与义务的享有者和承担者	行政主体和行政相对人	
客体	行政法律关系主体的权利义务所指向的对象	物质利益	水、土地、大气、矿产、房屋等
		精神利益	人格、文艺创作成果等
内容	行政法律关系主体在行政法律关系中所享有的权利和所承担的义务	行政主体的权力和义务、行政相对人的权利和义务	

第二节　行政主体

一、行政主体的概念

行政主体，是指依法享有行政权力，能以自己的名义行使行政权，作出影响行政相对人权利义务的行政行为，并能独立承担由此产生的相应法律责任的组织。

二、行政主体的行政职权

行政职权是国家行政权的转化形式，也是行政主体实施国家行政管理活动的资格及权能。

（一）行政职权的特征（★）

行政职权作为行政权的法律表现形式，除具有权力的一般属性，如**强制性、命令性、执行性**等外，还具有以下特征：

特征	具体规定
公益性	行政职权的设定与行使以国家和社会的公共利益为目的，如治安管理权、食品药品监督检查权等
优益性	行政主体在行使行政职权时依法享有优先权和受益权（优益权），国家为确保行政主体有效地行使职权，切实地履行职责，圆满实现公共利益的目标，以法律、法规等形式赋予行政主体享有各种职务上或物质上优益条件的资格
支配性	行政职权一经行使，在没有被国家有权机关撤销之前，即便违法或不当，也被推定为有效，相对人必须遵守执行
不可自由处分性	（1）不得随意转移。 （2）不得随意放弃或抛弃

（二）行政职权的内容

行政职权大致包括以下内容：

分类	具体规定
行政立法权	根据宪法和法律规定，行政主体制定和发布行政法规、规章及其他规范性文件的权力
行政解释权	行政主体依法对法律、行政法规和规章未明确规定的事项作出具体说明和补充的权力
行政决定权	行政主体依法对行政管理中的具体事宜的处理权
行政许可权	行政机关根据行政相对人的申请，在法定许可职权范围内，以书面证照或者其他方式允许行政相对人从事特定活动的权力
行政命令权	行政主体在国家行政管理过程中依法要求特定的人或不特定的人作出一定行为或不作出一定行为，要求行政相对人必须服从的权力
行政执行权	行政主体根据有关法律、法规和规章的规定或者有关上级机关的决定和命令等，在其所辖范围内具体执行行政事务或者行政决定的权力
行政监督检查权	行政主体依法对行政相对人履行法定义务的情况进行监督检查的权力
行政强制权	行政主体对行政相对人依法采取行政强制措施或者作出行政强制执行行为的权力。包括采取行政强制措施权和行政强制执行权
行政处罚权	行政主体对其所辖范围内的行政相对人违反有关行政法律规范的行为（包括某些未依法履行义务的行为），依法实施惩戒的权力
行政司法权	行政主体作为第三方，在法定范围内对一定的行政纠纷和民事纠纷进行准司法性裁判处理的权力，包括行政调解权、行政仲裁权、行政裁决权和行政复议处理权等

三、行政机关

行政机关，是指依宪法或者行政组织法的规定，而设置的行使国家行政职能的国家机关。

（一）中央行政机关与地方行政机关

1.中央行政机关

中央行政机关，是指所辖区域及事务范围涉及全国的行政机关。

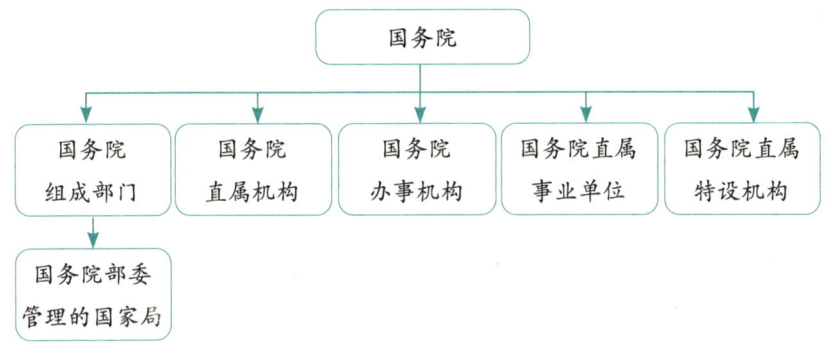

具体包括：

类型	地位	举例	是否具有行政主体资格
国务院（中央人民政府）	最高国家权力机构的执行机关、最高国家行政机关	—	是
国务院组成部门	国务院职能机关，是负责国家行政管理某一方面事务或某些职能的工作机构，是国务院的组成部分	部：交通运输部、财政部、商务部等 委：国家发展和改革委员会、国家卫生健康委员会 行：中国人民银行 署：审计署	是
国务院直属机构	国务院主管某项专门业务的机构	中国证券监督管理委员会、国家税务总局、国家市场监督管理总局、海关总署、国家金融监督管理总局等	是
国务院部委管理的国家局	国务院根据国家行政事务管理的需要，依法设立的由相应部委实施管理的行政主管职能部门	交通运输部管理的铁路局、中国人民银行管理的国家外汇管理局等	是
国务院办事机构	国务院内部机构	国务院研究室	否

续表

类型	地位	举例	是否具有行政主体资格
国务院直属事业单位	—	中国气象局、国务院发展研究中心等	经法律、法规授权的，可以成为行政主体
国务院直属特设机构	—	国务院国有资产监督管理委员会	—

2.地方行政机关

地方行政机关，是指活动范围及管辖事项仅限于国家一定行政区域范围内的行政机关，其组成包括地方各级人民政府及其职能部门、派出机关等。

（二）行政机关工作人员

行政机关工作人员，是指在各级国家行政机关中依法定方式和程序录用，纳入国家行政编制，依法履行公职，由国家财政负担工资福利的工作人员，也称公务员。公务员并非有"权名责"的组织，不是行政主体。

四、其他行使行政职权的组织（★★）

（一）法律、法规授权的组织（授权行政主体）

法律、法规授权的组织，是指依法律、法规授权而行使特定行政职能的非国家机关组织。被授权组织在行使法律、法规所授职权时，享有与行政机关相同的行政主体地位，它们可以以自己的名义行使所授职权，并对外承担法律责任。

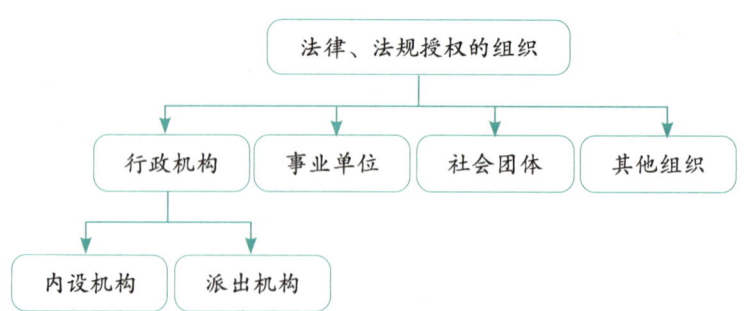

1.行政机构

行政机构不具有独立的编制和财政经费，一般不具有行政主体资格，只能以所在行政机关的名义对外实施行政行为。但是，经行政法律、法规的授权，行政机构可以成为授权行政主体。

分类	地位	举例
内设机构	原则上不具有行政主体资格，但行政机关的某些内设机构在得到法律、法规授权的情况下，可以成为行政主体	县级以上公安机关内设的交通警察大队、省以下税务局设立的稽查局等
派出机构	原则上不具有行政主体资格，但是，经法律、法规授权的派出机构具有行政主体资格，在授权范围内成为行政主体	审计署驻各地办事处、公安派出所、税务所、财政所等

解题高手

命题角度：区分派出机关和派出机构的性质。

除派出机构外，派设性组织还包括派出机关，二者区分如下：

项目	派出机关	派出机构
设立机关	各级人民政府	各级人民政府的职能部门
职能范围	多方面、综合性（相当于一级政府）	某项专门行政事务
主体资格	职权行政主体	授权行政主体

2.事业单位

事业单位从事某种专业性活动，不以营利为目的。

《中华人民共和国高等教育法》授予高等院校学位授予权，被授权的高等院校因而获得相应的行政主体资格等。

3.社会团体

社会团体，是指社会成员本着自愿原则，按照团体章程而依法组成的集合体，包括人民群众团体、社会公益团体、学术研究团体以及宗教团体等。其中，被授权的对象多为公益性社会团体。

《中华人民共和国消费者权益保护法》授权消费者协会对商品和服务进行监督、检查，受理消费者投诉并对投诉事项进行调查、调解等。

4.其他组织

基层群众性自治组织，如居民委员会和村民委员会等经授权，也可从事一定的行政职能活动，成为行政主体。

《中华人民共和国村民委员会组织法》规定，村民委员会依照法律规定，管理本村属于村农民集体所有的土地和其他财产。

典例研习·1-2 （模拟多项选择题）

关于法律、法规授权的组织，下列说法正确的有（　　）。

A.行政机构不具有独立的编制和财政经费，一般不具有行政主体资格
B.事业单位是行政机关，具有行政主体地位
C.行政机关的某些内设机构在得到法律、法规授权的情况下，可以成为行政主体
D.被授权的社会团体多为公益性的社会团体，如消费者协会
E.审计署驻各地的办事处属于派出机关

斯尔解析 本题考查法律、法规授权的组织。选项AC当选，行政机构不具有独立的编制和财政经费，一般不具有行政主体资格，但是经行政法律、法规的授权，行政机构可以成为授权行政主体。内设机构属于行政机构之一。选项B不当选，事业单位不是行政机关，经法律、法规授权的，可以成为授权行政主体。选项D当选，社会团体中被授权的对象多为公益性社会团体，如消费者协会。选项E不当选，审计署驻各地的办事处属于派出机构，而非派出机关。

本题答案 ACD

（二）行政机关委托的组织（无行政主体资格）

行政机关委托的组织，是指接受行政机关委托行使一定行政职权的社会组织。

房屋征收部门可以委托房屋征收实施单位，承担房屋征收与补偿的具体工作。房屋征收部门对房屋征收实施单位的行为后果承担法律责任。

解题高手

命题角度：区分法律、法规授权的组织和行政机关委托的组织。

项目	法律、法规授权的组织	行政机关委托的组织
权力来源	法律、法规授权	行政机关的委托
以谁的名义行使	自己的名义	委托机关的名义
法律地位	有行政主体资格	无行政主体资格
后果的承担	自己承担	委托的行政机关承担

第三节 行政行为

一、行政行为基本理论

行政行为，通常指"行政法律行为"，是指行政主体实施行政管理和服务活动、行使行政职权或履行行政服务职能过程中所作出的具有法律意义的、旨在产生某种行政法律效果的行为。

但是，从广义上讲，行政行为既包括行政法律行为，也包括行政事实行为。所谓行政事实行为，是指行政主体不以实现某种特定的法律效果为目的，而以影响或者改变事实状态为目的实施的行为。

（一）行政（法律）行为的特征（★）

行政（法律）行为通常具有的特征包括从属法律性、裁量性、单方意志性、效力先定性、强制性。

（二）行政行为的效力（★）

行政行为自成立时对行政主体和行政相对人产生法律上的效力。一般来说，行政行为具有以下效力：确定力、拘束力、公定力、执行力。

（三）行政行为的分类（★★）

1.以行政行为的适用与效力作用的对象范围为标准

分类	含义	举例
内部行政行为	只对行政组织内部产生法律效力的行政行为	行政处分等
外部行政行为	针对公民、法人或其他组织作出的行政行为	行政处罚、行政强制、行政许可等

2.以行政行为的对象是否特定为标准

分类	含义	举例
抽象行政行为	以不特定的人或事为管理对象，制定具有普遍约束力的规范性文件的行政行为	税务机关制定税务规范性文件
具体行政行为	针对特定的人或事采取具体措施的行为，其行为的内容和结果将直接影响某一个人或组织的权利或义务	行政许可、行政处罚、行政强制、国有土地上房屋征收等

3.以行政行为受法律规范拘束的程度为标准

分类	特点	举例
羁束行政行为	法律规范对行政行为的范围、条件、标准、方式、程序等作了较详细、具体、明确规定的行政行为，行政机关一般没有选择、裁量的余地	税务机关只能根据法律、法规规定的征税范围、征税对象以及税种、税目、税率进行税收征管
裁量行政行为	法律规范仅对行为目的、行为范围等作出原则性规定，而将行为的具体条件、标准、幅度、对象、范围、方式及期限等留给行政主体自行选择、决定的行政行为	税务机关作出行政处罚（特别是罚款）、核定应纳税额、确定应税所得率等

4.以行政主体是否可以主动作出行政行为为标准

分类	特点	举例
依职权的行政行为	行政主体依据法律设定或授予的职权，无须行政相对人的申请而主动实施	行政机关主动公开政府信息、税务机关的征税行为、行政强制行为以及国有土地上房屋征收行为等
依申请的行政行为	行政主体必须根据行政相对人的申请才能实施的行政行为，未经行政相对人的请求，行政主体不能主动作出	市场监督管理部门颁发营业执照、有关行政机关颁发经营许可证以及行政机关依申请公开政府信息等

5.以行政行为成立时参与意思表示的当事人数目为标准

分类	特点	举例
单方行政行为	行政主体通过自己单方意思表示，无须征得相对方同意即可成立	行政强制行为、行政许可行为以及行政处罚行为等
双方行政行为	行政主体为实现公务目的，与行政相对人协商达成一致而成立	行政委托行为、行政协议行为等

6.以行政行为是否应当具备一定的法定形式为标准

分类	特点	举例
要式行政行为	必须具备某种法定形式或遵守法定程序才能成立生效	（1）税务机关作出行政复议决定应当以《行政复议决定书》形式作出，并加盖该税务机关印章，不得以《行政复议事项告知书》等方式作出或代替。（2）强制执行决定应当以书面形式作出，并载明《行政强制法》规定的法定事项内容
非要式行政行为	无须一定方式和程序，无论采取何种形式都可以成立	公安机关对醉酒驾驶机动车的人采取强制约束的行为

7.以行政行为作为方式表现为标准

分类	特点	举例
作为行政行为	以积极作为的方式表现	行政奖励、行政强制行为等
不作为行政行为	以消极不作为的方式表现	—

8.以行政行为的内容对行政相对人是否有利为标准

分类	特点	举例
授益行政行为	行政主体为行政相对人设定权益或免除义务的行为	行政许可、行政给付、行政奖励以及税务机关依法确认或决定减税免税的行为等
损益行政行为	行政主体对行政相对人实施的对行政相对人不利或者以某种方式侵夺、减损行政相对人某权利或利益的行为	行政处罚、行政强制等

9.以行政权作用的表现方式和实施行政行为所形成的法律关系为标准

分类	含义	举例
行政立法行为	有权行政机关依法定职权和程序制定行政法规、行政规章，以及其他规范性文件的行政行为	—
行政执法行为	行政主体依法实施的直接影响行政相对人权利义务的行为，或者对个人、组织的权利义务的行使与履行情况进行监督检查的行为	行政征收、行政给付、行政许可、行政确认、行政奖励、行政处罚、行政强制、行政监督检查等
行政司法行为	行政主体作为第三方，按照准司法程序审理特定行政争议或民事争议案件，并作出裁决的行为	行政调解、行政裁决、行政仲裁、行政复议等

10.其他情形

（1）行政终局裁决行为。

法律规定由行政机关最终裁决的行政行为。对于行政终局裁决行为，行政相对人不得向法院起诉；法院无权对行政终局裁决行为的合法性予以审查。

（2）国家行为。

涉及国家重大利益，具有高度政治性的行为，一般与国家的主权有关。如国防、外交行为。行政相对人不得因不服国家行为而起诉。如果行政相对人因国家行为遭受损失，一般可以通过国家补偿的途径得到救济。

（四）行政行为的合法要件

不同行政行为的合法要件并不完全相同，但是一般必须具备四个基本要件。

（1）行政行为的主体应当合法。

（2）行政行为应当在行政主体的权限范围内实施。

（3）行政行为的内容应当合法、适当。

（4）行政行为应当符合法定程序。

（五）行政行为的无效、撤销和废止（★）

1.行政行为的无效

（1）行政行为无效的情形。

通常认为，行政行为存在重大且明显违法的，则属于无效情形。

《行政处罚法》规定，行政处罚没有依据或者实施主体不具有行政主体资格的，行政处罚无效；违反法定程序构成重大且明显违法的，行政处罚无效。

（2）行政行为无效的效力：自始无效。

2.行政行为的撤销

（1）行政行为撤销的情形。

①行政行为合法要件有瑕疵。

合法的行政行为需要满足"主体合法、权限合法、内容合法、程序合法"四要素，缺损一个或一个以上要件，该行为就是可撤销行政行为。

②行政行为明显不当。

（2）行政行为撤销的法律后果。

①自被撤销之日起失去法律效力，撤销的效力可追溯到行政行为作出之日。

②因行政主体过错引起的撤销，且依社会公益的需要又必须使撤销效力追溯到行政行为作出之日，由此造成行政相对人的一切实际损失应由行政主体予以赔偿。

③因行政相对人的过错或行政主体与相对方的共同过错所引起的，撤销的效力通常应追溯到行为作出之日，过错方各依自己的过错程度承担相应的行政法律责任。

3.行政行为的废止

行政行为具有确定力，一经作出不得随意废止。

（1）行政行为可以废止的情形。

记忆提示	具体规定
无法可依	行政行为所依据的法律、法规、规章等经有权机关依法修改、废止或撤销，依此作出的相应行政行为如继续实施，则与新的法律、法规、规章、政策相抵触，或因失去其作出依据而废止
情况变化	行政行为所依据的客观情况发生重大变化，原行政行为的继续存在将有损公共利益，同时可能会给公民、法人或者其他组织造成财产损失
目的实现	行政行为已完成原定的目标、任务，实现了国家的行政管理目的，从而没有继续存在的必要

（2）行政行为废止的法律后果。

①行政行为废止后，其效力从行为废止之日起失效。

②被废止之前已给予行政相对人的权益不再收回，也不再给予。
③行政相对人已履行的义务不能要求行政机关返还利益，但可不再履行义务。
④因废止给行政相对人利益造成财产损失的，行政主体应当依法给予补偿。

二、抽象行政行为（★）

（一）抽象行政行为的概念与特征

1.抽象行政行为的概念

从动态上讲，抽象行政行为是指国家行政机关针对不特定的人和事制定具有普遍约束力的行为规则的活动。

从静态上讲，抽象行政行为是指国家行政机关针对不特定的人和事制定出来的具有普遍约束力的行为规则，包括行政法规，行政规章，具有普遍约束力的决定、命令等。

2.抽象行政行为的特征

抽象行政行为的特征主要体现在：

（1）对象的普遍性。
（2）效力的普遍性和持续性。
（3）准立法性。
（4）不可诉性。

（二）行政立法（准立法行为）

行政立法，是指有权行政机关依法律规定的权限和程序制定并颁布有关行政管理事项普遍适用的规则的活动，包括行政法规和行政规章。

行政立法主体包括国务院，国务院各部、各委员会，审计署、中国人民银行、国务院直属机构，省、自治区、直辖市人民政府，省、自治区人民政府所在地的市的人民政府，国务院批准的较大的市的人民政府，设区的市、自治州的人民政府，经济特区所在地的市的人民政府。

提示：人民代表大会及其常务委员会的立法不属于行政立法。

三、具体行政行为（★★）

1.行政征收

行政征收，是指行政主体根据法律规定，以强制方式无偿取得行政相对人财产所有权的一种具体行政行为。如税收征收、社会保险费与非税收入征收、建设资金征收、管理费征收、国有土地上房屋征收等。

2.行政确认

行政主体依法对行政相对人的法律地位、法律关系和法律事实进行甄别，给予确定、认可、证明并予以宣告的具体行政行为，属于要式行政行为，必须以书面形式作出。

3.行政监督

行政监督，是指行政主体依法定职权，对行政相对人遵守法律、法规、规章，执行行政命令、决定的情况进行检查、了解、监督的行政行为。最常见的行政监督方法有：审计、检查、调查、查验、检验、勘验、鉴定、登记、统计等。

4.行政给付

行政给付，是指行政主体对公民在年老、疾病或丧失劳动能力或其他特殊情况下，依照法律、法规规定，赋予其一定的物质利益或与物质有关的权益的具体行政行为。如发放退休金、退职金、失业救济金、社会保险金、最低生活保障费、安置、补助、抚恤、优待、救灾扶贫等。

行政给付的内容是赋予被帮助人以一定的物质权益或与物质相关的权益，既可以是直接的财物，也可以是与财物相关的其他利益，如免费教育、免费治疗等。

5.行政奖励

行政奖励，是指行政机关对为国家和社会作出一定贡献的行政相对人给予物质、精神奖励的行政行为，是为行政相对人设定权利、给予利益的行政行为，行政相对人因此而得到一定的权利或利益。如给予金钱奖励，给予荣誉称号等。

（1）企业、学校内部及社会团体等根据有关奖励制度实施的奖励行为，不属于行政奖励。

（2）"税务机关对单位和个人实名向税务机关检举税收违法行为并经查实的，按照规定给予一定的物质奖励""对经纳税人自行申请，符合规定的单位，授予A级纳税人的称号"等均属于行政奖励。

（3）行政相对人认为行政机关不予奖励或者不按规定予以相应的行政奖励侵犯其合法权益的，可以依法提起行政复议或者提起行政诉讼。

6.行政裁决（可诉的具体行政行为）

行政裁决，是指法律授权的特定行政主体对平等主体之间发生的、与行政管理活动密切相关的、特定的民事权利归属或者侵权损害纠纷进行审查，并就各方责任的承担作出裁断的具体行政行为。如著作权侵权损害赔偿纠纷的裁决，专利权许可使用费纠纷的裁决，土地等自然资源使用权侵权损害赔偿纠纷的裁决，国有资产产权纠纷的裁决等。

7.行政协议（又称行政契约、行政合同）

行政机关为实现公共利益或者行政管理目标，因行使行政职权或者在行使行政职权过程中，与公民、法人或者其他组织协商订立的具有行政法上权利义务内容的协议。如政府特许经营协议、土地房屋征收补偿协议等均属于行政协议。

四、行政行为程序与行政程序法（★）

（一）行政程序法的基本原则

分类	含义	举例
公开原则	行政主体在实施行政行为过程中，除法律另有规定外，必须将行政行为在事前、事中、事后公开于行政相对人和有关利害关系人，该原则主要体现在行政依据公开、行政程序公开、行政信息公开、行政决定公开等方面	《行政处罚法》和《中华人民共和国行政许可法》（以下简称《行政许可法》），分别要求有关行政处罚、行政许可的规定应当公布，未经公布的不得作为实施行政处罚、行政许可的依据

续表

分类	含义	举例
公正原则	行政主体在作出行政行为时，要平等地对待当事人各方，排除各种可能造成不平等或偏见的因素	《行政处罚法》规定，当事人有权进行陈述和申辩，行政机关必须充分听取当事人的意见，对当事人提出的事实、理由和证据，应当进行复核；当事人提出的事实、理由或者证据成立的，行政机关应当采纳
参与原则	行政主体在实施行政行为的过程中，行政相对人有权参与行政过程，并有权对行政行为发表意见，而且有权要求行政主体对所发表的意见予以重视和考虑	行政听证程序，是参与原则的重要体现
效率原则	行政程序不仅要求行为者在空间上遵守一定的方式、步骤和顺序，而且要求行为实施的每一环节和整个过程必须有一定的时间限度	在既不损害行政相对人利益又不违背公共利益的情况下，可以依法适用简易程序和紧急处置程序

（二）行政程序法的基本制度

1.信息公开制度

信息公开制度，指凡是涉及行政相对人权利、义务的行政信息资料，除法律规定应予保密的以外，行政主体及有关机构均应依法向社会公开，任何公民或组织均可依法获取。信息公开是行政公开原则的重要体现和必要保障。

2.回避制度

回避制度，指在行政程序中，同行政相对人或行政管理事项有利害关系的公务员必须避免参与行政管理事项或者作出有关行政行为，以确保行政行为形式上的公正性。

3.行政调查制度

行政调查制度，指行政主体依法获取公民、法人或其他组织的个人信息、从事生产经营或其他有关活动的信息以及有关证据材料的一种行政程序制度。

4.告知制度（事先告知）

告知制度，指行政主体在作出某项行政行为之前就拟作出行政行为所依据的事实、理由、当事人享有的权利及其他有关事项，有义务告知相对人并加以指导。

5.催告制度

催告制度，指当事人在行政决定作出后不自觉履行义务，行政主体督促当事人在一定期限内履行义务，否则承担被强制执行后果的一种程序。催告是强制执行行政决定的前置程序，是行政强制执行的核心程序。

6.听证制度

听证制度，指行政主体在作出影响行政相对人合法权益的决定前，告知决定理由和听证权利，行政相对人表达意见、提供证据，以及行政主体听取意见、接纳证据的程序等所构成的一项行政程序基本法律制度。

7.行政案卷制度（案卷排他性制度）

行政案卷制度，指行政机关作出的行政决定应当以行政案卷为根据，不能在行政案卷以外，以当事人所未知悉的或者未由当事人申辩、质证的事实作为根据来作出行政决定。

8.说明理由制度（附加理由制度）

说明理由制度，指按照行政法治的要求，行政主体应将作出行政决定所依据的事实上和法律上的理由向行政相对人说明。

9.教示制度（告知如何救济）

（1）教示制度，是指行政机关对**行政相对人正式作出某种不利决定时**，应当将有关**法律救济权利事项明确地告知**，教引行政相对人如何获得法律救济的一种行政程序法律制度。

（2）教示制度的基本内容主要有：

①行政机关应当告知行政相对人向什么机关提出法律救济，以及请求获得法律救济的法定时限。

②行政机关应当告知行政相对人提出法律救济的法定方式，如书面方式还是口头方式等。

③行政机关如不履行该教示程序，应当承担不利于己的法律后果。

10.时效制度

时效制度是法律对行政主体的行政行为给予时间上的限制以保证行政效率和有效保障当事人合法权益的程序制度。

典例研习·1-3 〔2018年单项选择题〕

某税务机关决定撤销某项税务行政许可，对当事人的权利、义务可能产生不利影响。该税务机关应当在《撤销税务行政许可决定书》中告知当事人申请复议的权利、行政复议机关和行政复议申请期限。税务机关这一做法所体现的行政程序法基本制度是（　　）。

A.教示制度　　　　　　　　B.催告制度
C.信息公开制度　　　　　　D.案卷排他性制度

斯尔解析 本题考查行政程序法基本制度的辨析。选项A当选，教示制度，是指行政机关对行政相对人正式作出某种不利决定时，应当将有关法律救济权利事项明确地告知，教引行政相对人如何获得法律救济的一种行政程序法律制度。在本案中，税务机关明确告知当事人申请复议的权利、行政复议机关和行政复议申请期限体现了教示制度。

本题答案 A

（三）政府信息公开制度

行政机关公开政府信息，应当坚持以公开为常态、不公开为例外，遵循公正、公平、合法、便民的原则。

1.行政机关公开政府信息的要求

（1）公民、法人或者其他组织可以向地方各级人民政府、对外以自己名义履行行政管理职能的县级以上人民政府部门（含派出机构、内设机构）申请获取相关政府信息。

（2）行政机关应当将主动公开的政府信息，通过政府公报、政府网站，或者其他互联网政务媒体、新闻发布会以及报刊、广播、电视等途径予以公开。

提示：公民、法人或者其他组织认为行政机关在政府信息公开工作中侵犯其合法权益的，可以依法申请行政复议或者提起行政诉讼。

2.行政机关公开政府信息的限制

（1）行政机关公开政府信息，不得危及国家安全、公共安全、经济安全和社会稳定。

（2）行政机关不得公开涉及国家秘密、商业秘密、个人隐私的政府信息。但是，经权利人同意公开或者行政机关认为不公开可能对公共利益造成重大影响的涉及商业秘密、个人隐私的政府信息，可以予以公开。

3.政府信息公开的时限要求

（1）属于主动公开范围的政府信息，应当自该政府信息形成或在变更之日起**20个工作日**内予以公开。法律、法规对政府信息公开的期限另有规定的，从其规定。

（2）行政机关收到政府信息公开申请，能够当场答复的，应当**当场**予以答复。行政机关不能当场答复的，应当自收到申请之日起20个工作日内予以答复；如需延长答复期限的，应当经政府信息公开工作机构负责人同意，并告知申请人，延长答复的期限最长不得超过20个工作日。

4.政府信息公开的费用

行政机关依申请提供政府信息，**不收取费用**。但是，申请人申请公开政府信息的数量、频次明显超过合理范围的，行政机关可以收取信息处理费。

五、行政事实行为

（一）概述

1.基本概念

行政事实行为，是指行政主体作出的以影响或改变事实状态为目的、非产生法律约束力而仅产生事实上的效果的行为。由此，行政事实行为不具有法律的强制性。

2.举例

（1）行政机关发布信息、公开情报、行政机关采取灵活的方法进行行政疏导等。

（2）市场监督管理部门在报纸上发布某些产品不合格的警示。

3.种类

种类	概念	举例
执行性行政事实行为	一个行政行为的内容付诸实现的行为	市场监督管理部门根据行政处罚决定书所进行的没收物品行为；民政管理部门根据行政给付决定发放特定人生活补助金的行为等
通知性行政事实行为	行政机关作出的不具有法律拘束力的意见表示行为	行政机关对行政相对人提出的意见、劝告、提供的咨询服务（气象报告）
协商性行政事实行为	行政机关在作出正式的行政行为之前，与行政相对人就某些问题作出的不具有法律效果的协商行为	—

（二）行政指导

行政指导是行政主体为了达到某种行政目的，在其职权范围内采用希望、劝告、建议、指示等非强制性手段谋求行政相对人协助或合作的行政活动。

行政指导是一种行政事实行为，不具有法律上的强制力。行政相对人对行政指导不服的，不能提起行政诉讼。

行政相对人相信行政主体的行政指导行为，按照行政指导的内容实施自己的行为，导致自己的权益受到损害，则作出行政指导的行政主体应承担法律责任。行政相对人可以要求国家赔偿。

典例研习在线题库

至此，涉税服务相关法律的学习已经进行了2%，继续加油呀！

2%

第二章 行政许可法律制度

学习提要

重要程度： 次重点章节

平均分值： 1.5~3分

考核题型： 单项选择题、多项选择题

本章提示： 本章脉络清晰，涉及行政许可概念、设定、实施等规定，考试中考频一般，题目相对简单，同学们注意把握细节即可

> 考点精讲

第一节 行政许可法基础

一、行政许可概述

（一）行政许可的概念

行政许可是行政机关在管理经济和社会事务中的一种**事先控制**手段，行政机关对行政相对人是否符合法律、法规规定的权利资格和行使权利的条件进行审查核实，符合法定资格或者条件的，就批准**从事某种特定活动**。

（二）行政许可与相关概念的区别

1.行政许可VS行政审批

项目	行政审批	行政许可
范围	许可审批、确认审批、其他类型的审批	—
启动	依职权/依申请	依申请
效力作用的范围	内部行政行为/外部行政行为	外部管理行为

2.行政许可VS行政确认

项目	行政确认	行政许可
概念	行政机关依法对特定的法律事实进行甄别，作出肯定或否定的认定并予以宣告的具体行政行为，其直接表现形式是宣告某项法律事实或法律关系是否存在	—
区分标准	行政相对人的权利形成于行政机关作出决定之前	行政相对人的权利形成于行政机关作出决定之后
启动	依职权：道路交通事故责任认定、火灾事故责任认定 依申请：城市房屋出租登记备案、收养登记、增值税一般纳税人登记	依申请

3.行政许可VS行政登记

项目	行政登记	行政许可
概念	行政机关以发放证书或其他证明文书的形式进行管理的一种手段	—

续表

项目		行政登记	行政许可
区别	有无裁量权	一般没有裁量权，符合事实的必须予以登记	拥有一定的裁量权
	控制手段作用于不同的对象，并且目的不同	建立一种秩序	对行政相对人的行为事先加以严格控制
	举例	收养登记、结婚登记、一般纳税人登记、房屋产权登记、税务登记等	采矿许可、排污许可、烟花爆竹经营许可等
	结果	大多数情况下属于履行义务	被许可人获得从事某种行为的资格和权利

（三）行政许可的分类

分类	概念	性质	举例	主要功能
普通许可	准予符合法定条件的行政相对人行使某种权利	确定特定行政相对人有权行使现有权利的条件	集会游行示威许可、爆炸品生产运输许可、商业银行设立许可等	控制危险
特许	行政机关依法向行政相对人转让某种特定权利或者配置有限资源	授予权利	电信业务经营许可、快递业务经营许可、海域使用许可、无线电频率占用许可等	配置有限资源
认可	对行政相对人是否具备某种资格资质的认定	确认行政相对人具备某种能力	律师资格、建筑企业的资质等	提高从业水平、技能，降低行业风险
核准	对某些事项或者活动是否达到法定技术标准的核实准许	确定达到特定的经济技术规范、标准	消防验收、生猪屠宰检疫等	控制该事项或者活动的危险
登记	对建立特定法律关系的确定	授予特定的主体资格	企业设立核准登记、事业单位及社会团体设立登记等	证明及社会公示

二、行政许可的特征（★）

（1）行政许可是依申请的行政行为。

行政机关不因行政相对人准备从事某项活动而主动颁发许可证或者执照，相反，行政相对人提出申请是颁发行政许可的前提条件。如出国护照审批、公司债券发行审批等行政许可活动均以事先提出申请为前提。

（2）行政许可是行政机关依照法定职权对社会事务实施的外部管理行为。

①行政许可是事前管理行为，与行政确认行为和内部管理审批行为有很大区别。

②行政机关的内部管理审批行为不是基于对外履行社会管理法定职权而作出的，不属于行政许可的范畴。有关行政机关对其他机关或者对其直接管理的事业单位的人事、财务、外事等事项的审批，不适用《行政许可法》。

（3）行政许可是一种经依法审查的行为。

行政许可并不是一经申请即可取得，需要经过有权行政机关的依法审查。这种审查的结果，可能是准予许可，也可能是不予许可。

（4）行政许可是准予从事特定活动的行为。

行政许可属于一种授益行政行为，经行政许可方可允许行政相对人从事禁止事项。

解题高手

命题角度：教材举例行政许可、行政确认事项的归纳总结。

行政许可事项包括：

（1）集会游行示威许可、爆炸品生产运输许可、商业银行设立许可、机动车驾驶证许可等。

（2）电信业务经营许可、快递业务经营许可、海域使用许可、无线电频率占用许可等。

（3）律师资格、建筑企业的资质等。

（4）消防验收、生猪屠宰检疫等。

（5）企业设立核准登记、事业单位及社会团体设立登记等。

行政确认事项包括：

道路交通事故责任认定、火灾事故责任认定、城市房屋出租登记备案、收养登记、增值税一般纳税人登记。

典例研习·2-1 2020年单项选择题

根据行政许可法律制度的规定，下列说法中，正确的是（　　）。

A.行政许可是依职权的行政行为

B.行政许可与行政审批的内涵外延相同

C.行政许可是准予从事特定活动的行为

D.行政许可是行政机关依照法定职权对社会事务实施的内部管理行为

斯尔解析 本题考查行政许可的概念与特征。选项AD不当选，行政许可是依申请的外部管理行为。选项B不当选，行政审批可以是许可审批，也可以是确认审批，还可以是其他类型的审批，只是其中部分行政审批属于行政许可范畴。选项C当选，经行政相对人申请，行政机关对行政相对人是否符合法律、法规规定的权利资格和行使权利的条件进行审查核实，符合法定资格或者条件的，即批准从事某种特定活动。

本题答案 C

三、行政许可法基本原则（★）

1.法定原则

（1）设定和实施行政许可，应当依照法定的权限、范围、条件和程序。

（2）行政许可的设定必须有明确的法律依据，并且应当由法定的主体按照法律规定的权限和程序进行。

（3）行政许可的法定原则，包括许可设定法定、主体及权限法定、实施程序法定等方面。

2.公开、公平、公正、非歧视原则

（1）有关行政许可的规定应当公布；未经公布的，不得作为实施行政许可的依据。

（2）行政许可的实施和结果，除涉及国家秘密、商业秘密或者个人隐私的外，应当公开。

（3）未经申请人同意，行政机关及其工作人员、参与专家评审等的人员不得披露申请人提交的商业秘密、未披露信息或者保密商务信息，法律另有规定或者涉及国家安全、重大社会公共利益的除外；行政机关依法公开申请人前述信息的，允许申请人在合理期限内提出异议。

（4）符合法定条件、标准的，申请人有依法取得行政许可的平等权利，行政机关不得歧视任何人。

3.便民和效率原则

（1）实施行政许可，应当遵循便民的原则，提高办事效率，提供优质服务。

（2）行政许可法规定的公示制度、一次申请制度、当场更正制度、一次告知补正制度、相对集中行政许可权制度、期限时效制度等，都是便民和效率原则的体现。

4.救济原则

（1）公民、法人或者其他组织对行政机关实施行政许可，享有陈述权、申辩权；有权依法申请行政复议或者提起行政诉讼。

（2）其合法权益因行政机关违法实施行政许可受到损害的，有权依法要求赔偿。

5.信赖保护原则

（1）公民、法人或者其他组织依法取得的行政许可受法律保护，行政机关不得擅自改变已经生效的行政许可。

（2）行政许可所依据的法律、法规、规章修改或者废止，或者准予行政许可所依据的客观情况发生重大变化的，为了公共利益的需要，行政机关可以依法变更或者撤回已经生效的行政许可。

（3）由此给公民、法人或者其他组织造成财产损失的，行政机关应当依法给予补偿。

6.行政许可不得转让原则

依法取得的行政许可，除法律、法规规定依照法定条件和程序可以转让的外，不得转让。

7.监督原则

（1）对行政机关的监督：县级以上人民政府应当建立健全对行政机关实施行政许可的监督制度，加强对行政机关实施行政许可的监督检查。

（2）对被许可人的监督：行政机关应当对公民、法人或者其他组织从事行政许可事项的活动实施有效监督。

> **典例研习·2-2** （2019年单项选择题）
>
> 行政许可所依据的法律废止，为了公共利益的需要，行政机关可以依法撤回已经生效的行政许可。由此给公民、法人或者其他组织造成财产损失的，行政机关应当依法给予补偿。该规定体现的原则是（ ）。
>
> A.法定原则　　　　　　　　　　B.信赖保护原则
> C.公开、公平、公正原则　　　　D.便民和效率原则
>
> 【斯尔解析】本题考查行政许可法基本原则。选项B当选，信赖保护原则的含义是，行政机关不得擅自改变已经生效的行政行为，确需改变的，由此给相对人造成的损失应当予以补偿。
>
> 【本题答案】B

第二节　税务行政许可的设定

行政许可设定，是指特定的国家机关通过一定的形式创设行政许可事项的活动。行政许可设定权，就是特定的国家机关根据法定权限和法定程序创设行政许可规范的权力。

一、行政许可的设定方向（★）

1.可设定行政许可的事项

记忆提示	具体规定	举例	程序/要求
一般规定	直接涉及国家安全、公共安全、经济宏观调控、生态环境保护以及直接关系人身健康、生命财产安全等特定活动，需要按照法定条件予以批准的事项	（1）外国组织或个人在我国的领海和管辖的其他海域进行测绘，必须经过许可。（2）生产、运输、使用、销售易燃性、爆炸性、放射性、有毒性、腐蚀性等危险品，必须经过批准。（3）对于各种排污，也必须经过许可	左述许可对申请人的条件没有特殊规定，没有数量限制，一般适用普通程序

续表

记忆提示	具体规定	举例	程序/要求
市场准入	有限自然资源的开发利用、公共资源配置以及直接关系公共利益的特定行业的市场准入	(1) 需要赋予特定权利的事项自然资源包括土地、矿藏、水流、森林、草原等，开发利用自然资源必须经过审批。 (2) 各种市政设施、城市道路、航线、无线电频率等，实行许可制度	申请人所要具备的条件要求较高，涉足的领域比较特定；多适用特殊程序，如招标、拍卖等，一般有数量限制
认可	提供公众服务并且直接关系公共利益的职业、行业，需要确定具备特殊信誉、特殊条件或者特殊技能等资格、资质的事项	律师资格、教师资格、执业医师资格、注册会计师资格、证券从业资格等	认可本身并不直接授予申请人从事特定职业活动的权利，是否符合条件应当通过考试与考评
检验、检测、检疫	直接关系公共安全、人身健康、生命财产安全的重要设备、设施、产品、物品，需要按照技术标准、技术规范，通过检验、检测、检疫等方式进行审定的事项	(1) 民用飞机有关设备的设计、生产、维修活动。 (2) 家用电器的检验、屠宰生猪的检疫	—
设立登记	企业和其他组织的设立等，需要确定主体资格的事项	(1) 企业法人登记。 (2) 社会组织登记：社会团体、事业单位、民办非企业单位等登记	此种登记属于行政许可，这是主体从事特定活动的前提条件，未经过登记的主体不具有从事特定活动的资格

2. 不设定行政许可的事项

记忆提示	具体规定	举例
自主决定	公民、法人或者其他组织能够自主决定的	(1) 人格权（包括个人隐私）、通信秘密、婚姻自主权等活动，完全不应当经过许可。 (2) 订立合同等行为也不必经过许可
市场调节	市场竞争机制能够有效调节的	通过市场主体之间的公平竞争可以有效调节、又不致发生危害公共利益和公共安全后果的领域，不宜实行政府干预的许可制度

续表

记忆提示	具体规定	举例
自律管理	行业组织或者中介机构能够自律管理的	—
事后监督	行政机关采用事后监督等其他行政管理方式能够解决的	—

二、行政许可设定权划分（★）

1.行政许可设定权具体划分

行政许可设定的基本规定：

文件类型	具体规定
法律	法律可以设定行政许可。 提示：有关国家基本制度的事项（如采矿许可、草原使用许可、伐木许可等）和有关公民基本权利的事项（如公民健康权、环境权、劳动权的许可制度），只能由法律予以设定
行政法规	尚未制定法律的，行政法规可以设定行政许可
国务院决定	必要时，国务院可以采用发布决定的方式设定行政许可
地方性法规	尚未制定法律、行政法规的，地方性法规可以设定行政许可
省级政府规章	尚未制定法律、行政法规和地方性法规的，省、自治区、直辖市人民政府规章可以设定临时性的行政许可
部门规章、其他文件	一律不得设定行政许可

2.临时性许可与经常性许可的衔接

临时性的行政许可实施满1年需要继续实施的，应当提请本级人民代表大会及其常务委员会制定地方性法规。

原理详解

行政许可、行政处罚以及行政强制的设定权中，只有行政许可的设定中存在"国务院决定"可以设定行政许可的规定，原因在于《行政许可法》实施以前，存在大量的以国务院各部门规章的方式设定的行政许可，《行政许可法》实施后取消了部门规章的行政许可设定权，但是部门规章已经设定的行政许可不能全部取消，有些行政许可有保留的必要，因此《行政许可法》规定了必要时，国务院可以采用发布决定的方式设定行政许可，其实就是对部门规章已经设定的，又有保留必要的许可以国务院决定的形式予以保留。

3.设定权限制

地方性法规和省级地方政府规章在设定行政许可时要受到下列限制：

（1）不得设定应当由国家统一确定的资格、资质的行政许可。

（2）不得设定企业或其他组织的设立登记及其前置性行政许可。

（3）不得限制其他地区的企业或个人到本地区从事生产经营和提供服务。

（4）不得限制其他地区的商品进入本地市场。

解题高手

命题角度：判断哪些文件可以设定行政许可。

法律、法规均可以设定行政许可，但是规章中只有省级政府规章才可以设定行政许可，而且是临时性行政许可，当题目要求选择可以设定行政许可的规范性文件时，首先应当注意，若选项中出现了部门规章、省级以下政府规章，则不当选；其次要注意，若选项出现了其他类型的规范性文件，是国务院决定，则当选，其他文件一律不当选。

三、税务行政许可的设定

目前，税务行政许可事项仅保留增值税专用发票（增值税税控系统）最高开票限额审批。

第三节 行政许可的实施

一、行政许可实施主体

（一）一般规定（★★）

实施主体	实施范围	举例
具有行政许可权的行政机关	在法定职权范围内实施	—
法律、法规授权的具有管理公共事务职能的组织	在法定授权范围内实施	注册会计师协会、律师协会、证券业协会、中华新闻工作者协会等（法律地位相当于行政机关）
受委托的行政机关	（1）委托机关应当将受委托行政机关和受委托实施行政许可的内容予以公告。（2）委托行政机关对受委托行政机关实施行政许可的行为应当负责监督，并对该行为的后果承担法律责任。	—

续表

实施主体	实施范围	举例
受委托的行政机关	（3）在委托范围内，以委托机关的名义实施，由委托机关承担责任。 （4）受委托的行政机关不能再委托其他组织或个人实施行政许可	—

（二）行政许可实施主体的其他有关规定

1.相对集中行政许可权的原则规定

经国务院批准，省、自治区、直辖市人民政府根据精简、统一、效能的原则，可以决定一个行政机关行使有关行政机关的行政许可权。

2.一个窗口对外、统一办理或联合办理、集中办理的规定

（1）行政许可需要行政机关内设的多个机构办理的，该行政机关应当确定一个机构统一受理行政许可申请，统一送达行政许可决定。

（2）行政许可依法由地方人民政府两个以上部门分别实施的，本级人民政府可以确定一个部门受理行政许可申请并转告有关部门分别提出意见后统一办理，或者组织有关部门联合办理、集中办理。

3.行政机关及其工作人员办理行政许可事项应当遵守的纪律约束规定

（1）行政机关实施行政许可，不得向申请人提出购买指定商品、接受有偿服务等不正当要求。

（2）行政机关工作人员办理行政许可，不得索取或者收受申请人的财物，不得谋取其他利益。

4.专业技术标准或者技术规范的行政许可应当逐步授权专业组织实施的指导性规定

（1）对直接关系公共安全、人身健康、生命财产安全的设备、设施、产品、物品的检验、检测、检疫，除法律、行政法规规定由行政机关实施的外，应当逐步由符合法定条件的专业技术组织实施。

（2）专业技术组织及其有关人员对所实施的检验、检测、检疫结论承担法律责任。

（三）税务行政许可（★★）

1.实施主体

（1）税务行政许可由具有行政许可权的税务机关在法定权限内实施。

提示：税务机关是否具有行政许可权，由设定税务行政许可的法律、法规确定。

（2）各级税务机关下属的事业单位一律不得实施行政许可。

（3）除法律、法规、规章另有规定外，税务机关不得委托其他行政机关实施税务行政许可。

2.实施要求

（1）税务机关应当按照"窗口受理、内部流转、限时办结、窗口出件"的要求，由办税服务厅或者在政府服务大厅设立的窗口集中受理行政许可申请、送达行政许可决定。

（2）没有设立办税服务厅的税务机关指定一个内设机构作为窗口，集中受理直接向本级税务机关提出的行政许可申请、送达行政许可决定。

（3）国家税务总局指定纳税服务司办税服务处作为窗口，集中受理直接向国家税务总局提出的行政许可申请、送达行政许可决定。

典例研习·2-3 2017年多项选择题

根据行政许可法律制度的规定，可以实施行政许可的主体包括（ ）。

A.司法机关
B.税务机关下属的事业单位
C.法律、法规授权的具有管理公共事务职能的组织
D.依法受委托的行政机关
E.具有行政许可权的行政机关

斯尔解析 本题考查行政许可的实施主体。选项A不当选，可以实施行政许可的机关应为行政主体，司法机关不是行政机关，不具有行政主体资格，不能实施行政许可。行政许可的实施主体包括：（1）具有行政许可权的行政机关（选项E当选）；（2）法律、法规授权的具有管理公共事务职能的组织（选项C当选）；（3）受委托的行政机关（选项D当选）。选项B不当选，在税务行政许可中，各级税务机关下属的事业单位一律不得实施行政许可。

本题答案 CDE

二、行政许可实施程序

（一）行政许可实施的一般规定（★★）

申请与受理 —— 听证 —— 审查与决定

1.申请

（1）申请人可以委托他人提出行政许可申请，但是依法应当由申请人到行政机关办公场所提出申请的除外。

（2）申请许可需要采用申请书格式文本的，行政机关应当提供文本，文本中不得包含与申请行政许可事项没有直接关系的内容。

（3）申请方式上，行政相对人可以书面形式上门递交申请，也可以采用现代化通信手段，如信函、电报、电传、传真、电子数据交换和电子邮件等方式，进行多渠道申请。

（4）行政机关在申请阶段的义务。

①"八项公示"义务：行政机关应当将法律、法规、规章规定的有关行政许可的事项、依据、条件、数量、程序、期限以及需要提交的全部材料的目录和申请书示范文本等在办公场所公示。

②说明解释：申请人要求行政机关对公示内容予以说明、解释的，行政机关应当说明、解释并提供准确、可靠的信息。

（5）申请人申请行政许可，应当如实向行政机关提交有关材料反映真实情况，并对其申请材料实质内容的真实性负责。

提示：申请人对材料实质内容的真实性负责，并不意味着行政机关无须对材料实质内容的真实性进行实质审查。

2.受理

情形		决定	解释
无须许可		不受理	申请事项依法不需要取得行政许可的，应当即时告知申请人不受理
职权之外		不予受理	申请事项依法不属于本行政机关职权范围的，应当即时作出不予受理的决定，并告知申请人向有关行政机关申请
材料问题	能当场改	当场更正	申请材料存在可以当场更正的错误的，应当允许申请人当场更正
	不能当场改	当场或5日内一次告知补正全部内容	申请材料不齐全或者不符合法定形式的，应当当场或者在5日内一次告知申请人需要补正的全部内容，逾期不告知的，自收到申请材料之日起即为受理
没有问题		应当受理	申请事项属于本行政机关职权范围，申请材料齐全、符合法定形式，或者申请人按照本行政机关的要求提交全部补正申请材料的，应当受理行政许可申请

3.审查

（1）分类。

分类	具体规定
形式审查	审查申请材料是否齐全、是否符合法定形式
实质审查	审查材料内容的真实性、合法性

（2）审查方式。

原则上书面审查；如果需要对申请材料的实质内容进行核实，也可以进行实地核查，但是应当指派2名以上工作人员进行。

（3）审查阶段须注意的问题。

①两层审查，一次申请。

依法应当先经下级机关审查后报上级机关决定的，直接由下级机关转送，申请人一次申请即可；上级机关如果认为申请人提交的材料还不足以证明其已经符合行政许可的条件，可以要求申请人补充材料，但是不得要求申请人重复提供材料。

②涉及他人，听取意见。

行政机关发现行政许可事项直接关系他人重大利益的，应当告知该利害关系人，应当听取申请人、利害关系人的意见。

4.决定

决定应当采用书面形式，如《行政许可决定书》或《不予行政许可决定书》。

（1）准予许可的决定，应当公开，公众有权查阅。

（2）不予许可，应当书面说明理由，包括事实、法律以及自由裁量是否符合法定目的，告知复议、诉讼权利。

5.听证

（1）听证程序的启动。

启动方式		具体规定
依职权	情形	①法律、法规、规章规定实施行政许可应当听证的事项。 提示：税务行政许可的听证程序中，"法律、法规"规定应当举行听证的，税务机关应主动举行。 ②行政机关认为需要听证的其他涉及公共利益的重大行政许可事项
	要求	行政机关应当向社会公告，并举行听证
依申请	情形	行政许可直接涉及申请人与他人之间重大利益关系
	要求	行政机关在作出行政许可决定前，应当告知申请人、利害关系人享有要求听证的权利
	期限	申请人、利害关系人在被告知听证权利之日起5日内提出听证申请；行政机关应当在20日内组织听证

提示：申请人、利害关系人不承担行政机关组织听证的费用。

（2）听证程序的具体规定。

项目	具体规定
通知	行政机关应当于举行听证的7日前将举行听证的时间、地点通知申请人、利害关系人，必要时予以公告
公开	听证应当公开举行
主持	审查许可申请的工作人员以外的人员为听证主持人
笔录	听证应当制作笔录，听证笔录应当交听证参加人确认无误后签字或者盖章
决定	行政机关应当根据听证笔录，作出行政许可决定

6.行政许可的变更和延续

事项		行政许可	税务行政许可
变更	提出	随时提出	
	决定	—	收到申请之日20日内
延续	提出	在有效期届满30日前提出申请	
		"法律、法规、规章"另有规定的除外	"法律、法规"另有规定的除外
	决定	默示批准：在有效期届满前决定，逾期的视为准予延续。	
		提示：默示批准只适用于延续申请，不适用于初次申请许可和变更许可	

（二）税务行政许可实施程序（★）

税务行政许可的实施按照法律、法规、规章执行。法律、法规、规章没有规定的，省税务机关可以在本机关管理权限内作出补充规定。但是，不得再向下级税务机关下放规定权。

1.申请

申请人可以委托代理人提出申请，税务机关不得拒绝受理。

2.受理

（1）对能够当即办理的税务行政许可事项，直接出具和送达《准予税务行政许可决定书》，不再出具《税务行政许可受理通知书》。

（2）准予税务行政许可决定只在作出决定的税务机关管辖范围内有效。

三、行政许可实施的期限

（一）决定时限（★）

情形		具体规定	
可当场		当场决定	税务行政许可也适用此时效
不可当场	"20+10"	行政机关应自受理行政许可申请之日起20日内作出行政许可决定；20日内不能作出决定的，经本机关负责人批准，可以延长10日，并应当将延长期限的理由告知申请人，法律、法规另有规定的除外	
统一或联合、集中办理	"45+15"	办理的时间不得超过45日；45日内不能办结的，经本级人民政府负责人批准，可以延长15日，并应当将延长期限的理由告知申请人	
下级先审上级决定	"20+20"	下级机关应当自其受理行政许可申请之日起20日内审查完毕；上级机关的期限也是20日，特殊情况期限可以延长，法律、法规另有规定的除外	

提示：听证、招标、拍卖、检验、检测、检疫、鉴定和专家评审的时间，不计算在规定的期限内。行政机关应当将所需时间书面告知申请人。

（二）送达时限

（1）准予行政许可的决定，应当自作出决定之日起10日内向申请人送达许可证件。

（2）需要颁发税务行政许可证件的，应当自作出决定之日起10日内向申请人颁发加盖本税务机关印章的税务行政许可证件。

四、行政许可实施的费用制度（★）

1.一般规定

（1）行政机关实施行政许可，依照法律、行政法规收取费用的，应当按照公布的法定项目和标准收费。

（2）所收取的费用必须全部上缴国库，任何机关或者个人不得以任何形式截留、挪用、私分或者变相私分。

（3）财政部门不得以任何形式向行政机关返还或者变相返还实施行政许可所收取的费用。

2.不得收取费用情形

（1）行政机关提供行政许可申请书格式文本，不得收费。

（2）行政机关实施行政许可以及对行政许可事项进行监督检查，不得收取任何费用。但是，法律、行政法规另有规定的，依照其规定。

（3）行政机关实施行政许可所需经费应当列入本行政机关的预算，由本级财政予以保障，按照批准的预算予以核拨。

五、税务行政许可的监督检查和法律责任

（一）撤销、撤回、注销制度（★★）

1.行政许可的撤销

撤销，是指行政机关依法取消已作出并已开始生效的行政许可行为的效力，使其从成立时起就丧失效力，从而恢复到许可作出之前的状态的行为。

处理		适用情形（取得许可时存在违法行为）	是否赔偿
可以撤	行政机关有过错	（1）工作人员滥用职权、玩忽职守作出准予行政许可决定的。 （2）超越法定职权作出准予行政许可决定的。 （3）违反法定程序作出准予行政许可决定的。 （4）对不具备申请资格或不符合法定条件的申请人准予行政许可的。 （5）依法可以撤销行政许可的其他情形	应当赔偿
应当撤	老百姓有过错	被许可人以欺骗、贿赂等手段取得许可的，应当撤销，但撤销可能对公共利益造成重大损害时，不予撤销	不予赔偿

2.税务行政许可的撤回

税务行政许可所依据的法律、法规、规章修改或者废止,或者准予税务行政许可所依据的客观情况发生重大变化的,为了公共利益的需要,税务机关可以依法变更或者撤回已经生效的税务行政许可。

> **原理详解**
>
> 行政许可的撤回,本质是"证没问题",即行政许可一开始是合法有效的,基于当下的情况,该许可不适宜继续存在了。具体包括两种情况:(1)许可所依据的规范被修改或废止;(2)许可所依据的客观情况发生重大变化。
>
> 行政许可的撤销,本质是一种"纠错行为",即本不该"发证",却错误地"发证";无论是哪一方的错误,错误都应当被改正,改正方式即撤销已经生效的许可(除非撤销会损害公共利益)。

3.注销

有下列情形之一的,行政机关应当依法办理有关行政许可的注销手续:

(1)行政许可有效期届满未延续的。

(2)赋予公民特定资格的行政许可,该公民死亡或者丧失行为能力的。

(3)法人或者其他组织依法被终止的。

(4)行政许可依法被撤销、撤回,或者行政许可证件依法被吊销的。

(5)因不可抗力导致行政许可事项无法实施的。

(6)法律、法规规定的其他情形。

提示:行政许可的注销并不会影响当事人的权益。

> **原理详解**
>
> "注销"是中性词,属于一种程序性行为。如行政许可有效期届满未延续,虽然"许可证"仍在,但是从效力上来说,不能在事实上产生任何效力,因此,需要履行一个注销手续;但这个注销手续并未实际影响被许可人的权利义务,真正影响被许可人权利义务的是"期满未延续"这件事,所以,注销应定性为一种程序性行为。
>
> 行政许可的撤销是一种实体性行为。因为对行政许可的撤销来说,如果不撤销,行政许可的效力是持续存在的,撤销的行为导致行政许可失去效力,也就是说撤销的行为影响了被许可方的权利义务,所以,撤销应定性为一种实体性行为。

典例研习·2-4 （模拟单项选择题）

某公司依法取得行政许可，发生下列情形时，行政机关无须办理许可注销手续的是（　）。

A.行政许可被依法撤回　　　　B.行政许可被依法撤销
C.该公司登记事项依法变更　　D.行政许可被依法吊销

斯尔解析 本题考查行政许可注销的情形。选项C当选，公司登记事项依法变更的，应当办理变更手续，无须办理许可的注销。选项ABD不当选，行政许可依法被撤销、撤回，或者行政许可证件依法被吊销的，行政机关应当依法办理有关行政许可的注销手续。

本题答案 C

（二）违反行政许可法的法律责任（★）

1.税务机关及其工作人员的违法责任

（1）税务机关及其工作人员违法实施行政许可，由其上级行政机关或者监察机关责令改正；情节严重的，对直接负责的主管人员和其他直接责任人员依法给予行政处分。

（2）税务机关违法实施行政许可，给当事人的合法权益造成损害的，应当依照《中华人民共和国国家赔偿法》的规定给予赔偿。

2.行政许可相对人的违法责任

（1）申请人诈欺申请的违法行为。

①行政许可申请人隐瞒有关情况或者提供虚假材料申请行政许可的，行政机关不予受理或者不予行政许可，并给予警告。

②行政许可申请属于直接关系公共安全、人身健康、生命财产安全事项的，申请人在1年内不得再次申请该行政许可。

（2）被许可人采取欺骗、贿赂等不正当手段取得行政许可的违法行为。

①被许可人以欺骗、贿赂等不正当手段取得行政许可的，行政机关应当依法给予行政处罚。

②取得的行政许可属于直接关系公共安全、人身健康、生命财产安全事项的，申请人在3年内不得再次申请该行政许可；构成犯罪的，依法追究刑事责任。

典例研习在线题库 →

至此，涉税服务相关法律的学习已经进行了5%，继续加油呀！

5%

第三章 行政处罚法律制度

学习提要

重要程度：次重点章节

平均分值：4~7分

考核题型：单项选择题、多项选择题、综合分析题

本章提示：本章脉络清晰，涉及行政处罚概念、设定、实施等规定。请同学们在学习时重点关注行政处罚的分类、设定、程序等问题，并与税务行政处罚做好区分

第一节 行政处罚法概述

一、行政处罚的概念与特征

（一）行政处罚的概念

行政处罚，是指行政机关依法对违反行政管理秩序的公民、法人或者其他组织，以减损权益或者增加义务的方式予以惩戒的行为。

（二）行政处罚的基本特征

项目	具体内容
实施主体	实施行政处罚行为的只能是依法享有行政处罚权的行政机关或法律、法规授权的组织
行使范围	作出行政处罚时必须严格依据法定的权限，在其职能范围内行使，不得超越
对象	实施了违反行政管理秩序的行为、应当给予处罚的行政相对人
目的	教育行政相对人并纠正违法行为

二、行政处罚的基本原则（★）

（一）处罚法定原则（合法性原则的体现）

项目	具体内容
处罚设定权法定	（1）特定的法律规范才能设定行政处罚。 （2）设定特定种类的行政处罚必须按照法律的规定进行
行政处罚依据法定	处罚必须有法律、法规或者规章依据，否则行政处罚是违法的，应属无效
行政处罚主体法定	（1）行使主体包括法律、法规、规章规定有处罚权的行政机关和法律、法规授权的组织。 （2）法定主体行使处罚权时必须遵守法定的职权范围，不得越权或者滥用权力
行政处罚程序法定	行政机关作出的行政处罚决定违反法定程序的，可能导致行政处罚无效或被撤销

· 42 ·

（二）处罚公开、公正、过罚相当原则

类型	具体规定
公开原则	（1）处罚依据公开：作为处罚依据的规定应当事先公布。 （2）执法过程公开，如依法表明执法身份、公开举行听证会听取意见、处罚的事实和理由、处罚决定内容公开等
公正原则	（1）实行调查制度，要防止偏听偏信。 （2）要使当事人了解其违法行为的性质并给予其陈述、申辩的机会。 （3）要防止自查自断，实行查处分开、审执分开制度
过罚相当原则（合理性）	（1）轻重适度：重过重罚、轻过轻罚。 （2）同等对待：作出的处罚符合设定该处罚的目的，相同情况相同处罚。 （3）处罚符合比例法则、合乎情理且有可行性、符合客观规律

（三）处罚与教育相结合原则

（1）处罚与教育相结合，既非意味着可以以罚代刑，也不意味着可以以教代罚。

（2）行政机关在实施行政处罚时，应当责令当事人改正或者限期改正违法行为，对情节轻微的违法行为也不一定都要实施行政处罚。

（四）保障相对人权益原则（又称"无救济即无处罚"原则）

（1）陈述权、申辩权：公民、法人或者其他组织对行政机关所给予的行政处罚，享有陈述权、申辩权。

（2）复议起诉权：对行政处罚不服的，有权依法申请行政复议或者提起行政诉讼。

（3）要求赔偿权：公民、法人或者其他组织因行政机关违法给予行政处罚受到损害的，有权依法提出赔偿要求。

（五）监督制约、职能分离原则

《行政处罚法》规定的职能分离的条款包括：

（1）行政机关对违法行为的调查与审理分离。

（2）作出罚款决定的机关与收缴罚款的机构分离。

（3）听证主持人与调查检查人员分离。

（4）行政机关执法人员当场作出的处罚决定向所属行政机关备案。

（六）"一事不二罚（款）"原则

（1）对当事人的同一个违法行为，不得以同一事实和同一依据给予两次以上罚款的行政处罚。

（2）同一个违法行为违反多个法律规范应当给予罚款处罚的，按照罚款数额高的规定处罚。

> **解题高手**
>
> 命题角度：对"一事不二罚"原则及其表述的判断。
>
> "一事不二罚"原则中有两个关键点，一是"一事"，即同一个违法行为；二是"二罚"，指的是两次以上罚款。因此，解题时首先判断是不是同一个违法行为，若不是，两次以上罚款则不违反该原则；若是，则进一步看处罚行为是两次罚款，还是罚款加其他类型的处罚，若是两次罚款，则违反该原则。但罚款加其他类型的处罚，则不违反该原则。

第二节　行政处罚的种类和设定

一、行政处罚的种类

（一）行政处罚的理论分类与法定种类（★）

理论分类	法定种类
精神罚	警告、通报批评
财产罚	罚款、没收违法所得、没收非法财物
行为罚（能力罚）	暂扣许可证件、降低资质等级、限制开展生产经营活动、吊销许可证件、责令停产停业、责令关闭、限制从业
人身自由罚	行政拘留

（二）税务行政处罚的种类（★★）

分类	具体规定
税务行政处罚	罚款、没收违法所得、停止出口退税权、吊销税务行政许可证件
非税务行政处罚	（1）税务机关作出的责令限期改正——行政命令。 （2）税务机关作出的收缴或者停售发票——间接强制执行措施。 （3）通知有关部门阻止出境、取消一般纳税人资格、收缴税务登记证、停止抵扣等，均不属于税务行政处罚

精准答疑

问题： 没收违法所得和没收非法财物有什么区别？

解答： "违法所得"是指实施违法行为所取得的款项；"非法财物"指的是从事违法行为的工具。甲公司未经许可生产、经营烟花爆竹制品，当地安全生产监督管理部门责令停止非法生产、经营活动，处5万元罚款，没收生产设备及烟花爆竹等以及经营所得1万元。"没收生产设备及烟花爆竹"属于没收非法财物。"没收经营所得1万元"属于没收违法所得。

典例研习·3-1 （模拟多项选择题）

根据行政处罚法律制度的规定，行政处罚的种类包括（　　）。

A.强制隔离戒毒
B.责令停产停业
C.征收国有土地上房屋
D.加处罚款或者滞纳金
E.吊销律师执业证

斯尔解析 本题考查行政处罚的种类。行政处罚的种类：（1）警告、通报批评；（2）罚款、没收违法所得、没收非法财物；（3）暂扣许可证件、降低资质等级、吊销许可证件（选项E当选）；（4）限制开展生产经营活动、责令停产停业、责令关闭、限制从业（选项B当选）；（5）行政拘留；（6）法律、行政法规规定的其他行政处罚。选项A不当选，强制隔离戒毒属于行政强制（本书第四章介绍）。选项C不当选，征收国有土地上房屋属于行政征收。

本题答案 BE

二、行政处罚的设定（★★）

行政处罚由法律、法规、规章设定，其他规范性文件不得设定行政处罚。

项目	可以设定	不得设定
法律	可设定各种行政处罚，限制人身自由只能由法律设定	—
行政法规	其他均可	限制人身自由
地方性法规	其他均可	限制人身自由、吊销营业执照
部门规章	警告、通报批评、一定数额罚款（罚款的限额由国务院规定）	其他均不可
地方规章	警告、通报批评、一定数额罚款（罚款的限额由省级人大常委会规定）	其他均不可

第三节 行政处罚实施主体、管辖及适用

一、行政处罚实施主体（★★）

实施主体	范围	以谁的名义/谁承担责任	注意事项
具有行政处罚权的行政机关	法定职权	自己	国务院或者省、自治区、直辖市人民政府可以决定一个行政机关行使有关行政机关的行政处罚权
法律法规授权的具有管理公共事务职能的组织	法定授权	自己	—
受委托的组织	书面委托范围（委托书应当向社会公布）	（1）受委托组织在委托的范围内，以委托机关的名义实施行政处罚（不得再委托）。（2）委托行政机关对受委托组织实施行政处罚行为进行监督并承担法律责任	受委托组织必须符合以下条件：（1）依法成立并具有管理公共事务职能。（2）有熟悉有关法律、法规、规章和业务并取得行政执法资格的工作人员。（3）需要进行技术检查或者技术鉴定的，应当有条件组织进行相应的技术检查或者技术鉴定

提示：行政许可的实施主体中，受委托实施行政许可的只能是行政机关。在行政处罚中，受委托行使行政处罚权利的，可以是其他符合条件的组织。

二、行政处罚的管辖和适用

（一）行政处罚的管辖（★★）

行政处罚的管辖，是确定对某个行政违法行为由哪个地方、哪个享有处罚权的主体实施处罚，是处罚实施的权限分工。

1.级别管辖

（1）原则：行政处罚由县级以上地方人民政府具有行政处罚权的行政机关管辖，法律、行政法规另有规定的，从其规定。

（2）"下放"：省、自治区、直辖市根据当地实际情况，可以决定将基层管理迫切需要的县级人民政府部门的行政处罚权交由能够有效承接的乡镇人民政府、街道办事处行使，并定期组织评估。

2.地域管辖

（1）原则：行政处罚由违法行为发生地的行政机关管辖，法律、行政法规、部门规章另有规定的，从其规定。

（2）例外：海关行政处罚由发现违法行为的海关管辖，也可以由违法行为发生地海关管辖。

（3）税务行政处罚由税收违法行为发生地的具有行政处罚权的主管税务机关（包括省以下税务局稽查局）实施。

（二）行政处罚的适用（★★）

1.基本规定

（1）行政处罚适用的条件。

行政处罚必须具备一定的条件，否则即为违法或无效的行政处罚：

①必须已经实施了违法行为，且该违法行为违反了行政法规范。

②行政相对人具有责任能力。

③行政相对人的行为依法应当受到处罚。

④违法行为未超过追究时效。

（2）行政处罚无效情形：

①行政处罚没有依据或者实施主体不具有行政主体资格的，行政处罚无效。

②违反法定程序构成重大且明显违法的，行政处罚无效。

（3）违法所得的处理。

当事人有违法所得，除依法应当退赔的外，应当予以没收。法律、行政法规、部门规章对违法所得的计算另有规定的，从其规定。

（4）"从旧兼从轻"。

实施行政处罚，适用违法行为发生时的法律、法规、规章的规定。但是，作出行政处罚决定时，法律、法规、规章已被修改或者废止，且新的规定处罚较轻或者不认为是违法的，适用新的规定。

（5）有关"折抵"：

①自由。

违法行为构成犯罪，人民法院判处拘役或者有期徒刑时，行政机关已经给予当事人行政拘留的，应当依法折抵相应刑期。

②金钱。

违法行为构成犯罪，人民法院判处罚金时，行政机关已经给予当事人罚款的，应当折抵相应罚金；行政机关尚未给予当事人罚款的，不再给予罚款。

2.行政处罚的追究时效（追罚时效）

行政处罚的追究时效是指对违法行为人追究责任，给予行政处罚的有效期限。超出这个期限，行政处罚实施主体就不得再实施行政处罚。

（1）具体时效。

文件		具体规定	
《行政处罚法》	2年	违法行为发生后2年内未被行政机关发现的，不再给予行政处罚	**法律**另有规定的除外
	5年	涉及公民生命健康安全、金融安全且有危害后果的，该期限延长至5年	
《税收征管法》	5年	违反税收法律、行政法规应当给予行政处罚的行为，在5年内未被发现的，不再给予行政处罚	
《治安管理处罚法》	6个月	违反治安管理行为在6个月内没有被公安机关发现的，不再处罚	

（2）起算。

①行政处罚的追究时效，从**违法行为发生之日**起计算。

②违法行为有连续或者继续状态的，从**行为终了之日**起计算。

连续状态，是指行为人基于**同一个违法故意，连续实施数个独立的同一种类**的行政违法行为；继续状态，是指**一个违法行为在时间上的延续**。具体如下图：

| 典例研习·3-2 模拟单项选择题

下列有关行政处罚追究时效的说法中，正确的是（ ）。
A.行政处罚的追究时效为2年，法律、行政法规另有规定的除外
B.对违反税收法律、法规行为的行政处罚追究时效为2年
C.违法行为有连续状态的，行政处罚的追究时效从行为终了之日起计算
D.行政处罚的追究时效，从违法行为被发现之日起计算

斯尔解析 本题考查行政处罚的追究时效。选项A不当选，违法行为在2年内未被发现的，不再给予行政处罚，**法律**另有规定的除外。选项B不当选，违反税收法律、行政法规应当给予行政处罚的行为在5年内未被发现的，不再给予行政处罚。选项C当选，违法行为有连续或者继续状态的，从行为终了之日起计算。选项D不当选，行政处罚的追究时效，从违法行为**发生之日**起计算，而不是被发现之日。

▲本题答案 C

3.行政处罚的程度

（1）不予处罚。

记忆提示	具体规定	
小孩	不满14周岁（<14）的人有违法行为	
精神	精神病人、智力残疾人在不能辨认或不能控制自己行为时有违法行为的	
轻微	①违法行为轻微并及时纠正，没有造成危害后果的，不予行政处罚。②初次违法且危害后果轻微并及时改正的，可以不予行政处罚	
超期	2年	违法行为发生后2年内未被行政机关发现的，不再给予行政处罚	法律另有规定的除外
	5年	涉及公民生命健康安全、金融安全且有危害后果的，该期限延长至5年	
无错	当事人有证据足以证明没有主观过错的，不予行政处罚	法律、行政法规另有规定的，从其规定

（2）从轻或减轻处罚。

从轻处罚，是指在行政处罚的法定种类和法定幅度内，适用较轻的种类或者依照处罚的下限或者略高于处罚的下限给予处罚，但不能低于法定处罚幅度的最低限度。减轻处罚，是指在法定处罚幅度的最低限以下给予处罚。

应当从轻或减轻行政处罚的情况有：

记忆提示	具体规定
少年	已满14周岁不满18周岁的未成年人有违法行为
改错	主动消除或减轻违法行为危害后果的
被迫	是受他人胁迫或者诱骗有违法行为的
"自首"	主动供述行政机关尚未掌握的违法行为的
立功	配合行政机关查处违法行为有立功表现的
兜底	法律、法规、规章规定其他应当从轻或者减轻行政处罚的

提示：尚未完全丧失辨认或者控制自己行为能力的精神病人、智力残疾人有违法行为的，可以从轻或者减轻行政处罚。

第四节　行政处罚程序

一、行政处罚决定程序

（一）一般规定

项目	具体规定
公示内容	行政处罚的实施机关、立案依据、实施程序和救济渠道等信息应当公示
查明事实要求	（1）公民、法人或者其他组织违反行政管理秩序的行为，依法应当给予行政处罚的，行政机关必须查明事实，违法事实不清、证据不足的，不得给予行政处罚。 （2）用电子技术监控设备收集、固定违法事实的，应当经过法制和技术审核，确保电子技术监控设备符合标准、设置合理、标志明显，设置地点应当向社会公布。 （3）电子技术监控设备记录违法事实应当真实、清晰、完整、准确。行政机关应当审核记录内容是否符合要求；未经审核或者经审核不符合要求的，不得作为行政处罚的证据
告知	行政机关应当及时告知当事人违法事实
实施行政处罚	（1）行政处罚应当由具有行政执法资格的执法人员实施。执法人员不得少于2人，法律另有规定的除外。 （2）执法人员与案件有直接利害关系或者有其他关系可能影响公正执法的，应当回避。 （3）当事人提出回避申请的，由行政机关负责人决定。决定作出前，不停止调查
当事人陈述、申辩	行政机关不得因当事人陈述、申辩而给予更重的处罚。当事人提出的事实、理由或者证据成立的，行政机关应当采纳
作出决定	（1）证据： ①证据必须经查证属实，方可作为认定案件事实的根据。 ②以非法手段取得的证据，不得作为认定案件事实的根据。 （2）行政机关应当对行政处罚进行全过程记录，归档保存。具有一定社会影响的行政处罚决定应当依法公开
撤回	公开的行政处罚决定被依法变更、撤销、确认违法或者确认无效的，行政机关应当在3日内撤回行政处罚决定信息并公开说明理由

（二）普通程序（★★）

行政处罚决定的程序包括简易程序和普通程序。其中，听证程序是普通程序中的特殊环节。

普通程序是指除法律特别规定应当适用简易程序的外，行政处罚实施机关依法对行政违法行为实施行政处罚，进行行政制裁时通常所应遵循的方式与步骤。

普通程序流程如下：

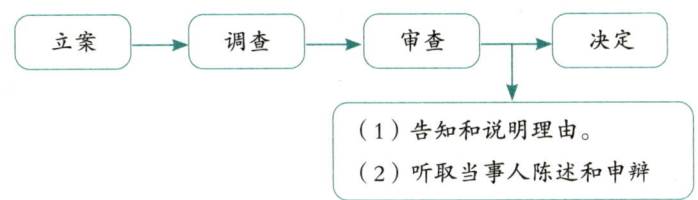

1.立案

（1）立案是普通程序的开始。

（2）符合立案标准的行政机关应当及时立案；填写立案审批表或立案决定书，由行政首长批准，并指派专人承办。

2.调查（取证）

（1）行政执法人员在调查或进行检查时，应当主动向当事人或者有关人员出示执法证件；当事人或者有关人员有权要求执法人员出示执法证件。

（2）执法人员不出示执法证件的，当事人或者有关人员有权拒绝接受调查或者检查。

（3）当事人或者有关人员应当如实回答询问，并协助调查或者检查，不得拒绝或阻挠。

（4）询问或者检查应当制作笔录。

3.审查

（1）案件调查终结后，调查人员应写出调查报告，并提出进行处罚的事实依据和处罚建议，连同案卷材料报送审查机构进行审理。

（2）审查机构根据不同的违法情况，分别作出予以行政处罚、不予行政处罚，或者移送司法机关处理等处理建议。

（3）法制审核前置。

有下列情形之一，在行政机关负责人作出行政处罚的决定之前，应当由从事行政处罚决定法制审核的人员进行法制审核；未经法制审核或者审核未通过的，不得作出决定。

①涉及重大公共利益的。

②直接关系当事人或者第三人重大权益，经过听证程序的。

③案件情况疑难复杂、涉及多个法律关系的。

④法律、法规规定应当进行法制审核的其他情形。

提示：行政机关中初次从事行政处罚决定法制审核的人员，应当通过国家统一法律职业资格考试取得法律职业资格。

4.告知和说明理由

（1）告知情况。

行政机关在依法作出行政处罚决定之前，应当事先告知当事人作出行政处罚决定的事实、理由及法律依据，并告知当事人依法享有的权利（申请回避、陈述申辩、提出证据、要求听证）。

（2）说明理由（必须履行的程序性义务）。

说明理由的内容，包括作出处罚决定的事实根据和理由及法律依据。

5.听取当事人陈述和申辩意见

（1）行政机关及其执法人员在**作出行政处罚决定之前**，如拒绝听取当事人的陈述与申辩意见，该行政处罚决定不成立，当事人放弃陈述或申辩权利的除外。

（2）行政处罚实施机关及其执法人员必须充分听取当事人的意见，对当事人提出的理由、事实和证据，应当进行复核；当事人提出的事实、理由和证据成立的，处罚机关应当采纳。

（3）行政机关不得因当事人陈述、申辩而加重处罚。

6.制作处罚决定书

（1）行政处罚决定书必须加盖作出行政处罚决定的行政机关印章。

（2）行政机关应当自行政处罚案件立案之日起90日内作出行政处罚决定。法律、法规、规章另有规定的，从其规定。

7.送达行政处罚决定书

行政处罚决定书应当在宣告后当场送交当事人。当事人不在现场的，行政机关应当在7日内将行政处罚决定书送达当事人。当事人同意并签订确认书的，行政机关可以采用传真、电子邮件等方式，将行政处罚决定书等送达当事人。

（三）听证程序（★★）

听证程序是在立案、调查取证之后，作出行政处罚决定之前进行的。

1.听证程序的适用范围

听证程序只适用于特定案件，并非所有的行政处罚案件都必须适用听证程序。行政机关（或税务机关）拟对当事人作出下列处罚决定，只要当事人依法要求听证，行政机关必须履行组织听证这一法定的程序义务。

类型	一般行政处罚	税务行政处罚
财产罚	较大数额罚款	较大数额的罚款（对公民作出2 000元以上罚款，或者对**法人或者其他组织**作出1万元以上罚款的行政处罚）
	没收较大数额违法所得、没收较大价值非法财物	没收较大数额违法所得
能力罚	降低资质等级、吊销许可证件；责令停产停业、责令关闭、限制从业	吊销税务行政许可证件
其他	其他较重的行政处罚；法律、法规、规章规定的其他情形	—

2.听证程序内容

程序	具体规定
告知	行政机关依法应当先行告知当事人具有听证的权利
申请	（1）适用听证程序以当事人申请为前提。 （2）当事人要求听证的，应在行政机关告知后5个工作日内提出
通知	行政机关应当在举行听证的7日前，将举行听证的时间、地点通知当事人及有关人员。 提示：税务行政处罚的听证程序要求税务机关在收到当事人听证申请后15日内举行听证，《行政处罚法》中未规定具体的举行听证时间
主持	（1）听证由行政机关主持，有关利害关系人参加。 （2）听证由行政机关指定非本案调查人员主持
参与	当事人可以亲自参加听证，也可委托1~2人代理参加听证
辩论	当事人可对调查人员获得的当事人违法事实和证据以及提出的行政处罚建议，提出申辩并质证。双方可以进行辩论
举行	除涉及国家秘密、商业秘密或者个人隐私外，听证公开举行
终止	当事人及其代理人无正当理由拒不出席听证或者未经许可中途退出听证的（税务行政处罚听证中表述为"无正当理由中途退出听证的"），视为放弃听证，听证终止
结果	（1）对在听证会中出示的材料、当事人的陈述及辩论等过程，应当制作笔录，交给当事人审核无误后签字或盖章。 （2）行政机关应当根据听证笔录，依法作出决定

3.听证程序中当事人的权利

当事人在听证程序中享有哪些权利，《行政处罚法》未作专条具体列举规定。但是，根据法律和相关规定，结合实践做法，可以归纳出以下权利：

（1）使用本民族的语言文字参加听证。

（2）申请或者放弃听证。

（3）申请不公开听证。

（4）委托律师或者其他人员为听证代理人参加听证。

（5）进行陈述、申辩、举证和质证。

（6）查阅听证笔录，并进行修改和签字确认。

（7）依法申请听证主持人、听证员、记录员回避。

| 典例研习·3-3 模拟单项选择题

根据《行政处罚法》的规定，下列关于听证程序的说法中，正确的是（   ）。
A.当事人可以申辩和质证，双方可以进行辩论
B.听证应由行政机关指定本案调查人员主持
C.听证程序适用于所有行政案件
D.行政机关在作出警告的行政处罚之前，应先行告知当事人享有听证的权利

🔍斯尔解析　本题考查行政处罚的听证程序。选项A当选，举行听证时，调查人员根据调查所获得的当事人违法事实和证据，提出行政处罚建议，当事人对此可提出申辩并质证；双方可以进行辩论。选项B不当选，听证程序的主持人应当由非本案调查人员担任。选项CD不当选，并非所有的行政处罚案件都适用听证程序，如警告和行政拘留处罚决定不适用听证程序。对不适用听证程序的案件，行政机关无须告知当事人享有听证的权利。

▲本题答案　A

（四）简易程序（★★）

简易程序，也称当场处罚程序，是指国家行政机关或法律、法规授权的组织，以及行政机关依法委托的组织，对符合法定条件的行政违法行为，当场作出行政处罚决定所应遵循的简单的方式与步骤。

1.简易程序的特征

（1）同时满足特定条件：
①违法事实清楚。
②有法定依据。
③数额较小的罚款（对**公民处200元以下**、对**法人或其他组织处3 000元以下的罚款**）或警告。

（2）程序简单迅捷，**当场处罚**。

行政执法人员发现符合法定条件的行政违法行为后，事实清楚的，不必更换时间和地点调查取证，可以当场依法予以处罚。

2.程序

（1）表明身份。
（2）确认违法事实，说明处罚理由和依据。
（3）制作行政处罚决定书。

执法人员当场作出行政处罚决定的，应当填写预定格式、编有号码的行政处罚决定书。行政处罚决定书应当载明当事人的违法行为或事项、处罚依据、罚款数额、时间、地点及行政机关名称（印章），并**由执法人员签名或盖章**。

（4）当场交付行政处罚决定书。

（5）报所属行政机关备案。

执法人员当场作出的行政处罚决定，必须报所属行政机关备案。当事人对作出的行政处罚决定不服的，可以依法申请行政复议或提起行政诉讼。

二、行政处罚执行程序

行政处罚的执行程序，是指确保行政处罚决定所确定的内容得以实现的程序。

（一）一般规定（★）

（1）行政处罚决定依法作出后，当事人应当在行政处罚决定的期限内予以履行。

（2）当事人对行政处罚决定不服，申请行政复议或提起行政诉讼的，除法律另有规定外，行政处罚不停止执行。

（3）当事人对限制人身自由的行政处罚决定不服，申请行政复议或者提起行政诉讼的，可以向作出决定的机关提出暂缓执行申请。符合法律规定情形的，应当暂缓执行。

（4）当事人申请行政复议或者提起行政诉讼的，加处罚款的数额在行政复议或者行政诉讼期间不予计算。

（二）处罚机关与收缴罚款机构相分离（★）

1.一般规定——罚缴分离

（1）除法定当场收缴罚款情形外，作出处罚决定的行政机关或其他组织及其执法人员不得自行收缴罚款。

（2）当事人应当自收到行政处罚决定书之日起15日内，到指定的银行或者通过电子支付系统缴纳罚款，银行应当收受罚款，并将罚款直接上缴国库。

2.例外规定——当场收缴

（1）适用情形。

记忆提示	《行政处罚法》	《治安管理处罚法》
金额小	依法给予100元以下的罚款的	被处50元以下罚款，被处罚人对罚款无异议的
事后难	不当场收缴事后难以执行的	被处罚人在当地没有固定住所，不当场收缴事后难以执行的，人民警察可以当场收缴
不方便	在边远、水上、交通不便地区，当事人向指定的银行或者通过电子支付系统缴纳罚款确有困难，经当事人提出	—

（2）程序要求。

①开收据：行政机关及其执法人员当场收缴罚款的，必须向当事人出具省、自治区、直辖市财政部门统一制发的罚款收据；不出具财政部门统一制发的罚款收据的，当事人有权拒绝缴纳罚款。

②往上交：执法人员当场收缴的罚款，应当自收缴之日起2日内，交至行政机关。在水上当场收缴的罚款，应当自抵岸之日起2日内交至行政机关；行政机关应在2日内将罚款缴付指定的银行。

原理详解

简易程序又叫当场处罚程序，当场处罚程序不同于当场收缴罚款。当场处罚程序是行政处罚的决定程序，意为当场"开罚单"，但并不意味一定要当场收缴罚款。

当场收缴罚款是对行政处罚的执行程序。如果罚款金额较小，符合行政处罚简易程序适用条件，行政执法人员可以以简易程序作出行政处罚决定，并当场收缴罚款。

（三）行政处罚的强制执行措施（★★）

1.一般规定

当事人逾期不履行行政处罚决定的，作出行政处罚决定的行政机关可以采取下列措施：

（1）加处罚款：到期不缴纳罚款的，每日按罚款数额的3%加处罚款，加处罚款的数额不得超出罚款的数额。

（2）拍卖/划拨：根据法律规定，将查封、扣押的财物拍卖、依法处理或者将被冻结的存款、汇款划拨抵缴罚款。

（3）申请人民法院强制执行。

提示：当事人确有困难，需要延期或者分期缴纳罚款的，经当事人申请和行政机关批准，可以暂缓或者分期缴纳。

精准答疑

问题：加处罚款和罚款的性质是否相同？

解答：加处罚款不同于罚款。罚款的目的是对违法行为的制裁和惩戒，是行政处罚的一种，而加处罚款是在行政处罚作出后，当事人拒不履行罚款决定时，为了迫使当事人尽快缴纳罚款，而采取的一种执行措施，属于行政强制执行的一种。换句话说，先有罚款的决定，才会有加处罚款，没有罚款的决定，就不会有加处罚款。

2.《税收征管法》中的特别规定

当事人对税务机关的处罚决定逾期不申请行政复议也不向人民法院起诉、又不履行的，作出处罚决定的税务机关才可以采取规定的强制执行措施，或者申请人民法院强制执行。

提示：在法定的复议和诉讼期内，税务机关不得对处罚决定实施强制执行。

（四）严格执行收支两条线（★）

（1）罚款、没收违法所得或者没收非法财物拍卖的款项，必须全部上缴国库，任何行政机关或者个人不得以任何形式截留、私分或者变相私分。

（2）财政部门**不得以任何形式**向作出行政处罚决定的行政机关**返还上述款项**。

> **| 典例研习·3-4**　　2019年单项选择题
>
> 根据行政法律制度的规定，下列有关行政处罚执行程序的说法中，正确的是（　　）。
>
> A.行政机关及其执法人员当场收缴罚款的，必须向当事人出具地级市财政部门统一制发的罚款收据
>
> B.纳税人不履行税务行政处罚决定，在法定的申请复议和起诉期限内依法申请复议或起诉的，税务机关不得对处罚决定实施强制执行
>
> C.当事人对行政处罚决定不服，申请行政复议或提起行政诉讼的，原则上该行政处罚决定应当停止执行
>
> D.当事人到期不缴纳罚款的，行政机关应当每日按照罚款数额的2%加处罚款
>
> **斯尔解析**　本题考查行政处罚的执行程序。选项A不当选，行政机关及其执法人员当场收缴罚款的，必须向当事人出具**省级**财政部门统一制发的罚款收据，地级市财政部门制发的收据不符合规定。选项B当选，在法定的复议和诉讼期内，税务机关不得对处罚决定实施强制执行。选项C不当选，当事人对行政处罚决定不服申请行政复议或者提起行政诉讼的，原则上行政处罚不停止执行，但存在例外规定。选项D不当选，当事人到期不缴纳罚款的，行政机关应当每日按照罚款数额的3%加处罚款。
>
> **▲本题答案**　B

三、行政执法机关移送涉嫌犯罪案件程序（★）

（一）移送程序的具体依据

行政执法机关移送涉嫌犯罪案件，其直接的法律依据是《行政处罚法》。违法行为涉嫌犯罪的，行政机关应当及时将案件移送司法机关，依法追究刑事责任。对依法不需要追究刑事责任或者免予刑事处罚，但应当给予行政处罚的，司法机关应当及时将案件移送有关行政机关。

（二）移送程序的要求

1.行政机关移送的要求

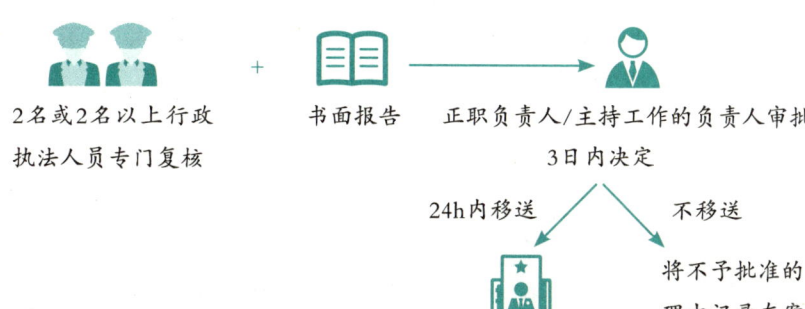

（1）行政执法机关对应当向公安机关移送的涉嫌犯罪案件，应当立即指定2名或2名以上行政执法人员组成专案组专门负责，核实情况后提出移送涉嫌犯罪案件的书面报告，报经本机关正职负责人或者主持工作的负责人审批。

（2）行政执法机关正职负责人或者主持工作的负责人应当自接到报告之日起3日内作出批准移送或者不批准移送的决定。

（3）决定批准的，应当在**24小时内**向同级公安机关移送；决定不批准的，应当将不予批准的理由记录在案。

（4）行政执法机关向公安机关移送涉嫌犯罪案件，应当移交案件的全部材料，同时将案件移送书及有关材料目录抄送人民检察院。

2.受移送机关的处理

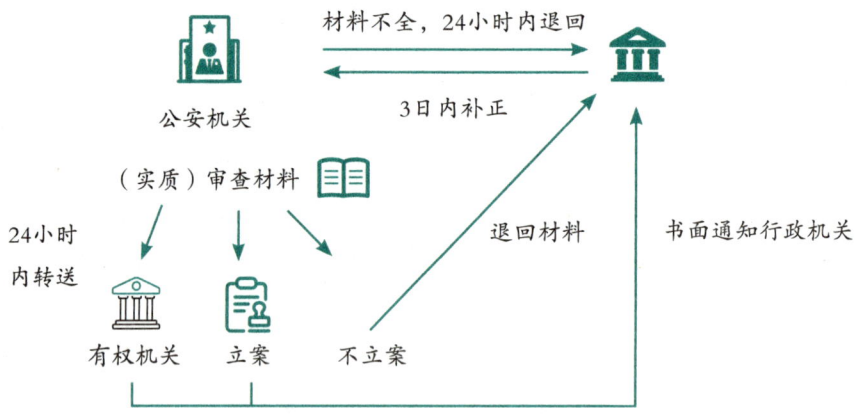

（1）移送程序。

情形	处理
一切齐全	①对行政机关移送的案件，公安机关应当接受，及时录入执法办案信息系统。 ②公安机关接受移送的，应当自接受行政执法机关移送的涉嫌犯罪案件之日起3日内，对所移送的案件进行审查
材料不全	应当在接受案件的24小时内书面告知移送的行政执法机关在3日内补正。 提示：不得以材料不全为由，不接受移送案件
不属于本机关管辖	应当在24小时内转送有管辖权的机关，并书面告知移送机关

提示：公安机关对行政执法机关移送的涉嫌犯罪案件，应当以书面形式予以受理。

（2）审查结果。

结果	处理
立案	①认为有犯罪事实，需要追究刑事责任，依法决定立案的，应当书面通知移送案件的行政执法机关。 ②公安机关应当自立案之日起3日内与行政执法机关交接涉案物品以及与案件有关的其他证据材料
	人民检察院对作出不起诉决定的案件、人民法院对作出无罪判决或者免予刑事处罚的案件，认为依法应当给予行政处罚的，应当提出检察建议或司法建议，移送有关行政执法机关处理
不予立案	认为没有犯罪事实，或犯罪事实显著轻微，不需要追究刑事责任，依法不予立案的，应当说明理由，并书面通知移送案件的行政执法机关，相应退回案卷材料

（三）移送程序中的异议解决

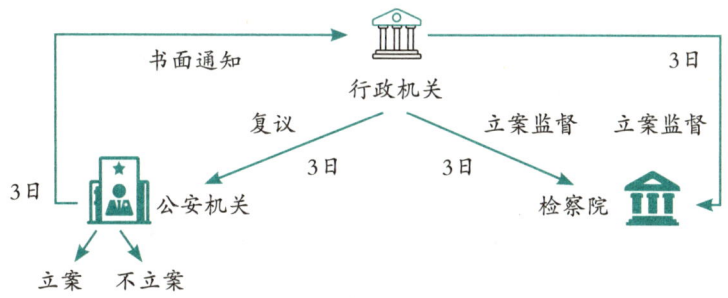

1.公安机关不予立案

行政执法机关接到公安机关不予立案的通知书后，认为依法应当由公安机关决定立案的，可以自接到不予立案通知书之日起3日内，提请作出不予立案决定的公安机关复议；也可以建议人民检察院依法进行立案监督。

2.公安机关复议之后仍不予立案

（1）作出不予立案决定的公安机关应当自收到行政执法机关提请复议的文件之日起3日内作出立案或者不予立案的决定，并书面通知移送案件的行政执法机关。

（2）移送案件的行政执法机关对公安机关不予立案的复议决定仍有异议的，应当自收到复议决定通知书之日起3日内建议人民检察院依法进行立案监督。公安机关应当接受人民检察院依法进行的立案监督。

3.公安机关立案

行政执法机关对公安机关决定立案的案件，应当自接到立案通知书之日起3日内将涉案物品及与案件有关的其他材料移交公安机关，并办结交接手续；法律、行政法规另有规定的，依照其规定。

第五节 税务行政处罚

一、税收违法行为及其处罚规定（★）

（一）违反日常税收管理的违法行为及其处罚规定

纳税人有下列行为之一的，由税务机关责令限期改正，可以处2 000元以下的罚款；情节严重的，处2 000元以上1万元以下的罚款：

（1）未按照规定的期限申报办理税务登记、变更或者注销登记的。

（2）未按照规定设置、保管账簿或者保管记账凭证和有关资料的。

（3）未按照规定将财务、会计制度或者财务、会计处理办法和会计核算软件报送税务机关备查的。

（4）未按照规定将其全部银行账号向税务机关报告的。

（5）未按照规定安装、使用税控装置，或者损毁或者擅自改动税控装置的。

（二）直接妨害税款征收的违法行为及其处罚规定

类型	基本规定	行政处罚
偷税	（1）伪造、变造、隐匿、擅自销毁账簿、记账凭证。 （2）在账簿上多列支出或者不列、少列收入。 （3）经税务机关通知申报而拒不申报或者进行虚假的纳税申报，不缴或者少缴应纳税款	对纳税人、扣缴义务人： （1）追缴税款、滞纳金。 （2）并处罚款：不缴或者少缴的税款50%以上5倍以下的罚款。 （3）构成犯罪的，依法追究刑事责任
逃避追缴欠税	欠缴应纳税款的纳税人，采取转移或者隐匿财产的手段，妨碍税务机关追缴欠缴税款	（1）追缴其欠缴的税款、滞纳金。 （2）并处罚款：欠缴税款50%以上5倍以下的罚款。 （3）构成犯罪的，依法追究刑事责任
骗税	以假报出口或者其他欺骗手段，骗取国家出口退税款	（1）追缴骗取退税款。 （2）并处罚款：骗取税款1倍以上5倍以下的罚款。 （3）构成犯罪的，依法追究刑事责任
抗税	纳税人以暴力、威胁方法拒不缴纳税款	（1）追缴其拒缴的税款、滞纳金。 （2）并处罚款：拒缴税款1倍以上5倍以下的罚款。 （3）构成犯罪的，依法追究刑事责任

（三）纳税人违反发票管理规定的违法行为及其处罚规定

（1）非法印制发票的，由税务机关销毁非法印制的发票，没收违法所得和作案工具，并处1万元以上5万元以下的罚款；构成犯罪的，依法追究刑事责任。

（2）对违反发票管理规定两次以上或者情节严重的单位和个人，税务机关可以向社会公告。税务机关对违反发票管理法规的行为依法进行处罚的，由县级以上税务机关决定；罚款额在2 000元以下的，可由税务所决定。

二、税务行政处罚裁量权行使规则

税务行政处罚裁量基准是税务机关为规范行使行政处罚裁量权而制定的细化量化标准。

原理详解

税务行政处罚裁量基准是一种解释性、指导性规则。税务机关在作出行政处罚决定时，在法定范围内，有一定自由裁量权。也就是说，税务机关需要综合考虑违法行为的事实、性质等，选择处罚种类和幅度，作出行政处罚决定。但赋予税务机关自由裁量的余地很可能带来权力的滥用。因此，在自由裁量的前提下，对于裁量权的行使，需要有一个"边界"，且这个"边界"还需要让行政相对人知晓，从而在行政相对人作出某些行为时能够预见到行为所带来的后果，这个裁量的"边界"其实就是所谓的"裁量基准"。

（一）税务行政处罚裁量基准制定（★）

（1）税务行政处罚裁量基准应当以税务规范性文件形式发布，并结合税收行政执法实际及时修订。

（2）省税务局应当联合制定本地区统一适用的税务行政处罚裁量基准。

（3）税务机关在实施行政处罚时，应当以法律、法规、规章为依据，并在裁量基准范围内作出相应的行政处罚决定，不得单独引用税务行政处罚裁量基准作为依据。

（二）税务行政处罚裁量规则适用（★）

1.不予处罚

（1）税务机关对于当事人首次违反且危害后果轻微，并在税务机关发现前主动改正的或者在税务机关责令限期改正的期限内改正的，可以不予行政处罚。

（2）违反税收法律、行政法规应当给予行政处罚的行为在5年内未被发现的，不再给予行政处罚。

2.责令限期改正

税务机关应当责令当事人改正或者限期改正违法行为的，除法律、法规、规章另有规定外，责令限期改正的期限一般不超过30日。

3."一事不二罚"

对当事人的同一个税收违法行为不得给予两次以上罚款的行政处罚。当事人同一个税收违法行为违反不同行政处罚规定且均应处以罚款的，应当选择适用处罚较重的条款。

4.告知义务

行使税务行政处罚裁量权应当依法履行告知义务。在作出行政处罚决定前，应当告知当事人作出行政处罚决定的事实、理由、依据及拟处理结果，并告知当事人依法享有的权利。

5.回避

税务机关行使税务行政处罚裁量权涉及法定回避情形的，应当依法告知当事人享有申请回避的权利；税务人员存在法定回避情形的，应自行回避或者由税务机关决定回避。

6.集体审议

对情节复杂、争议较大、处罚较重、影响较广或者**拟减轻处罚**等税务行政处罚案件，应当经过集体审议决定。

│典例研习·3-5 【2019年单项选择题】

下列有关税务行政处罚裁量权的说法中，正确的是（　　）。

A.税务行政处罚裁量基准应当以部门规章形式发布

B.税务机关在实施行政处罚时，可以单独引用税务行政处罚裁量基准作为依据

C.当事人同一个税收违法行为违反不同行政处罚规定且均应处以罚款的，应当选择适用处罚较重的条款

D.对当事人同一税收违法行为不得给予两次以上行政处罚

斯尔解析 本题考查税务行政处罚裁量规则。选项A不当选，税务行政处罚裁量基准规定是一种解释性、指导性规则，与一般意义上的税收法律规范或者税法规则不同，应当以税务规范性文件形式发布，不能以规章形式发布。选项B不当选，税务机关在实施行政处罚时，应当以法律、法规、规章为依据，并在裁量基准范围内作出相应的行政处罚决定，不得单独引用税务行政处罚裁量基准作为依据。选项C当选，选项D不当选，"一事不二罚"原则要求有二：（1）对当事人的同一个税收违法行为不得给予两次以上罚款的行政处罚；（2）当事人同一个税收违法行为违反不同行政处罚规定且均应处以罚款的，应当选择适用处罚较重的条款。

▲**本题答案** C

三、税务稽查案件办理程序（★）

（一）选案程序

稽查局应当加强稽查案源管理，全面收集整理案源信息，合理、准确地选择待查对象。待查对象确定后，经**稽查局局长**批准实施立案检查。必要时，依照法律法规的规定，稽查局可以在立案前进行检查。

（二）检查程序

1.基本要求

（1）检查前，稽查局应当告知被查对象检查时间、需要准备的资料等，但预先通知有碍检查的除外。

（2）检查应当由两名以上具有执法资格的检查人员共同实施，并向被查对象出示税务检查证件、出示或者送达税务检查通知书，告知其权利和义务。

（3）检查应当依照法定权限和程序，采取实地检查、调取账簿资料、询问、查询存款账户或者储蓄存款、异地协查等方法。

2.检查取证的具体要求

（1）对采用电子信息系统进行管理和核算的被查对象。

①检查人员可以要求其打开该电子信息系统，或者提供与原始电子数据、电子信息系统技术资料一致的复制件。

②被查对象拒不打开或者拒不提供的，经稽查局局长批准，可以采用适当的技术手段对该电子信息系统进行直接检查，或者提取、复制电子数据进行检查，但所采用的技术手段不得破坏该电子信息系统原始电子数据，或者影响该电子信息系统正常运行。

③以电子数据的内容证明案件事实的，检查人员可以要求当事人将电子数据打印成纸质资料，在纸质资料上注明数据出处、打印场所、打印时间或者提供时间，注明"与电子数据核对无误"，并由当事人签章。

（2）稽查局办理税务稽查案件时，有权调取被查对象账簿、记账凭证、报表和其他有关资料。具体而言：

资料时限	批准主体	退还时效
以前年度	县以上税务局局长	3个月内完整退还
当年	设区的市、自治州以上税务局局长	30日内退还

（3）稽查局采取询问方式检查取证时，应当由两名以上检查人员实施。除在被查对象生产、经营、办公场所询问外，应当向被询问人送达询问通知书。

（4）检查人员实地调查取证时，可以制作现场笔录、勘验笔录，对实地调查取证情况予以记录。制作现场笔录、勘验笔录，应当载明时间、地点和事件等内容，并由检查人员签名和当事人签章。

（5）检查人员查询从事生产、经营的纳税人、扣缴义务人存款账户，应当经县以上税务局局长批准，凭检查存款账户许可证明向相关银行或者其他金融机构查询。查询案件涉嫌人员储蓄存款的，应当经设区的市、自治州以上税务局局长批准，凭检查存款账户许可证明向相关银行或者其他金融机构查询。

（三）审理程序

检查结束后，稽查局应当对案件进行审理。符合重大税务案件标准的，稽查局审理后提请税务局重大税务案件审理委员会审理。经审理，稽查局应当区分下列情形分别作出处理：

情形		处理方式
有税收违法行为	应当作出税务处理决定的	制作税务处理决定书
	应当作出税务行政处罚决定的	制作税务行政处罚决定书
税收违法行为轻微，依法可以不予税务行政处罚的		制作不予税务行政处罚决定书
没有税收违法行为的		制作税务稽查结论

提示：稽查局应当自立案之日起90日内作出行政处理、处罚决定或者无税收违法行为结论。案情复杂需要延期的，经税务局局长批准，可以延长不超过90日。

（四）执行程序

稽查局应当依法及时送达税务处理决定书、税务行政处罚决定书、不予税务行政处罚决定书、税务稽查结论等税务文书。

（1）在执行阶段，当事人确有经济困难，需要延期或者分期缴纳罚款的，可向稽查局提出申请，经税务局局长批准后，可以暂缓或者分期缴纳。

（2）具有下列情形之一的，经<u>县以上税务局局长</u>批准，稽查局可以依法强制执行，或者依法申请人民法院强制执行：

①纳税人、扣缴义务人未按照规定的期限缴纳或者解缴税款、滞纳金，责令限期缴纳逾期仍未缴纳的。

②经稽查局确认的纳税担保人未按照规定的期限缴纳所担保的税款、滞纳金，责令限期缴纳逾期仍未缴纳的。

③当事人对处罚决定逾期不申请行政复议也不向人民法院起诉、又不履行的。

④其他可以依法强制执行的。

典例研习在线题库

至此，涉税服务相关法律的学习已经进行了10%，继续加油呀！

10%

第四章 行政强制法律制度

学习提要

重要程度：次重点章节

平均分值：3~5分

考核题型：单项选择题、多项选择题、综合分析题

本章提示：本章脉络清晰，涉及行政强制措施与行政强制执行概念、设定、实施等规定，考试重点较为明确，请同学们重点掌握查封、扣押、冻结，以及行政强制执行的程序等相关规定，考试题目不难，但须注意把握细节

第一节 行政强制概述

一、行政强制的概念和种类

（一）行政强制的概念

行政强制，是指在行政过程中出现违反义务或者义务不履行的情况下，为了确保行政的实效性，维护和实现公共利益，由行政主体或者行政主体申请人民法院，对公民、法人或者其他组织的财产以及人身、自由等予以强制而采取的行政行为。

行政强制包括行政强制措施和行政强制执行。

（二）行政强制的种类（★★★）

1.行政强制措施

行政强制措施，是指行政机关在行政管理过程中，为制止违法行为、防止证据损毁、避免危害发生、控制危险扩大等情形，依法对公民的人身自由实施暂时性限制，或者对公民、法人或者其他组织的财物实施**暂时性控制**的行为。

2.行政强制执行

行政强制执行，是指行政机关或者行政机关申请人民法院，对不履行行政决定的公民、法人或者其他组织，依法**强制履行义务**的行为。

> **原理详解**
>
> 行政强制措施和行政强制执行都属于行政强制，但二者性质有明显的不同。行政强制措施是一种暂时性措施，行政强制执行则具有终局性的特性。
>
> 甲市A公司应缴纳税款30万元，但未按照规定的期限缴纳，甲市税务局责令15日内缴纳税款，A公司逾期仍未缴纳，甲市税务局遂依法扣押了A公司价值30万元的商品。经甲市税务局局长批准，依法将扣押的商品拍卖，以拍卖所得抵缴了税款。
>
> 上述案例中，扣押商品并未使得当事人的义务最终得以履行，扣押之后，A公司仍负有缴纳税款的义务，若A公司缴纳了税款，则税务局应当解除扣押措施，将商品返还，因此，扣押只是一种暂时性措施，属于行政强制措施；而将扣押的商品进行拍卖，以拍卖所得抵缴税款之后，当事人丧失扣押商品的所有权，也不再负有缴纳税款的义务，因此，拍卖行为具有终局性，属于行政强制执行。

3.行政强制的具体分类

记忆提示	行政强制措施（暂时性）	行政强制执行（终局性）
人	限制公民人身自由	—
钱	冻结存款、汇款	划拨存款、汇款
	—	加处罚款或者滞纳金
物	（1）查封场所、设施或者财物。 （2）扣押财物	拍卖或者依法处理查封、扣押的场所、设施或者财物
其他	证据先行登记保存、交通管制、强制进入场所、通信管制等	（1）排除妨碍、恢复原状。 （2）代履行
	—	强制履行兵役义务、强制收购、强制教育等

典例研习·4-1 （2017年多项选择题）

根据《行政强制法》的规定，行政强制措施包括（　　）。

A.代履行　　　　　　　　　B.税务机关强制执行税款

C.查封、扣押　　　　　　　D.税务机关申请法院强制执行罚款

E.冻结存款账户

斯尔解析 本题考查行政强制措施的种类。行政强制措施包括：（1）限制公民人身自由；（2）查封场所、设施或者财物（选项C当选）；（3）扣押财物（选项C当选）；（4）冻结存款、汇款（选项E当选）；（5）其他行政强制措施。选项ABD不当选，代履行、税务机关强制执行税款以及申请法院强制执行罚款都是强制当事人履行义务的方式，属于行政强制执行，并非行政强制措施。

本题答案 CE

二、行政强制的基本原则（★）

行政强制基本原则包括：

（1）行政强制合法性原则。

按照法定的权限、范围、条件和程序设定行政强制和实施行政强制。

（2）行政强制适当原则（合理性原则）。

设定与实施行政强制时应当适当、合理，特别是应当符合比例原则。在多种强制手段都可以实现行政目的时，应当选择对当事人损害最小的方式，即符合比例原则的要求。

（3）教育与强制相结合原则。

违法行为情节显著轻微或者没有明显社会危害的，可以不采取行政强制措施。

（4）禁止利用行政强制权谋取利益原则。

（5）保障当事人程序权利和法律救济权利原则。

当事人享有陈述权、申辩权，也享有法律救济权。法律救济途径主要有行政复议、行政诉讼和国家赔偿三种。

三、行政强制的设定权（★★★）

文件	行政强制措施 是否可设定	设定范围 可以设定	设定范围 不可设定	行政强制执行
法律	√	不限种类		√
行政法规	√	其他均可设定	限制公民人身自由、冻结存款、汇款	×
地方性法规	√	查封场所、设施或者财物以及扣押财物	其他均不可设定	×
其他	×	均不可设定		×

解题高手

命题角度：行政许可、行政处罚、行政强制的设定权辨析。

文件	行政许可	行政处罚	行政强制措施	行政强制执行
法律	设定经常性许可	均可设定	均可设定	仅法律可设定
行政法规	设定经常性许可	不可设定"限制人身自由"的行政处罚	不可设定"限制公民人身自由、冻结存款、汇款"的行政强制措施	×
地方性法规	设定经常性许可	不可设定"限制人身自由、吊销营业执照"的行政处罚	只可设定"查封场所、设施或者财物"以及"扣押财物"的行政强制措施	×
部门规章	×	只能设定"警告、通报批评、一定数额罚款"的行政处罚	×	×
地方政府规章	省级政府可以设定临时性许可		×	×
国务院决定	可以设定	×	×	×

| 典例研习·4-2 2019年单项选择题

根据《行政强制法》的规定，下列有关设定行政强制的说法中，正确的是（ ）。
A.尚未制定法律的，行政法规可以设定限制公民人身自由的行政强制措施
B.尚未制定法律、行政法规的，地方性法规可以设定冻结存款、汇款的行政强制措施
C.行政法规不得设定行政强制执行
D.一定条件下，行政规章也可以设定行政强制措施

🔍斯尔解析 本题考查行政强制的设定。选项A不当选，"限制公民人身自由"是法律的绝对保留事项，无论是限制人身自由的行政处罚还是限制公民人身自由的行政强制措施，都只能由法律设定。选项B不当选，地方性法规只能设定查封场所、设施或财物以及扣押财物的行政强制措施。选项C当选，行政强制执行只能由法律设定。行政法规等其他规范性文件均不可设定行政强制执行。选项D不当选，行政强制措施只能由法律和法规设定，其他规范性文件一律不得设定行政强制措施。

🔺本题答案 C

第二节　行政强制措施的实施

一、行政强制措施实施的一般规定（★）

（一）实施主体

实施主体	实施范围	实施人员
法律、法规规定的行政机关	法定职权范围内	行政强制措施应当由行政机关具备资格的行政执法人员实施，其他人员不得实施
法律、行政法规授权的具有管理公共事务职能的组织	法律、行政法规授权范围内	
相对集中行政处罚权的行政机关	与行政处罚权有关的强制措施	

根据上述内容可知，行政强制措施不得委托。

（二）实施程序

1.一般程序

行政机关实施行政强制措施应当遵守下列规定：
（1）实施前须向行政机关负责人报告并经批准。
（2）由两名以上行政执法人员实施。

（3）出示执法身份证件。

（4）通知当事人到场。

（5）当场告知当事人采取行政强制措施的理由、依据，以及当事人依法享有的权利、救济途径。

（6）听取当事人的陈述和申辩。

（7）制作现场笔录。

（8）现场笔录由当事人和行政执法人员签名或者盖章，当事人拒绝的，在笔录中予以注明。

（9）当事人不到场的，邀请见证人到场，由见证人和行政执法人员在现场笔录上签名或者盖章。

（10）法律、法规规定的其他程序。

2.情况紧急，当场实施的行政强制措施的要求

情况紧急，需要当场实施行政强制措施的，行政执法人员应当在24小时内向行政机关负责人报告，并补办批准手续。行政机关负责人认为不应当采取行政强制措施的，应当立即解除。

3.限制公民人身自由的特别规定

依照法律规定实施限制公民人身自由的行政强制措施，除应当履行上述的一般程序外，还应当遵守下列规定：

项目	具体规定
告知家属	当场告知或者实施行政强制措施后立即通知当事人家属实施行政强制措施的行政机关、地点和期限
立即补批	在紧急情况下当场实施行政强制措施的，在返回行政机关后，立即向行政机关负责人报告并补办批准手续
不得超期	实施限制人身自由的行政强制措施不得超过法定期限。对于实施行政强制措施的目的已经达到或者条件已经消失的情况，行政机关应当立即解除行政强制措施

二、查封、扣押（★★★）

（一）实施主体和范围

项目	具体规定
实施主体	由法律、法规规定的行政机关实施，其他任何行政机关或组织不得实施
范围	（1）查封、扣押限于涉案的场所、设施或者财物。不得查封、扣押与违法行为无关的场所、设施或者财物。 （2）不得查封、扣押公民个人及其所扶养家属的生活必需品。 （3）当事人的场所、设施或者财物已被其他国家机关依法查封的，不得重复查封

（二）实施程序

行政机关决定实施查封、扣押的，应当履行行政强制措施的一般程序，制作并当场交付查封、扣押决定书和清单。

提示：查封、扣押清单一式二份，由当事人和行政机关分别保存。

××局

查封（扣押）决定书

××字××号

×××：

身份证号：_____

联系电话：_____

地址：_____

经查，你实施了以下违法行为_____；你的上述行为涉嫌违反了《××法》第××条第××款的规定；依据_____的规定，我局决定对你涉事的_____予以查封扣押，查封扣押期限为_____（自×年×月×日起至×年×月×日止）。

如对本决定不服，你可在收到本决定之日起60日内，向_____申请行政复议，也可以在收到本决定书之日起6个月内向_____人民法院提起行政诉讼。

××局
×年×月×日

（三）查封、扣押的法定时限

1.一般规定

（1）"30+30"。

查封、扣押的期限不得超过30日；情况复杂的，经行政机关负责人批准，可以延长，但是延长期限不得超过30日，**法律、行政法规**另有规定的除外。延长查封、扣押的决定应当及时书面告知当事人，并说明理由。

（2）税收保全措施的时限。

税务机关采取税收保全措施的期限一般不得超过6个月；重大案件需要延长的，应当报国家税务总局批准。

提示：

税收保全措施包括：

①书面通知纳税人开户银行或者其他金融机构冻结纳税人的金额相当于应纳税款的存款。

②扣押、查封纳税人的价值相当于应纳税款的商品、货物或者其他财产。

2.其他规定

对物品需要进行检测、检验、检疫或者技术鉴定的，查封、扣押的期间不包括检测、检验、检疫或者技术鉴定的期间。检测、检验、检疫或者技术鉴定的期间应当明确，并书面告知当事人。

（四）查封、扣押后的保管

1.保管的要求

（1）行政机关实施查封、扣押，对查封、扣押的场所、设施或者财物应当妥善保管，不得使用或者损毁。

（2）因未尽妥善保管义务造成损失的，应当承担赔偿责任。

2.委托第三人保管

（1）对查封的场所、设施或者财物（不含扣押），行政机关可以委托第三人保管，第三人不得损毁或者擅自转移、处置。

（2）因第三人的原因造成的损失，行政机关先行赔付后，有权向第三人追偿。

（五）行政强制措施的费用

（1）检测、检验、检疫或者技术鉴定的费用由 **行政机关** 承担。

（2）因查封、扣押发生的保管费用由 **行政机关** 承担。

（六）查封、扣押的解除

1.解除的情形

有下列情形之一，行政机关应当及时作出解除查封、扣押决定：

记忆提示	具体规定
无违法	当事人没有违法行为
无关联	查封、扣押的场所、设施或者财物与违法行为无关
已处理	行政机关对违法行为已经作出处理决定，不再需要查封、扣押
期限满	查封、扣押期限已经届满
兜个底	其他不再需要采取查封、扣押措施的情形

2.解除后的处理

（1）退还：

解除查封、扣押应当立即退还财物；已将鲜活物品或者其他不易保管的财物拍卖或者变卖的，退还拍卖或者变卖所得款项。

（2）补偿：

变卖价格明显低于市场价格，给当事人造成损失的，行政机关应当给予补偿。

| 典例研习 · 4-3 2018年多项选择题

某市税务局发现宏达软件技术有限责任公司有转移应纳税财产以逃避纳税义务的迹象，遂采取税收保全措施，决定扣押该公司计算机10台。下列关于扣押的说法中，正确的有（　　）。

A.市税务局可以委托第三人保管扣押的10台计算机
B.除法律、行政法规另有规定外，市税务局扣押10台计算机的最长期限为90日
C.因扣押发生的保管费用由该公司承担
D.市税务局决定延长扣押期限的，应当及时书面告知该公司并说明理由
E.如需要对扣押的物品进行检测、检验、检疫的，该费用由市税务局承担

斯尔解析 本题考查查封、扣押。选项A不当选，行政机关对查封的场所、设施或财物可以委托第三人保管，但扣押的财产不得委托第三人保管。选项B不当选，税务机关采取税收保全措施的期限一般不得超过6个月。选项C不当选，选项E当选，因查封、扣押发生的保管费用以及检测、检验、检疫或技术鉴定的费用由行政机关承担。选项D当选，延长查封、扣押的决定应当及时书面告知当事人，并说明理由。

▲本题答案 DE

三、冻结（★★★）

（一）实施主体和范围

项目	具体规定
实施主体	只能由法律规定的行政机关实施，不得委托给其他行政机关或者组织；其他任何行政机关或者组织不得冻结存款、汇款
范围	（1）冻结存款、汇款的数额应当与违法行为涉及的金额相当。 （2）已被其他国家机关依法冻结的，不得重复冻结

（二）实施程序

冻结的实施程序包括以下步骤：
（1）实施前须向行政机关负责人报告并经批准。
（2）由两名以上行政执法人员实施。
（3）出示执法身份证件。
（4）制作现场笔录。
（5）向金融机构交付冻结通知书。

①金融机构接到行政机关依法作出的冻结通知书后，应当立即予以冻结，不得拖延，不得在冻结前向当事人泄露信息。
②法律规定以外的行政机关或者组织要求冻结当事人存款、汇款的，金融机构应当拒绝。

（6）向当事人交付冻结决定书。依照法律规定冻结存款、汇款的，作出决定的行政机关应当在**3日内**向当事人交付冻结决定书。

（三）冻结法定时限

自冻结存款、汇款之日起**30日内**，行政机关应当作出处理决定或者作出解除冻结决定；情况复杂的，经行政机关负责人批准，可以延长，但是延长期限不得超过30日。**法律**另有规定的除外。延长冻结的决定应当及时书面告知当事人，并说明理由。

（四）冻结的解除

1. 解除冻结的情形

有下列情形之一的，行政机关应当及时作出解除冻结决定：

记忆提示	具体规定
无违法	当事人没有违法行为
无关联	冻结的存款、汇款与违法行为无关
已处理	行政机关对违法行为已经作出处理决定，不再需要冻结
期限满	冻结期限已经届满
兜个底	其他不再需要采取冻结措施的情形

2. 解除冻结的程序

（1）行政机关作出解除冻结决定的，应当及时通知金融机构和当事人。金融机构接到通知后，应当**立即解除**冻结。

（2）行政机关逾期未作出处理决定或者解除冻结决定的，金融机构应当自**冻结期满之日**起解除冻结。

| 典例研习·4-4　2019年单项选择题

根据《行政强制法》的规定，下列有关冻结的说法中，正确的是（　）。

A. 冻结存款、汇款应当由法律规定的行政机关实施，行政机关不得委托给其他行政机关或者组织

B. 已被其他国家机关依法冻结的存款、汇款，行政机关可以重复冻结

C. 行政法规可以对冻结期限作出特别规定

D. 依照法律规定冻结存款、汇款的，作出决定的行政机关应于当日向当事人交付冻结决定书

斯尔解析 本题考查冻结相关规定。选项A当选，冻结只能由法律规定的行政机关实施，且不得委托。选项B不当选，已被其他国家机关依法冻结的存款、汇款，不得重复冻结。选项C不当选，冻结的期限原则是30日，情况复杂的，可以延长，但是延长的期限不得超过30日；法律另有规定的除外，行政法规不得对此作出例外规定。选项D不当选，作出决定的行政机关在3日内向当事人交付冻结决定书即可，并非应于当日交付。

本题答案 A

第三节 行政强制执行的实施

一、行政强制执行实施的一般规定

（一）实施主体（★）

1.行政机关

行政机关依法作出行政决定后，当事人在行政机关决定的期限内不履行义务的，依照《行政强制法》的规定强制执行。

2.被授权组织

法律、行政法规授权的具有管理公共事务职能的组织在法定授权范围内，以自己的名义实施行政强制执行。

> 行政强制执行是为了保证行政决定的顺利实施。行政强制执行可以分为两类，一类是，有行政强制执行权的行政机关，有权作出强制执行决定。另一类是，没有行政强制权的行政机关，只能申请人民法院强制执行。
>
> 根据行政强制法律制度及特别法的规定，有行政强制权的机关包括：公安局、国家安全局、税务局、海关、县级以上人民政府。除上述行政机关外，其他行政机关无行政强制权，只能申请人民法院强制执行。
>
> 一般来说，有行政强制权的行政机关不能申请人民法院强制执行，但税务机关、海关既可以申请人民法院强制执行，也可以自行强制执行。
>
> 教材中对此部分的提及较为模糊，同学们简单了解相关规定即可，无须背记。

（二）行政强制执行的限制（★★★）

记忆提示	具体规定
一般不得	行政机关实施行政强制执行，不得在夜间或者法定节假日实施，但是情况紧急的除外
一律不得	行政机关不得对居民生活采取停止供水、供电、供热、供燃气等方式迫使当事人履行相关行政决定
强拆违建	拆房先公告	对违法的建筑物、构筑物、设施等需要强制拆除的，应当由行政机关予以公告，限期当事人自行拆除
	"三不"可强拆	当事人在法定期限内不申请行政复议或者提起行政诉讼，又不拆除的，行政机关可以依法强制拆除

(三）催告程序（★★★）

催告的流程如下：

行政决定 → 当事人不履行 → 催告 → 行政强制执行决定

（1）行政机关作出强制执行决定前，应当以书面形式事先催告当事人履行义务。

（2）当事人收到催告书后有权进行陈述和申辩。行政机关应当充分听取当事人的意见，对当事人提出的事实、理由和证据，应当进行记录、复核。当事人提出的事实、理由或者证据成立的，行政机关应当采纳。

（3）在催告期间，对有证据证明有转移或者隐匿财物迹象的，行政机关可以作出<u>立即强制执行</u>决定。

> **解题高手**
>
> **命题角度：** 行政强制中各类文书载明事项。
>
> （1）查封、扣押、冻结决定书；强制执行决定书。
>
> | 维度 | 查封、扣押决定书 | 冻结决定书 | 强制执行决定书 |
> |---|---|---|---|
> | 主体 | 当事人的姓名或者名称、地址 |||
> | | 行政机关的名称、印章和日期 |||
> | 程序 | 查封、扣押、冻结的理由、依据和期限 || 强制执行的理由和依据 |
> | | 查封、扣押场所、设施或者财物的名称数量等 | 冻结的账号和数额 | 强制执行的方式和时间 |
> | 救济 | 申请行政复议或者提起行政诉讼的途径和期限 |||
>
> （2）催告书应当载明下列事项：
> ①履行义务的期限。
> ②履行义务的方式。
> ③涉及金钱给付的，应当明确金额和给付方式。
> ④当事人依法享有的陈述权和申辩权。

> **精准答疑**
>
> **问题：** 为什么催告书中无须载明当事人申请行政复议或者提起行政诉讼的途径和期限？
>
> **解答：** 催告行为只是催一催当事人应当尽快履行已经存在的义务，并没有为当事人增加新的义务。行政机关对当事人处以1万元罚款，但当事人不缴纳罚款。于是行政机关向当事人送达一份催告书，意为"你的罚款还没交呢，该交罚款了"。

> 行政处罚决定使当事人负担了缴纳罚款的义务,催告并没有增加新的义务,因此,当事人对行政机关的催告程序不可以申请行政复议或提起行政诉讼,自然没必要载明申请复议和提起诉讼的途径和期限。

(四)中止执行和终结执行(★★)

1.中止执行

(1)中止执行的情形。

记忆提示	具体规定
难履行	当事人履行行政决定确有困难或者暂无履行能力的
难确权	第三人对执行标的主张权利,确有理由的
难弥补	执行可能造成难以弥补的损失,且中止执行不损害公共利益的

(2)中止执行后的处理。

①恢复执行:中止执行的情形消失后,行政机关应当恢复执行。

②不再执行:对没有明显社会危害,当事人确无能力履行,中止执行满3年未恢复执行的,行政机关不再执行。

2.终结执行

有下列情形之一的,终结执行:

记忆提示	具体规定
"人财两空"	(1)公民死亡,无遗产可供执行,又无义务承受人的。 (2)法人或者其他组织终止,无财产可供执行,又无义务承受人的
"标的灭失"	执行标的灭失的
"决定被撤"	据以执行的行政决定被撤销的

精准答疑

问题:如何区分行政强制执行的中止和终结?

解答:中止是暂停,上述事由消除以后还可以继续强制执行。终结是完全"到头",以后不能再继续执行了,若出现上述"人财两空""标的灭失""决定被撤"的情形,就无法再继续执行了。

(五)执行和解程序(★★)

行政机关<u>可以</u>在不损害公共利益和他人合法权益的情况下,与当事人达成执行协议。

(1)分段履行:执行协议可以约定<u>分阶段履行</u>。

（2）本金不免：在强制执行阶段，罚款本金、税款本金、行政性收费本金不适用执行和解的减免规定。

（3）加处可免：当事人采取补救措施的，可以减免加处的罚款或者滞纳金。

（4）恢复执行：执行协议应当履行。当事人不履行执行协议的，行政机关应当恢复强制执行。

| 典例研习·4-5   2020年单项选择题

根据《行政强制法》的规定，下列有关行政强制执行的说法中，正确的是（   ）。

A.在强制执行阶段，罚款本金、税款本金不适用执行和解的减免规定

B.行政机关作出强制执行决定前，应当事先采取书面或者口头形式催告当事人履行义务

C.据以执行的行政决定被撤销的，行政机关应中止执行

D.行政强制执行一律不得在夜间或者法定节假日实施

斯尔解析 本题考查行政强制执行的程序。选项A当选，在执行和解程序中，可以减免加处的罚款或滞纳金，但是罚款本金、税款本金、行政性收费本金不适用执行和解的减免规定。选项B不当选，行政机关作出强制执行决定前，应当以书面形式事先催告当事人履行义务。选项C不当选，据以执行的行政决定被撤销的，行政机关应终结执行，而非中止执行。选项D不当选，行政机关实施行政强制执行，不得在夜间或者法定节假日实施，但是情况紧急的除外，并非"一律不得在夜间或者法定节假日实施"。

▲本题答案 A

二、金钱给付义务的执行（★）

（一）加处罚款或者滞纳金

行政机关依法作出金钱给付义务的行政决定，当事人逾期不履行的，行政机关可以依法加处罚款或者滞纳金。

原理详解

加处罚款或滞纳金与代履行属于间接强制执行，根据《行政强制法》的规定，所有行政机关在满足特定条件的情况下，均可实施。

加处罚款与滞纳金并不是为了惩戒，而是为了迫使当事人赶紧缴纳所欠罚款、税款等。加处罚款和滞纳金一般金额较大，为了限制行政机关的权力，法律控制实施加罚的时限，进而控制加罚的总额。

对于加处罚款与滞纳金的限制性规定如下：

项目	记忆提示	具体规定
义务	告知标准	加处罚款或者滞纳金的标准应当告知当事人。行政机关无论加处罚款还是滞纳金，都应及时向当事人告知，因追求罚款与滞纳金收益，而故意不告知，致使当事人遭受不合理损失的，对此应认定无效
金额	不超本数	加处罚款或者滞纳金的数额不得超出金钱给付义务的数额
时间	"30而已"	实施加处罚款或者滞纳金超过30日，经催告当事人仍不履行的，具有行政强制执行权的行政机关可以强制执行。没有行政强制执行权的行政机关应当申请人民法院强制执行

（二）划拨、拍卖

（1）划拨存款、汇款应当由**法律**规定的行政机关决定，并书面通知金融机构。金融机构接到行政机关依法作出划拨存款、汇款的决定后，应当立即划拨。

（2）依法拍卖财物，由行政机关委托拍卖机构依照《中华人民共和国拍卖法》的规定办理。

（3）划拨的存款、汇款及拍卖和依法处理所得的款项应当上缴国库或者划入财政专户。任何行政机关或者个人不得以任何形式截留、私分或者变相私分。

三、代履行（★）

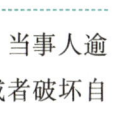

行政机关依法作出要求当事人履行**排除妨碍、恢复原状**等义务的行政决定，当事人逾期不履行，经催告仍不履行，其后果已经或者将危害交通安全、造成环境污染或者破坏自然资源的，行政机关可以代履行，或者委托没有利害关系的第三人代履行。

（一）程序

代履行有如下程序：

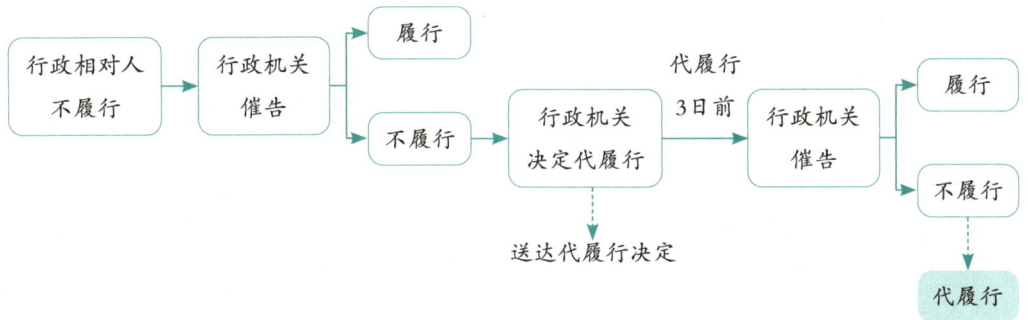

（1）代履行前送达决定书。

（2）代履行3日前，催告当事人履行，当事人履行的，停止代履行。

（3）需要立即清除道路、河道、航道或者公共场所的遗洒物、障碍物或者污染物，当事人不能清除的，行政机关可以决定立即实施代履行（不催告）；当事人不在场的，行政机关应当在事后立即通知当事人，并依法作出处理。

（4）代履行时，作出决定的行政机关应当派员到场监督。代履行不得采用暴力、胁迫及其他非法方式。

（5）代履行完毕，行政机关到场监督的工作人员、代履行人和当事人或者见证人应当在执行文书上签名或者盖章。

（二）费用

代履行的费用按照成本合理确定，由当事人承担。但是，法律另有规定的除外。

精准答疑

问题：行政强制不得委托，代履行为什么可以由行政机关委托第三人实施？

解答：行政强制执行不得委托意为，作出强制执行的决定的行为不能委托给其他行政机关、组织或个人。依照法律规定，税务机关享有划拨存款的权利，其不得将该权利委托给市场监督管理局行使。同样地，行政机关亦需要自行作出代履行决定，不得委托其他行政机关。但作出代履行决定后，行政机关可以自行实施，也可以委托无利害关系的第三人实施。

解题高手

命题角度：行政法律制度中的"XX另有规定除外"的总结。

文件类型	具体内容
法律	（1）行政处罚追究时效： 在违法行为发生后2年内未被行政机关发现的，不再给予行政处罚，法律另有规定的除外。 （2）冻结： ①实施主体：冻结存款、汇款由法律规定的行政机关实施。 ②冻结期限：冻结存款、汇款的法定时限一般不超过30日；延长期限不得超过30日，法律另有规定的除外。 （3）代履行费用： 代履行的费用按成本合理确定，由当事人承担，但法律另有规定的除外
法律、行政法规	（1）行政许可的费用： 实施行政许可以及对许可事项进行监督检查，不得收取任何费用；但是法律、行政法规另有规定的，依照其规定。实施行政许可依照法律、行政法规收取费用的，按照公布的法定项目和标准收费。

续表

文件类型	具体内容
法律、行政法规	（2）查封、扣押期限： 查封、扣押期限一般不超过30日；延长期限不得超过30日，法律、行政法规另有规定的除外
法律、法规	（1）查封、扣押实施主体： 查封、扣押由法律、法规规定的行政机关实施。 （2）税务行政许可延续： 税务行政许可的延续应在有效期届满30日前提出申请，法律、法规另有规定的除外
法律、法规、规章	（1）税务行政许可实施的委托： 除法律、法规、规章另有规定外，税务机关不得委托其他行政机关实施税务行政许可。 （2）行政许可延续： 行政许可的延续应在有效期届满30日前提出申请，法律、法规、规章另有规定的除外

四、申请人民法院强制执行（★★）

（一）程序

（1）当事人在法定期限内不申请行政复议或者提起行政诉讼，又不履行行政决定的，没有行政强制执行权的行政机关可以自期限届满之日起3个月内，申请人民法院强制执行。

（2）行政机关申请人民法院强制执行前，应当催告当事人履行义务。催告书送达10日后当事人仍未履行义务的，行政机关可以向所在地有管辖权的人民法院申请强制执行。

（二）管辖

（1）行政机关可以向所在地有管辖权的人民法院申请强制执行。

（2）执行对象是不动产的，向不动产所在地有管辖权的人民法院申请强制执行。

（三）费用

（1）行政机关申请人民法院强制执行，不缴纳申请费。

（2）强制执行的费用由被执行人承担。

提示：税务机关申请人民法院强制执行，强制执行的费用亦由被执行人承担。

（3）人民法院以划拨、拍卖方式强制执行的，可以在划拨、拍卖后将强制执行的费用扣除。

解题高手

命题角度：行政强制费用承担。

维度	谁承担	什么钱
行政强制措施	行政机关	（1）查封、扣押的标的物的检测、检验、检疫或者技术鉴定的费用。 （2）因查封、扣押发生的保管费用
行政强制执行	当事人	代履行的费用，法律另有规定的除外
	被执行人	强制执行的费用。行政机关申请人民法院强制执行，不缴纳申请费

典例研习在线题库

至此，涉税服务相关法律的学习已经进行了13%，继续加油呀！

● 13%

第五章 行政复议法律制度

学习提要

重要程度：次重点章节

平均分值：3~5分

考核题型：以单项选择题、多项选择题为主，在个别年份涉及综合分析题

本章提示：本章按照2024年1月1日实施的《行政复议法》重新编写，变化"翻天覆地"。但整体内容不难，考点集中，考试题目多直接以文字形式考查

第一节 行政复议概述

一、行政复议的概述

（一）行政复议的概念

行政复议，是指公民、法人或其他组织认为行政主体的行政行为侵害其合法权益，依法向行政复议机关提出复查该行政行为的申请，行政复议机关依照法定程序对原行政行为是否合法、适当进行审查并作出行政复议决定的活动。

（二）行政复议的特征（★）

作为一种监督救济方式和准司法程序，行政复议具有以下特征：

记忆提示	具体规定
"不告不理"	行政复议以当事人提出复议申请为前提
依法行使	行政复议权只能由法定行政机关行使
"一并审查"	行政复议的审查对象是行政主体作出的行政行为，复议机关同时可以一并审查部分规范性文件

二、行政复议法的基本原则（★★★）

行政复议基本原则主要包括：

（1）合法原则。

（2）公正原则。

（3）公开原则。

行政复议审理采用灵活方式进行。比如，听取申请人、被申请人和第三人的意见。

（4）高效原则。

（5）便民、为民原则。 变

（6）调解原则。 新

（7）禁止不利变更原则。 新

禁止不利变更原则，又称复议不加重，是指行政复议机关在作出变更决定时，不得作出对申请人更为不利的行政复议变更决定。

行政复议机关在对被申请人作出的行政处罚决定或者其他行政行为进行复议处理时，作出的行政复议变更决定不得增加处罚种类、加重对申请人的处罚，或者对申请人作出其他更加不利的处理。

三、行政复议和行政诉讼的关系（★★）

原理详解

行政复议和行政诉讼都是解决行政纠纷的途径，行政复议是行政救济的手段，行政诉讼则是司法救济的手段，在2024年《中华人民共和国行政复议法》开始实施后，国家更倾向于希望通过复议解决行政纠纷。但为了充分保障当事人的权益，对于行政纠纷，当事人仍然可以选择申请行政复议，也可以选择提起行政诉讼，这就是下文的"选择型"。此种方法，适用于大多数的行政案件。

行政诉讼向人民法院提起，法院是定分止争的最后途径，因此，对于大多数行政纠纷来说，若先申请行政复议，对行政复议决定不服的，还可以提起行政诉讼；但如果先提起行政诉讼，对法院的判决结果不服，就只能上诉，而不能再申请行政复议了。

（一）选择型

选择型，是指由公民、法人或者其他组织在行政复议与行政诉讼之间自由选择，既可以提出行政复议申请，也可以提起行政诉讼。

（1）行政相对人如选择了行政复议，对复议决定不服的，仍可以提起行政诉讼；但行政复议机关已经依法受理的，在行政复议期间不得向人民法院提起行政诉讼。

（2）行政相对人如直接选择了行政诉讼，人民法院已经依法受理的，则不得再申请行政复议。

（二）复议前置型

复议前置型，是指行政复议是行政诉讼的必经程序，公民、法人或者其他组织不服行政机关的行政行为，<u>必须先向行政机关申请复议</u>，对行政复议决定不服时，再向人民法院起诉。

第二节　行政复议范围

一、行政复议的范围

（一）行政复议的受案范围（★★★）

1. 申请人有权申请行政复议的事项

根据《行政复议法》的规定，对行政机关的下列行政行为不服的，公民、法人或其他组织可以申请行政复议：

（1）对行政机关作出的行政处罚决定不服。

（2）对行政机关作出的行政强制措施、行政强制执行决定不服。

（3）申请行政许可，行政机关拒绝或者在法定期限内不予答复，或者对行政机关作出的有关行政许可的其他决定不服。

（4）对行政机关作出的确认自然资源的所有权或者使用权的决定不服。

（5）对行政机关作出的征收征用决定及其补偿决定不服。

（6）对行政机关作出的赔偿决定或者不予赔偿决定不服。

（7）对行政机关作出的不予受理工伤认定申请的决定或者工伤认定结论不服。

（8）认为行政机关侵犯其经营自主权或者农村土地承包经营权、农村土地经营权。

（9）认为行政机关滥用行政权力排除或者限制竞争。

（10）认为行政机关违法集资、摊派费用或者违法要求履行其他义务。

（11）申请行政机关履行保护人身权利、财产权利、受教育权利等合法权益的法定职责，行政机关拒绝履行、未依法履行或者不予答复。

（12）申请行政机关依法给付抚恤金、社会保险待遇或者最低生活保障等社会保障，行政机关没有依法给付。

（13）认为行政机关不依法订立、不依法履行、未按照约定履行或者违法变更、解除政府特许经营协议、土地房屋征收补偿协议等行政协议。

（14）认为行政机关在政府信息公开工作中侵犯其合法权益。

（15）认为行政机关的其他行政行为侵犯其合法权益。

2.复议前置的行政行为 新

有下列情形之一的，申请人应当先向行政复议机关申请行政复议，对行政复议决定不服的，可以再依法向人民法院提起行政诉讼：

（1）对当场作出的行政处罚决定不服。

（2）对行政机关作出的侵犯其已经依法取得的自然资源的所有权或者使用权的决定不服。

（3）认为行政机关存在未履行法定职责情形。

（4）申请政府信息公开，行政机关不予公开。

（5）法律、行政法规规定应当先向行政复议机关申请行政复议的其他情形。

对上述规定的情形，行政机关在作出行政行为时应当告知公民、法人或者其他组织先向行政复议机关申请行政复议即行政机关应当履行复议前置告知义务。

| 典例研习·5-1 〔模拟多项选择题〕

根据行政复议法律制度的规定，下列属于行政复议范围的有（　　）。

A.甲公司认为行政机关侵犯其经营自主权

B.乙公司对行政机关制定的规范性文件不服

C.丙公司对行政机关作出的行政强制执行决定不服

D.行政机关工作人员丁被行政机关作出记大过处分决定

E.戊公司对行政机关作出不予赔偿的决定不服

> **斯尔解析** 本题考查行政复议范围。选项B不当选，行政法规、规章或者行政机关制定、发布的具有普遍约束力的决定、命令等规范性文件，不属于行政复议的范围。选项D不当选，行政机关对行政机关工作人员的奖惩、任免等决定，不属于行政复议的范围。丁不服记大过的行为可以进行申诉，但不得申请行政复议。选项ACE当选，其所述情形会影响行政相对人权利和义务关系，属于行政复议范围。
>
> **本题答案** ACE

（二）税务行政复议的范围（★★）

下列案件可以提起税务行政复议申请：

（1）征税行为。

①确认纳税主体、征税对象、征税范围、减税、免税、退税、抵扣税款、适用税率、计税依据、纳税环节、纳税期限、纳税地点和税款征收方式等具体行政行为。

②征收税款、加收滞纳金。

③扣缴义务人受税务机关委托的单位和个人作出的代扣代缴、代收代缴、代征行为等。

提示：公民、法人、其他组织对税务机关的征税行为不服的，应当先依法申请复议；对复议决定不服的，可以依法提起行政诉讼。

（2）行政许可、行政审批行为。

（3）发票管理行为，包括发售、收缴、代开发票等。

（4）税收保全措施、强制执行措施。

（5）行政处罚行为。

①罚款。

②没收财物和违法所得。

③停止出口退税权。

（6）不依法履行下列职责的行为。

①颁发税务登记。

②开具、出具完税凭证、外出经营活动税收管理证明。

③行政赔偿。

④行政奖励。

⑤其他不依法履行职责的行为。

（7）资格认定行为。

（8）不依法确认纳税担保行为。

（9）政府信息公开工作中的具体行政行为。

（10）纳税信用等级评定行为。

（11）通知出入境管理机关阻止出境行为。

（12）其他行政行为。

提示：除征税行为外，行政相对人对税务机关作出的其他行政行为不服，可以申请行政复议，也可以直接向人民法院提起行政诉讼。

原理详解

税务行政复议是由税务机关解决行政主体与行政相对人之间的纠纷。行政诉讼是由人民法院解决上述纠纷。税务争议往往专业性极强，且税务争议案件数量大，从专业角度出发，税务机关工作人员在解决税务争议方面与法院相比具有很大的优势，因此，将纳税争议案件进行复议前置，可以有效地利用税务机关的专业知识和经验快速解决纠纷。此外，经过了复议程序的案件，基本的事实和争议焦点也可以梳理清楚，还能提高司法审判阶段的效率。但也要注意，复议前置在一定程度上限制了纳税人对救济途径的选择权，因此，相关的法律制度并未要求所有关于税收的争议都实行复议前置，而只要求对专业性极强的案件进行复议前置，即税务机关的征税行为。

典例研习·5-2（2019年多项选择题）

根据法律、法规以及规章规定，属于税务行政复议范围的案件包括（　　）。

A.对税务机关作出的非正常户认定行为不服申请复议的案件

B.对甲税务机关向乙税务机关发出已证实虚开通知单行为不服申请复议的案件

C.对税务机关不予退还多缴税款行为不服申请复议的案件

D.对税务机关通知出入境管理机关阻止出境行为不服申请复议的案件

E.对税务机关核定应纳税款行为不服申请复议的案件

斯尔解析 本题考查税务行政复议的范围。选项ACDE当选，行政复议的范围非常广泛，其中一个判断标准就是行政行为是否对申请人的权益产生了影响，非正常户认定、不予退还多缴税款、阻止出境以及核定应纳税款均对相对人的权益产生了影响，均可以申请行政复议。选项B不当选，甲税务机关向乙税务机关发出"已证实虚开通知单"的行为是税务机关之间的过程性行为，此行为并未影响行政相对人的权益，不属于行政复议的范围。

本题答案 ACDE

二、行政复议附带审查的范围（★★）

公民、法人或其他组织在申请行政复议时，可一并提出对行政行为所依据的有关规定的规范性文件的附带审查申请。

记忆提示	行政复议	税务行政复议
国家	国务院部门的规范性文件	国家税务总局和国务院其他部门的规范性文件
地方	县级以上地方各级人民政府及其工作部门的规范性文件	县级以上地方各级人民政府的规定、县级以上地方人民政府工作部门的规范性文件
	乡、镇人民政府的规范性文件	其他各级税务机关的规范性文件

提示：上述规范性文件中**不含部门规章（税务部门规章）和地方规章（其他规章）**，规章的审查依照法律、行政法规办理。

| 典例研习·5-3 2018年单项选择题改编

根据《行政复议法》规定，申请人可依法一并提出对行政行为所依据的有关规定的审查申请。下列文件中，属于可以审查的规定是（　　）。

A.县级人民政府的规范性文件　　B.设区的市的人民政府规章
C.县人大常委会的规范性文件　　D.省级人民政府规章

斯尔解析　本题考查行政复议附带审查的范围。行政复议中，复议机关可以一并审查的规定包括：（1）国务院部门的规范性文件；（2）县级以上地方各级人民政府及其工作部门的规范性文件（选项A当选）；（3）乡、镇人民政府的规范性文件；（4）法律、法规、规章授权的组织的规范性文件。选项BD不当选，对法律、法规以及规章不可以一并审查。选项C不当选，对各级人大及其常委会的规定也不可一并审查。

本题答案　A

第三节　行政复议参加人

一、行政复议申请人（★★）

（一）行政复议申请人的具体规定

1.行政复议申请人的概念

（1）行政复议申请人。

对行政主体作出的具行政行为不服，依法以自己的名义向行政复议机关提起行政复议申请，要求对该行政行为进行复查并依法作出裁决的主体。

申请人包括公民、法人或其他组织，也包括外国人、无国籍人。申请人必须是行政行为的相对人或利害关系人。

（2）税务行政复议申请人。

通常，税务行政复议申请人是纳税人、扣缴义务人、纳税担保人以及其他税务当事人。

2.行政复议申请人资格转移

主体		具体规定
公民	死亡	有权申请（税务）行政复议的公民死亡的，其近亲属可以申请行政复议
	行为能力欠缺	有权申请（税务）行政复议的公民为无民事行为能力人或者限制民事行为能力人的，其法定代理人可以代为申请行政复议
组织		有权申请行政复议的法人或者其他组织终止的，其权利义务承受人可以申请（税务）行政复议

3.特殊情况下的复议申请人 变

组织类型		复议申请人
无法人资格的组织	合伙企业	核准登记的企业为申请人，由执行合伙事务的合伙人代表该企业参加行政复议
	其他合伙组织	合伙人共同申请行政复议
股份制企业		股东大会、股东代表大会、董事会可以以企业的名义申请行政复议

（二）行政复议代表人

同一（税务）行政复议案件申请人人数众多的，可以由申请人推选代表人参加行政复议。

（1）推选的代表人必须是当事人之一，不能推选当事人之外的人。

（2）行政复议代表人的行为对其代表的当事人发生效力。

（3）代表人参加行政复议的行为对其所代表的申请人发生效力，但是代表人变更行政复议请求、撤回行政复议申请、承认第三人请求的，应当经被代表的申请人同意。

提示：若申请人不同意推选代表人的，也可以自己参加。

二、行政复议被申请人（★★）

行政复议被申请人，是指作出被申请复议的行政行为的行政主体，包括行政机关和法律、法规授权的组织。

提示：受委托的组织不能成为行政复议的被申请人。

（一）行政复议被申请人的确定

行政复议被申请人的确定主要有以下几种情形：

对谁不服	被申请人	记忆提示
行政行为不服	作出行政行为的行政机关	
两个及以上行政机关共同作出	共同作出行政行为的行政机关	
法律、法规、规章授权的组织作出	法律、法规、规章授权的组织	
行政机关与法律、法规、规章授权的组织以共同的名义作出	行政机关和法律、法规、规章授权的组织	找自己
县级以上地方人民政府的派出机关	派出机关	
县级以上人民政府工作部门依法设立的派出机构依照法律、法规、规章规定，以派出机构（自己）的名义作出	派出机构	
行政机关委托的组织	委托的行政机关	
作出行政行为的行政机关被撤销或者职权变更的	继续行使其职权的行政机关	看职权
下级机关依照规定，经上级机关批准作出	批准机关（复议"告"上级）	
行政机关与其他组织以共同的名义作出	行政机关	
行政机关设立的派出机构、内设机构或者其他组织，未经法律、法规、规章授权作出	行政机关	找行政

（二）税务行政复议被申请人

对谁不服	被申请人	记忆提示
税务机关作出的行政行为	作出该行政行为的税务机关	找自己
税务机关与法律、法规授权的组织以共同的名义作出的行政行为	税务机关和法律、法规授权的组织为共同被申请人	
税务机关委托的单位和个人的代征行为	委托税务机关	看职权
经上级税务机关批准作出的行政行为	批准机关（复议"告"上级）	
扣缴义务人的扣缴税款行为	主管该扣缴义务人的税务机关	找税务
对经重大税务案件审理程序作出的决定	审理委员会所在税务机关	
未经授权的派出机构、内设机构或其他组织，以自己名义对外作出的行政行为	税务机关	找税务
税务机关与其他组织以共同名义作出行政行为的		

三、行政复议第三人

行政复议第三人,是指因与被申请的行政复议的行政行为或者行政复议案件处理结果有利害关系,通过申请或者复议机构通知,参加到复议中的除申请人和被申请人以外的公民、法人或者其他组织。

1.行政复议中对第三人的规定

(1)申请人、第三人可以委托1~2名律师、基层法律服务工作者或者其他代理人代为参加行政复议。

(2)第三人不参加行政复议,不影响行政复议案件的审理。

2.税务行政复议

在税务行政复议中,申请人、第三人可以委托1~2名代理人参加行政复议。被申请人不得委托本机关以外的人员参加行政复议。

第四节 行政复议机关及行政复议管辖

一、行政复议机关(★)

(一)行政复议机关与行政复议机构

行政复议机关,是指依照法律规定,有权受理行政复议申请,依法对被申请复议的行政行为进行合法性、适当性审查并作出决定的行政机关。县级以上各级人民政府以及其他依照《行政复议法》履行行政复议职责的行政机关是行政复议机关。行政机关办理行政复议事项的机构是行政复议机构。

行政复议机关和行政复议机构在地位、职能上不同。具体表现在:

项目	行政复议机关	行政复议机构
职权	有权作出复议决定	受理权、调查取证权、审查行政行为权力、行政复议决定拟订权以及处理或者转送对抽象行政行为的审查申请等,但无权作出行政复议决定
关系	行政复议机关应当支持和保障行政复议机构依法履行行政复议职责。当然,行政复议机构是否履行行政复议职责,应当接受行政复议机关的监督	

(二)行政复议人员

行政复议机构中初次从事行政复议的人员,应当通过国家统一法律职业资格考试取得法律职业资格,并参加统一职前培训。

（三）行政复议委员会

1.设置

（1）县级以上各级人民政府应当建立行政复议委员会，研究重大、疑难案件，提出处理建议。

（2）行政复议委员会可以邀请本机关以外的具有相关专业知识人员参加。

2.提出咨询意见

审理行政复议案件涉及下列情形之一的，行政复议机构应当提请行政复议委员会提出咨询意见，行政复议机构应当记录行政复议委员会的咨询意见：

（1）案情重大、疑难、复杂。

（2）专业性、技术性较强。

（3）省、自治区、直辖市人民政府管辖的对本机关作出的行政行为不服的行政复议案件。

（4）行政复议机构认为有必要。

二、行政复议管辖（★★）

（一）政府管

1.县级以上地方人民政府管辖的复议案件

（1）对本级人民政府工作部门作出的行政行为不服的。

（2）对下一级人民政府作出的行政行为不服的。

（3）对本级人民政府依法设立的派出机关作出的行政行为不服的。

（4）对本级人民政府或者其工作部门管理的法律、法规、规章授权的组织作出的行政行为不服的。

2.省级人民政府管辖案件范围

（1）上述县级以上地方人民政府管辖的复议案件的范围。

（2）"自我复议"。

省、自治区、直辖市人民政府同时管辖对本机关作出的行政行为不服的行政复议案件。

3.派出机构的特殊规定

（1）对县级以上地方各级人民政府工作部门依法设立的派出机构依照法律、法规、规章规定，以派出机构的名义作出的行政行为不服的行政复议案件，由**本级人民政府**管辖。

（2）对直辖市、设区的市人民政府工作部门按照行政区划设立的派出机构作出的行政行为不服的，也可以由其所在地的人民政府管辖。

（二）部门管

1.国务院部门管辖的行政复议案件

（1）对本部门作出的行政行为不服的。

（2）对本部门依法设立的派出机构依照法律、行政法规、部门规章规定，以派出机构的名义作出的行政行为不服的。

（3）对本部门管理的法律、行政法规、部门规章授权的组织作出的行政行为不服的。

2.对"省部级"复议决定不服的处理

对省、自治区、直辖市人民政府、国务院部门依法作出的行政复议决定不服的，可以向人民法院提起行政诉讼；也可以向国务院申请裁决，国务院依法作出最终裁决。

（三）上级管

对海关、金融、外汇管理等实行垂直领导的行政机关、税务和国家安全机关的行政行为不服的，向上一级主管部门申请行政复议。

（四）二选一

对履行行政复议机构职责的地方人民政府司法行政部门的行政行为不服的，可以向本级人民政府申请行政复议，也可以向上一级司法行政部门申请行政复议。

提示：申请人就同一事项向两个或者两个以上有权受理的行政机关申请行政复议的，由最先收到行政复议申请的行政机关受理。

典例研习·5-4 〔2019年单项选择题〕

根据行政复议法律制度的规定，应当向上一级主管部门申请行政复议的情形是（　　）。

A.对国家安全机关作出的行政行为不服申请复议的
B.对自然资源部门作出的行政行为不服申请复议的
C.对公安机关作出的行政行为不服申请复议的
D.对生态环境部门作出的行政行为不服申请复议的

斯尔解析 本题考查行政复议的管辖。选项A当选，对海关、金融、外汇管理等实行垂直领导的行政机关、税务和国家安全机关的行政行为不服的，应当向上一级主管部门申请行政复议。选项BCD不当选，自然资源部门、公安机关、生态环境部门所作行政行为应当根据其级别选择复议机关。若上述行政机关为国务院部门，则应当向其自己申请行政复议。若为县级以上政府的工作部门，应当向本级人民政府申请行政复议。

本题答案 A

第五节 行政复议程序

一、行政复议申请的提出与受理（★★）

（一）行政复议的申请

1.提出复议申请的期限

（1）时长。

项目		具体规定
一般行政复议	一般复议期限	①"知行为，知救济"： 公民、法人或其他组织认为行政行为侵犯其合法权益的，可以自知道或者应当知道该行政行为之日起60日内提出行政复议申请；但是法律规定的申请期限超过60日的除外。 提示：因不可抗力或者其他正当理由耽误法定申请期限的，申请期限自障碍消除之日起继续计算。 ②"知行为，不知救济"： 行政机关作出行政行为时，未告知公民、法人或者其他组织申请行政复议的权利、行政复议机关和申请期限的，申请期限自公民、法人或者其他组织知道或者应当知道申请行政复议的权利、行政复议机关和申请期限之日起计算，但是自知道或者应当知道行政行为内容之日起最长不得超过1年。新
	最长复议期限	因不动产提出的行政复议申请自行政行为作出之日起超过20年，其他行政复议申请自行政行为作出之日起超过5年的，行政复议机关不予受理。新
税务行政复议		①申请人申请行政复议的，必须先行缴纳或者解缴税款和滞纳金，或者提供相应的担保（保证、抵押或质押），才可以在缴清税款和滞纳金以后或者所提供的担保得到作出行政行为的税务机关确认之日起60日内提出行政复议申请。 ②申请人对税务机关作出逾期不缴纳罚款加处罚款的决定不服的，应当先缴纳罚款和加处罚款，再申请行政复议

（2）一般申请期限的起算点。

分类	法定情形		复议期限起算点
作为	当场作出的		行为作出之日
	载明行政行为法律文书直接送达的		签收之日
	邮寄送达	有邮件签收单	在邮件签收单上签收之日
		无邮件签收单	送达回执上签名之日
	依法通过公告形式告知		公告规定的期限届满之日

· 95 ·

续表

分类	法定情形	起算
作为	行政机关作出行政行为时未告知，事后补充告知的	收到补充告知的通知之日
	被申请人能够证明申请人知道行政行为	自证据材料证明其知道行政行为之日
不作为 行政机关 未履行法定职责	有履行期限规定的	履行期限届满日
	没有履行期限规定的	行政机关收到申请满60日
	公民、法人或者其他组织在紧急情况下请求行政机关履行保护人身权、财产权的法定职责，行政机关不履行的，行政复议申请期限不受前述规定的限制	

提示：行政机关作出行政行为，依法应当送达法律文书而未送达的，视为该公民、法人或其他组织不知道该行政行为。

典例研习·5-5 （2021年单项选择题）

下列有关行政复议申请期限及相关事项认定的说法中，正确的是（ ）。

A.行政行为依法通过公告形式告知受送达人的，自公告发布之日起计算复议申请期限

B.行政机关作出行政行为，依法应当向行政相对人送达法律文书而未送达的，视为该行政相对人不知道该行政行为

C.行政相对人可以自知道或者应当知道行政行为之日起90日内提出行政复议申请

D.行政相对人可以自知道或者应当知道行政行为之日起60日内提出行政复议申请

斯尔解析 本题考查行政复议的申请期限。选项A不当选，行政行为依法通过公告形式告知受送达人的，自公告规定的期限届满之日起计算复议申请期限。选项CD不当选，公民、法人或其他组织认为行政行为侵犯其合法权益的，可以自知道该行政行为之日起60日内提出行政复议申请；但是法律规定的申请期限超过60日的除外（选项D表述缺少"除外"情形）。选项B当选，其所述正确。

本题答案 B

2.申请复议的方式

（1）书面方式。

①申请人申请行政复议，可以书面申请；书面申请有困难的，也可以口头申请。

②申请人书面申请（税务）行政复议的，可以采取当面递交提交、邮寄或者传真等

方式提出行政复议申请。有条件的行政复议机关可以接受以电子邮件形式提出的行政复议申请。

（2）口头方式。

申请人口头申请行政复议的，行政复议机构应当当场制作行政复议申请笔录，交申请人核对或者向申请人宣读，并由申请人签字确认。口头申请的，行政复议机关应当当场记录申请人的基本情况、行政复议请求、申请行政复议的主要事实、理由和时间。

提示：申请人对两个以上行政行为不服的，应当分别申请行政复议。

（二）行政复议的受理

1.决定受理前的审查

受理以复议机关对申请的审查为前提。

审查的范围其中之一为"复议申请材料是否齐全、表述是否清楚"。如果不齐全或不清楚，无法判断申请是否符合《行政复议法》有关规定的，行政复议机关应当自收到申请之日起在5日内书面通知申请人补正。申请人应当自收到补正通知之日起10日内提交补正材料。无正当理由逾期不补正的，视为放弃复议申请，并记录在案。

2.决定是否受理

根据《行政复议法》规定，行政复议机关收到行政复议申请后，应当在5日内进行审查，决定是否受理：

（1）对于符合法定条件的行政复议申请，依法应当决定受理。

（2）对不符合法定条件的行政复议申请，行政复议机关应当在审查期限内决定不予受理，并说明理由。

（3）对符合法定复议条件，但是不属于本机关管辖的行政复议申请，应当在不予受理决定中告知申请人有管辖权的行政复议机关。

二、行政复议的审理（★★）新

行政复议的审理，是行政复议机关对受理的行政争议案件进行合法性和适当性审查，并最终作出复议决定的过程，是行政复议程序的关键和核心环节。

行政复议机关受理行政复议申请后，依法适用普通程序或者简易程序进行审理。

（一）审理依据

行政复议机关依照法律、法规、规章审理行政复议案件。行政复议机关审理民族自治地方的行政复议案件，同时依照该民族自治地方的自治条例和单行条例。

提示：在行政诉讼中，人民法院审理行政案件，以法律、行政法规、地方性法规、自治条例和单行条例为依据，并参照规章。

（二）审理方式

（1）行政复议机构应当指定行政复议人员负责办理行政复议案件。行政复议机关在行政复议期间有权调查取证。

（2）行政复议人员向有关组织和人员调查取证时，可以查阅、复制、调取有关文件和资料，向有关人员进行询问。

（3）调查取证时，行政复议人员不得少于2人，并应当出示行政复议工作证件。

（三）普通程序

1.复议文书发送与提出书面答复的期限

行政复议机构应当自行政复议申请受理之日起7日内，将行政复议申请书副本或者行政复议申请笔录复印件发送被申请人。

被申请人应当自收到行政复议申请书副本或者行政复议申请笔录复印件之日起10日内，提出书面答复，并提交作出行政行为的证据、依据和其他有关材料。

2.审理流程

（1）听取意见。

按照普通程序审理方式比较灵活，行政复议机构当面或者通过互联网、电话等方式听取当事人意见、书面审理以及组织听证，等等。

（2）组织听证。

①听证的情形。

情形	具体规定
应当听证	审理重大、疑难、复杂的行政复议案件，行政复议机构应当组织听证
可以听证	行政复议机构认为有必要听证，或者申请人请求听证的，行政复议机构可以组织听证

②听证其他规定。

项目	具体规定
通知	行政复议机构组织听证的，应当于举行听证的5日前将听证的时间、地点和拟听证事项书面通知当事人
主持	听证由1名行政复议人员任主持人，2名以上行政复议人员任听证员
记录	1名记录员制作听证笔录
参与	申请人无正当理由拒不参加听证的，视为放弃听证权利
	被申请人的负责人应当参加听证。不能参加的，应当说明理由并委托相应的工作人员参加听证

提示：上述对于听证的规定，也基本适用于税务行政复议听证。

（四）简易程序

1.适用范围

行政复议机关审理下列行政复议案件，认为事实清楚、权利义务关系明确、争议不大的，可以适用简易程序：

（1）被申请行政复议的行政行为是当场作出。

（2）被申请行政复议的行政行为是警告或者通报批评。

（3）案件涉及款额3 000元以下。

（4）属于政府信息公开案件。

除上述规定以外的行政复议案件，当事人各方同意适用简易程序的，可以适用简易程序。

2.程序

（1）复议文书发送与提出书面答复的期限。

①适用简易程序审理的行政复议案件，行政复议机构应当自受理行政复议申请之日起3日内，将行政复议申请书副本或者行政复议申请笔录复印件发送被申请人。

②被申请人应当自收到行政复议申请书副本或者行政复议申请笔录复印件之日起5日内，提出书面答复，并提交作出行政行为的证据、依据和其他有关材料。

（2）审理方式。

适用简易程序审理的行政复议案件，可以书面审理。

（3）程序转换。

适用简易程序审理的行政复议案件，行政复议机构认为不宜适用简易程序的，经行政复议机构的负责人批准，可以转为普通程序审理。

（五）审理中的其他有关问题

1.复议申请的撤回

行政复议决定作出前，申请人撤回行政复议申请，行政复议机构准予撤回行政复议申请的，行政复议终止。申请人撤回行政复议申请的，不得再以同一事实和理由提出行政复议申请。但是，申请人能够证明撤回行政复议申请违背其真实意思表示的除外。

2.复议期间行政行为的效力

行政复议期间被申请人改变原行政行为的，不影响行政复议案件的审理。但是，申请人依法撤回行政复议申请的除外。

3.被申请人证据收集的限制

行政复议期间，被申请人不得自行向申请人和其他有关单位或者个人收集证据。自行收集的证据不作为认定行政行为合法性、适当性的依据。

三、行政复议中止和终止（★★）新

（一）行政复议中止

1.行政复议中止事由

记忆提示	具体情形	程序衔接
"等人参加"	作为申请人的公民死亡，其近亲属尚未确定是否参加行政复议	中止行政复议满60日，行政复议中止的原因仍未消除的，行政复议终止
	作为申请人的公民丧失参加行政复议的行为能力，尚未确定法定代理人参加行政复议	
	作为申请人的法人或者其他组织终止，尚未确定权利义务承受人	

续表

记忆提示	具体情形	程序衔接
"等人参加"	作为申请人的公民下落不明	—
	申请人、被申请人因不可抗力或者其他正当理由，不能参加行政复议	
"等事确定"	依法进行调解、和解，申请人和被申请人同意中止	—
	行政复议案件涉及法律适用问题需要有权机关作出解释或确认	
	行政复议案件审理需要以其他案件的审理结果为依据，而其他案件尚未审结	
	申请人依法提出对有关规范性文件的附带审查申请	先依法处理规范性文件/作出行政行为的依据，此时，行政复议中止
	行政复议机关在对被申请人作出的行政行为进行审查时，认为其依据不合法	
兜底	需要中止行政复议的其他情形	

2.行政复议中止处理

行政复议中止的原因消除后，应当及时恢复行政复议案件的审理。行政复议机构中止、恢复行政复议案件的审理，应当书面告知有关当事人。

3.程序要求

行政复议机关中止、恢复行政复议案件的审理，应当书面告知当事人。

（二）行政复议终止

行政复议期间有下列情形之一的，行政复议机关决定终止行政复议：

（1）申请人要求撤回行政复议申请，行政复议机构准予撤回。

（2）作为申请人的公民死亡，没有近亲属或者其近亲属放弃行政复议权利。

（3）作为申请人的法人或者其他组织终止，没有权利义务承受人或者其权利义务承受人放弃行政复议权利。

（4）申请人对行政拘留或者限制人身自由的行政强制措施不服申请行政复议后，因同一违法行为涉嫌犯罪，被采取刑事强制措施。

四、行政复议和解与调解 新

（一）行政复议和解

项目	具体规定
时间	申请人与被申请人在行政复议决定作出前可以自愿达成和解
底线	和解内容不得损害国家利益、社会公共利益和他人合法权益，不得违反法律、法规的强制性规定

续表

项目	具体规定
程序	行政复议期间，申请人与被申请人经行政复议机构准许，由申请人撤回申请，由行政复议机关决定终止

（二）行政复议调解

行政复议机关办理行政复议案件，可以进行调解。调解应当遵循合法、自愿的原则，不损害国家利益、社会公共利益和他人合法权益，不违反法律、法规的强制性规定即可。

（1）当事人经调解达成协议的，行政复议机关应当制作行政复议调解书，经各方当事人签字或者签章，并加盖行政复议机关印章，即具有法律效力。行政复议调解书生效后一方反悔的，不影响行政复议调解书的效力存在。

（2）调解未达成协议或者调解书生效前一方反悔的，行政复议机关应当依法审查或者及时作出行政复议决定。

（三）税务行政复议的和解与调解制度（★★）

1.适用范围

（1）行使自由裁量权作出的税务行政行为，如行政处罚、核定税额、确定应税所得率等。

（2）行政赔偿。

（3）行政奖励。

（4）存在其他合理性问题的行政行为。

2.程序

税务行政复议和解与调解的程序与一般行政复议中的规定基本一致，按上文介绍内容掌握即可，在此不再赘述。

五、行政复议决定（★★）

行政复议机关审理行政复议案件，由行政复议机构对行政行为进行审查，提出意见，经行政复议机关的负责人同意或者集体讨论通过后，以行政复议机关的名义作出行政复议决定。

（一）行政复议决定的依据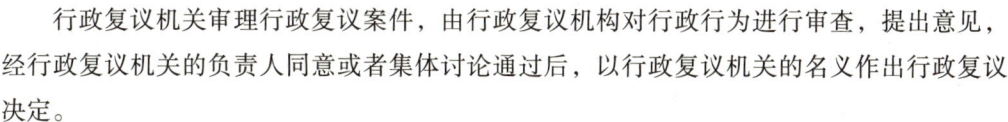

（1）经过听证的行政复议案件，行政复议机关应当根据听证笔录、审查认定的事实和证据，依法作出行政复议决定。

（2）提请行政复议委员会提出咨询意见的行政复议案件，行政复议机关应当将咨询意见作为作出行政复议决定的重要参考依据。

（二）决定时限

1.普通程序

适用普通程序审理的行政复议案件，行政复议机关应当自受理申请之日起60日内作出行政复议决定，但是法律规定的行政复议期限少于60日的除外。

情况复杂，不能在规定期限内作出行政复议决定的，经行政复议机构的负责人批准，可以适当延长，并书面告知当事人；但是延长期限最多不得超过30日。

> **原理详解**
>
> 出于保障行政相对人权益考虑，《行政复议法》规定，申请人申请行政复议的期限一般为60日，法律规定超过60日的除外，即其他法律只能作出长于60日的例外规定，不能作出短于60日的例外规定。
>
> 出于效率原则考虑，《行政复议法》规定复议机关审理行政复议案件的期限一般为60日，法律规定少于60日的除外，即其他法律只能作出短于60日的例外规定，不能作出长于60日的例外规定。

2.简易程序

适用简易程序审理的行政复议案件，行政复议机关应当自受理申请之日起**30日内**作出行政复议决定。

> **解题高手**
>
> **命题角度**：行政复议普通程序与简易程序的对比。
>
> | 项目 | 普通程序 | 简易程序 |
> | --- | --- | --- |
> | 适用范围 | 大多数行政行为 | 特定行政行为 |
> | 审理流程 | 听取意见、组织听证 | 可以书面审理 |
> | 决定时限 | 60（+30）日 | 30日 |
> | 程序转换 | — | 简易程序可以转为普通程序 |

（三）行政复议决定的类型

1.行政复议决定分类的适用情形

复议决定分类		适用情形
"官"赢	维持决定	行政行为认定事实清楚，证据确凿，适用依据正确，程序合法，内容适当
	驳回行政复议请求决定	申请人认为行政机关不履行法定职责申请行政复议，行政复议机关受理后发现该行政机关没有相应法定职责或在受理前已经履行法定职责的

续表

复议决定分类		适用情形
"民"赢	（部分）撤销决定	行政行为有下列情形之一的，行政复议机关决定撤销或者部分撤销该行政行为，并可以责令被申请人在一定期限内重新作出行政行为： （1）主要事实不清、证据不足的。 （2）违反法定程序的。 （3）适用的依据不合法。 （4）超越或者滥用职权的。 提示：行政复议机关责令被申请人重新作出行政行为的，被申请人不得以同一事实和理由作出与被申请行政复议的行政行为相同或者基本相同的行政行为，但是行政复议机关以违反法定程序为由决定撤销或者部分撤销的除外
	变更决定	行政行为有下列情形之一的，行政复议机关决定变更该行政行为： （1）事实清楚，证据确凿，适用依据正确，程序合法，但是内容不适当。 （2）事实清楚，证据确凿，程序合法，但是未正确适用依据。 （3）事实不清、证据不足，经行政复议机关查清事实和证据
	确认违法决定	行政行为有下列情形之一的，行政复议机关不撤销该行政行为，但是确认该行政行为违法： （1）依法应予撤销，但是撤销会给国家利益、社会公共利益造成重大损害。 （2）程序轻微违法，但是对申请人权利不产生实际影响 行政行为有下列情形之一，不需要撤销或者责令履行的，行政复议机关确认该行政行为违法： （1）行政行为违法，但是不具有可撤销内容。 （2）被申请人改变原违法行政行为，申请人仍要求撤销或者确认该行政行为违法。 （3）被申请人不履行或者拖延履行法定职责，责令履行没有意义
	确认无效决定	行政行为有实施主体不具有行政主体资格或者没有依据等重大且明显违法情形，申请人申请确认行政行为无效的，行政复议机关确认该行政行为无效
	履行决定	被申请人不履行法定职责的，行政复议机关决定被申请人在一定期限内履行

续表

复议决定分类		适用情形
"民"赢	责令被申请人赔偿的决定	（1）公民、法人或其他组织在申请行政复议时可以一并提出行政赔偿请求，行政复议机关对符合《国家赔偿法》的有关规定应当给予赔偿的，在决定撤销、变更行政行为或者确认行政行为违法、无效时，应当同时决定被申请人依法给予赔偿。 （2）公民、法人或其他组织在申请行政复议时没有提出行政赔偿请求的，行政复议机关在依法决定撤销或者变更罚款、撤销违法集资、没收财物、征收财物、摊派费用，以及对财产的查封、扣押、冻结等行政行为时，应当同时责令被申请人返还财产，解除对财产的查封、扣押、冻结措施或者赔偿相应的价款。 （3）返还执行的罚款或者罚金、追缴或者没收的金钱，解除冻结的存款或者汇款的，应当支付银行同期存款利息

2. 被申请人不作为的处理

被申请人未依法提出书面答复，提交作出行政行为的证据、依据和其他有关材料的，视为该行政行为没有证据、依据，行政复议机关应当决定撤销、部分撤销该行政行为，确认该行政行为违法、无效或者决定被申请人在一定期限内履行，但是行政行为涉及第三人合法权益，第三人提供证据的除外。

典例研习·5-6 模拟多项选择题

某县市场监督管理局对甲公司作出罚款1万元的行政处罚决定。甲公司对罚款决定不服，向复议机关申请行政复议。下列选项表述中，复议机关经过审查，认为某县市场监督管理局可以作出变更决定的有（　　）。

A. 认定事实清楚，证据确凿，程序合法，但是未正确适用依据
B. 认定事实不清，证据不足，但是经行政复议机关查清事实和证据
C. 被申请人不按规定提出书面答复，提交当初作出行政行为的证据、依据和其他有关材料
D. 事实清楚，证据确凿，适用依据正确，程序合法，但是内容不适当
E. 认定被申请人没有履行法定职责

斯尔解析 本题考查行政复议的决定。行政行为有下列情形之一的，行政复议机关决定变更该行政行为：（1）事实清楚，证据确凿，适用依据正确，程序合法，但是内容不适当（选项D当选）；（2）事实清楚，证据确凿，程序合法，但是未正确适用依据（选项A当选）；（3）事实不清、证据不足，经行政复议机关查清事实和证据（选项B当选）。选项C不当选，被申请人未依法提出书面答复，提交作出行政行为的证据、依据和其他有关材料的，视为该行政行为没有证据、依据，行政复议机关决定撤销、部分撤销该行政行为，确认该行政行为违法、无效或者决定被申请人在一定期限内履行，但是行政行为涉及第三人合法权益，第三人提供证据的除外。选项E不当选，行政复议机关经过审查，认定被申请人没有履行法定职责的，应当决定其在一定期限内履行法定职责。

本题答案 ABD

3.行政复议决定书

行政复议决定书一经送达，即发生法律效力，被申请人应当履行行政复议决定。

典例研习在线题库

至此，涉税服务相关法律的学习已经进行了18%，继续加油呀！

 18%

第六章 行政诉讼法律制度

学习提要

重要程度：次重点章节

平均分值：3~8分

考核题型：单项选择题、多项选择题、综合分析题

本章提示：本章涉及行政诉讼程序，内容散碎，记忆量大。第一次学习时，建议同学们建立大体框架，细节内容能掌握多少就掌握多少。细节性规定后续可以结合真题进行把握

第一节 行政诉讼概述

一、行政诉讼的概念

行政诉讼，是指行政行为的相对人或者其他与行政行为有利害关系的其他公民、法人或者其他组织认为行政主体作出的行政行为侵犯其合法权益，依法向人民法院提起诉讼，请求法院对被诉的行政行为进行审查，法院在诉讼当事人和其他诉讼参与人的参加下对行政案件进行审理并作出裁判的活动。

二、行政诉讼的基本原则（★★）

（1）被告对行政行为合法性负举证责任原则。

提示：行政诉讼不实行反诉制度，被告具有恒定性。

原理详解

举证责任是诉讼当事人对自己提出的诉讼主张提交证据加以证明的一种法定责任，举证不能将承担败诉的后果。行政诉讼的客体是被诉行政行为，行政主体在作出行政行为的时候必须有相应的事实和法律依据，这些依据应当作为证据由被告提供。另外，相较于行政相对人，作为被告的行政主体具有较强的举证能力，因此，在行政诉讼中，由被告承担举证责任，否则应当承担不利于己的法律后果。

（2）诉讼期间行政行为不停止执行原则。

行政诉讼中，被诉行政行为原则上不因原告提起诉讼而停止执行，这是由国家行政管理的特殊性决定的。

实行该原则，允许有例外。以下为法定的例外情形：

维度	行政复议	行政诉讼
"官"	被申请人认为需要停止执行的	被告认为需要停止执行的
法院/复议机关	行政复议机关认为需要停止执行的	人民法院认为行政行为的执行会给国家利益、社会公共利益造成重大损害的

续表

维度	行政复议	行政诉讼
"民"	申请人、第三人申请停止执行，行政复议机关认为其要求合理，决定停止执行的	根据原告或者利害关系人的申请，人民法院裁定停止执行。前提条件是行政行为的执行会造成难以弥补的损失，并且停止执行不损害国家利益、社会公共利益
"规定"	法律、法规、规章规定停止执行的其他情形	法律、法规规定停止执行的

（3）司法依法变更原则。

人民法院通常情况下不得变更被诉行政行为，但是在特殊的条件和情形下可以变更。

（4）对行政行为合法性审查原则。

这里的合法性，既包括形式合法性，也包括实质合法性。

原理详解

行政诉讼和行政复议虽然都属于行政纠纷的解决途径，但是行政复议中的裁判者是行政机关，行政机关审查行政行为，理应既审查合法性又审查合理性；而行政诉讼是采用动用司法权力解决行政争议，行政诉讼的裁判者是法院，不是行政机关，且合理性的存在源于行政自由裁量权，审判权应给予行政权以必要的尊重，因此，行政诉讼在审查行政行为时，一般仅限于对合法性的审查；但是这并不意味着法律一定不会或不能审查被诉行政行为的合理性，司法依法变更原则其实就是对合理性的一种有限审查。

三、行政诉讼与行政复议的区别

维度	行政诉讼	行政复议
审级制度	两审终审制	一级复议制
审理方式	原则上开庭审理	采用灵活审理方式，包括听取意见、书面审理、调查取证以及组织听证等方式，不采取类似开庭审理的方式
审理标准	规章作为行政复议审理的依据之一，而行政诉讼审理参照规章	

第二节 行政诉讼受案范围

受案范围，是指人民法院可以受理行政诉讼案件的范围。

一、受理的案件范围（★）

（1）对行政拘留、暂扣或者吊销许可证和执照、责令停产停业、没收违法所得、没收非法财物、罚款、警告等行政处罚不服的。

（2）对限制人身自由或者对财产的查封、扣押、冻结等行政强制措施和行政强制执行不服的。

（3）申请行政许可，行政机关拒绝或者在法定期限内不予答复，或者对行政机关作出的有关行政许可的其他决定不服的。

（4）对行政机关作出的关于确认土地、矿藏、水流、森林、山岭、草原、荒地、滩涂、海域等自然资源的所有权或者使用权的决定不服的。

（5）对征收、征用决定及其补偿决定不服的。

（6）申请行政机关履行保护人身权、财产权等合法权益的法定职责，行政机关拒绝履行或者不予答复的。

（7）认为行政机关侵犯其经营自主权或者农村土地承包经营权、农村土地经营权的。

（8）认为行政机关滥用行政权力排除或者限制竞争的。

（9）认为行政机关违法集资、摊派费用或者违法要求履行其他义务的。

（10）认为行政机关没有依法支付抚恤金、最低生活保障待遇或者社会保险待遇的。

（11）认为行政机关不依法履行、未按照约定履行或者违法变更、解除政府特许经营协议、土地房屋征收补偿协议等协议的。

（12）法院可以受理行政主体对受害人申请赔偿不予答复或者受害人对行政主体作出的赔偿数额有异议而引起的行政案件。

（13）公民、法人或者其他组织享有申请行政许可补偿的权利以及依法申请行政复议或者提起行政诉讼的权利。

二、不受理的案件范围（★★）

记忆提示	具体规定
管不了	(1) 国防、外交等国家行为。 (2) 终局行政裁决行为
不具体	行政法规、规章或者行政机关制定、发布的具有普遍约束力的决定、命令
在内部	(1) 行政机关对工作人员的奖惩、任免等。 (2) 上级行政机关基于内部层级监督关系对下级行政机关作出的听取报告、执法检查、督促履责等行为。 (3) 行政机关作出的不产生外部法律效力的行为

续表

记忆提示	具体规定
非行政/非职权	（1）公安、国家安全等机关依照《中华人民共和国刑事诉讼法》（以下简称《刑事诉讼法》）的明确授权实施的行为。 （2）调解行为以及法律规定的仲裁行为。 （3）行政机关根据人民法院的生效裁判、协助执行通知书作出的执行行为，但行政机关扩大执行范围或者采取违法方式实施的除外
不强制	（1）行政指导行为。 （2）行政机关为作出行政行为而实施的准备、论证、研究、层报、咨询等过程性行为
重复性	（1）驳回当事人对行政行为提起申诉的重复处理行为。 （2）行政机关针对信访事项作出的登记、受理、交办、转送、复查、复核意见等行为
兜个底	对公民、法人或其他组织权利义务不产生实际影响的行为

| 典例研习·6-1 2019年单项选择题

根据《行政诉讼法》及司法解释规定，下列属于行政诉讼受案范围的是（　　）。

A.行政机关为作出行政行为而实施的层报、咨询等过程性行政行为

B.行政机关协助法院执行时采取违法方式作出的执行行为

C.上级行政机关基于内部层级监督关系对下级行政机关作出的执法检查、督促履责行为

D.行政机关作出的对公民权利义务不产生实际影响的行为

斯尔解析 本题考查行政诉讼的范围。选项ACD不当选，行政机关为作出行政行为而实施的准备、论证、研究、层报、咨询等过程性行政行为，上级行政机关基于内部层级监督关系对下级行政机关作出的听取报告、执法检查、督促履责等行为，对公民、法人或者其他组织权利义务不产生实际影响的行为等未实际影响任何人的权益，不属于行政诉讼受案范围。选项B当选，行政机关根据人民法院的生效裁判、协助执行通知书作出的执行行为，若是在执行范围内实施的，意味着行政机关只是单纯配合法院工作，则不属于行政诉讼的受案范围；但是，行政机关采取违法方式实施的执行行为，就不是单纯配合法院工作了，此时，可以提起行政诉讼。

本题答案　B

第三节 行政诉讼管辖

行政诉讼管辖,是指上下级人民法院之间和同级人民法院之间受理第一审行政案件的分工和权限。

一、级别管辖(纵向)

级别管辖,是指人民法院上下级法院之间受理行政诉讼的分工和权限,具体包括由基层、中级、高级、最高人民法院管辖的案件。

(1)一般行政案件由基层人民法院管辖。

(2)中级人民法院管辖:

①对国务院部门或者县级以上地方人民政府所作的行政行为提起诉讼的案件。

②由海关处理的纳税案件和海关行政处罚案件。

二、地域管辖(横向)

地域管辖,是指同级人民法院之间受理第一审行政案件的分工和权限,分为一般地域管辖、特殊地域管辖和共同地域管辖。

种类	说明	具体规定
一般地域管辖	以最初作出行政行为的行政机关所在地来确定人民法院对行政案件的管辖(即"原告就被告")	最初作出行政行为的行政机关所在地。经复议的案件,也可以由复议机关所在地人民法院管辖
特殊地域管辖	以诉讼当事人或诉讼标的所在地来确定人民法院对行政案件的管辖	(1)限制人身自由的行政强制措施:被告所在地或原告所在地。(2)因行政行为导致不动产物权变动:不动产所在地
共同地域管辖	两个以上人民法院对同一行政案件均有管辖权,原告可以选择任一法院起诉	若起诉人向两个以上有管辖权的人民法院都提起诉讼,则由最初立案的人民法院管辖

三、裁定管辖

裁定管辖,是指由人民法院作出裁定或决定来确定行政案件的管辖,包括移送管辖、指定管辖、管辖权的转移三种。

分类	具体规定
移送管辖	某一人民法院受理行政案件后，发现自己对该案件无管辖权而将其移送给有管辖权的人民法院管辖
指定管辖	上级人民法院根据法律的规定，指定其管辖区域内的下级人民法院对某一行政案件行使管辖权
管辖权的转移	经上级人民法院决定或同意，将行政案件的管辖权由下级人民法院移送给上级人民法院

第四节 行政诉讼参加人

行政诉讼参加人，是指依法参加行政诉讼活动，享有诉讼权利，承担诉讼义务，并且与诉讼争议或诉讼结果有利害关系的人。依据我国行政诉讼法的规定，行政诉讼参加人具体包括当事人、共同诉讼人、诉讼中的第三人和诉讼代理人。

一、行政诉讼原告

（一）行政诉讼原告及原告资格（★）

行政行为的相对人以及与其他与被诉行政行为有利害关系的公民、法人或其他组织对该行政行为不服的，可以依法提起行政诉讼。

1.利害关系的界定

（1）被诉的行政行为涉及其相邻权或者公平竞争权的。

（2）在行政复议等行政程序中被追加为第三人的。

（3）要求行政机关依法追究加害人法律责任的。

（4）撤销或者变更行政行为涉及其合法权益的。

（5）为维护自身合法权益向行政机关投诉，具有处理投诉职责的行政机关作出或者未作出处理的。

（6）其他与行政行为有利害关系的情形。

2.原告资格的转移

（1）有权提起行政诉讼的公民死亡，其近亲属可以提起行政诉讼。

（2）有权提起行政诉讼的法人或其他组织终止，承受其权利的法人或其他组织可以提起行政诉讼。

提示：近亲属，包括配偶、父母、子女、兄弟姐妹、祖父母、外祖父母、孙子女、外孙子女和其他具有扶养、赡养关系的亲属。

（二）具体情形下原告资格的确定（★）

1.一般情形

情形	权益被侵害的具体情形	原告	
合伙企业或其他非法人组织	—	一般情形	核准登记字号
		未登记	全体合伙人或推选代表人
个体工商户	—	一般情形	登记的经营者
		有字号	登记的字号
联营、合资、合作企业及其各方	企业权益被侵害或自己权益被侵害	联营、合资、合作企业各方可以自己的名义提起诉讼	
农村集体土地使用权人	行政机关处分其使用的农村集体土地使用权	农村土地承包人等土地使用权人	
非国有企业	被行政机关注销、撤销、合并、强令兼并、出售、分立或者改变企业隶属关系	该企业或者其法定代表人	
股份制企业	—	企业	
	侵犯自主经营权	股东大会、股东会、董事会以企业名义起诉	
非营利法人	损害法人合法权益	出资人、设立人	
业主共有利益	涉及业主共有利益	业主委员会	

2.行政公益诉讼

人民检察院在履行职责中发现生态环境和资源保护、食品药品安全、国有财产保护、国有土地使用权出让等领域负有监督管理职责的行政机关违法行使职权或者不作为，致使国家利益或者社会公共利益受到侵害的，应当向行政机关提出检察建议，督促其依法履行职责。行政机关不依法履行职责的，人民检察院依法向人民法院提起诉讼。

二、行政诉讼被告

行政诉讼被告，是指原告起诉其行政行为侵犯自己的合法权益，而被人民法院通知应诉的行政机关或法律、法规授权的组织。

（一）行政诉讼被告的条件（★）

（1）被告必须是被诉行政行为的法律意义上的作出者。

（2）被告**必须具有行政主体资格**。

被告只能是代表国家行使行政职权和履行行政管理职责的行政机关或法律、法规授权的组织。**被告既不是国家，也不是行政机关工作人员。**

（二）具体情形下被告资格的确定（★★）

1.一般规定

谁作出行政行为	被告/行政复议的被申请人
行政机关	作出行政行为的行政机关
两个以上行政机关共同作出	两个以上行政机关为共同被告/被申请人
法律、法规、规章授权的组织	该组织
行政机关委托组织	委托的行政机关

2.经上级机关批准的行政行为

当事人不服上级行政机关批准的行政行为，向人民法院提起诉讼的，应当以在对外发生法律效力的文书上**署名的机关**为被告。

提示：下级行政机关依照法律、法规、规章规定，经上级行政机关批准作出行政行为的，**批准机关**为行政复议被申请人。

3.经复议的案件

情形	被告		具体规定
复议改变	复议机关（告复议）	只改变，告复议	复议机关改变原行政行为的，复议机关为行政诉讼被告
复议维持	原机关+复议机关（共同告）	有维持，共同告	复议机关决定维持原行政行为的
			复议决定既有维持原行政行为内容，又有改变原行政行为内容或者不予受理申请内容

提示：改变原行政行为是指复议机关**改变原行政行为的处理结果**、确认原行政行为无效以及确认原行政行为违法（以违反法定程序为由者除外）。复议机关改变原行政行为所认定的主要事实和证据、改变原行政行为所适用的规范依据，但未改变原行政行为处理结果的，视为复议机关维持原行政行为。

4.行政机关被撤销或者职权变更

是否有继续行使其职权的行政机关	行政诉讼被告
是	继续行使其职权的行政机关为被告
否	以其所属的人民政府为被告。实行垂直领导的，以垂直领导的上一级行政机关为被告

5.授权与委托

主体	行政诉讼被告	
	授权内作出行政行为	受行政机关委托作出的行为
村委会、居委会	村民委员会或居民委员会	委托的行政机关
高等学校等事业单位以及律师协会、注册会计师协会等行业协会	该事业单位、行业协会	

6.法律、法规或者规章授权行使行政职权的行政机关内设机构、派出机构、其他组织

	情形	行政诉讼被告
有授权	授权范围内作出行政行为	实施行为的机构或组织
	超出法定授权范围实施行政行为	
无授权	没有法律、法规或者规章的授权，以自己的名义作出行政行为	行政机关
	行政机关在没有法律、法规或者规章规定的情况下，授权其内设机构、派出机构或者其他组织行使行政职权（视为委托）	

7.房屋征收

（1）市、县级人民政府确定的房屋征收部门组织实施房屋征收与补偿工作过程中作出的行政行为，被征收人不服提起诉讼，以房屋征收部门为被告。

（2）征收实施单位受房屋征收部门委托，在委托范围内从事的行为，被征收人不服提起诉讼，应当以房屋征收部门为被告。

8.行政许可

（1）当事人不服行政许可决定提起诉讼的，以作出行政许可决定的机关为被告。

（2）行政许可依法须经上级行政机关批准，当事人对批准或者不批准行为不服一并提起诉讼的，以上级行政机关为共同被告。

（3）行政许可依法须经下级行政机关或者管理公共事务的组织初步审查并上报，当事人对不予初步审查或者不予上报不服提起诉讼的，以下级行政机关或者管理公共事务的组织为被告。

（4）行政机关依据行政许可法规定统一办理行政许可的，当事人对行政许可行为不服提起诉讼的，以对当事人作出具有实质影响的不利行为的机关为被告。

| 典例研习 · 6-2 2018年单项选择题

根据《行政诉讼法》及规定，复议机关决定维持原行政行为，当事人不服，向法院提起行政诉讼，法院确定诉讼被告的规则是（　　）。

A.复议机关为被告

B.作出原行政行为的行政机关为被告

C.由原告在作出原行政行为的行政机关与作出维持决定的复议机关二者中任选一个为被告

D.作出原行政行为的行政机关和复议机关为共同被告

【斯尔解析】本题考查经复议案件被告的确定。选项D当选，经复议的案件，复议机关决定维持原行政行为或复议决定既有维持原行政行为内容，又有改变原行政行为内容或者不予受理申请内容的，作出原行政行为的行政机关和复议机关为共同被告。

【本题答案】D

三、行政诉讼第三人

行政诉讼中的第三人，是指与被诉行政行为有利害关系但没有提起诉讼而由人民法院通知参加诉讼，或者同案件处理结果有利害关系并依申请或人民法院通知参加诉讼的公民、法人或其他组织。

四、行政诉讼代表人和代理人

（一）行政诉讼代表人（★★）

1.概念

行政诉讼中的诉讼代表人，是指在原告（或被告）人数众多的情况下，根据法律规定、当事人推选或者人民法院指定，由部分人作为代表进行诉讼，其他当事人则不参加诉讼，但人民法院判决的效力及于全体当事人的诉讼形式。

2.分类

（1）当事人一方人数众多的共同诉讼的诉讼代表人。

①如果同案原告为10人以上则由推选产生的2~5名当事人作为诉讼代表人参加诉讼（这类案件必须适用代表人诉讼）。

②在指定期限内诉讼代表人未选定的，人民法院可以依职权指定诉讼代表人。

③诉讼代表人可以委托1~2人作为诉讼代理人。

（2）不具备法人资格组织的诉讼代表人。

分类	诉讼代表人
合伙企业	原告是经过核准登记字号的，诉讼代表人是执行合伙企业事务的合伙人
其他组织	①该组织的主要负责人是诉讼代表人。 ②没有主要负责人的，由推选的负责人作为诉讼代表人

| 典例研习·6-3 | 模拟多项选择题

根据《行政诉讼法》及司法解释规定，下列关于诉讼代表人的说法中，正确的有（ ）。

A.诉讼代表人是诉讼当事人，其参加诉讼的目的是维护自己和全体当事人的合法权益
B.同案原告为10人以上的，即可适用代表人诉讼，由诉讼代表人参加诉讼
C.诉讼代表人代表被代表人参加诉讼，不是诉讼当事人
D.诉讼代表人必须由当事人推选产生
E.诉讼代表人至多为3人

斯尔解析 本题考查行政诉讼的代表人。选项A当选，选项C不当选，诉讼代表人是诉讼当事人，其参加诉讼的目的是维护自己和全体当事人的合法权益，并且要受人民法院判决的约束。选项B当选，选项E不当选，同案原告为10人以上，则由推选产生的2~5名当事人作为诉讼代表人参加诉讼。选项D不当选，在指定期限内诉讼代表人未选定的，人民法院可以依职权指定诉讼代表人。

本题答案 AB

（二）行政诉讼代理人（★）

行政诉讼代理人，是指以当事人的名义，在代理权限范围内代替或协助当事人进行诉讼活动的人。

1.基本规定

（1）诉讼代理人只能以被代理人的名义并为维护被代理人的合法权益进行诉讼活动。

（2）只能在代理权限范围内实施诉讼行为，其法律后果由被代理人承担。

（3）只能代理当事人一方，不能在同一诉讼中代理当事人双方。

（4）诉讼代理人必须具有诉讼行为能力。

2.分类

（1）法定诉讼代理人。

①法定诉讼代理人，是根据法律的直接规定取得代理权，代表无诉讼行为能力或限制诉讼行为能力的公民进行诉讼的人。

②在行政诉讼中，法定代理人制度只适用于没有诉讼行为能力或限制诉讼行为能力的公民，即未成年人和精神病人，不适用于法人组织，更不适用于作为被告的行政机关。

（2）委托诉讼代理人。

委托诉讼代理人，是指受当事人、法定代理人的委托，经授权代为进行诉讼的人。

①当事人、法定代理人可以委托1~2名律师，基层法律服务工作者，公民的近亲属，当事人的工作人员，当事人所在社区、单位及有关社会团体推荐的公民等代为诉讼。

②"告官要见官"：被诉行政机关负责人应当出庭应诉。不能出庭的，应当委托行政机关相应的工作人员出庭。不允许被诉行政机关仅委托律师出庭而自己的工作人员不出庭应诉。

第五节 行政诉讼证据

行政诉讼证据,是指行政诉讼中能够证明案件事实的所有材料。行政诉讼证据应当具有真实性、关联性和合法性等属性。

一、行政诉讼证据的种类(★)

行政诉讼的法定证据包括:书证、物证、视听资料、电子数据、证人证言、当事人的陈述、鉴定意见、勘验笔录和现场笔录。

1.书证

书证,是指以其内容、文字、符号、图画等来表达一定的思想并用以证明案件事实的材料。行政诉讼中,作为书证的文书主要有行政决定书、公证书、证明书、许可证、执照和通知书等。

(1)提供书证的原件,原本、正本和副本均属于书证的原件,提供原件确有困难的,可以提供与原件核对无误的复印件、照片、节录本。

(2)提供由有关部门保管的书证原件的复制件、影印件或者抄录件的,应当注明出处,经该部门核对无异后加盖其印章。

(3)提供报表、图纸、会计账册、专业技术资料、科技文献等书证的,应当附有说明材料。

(4)被告提供的被诉行政行为所依据的询问、陈述、谈话类笔录,应当有行政执法人员、被询问人、陈述人、谈话人签名或者盖章。

2.物证

物证,是指以其存在的外形、规格、质量、特征等形式来证明案件事实的物品。

(1)当事人向人民法院提供物证的,应当提供原物;提供原物确有困难的,可以提供与原物核对无误的复制件或者证明该物证的照片、录像等其他证据。

(2)原物为数量较多的种类物的,提供其中的一部分。

3.视听资料

视听资料,是指利用录音、录像、计算机储存等手段所反映出的声音、影像或其他信息证明案件事实的资料。

4.电子数据

电子数据通常是指电子邮件、电子数据交换、网上聊天记录、网络博客、手机短信、电子签名、域名等证据形式。

以有形载体固定或者显示的电子数据交换、电子邮件以及其他数据资料,其制作情况和真实性经对方当事人确认,或者以公证等其他有效方式予以证明的,与原件具有同等的证明效力。

5.证人证言

证人证言,是指了解案件情况的人以口头或书面的方式就其亲历的真实情况向人民法院所作的与案件有关事实的表达。

（1）凡是知道案件事实的人，都有出庭作证的义务，但不能正确表达意志的人不能作证。

在下列情况下，经人民法院允许，当事人可以提交书面证言：

①当事人在行政程序或者庭前证据交换中对证人证言无异议的。

②证人因年迈体弱或者行动不便无法出庭的。

③证人因路途遥远、交通不便无法出庭的。

④证人因自然灾害等不可抗力或者其他意外事件无法出庭的。

⑤证人因其他特殊原因确实无法出庭的。

（2）证人根据其经历所作的判断、推测或者评论，不能作为定案的依据。

（3）出庭作证的证人不得旁听案件的审理。

6.当事人的陈述

当事人的陈述，是指当事人在行政诉讼中就其所经历的案件事实，向人民法院所作的口头或者书面叙述、说明或解释。

7.鉴定意见

鉴定意见，是指由鉴定部门指派具有专门知识和专门技能的人对某些专门性问题进行分析、鉴别和判断，从而形成的能够证明案件事实的书面意见。鉴定意见可以由当事人提供，也可以由人民法院依职权指定或委托法定鉴定部门提供。

8.勘验笔录

勘验笔录，是指人民法院或者行政机关对物品、现场等进行查看、检验后所作的能够证明案件情况的记录。人民法院勘验现场，可以依当事人申请或者依职权进行。

9.现场笔录

现场笔录是行政诉讼中特有的法定证据，是指行政机关工作人员在实施行政行为时对现场情况所作的书面记录。

（1）现场笔录应当由行政执法人员在现场制作形成，不能事后补作，并应当由当事人签名或盖章。在可能的情况下，还应当由在场证人签名或盖章。

（2）被告向人民法院提供的现场笔录，应当载明时间、地点和事件等内容，并由执法人员和当事人签名。当事人拒绝签名或者不能签名的，应当注明原因。有其他人在现场的，可由其他人签名。

提示：一般情况下，对于现场笔录没有当事人签名的，不能简单地认定该笔录不具有法律效力。

二、行政诉讼证据的收集、质证和审查认定

（一）行政诉讼证据的收集（★★）

1.被告对证据的收集

（1）行政诉讼中被告承担行政行为合法性的举证责任。

（2）行政机关向法院提交的证据原则上应当在作出行政行为之前收集。

（3）一旦进入诉讼程序，被告及其诉讼代理人就不得自行向原告、第三人和证人收集证据。

> **原理详解**
>
> 行政机关作出行政行为应当"先有证据，后作决定"，即应当先调查取证、认定事实和适用法律，然后作出行政决定。因此，作为被告的行政机关向法院提交的证据原则上应当在作出行政行为之前收集，不能事后取证。行政行为作出之后所收集的证据，无论是否真实，均不能作为法院判决的依据。

2.人民法院对证据的收集

（1）人民法院有权调取证据的情况是：

分类	具体规定
法院主动调取（依职权）	①涉及国家利益、公共利益或者他人合法权益的事实认定的。 ②涉及依职权追加当事人、中止诉讼、终结诉讼、回避等程序性事项的
原告或第三人申请法院调取（依申请）	原告或者第三人不能自行收集，但能提供确切线索的，可以申请人民法院调取： ①由国家有关部门保存而需由人民法院调取的证据材料。 ②涉及国家秘密、商业秘密或者个人隐私的证据材料。 ③确因客观原因不能自行收集的其他证据材料

（2）人民法院在调取证据时，不得为证明被诉行政行为的合法性而调取被告在作出行政行为时未收集的证据。

（二）行政诉讼证据的质证

当事人提供的证据需在法庭上出示，并由当事人对质辨认和核实。只有经过庭审质证和审核认定的证据，才能作为定案的依据。

（三）行政诉讼证据的审查认定（认证）

人民法院裁判行政案件，是以证据证明的案件事实为依据的。作为定案依据的证据，除必须在法庭由双方当事人质证外，还需由法庭根据案件的具体情况从关联性、合法性、真实性加以审查认定。

1.证据证明力大小的认定规则

证明同一事实的数个证据，其证明效力一般可以按照下列情形分别认定：

（1）国家机关以及其他职能部门依职权制作的公文文书优于其他书证。

（2）鉴定意见、现场笔录、勘验笔录、档案材料以及经过公证或者登记的书证优于其他书证视听资料和证人证言。

（3）原件原物优于复制件复制品。

（4）法定鉴定部门的鉴定意见优于其他鉴定部门的鉴定意见。

（5）法庭主持勘验所制作的勘验笔录优于其他部门主持勘验所制作的勘验笔录。

（6）原始证据优于传来证据。

（7）其他证人证言优于与当事人有亲属关系或者其他密切关系的证人提供的对该当事人有利的证言。

（8）出庭作证的证人证言优于未出庭作证的证人证言。

（9）数个种类不同、内容一致的证据优于一个孤立的证据。

2.法庭可以直接认定的事实

对下列事实，法庭可以直接认定：

（1）众所周知的事实。

（2）自然规律及定理。

（3）按照法律规定推定的事实。

（4）已经依法证明的事实。

（5）根据日常生活经验法则推定的事实。

（四）行政诉讼证据的采纳与采信（★）

1.非法手段取得证据的限制

以非法手段取得的证据，不得作为认定案件事实的根据。

以非法手段取得的证据包括：

（1）严重违反法定程序收集的证据材料。

（2）以违反法律强制性规定的手段获取且侵害他人合法权益的证据材料。

（3）以利诱、欺诈、胁迫、暴力等手段获取的证据材料。

2.行政诉讼中对证据适用的限制

（1）被告及其诉讼代理人在作出行政行为后或在诉讼程序中自行收集的证据，不能作为认定被诉行政行为合法的依据。

（2）被告严重违反法定程序收集的证据，不能作为认定被诉行政行为合法的依据。

（3）复议机关在复议过程中收集和补充的证据，或者作出原行政行为的行政机关在复议程序中未向复议机关提交的证据，不能作为人民法院认定原行政行为合法的依据。

（4）复议机关在复议程序中依法收集和补充的证据，可以作为人民法院认定复议决定和原行政行为合法的依据。新

3.人民法院责令行政机关提交证据

（1）原告或者第三人确有证据证明被告持有的证据对原告或者第三人有利的，可以在开庭审理前书面申请人民法院责令行政机关提交。

（2）行政机关无正当理由拒不提交的，人民法院可以推定原告或者第三人基于该证据主张的事实成立。

三、行政诉讼中的举证责任

（一）一般规定（★★）

（1）被告对作出的行政行为负有举证责任，应当提供作出该行政行为的证据和所依据的规范性文件。被告不提供或者无正当理由逾期提供证据的，视为被诉行政行为没有相应的证据。但是，被诉行政行为涉及第三人合法权益，第三人提供证据的除外。

（2）复议机关决定维持原行政行为的，作出原行政行为的行政机关和复议机关对原行政行为合法性共同承担举证责任，可以由其中一个机关实施举证行为。复议机关对复议程序的合法性承担举证责任。

（3）原告可以提供证明被诉行政行为违法的证据。原告提供的证据不成立的，不免除被告对被诉行政行为合法性的举证责任。

（二）被告的举证规则

被告应当在收到起诉状副本之日起15日内提交答辩状，并提供据以作出被诉行政行为的全部证据和所依据的规范性文件。

（三）原告的举证规则

原告在行政诉讼中的举证情形有：

项目	具体规定
证明自己能起诉	公民、法人或者其他组织向人民法院起诉时，应当提供其符合法定条件的相应的证据材料。但被告认为原告起诉超过起诉期限的除外
证明自己申请过	在起诉被告不作为的案件中，原告应当提供其在行政程序中曾经提出申请的证据材料，但有下列情形的除外： (1) 被告应当依职权主动履行法定职责的。 (2) 原告因被告受理申请的登记制度不完备等正当事由不能提供相关证据材料并能够作出合理说明的
证明自己受损害	(1) 在行政赔偿、补偿诉讼中，原告应当对被诉行政行为造成损害的事实提供证据，被告的原因导致原告无法举证的，由被告就该损害情况承担举证责任。 (2) 当事人的损失因客观原因无法鉴定的，人民法院酌情确定赔偿数额

第六节 行政诉讼程序

行政诉讼程序如下：

一、行政诉讼的起诉与受理

（一）起诉（★★）

1.起诉的一般条件

记忆提示	条件内容
"原告有关系"	原告是符合法律规定的公民、法人或者其他组织
"被告很明确"	有明确的被告
"诉请也具体"	有具体的诉讼请求和事实根据
"法院能管辖"	属于人民法院受案范围和受诉人民法院管辖

2.起诉的方式

（1）书面：起诉应当向人民法院递交起诉状，并按照被告人数提出副本。

（2）口头：书写起诉状确有困难的，可以口头起诉，由人民法院记入笔录，出具注明日期的书面凭证，并告知对方当事人。

3.起诉的时间条件（起诉期限）

（1）起诉期限。

种类		起诉期限
一般期限	直接起诉案件	①知道作出行政行为之日起6个月内提出。 ②对行政机关不履行保护其人身权、财产权等合法权益的法定职责提起诉讼的，应当在行政机关履行法定职责期限届满之日起6个月内提出
	经复议的案件	收到复议决定书之日或复议机关逾期不作决定的，复议期满之日起15日内向人民法院起诉
特殊期限		取决于单行法律的规定，但是因不动产提起诉讼的案件，自行政行为作出之日起超过20年，其他案件自行政行为作出之日起超过5年提起诉讼的，人民法院不予受理

（2）起诉期限的起算。

情形	具体规定
"知行为"+"知救济"	从公民、法人或者其他组织知道或者应当知道行政机关作出行政行为之日起计算
"知行为"+"不知救济"	行政机关作出行政行为时，未告知公民、法人或其他组织起诉期限的，起诉期限从公民、法人或其他组织知道或应当知道起诉期限之日起计算，但从知道或应当知道行政行为内容之日起最长不得超过1年

（3）起诉期限的延长。

①因不可抗力或者其他不属于其自身的原因耽误起诉期限的，被耽误的时间不计算在起诉期限内。

②因前述规定以外的其他特殊情况耽误起诉期限的，在障碍消除后的10日内，可以申请延长期限（顺延，而非重新计算）。当事人申请延长期限是否准许应由人民法院决定。

解题高手

命题角度：关于申请行政复议与提起行政诉讼的程序对比。

项目		行政复议	行政诉讼
主观	"知行为"+"知救济"	60日内（法律规定超过60日的除外）	6个月内（经复议案件15日）
	"知行为"+"不知救济"	自公民、法人或者其他组织知道或应当知道之日起算，但是自知道或者应当知道行政行为内容之日起最长不得超过1年	
客观	客观起算"520"	不动产案件：自行政行为作出之日起20年内	
		其他案件：自行政行为作出之日起5年内	

4.起诉的程序条件

（1）复议前置的情况。

①前提：当事人对行政行为不服，必须经上级行政机关复议，对复议不服的，才可以向法院起诉，否则法院不予受理。

②在复议前置的情况下，如果复议机关决定不予受理、驳回申请或者受理后超过行政复议期限不作答复，公民、法人或其他组织不服，依法向人民法院提起诉讼的，人民法院应当受理。行政复议机关已经依法受理的，当事人在行政复议期间不得起诉。

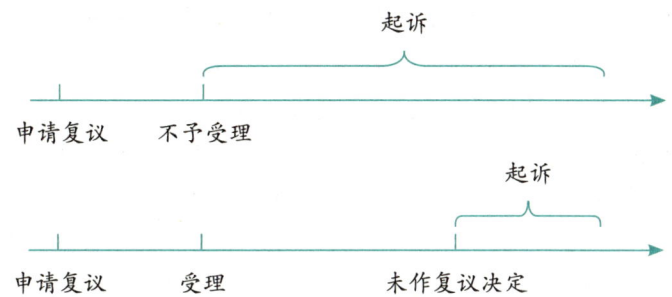

③**当事人在法定复议期限内不得起诉**。

（2）当事人可自由选择行政复议或行政诉讼的情况。

①当事人既提起诉讼又申请复议的处理。

a.公民、法人或其他组织既提起诉讼又申请复议的，由**先立案的机关管辖**；同时立案的，由公民、法人或者其他组织选择。

b.如果先受理的机关是复议机关，当事人对复议决定不服的，仍有权提起行政诉讼。

②当事人在复议期间提起诉讼的处理。

公民、法人或其他组织已经申请复议，在法定复议期间内又向人民法院起诉的，人民法院不予受理。

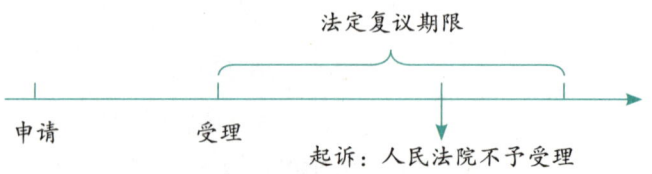

③当事人在复议期间撤回复议申请的处理。

公民、法人或者其他组织向复议机关提出行政复议申请，在复议机关受理后，行政复议决定作出前，申请人撤回行政复议申请，行政复议机构准予撤回行政复议申请，申请人在法定起诉期限内对原行政行为提起诉讼的，人民法院应当受理。

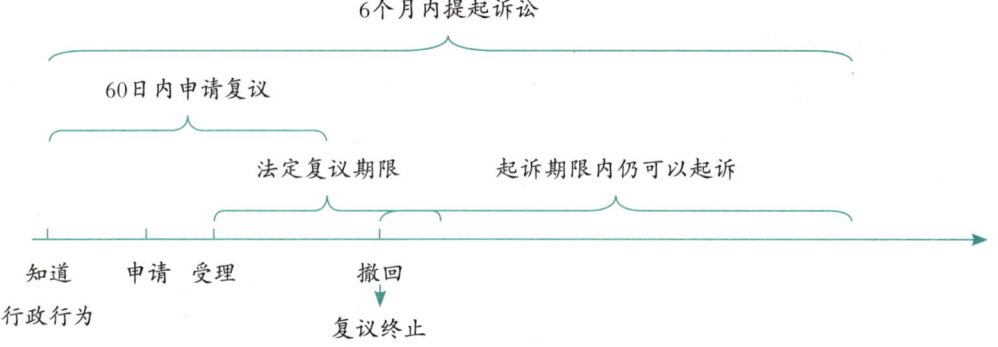

④复议机关逾期不作决定的处理。

复议机关逾期不作决定的，申请人可以在复议期满之日起15日内向人民法院提起诉讼。

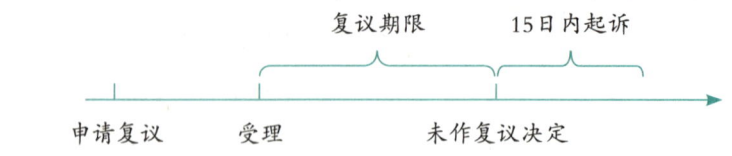

（二）立案（★）

1.起诉与立案的程序

（1）人民法院在接到原告的起诉状后，应当登记立案。

（2）当场不能判定是否符合起诉条件的，在7日内作出立案或不予立案的裁定。原告对不予立案的裁定不服的，可在接到裁定书之日起10日内向上一级人民法院提出上诉，上一级人民法院的裁定为终局裁定。

（3）7日内不能决定是否立案的，应当先予立案；立案后经审查不符合起诉条件的，可以裁定驳回起诉。受诉人民法院自收到起诉状之日起7日内既不立案，又不作出不予立案裁定的，起诉人可以向上一级人民法院起诉。上一级人民法院认为符合起诉条件的，应当立案、审理，也可以指定其他下级人民法院立案、审理。

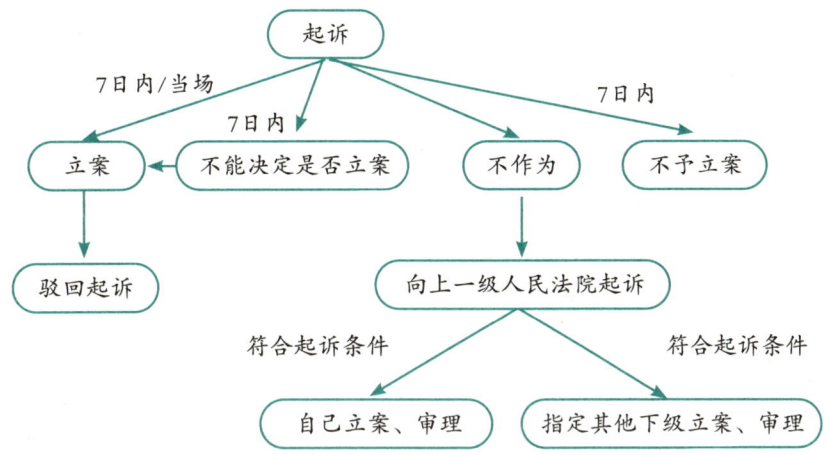

2.立案期限的起算

关于立案的期限,从受诉人民法院收到起诉状之日起计算;因起诉状内容欠缺而责令原告补正的,从人民法院收到补正材料之日起计算。

3.材料补正

起诉状内容欠缺或者有其他错误的,应当给予指导和释明,并<u>一次性告知</u>当事人需要补正的内容。不得未经指导和释明即以起诉不符合条件为由不接收起诉状。

二、行政诉讼第一审程序

(一)审理前的准备

(1)向当事人发送起诉状副本和通知被告应诉并提交答辩状,具体流程如下。若被告不提交答辩状的,不影响人民法院审理。

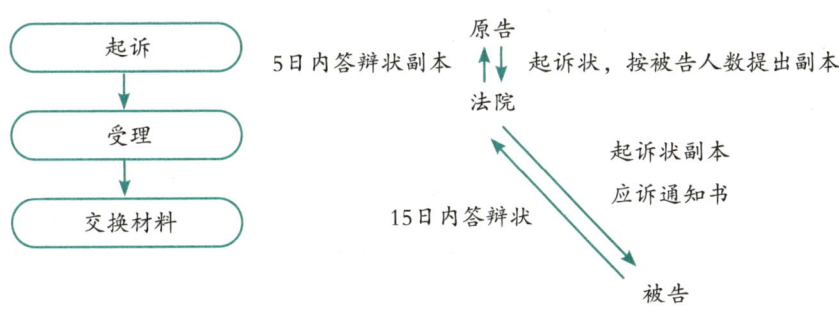

(2)组成合议庭。

人民法院适用普通程序审理行政案件,不论公开审理还是不公开审理,都必须由审判员或审判员及陪审员组成合议庭。合议庭成员应当是3人以上的单数。

(3)审核诉讼材料,调查收集证据。

(4)人民法院应当在开庭前3日内将开庭的时间、地点通知当事人和其他诉讼参与人。

(二)开庭审理(★)

(1)<u>一审程序应当一律实行开庭审理</u>,不得进行书面审理。

(2)开庭审理时,除涉及国家秘密、个人隐私和法律另有规定外,人民法院审理行政案件应当一律公开审理。

(三）判决（★）

1.判决期限

人民法院应当在立案之日起**6个月内**作出一审判决。有特殊情况需要延长的，由高级人民法院批准；高级人民法院审理的一审案件需要延长的，由最高人民法院批准。

2.判决类型

（1）驳回诉讼请求判决（行政行为合法）。

人民法院通过审理，确认被告行政行为合法，应驳回原告的诉讼请求；驳回诉讼请求判决必须符合证据确凿、适用法律法规正确、符合法定程序三个条件，缺一不可。

（2）撤销判决（行政行为违法）。

撤销判决，是指人民法院经过对案件的审查，认定被诉行政行为部分或者全部违法，从而部分或者全部撤销被诉行政行为，并可责令被告重新作出行政行为的判决。

①撤销判决的情形（满足以下情形之一）：

a.主要证据不足。

b.适用法律、法规错误。

c.违反法定程序。

d.超越职权。

e.滥用职权。

f.明显不当。

②撤销与确认违法的衔接。

a.行政行为程序**轻微违法**（处理期限轻微违法、通知或送达等程序轻微违法以及其他程序轻微违法的情形），但是对原告依法享有的听证、陈述、申辩等重要程序性权利不产生实质损害的，人民法院判决确认该行政行为违法，但不撤销该行政行为。

b.行政行为依法应当撤销，但撤销会给国家利益、社会公共利益造成重大损害的，人民法院判决确认该行政行为违法，但不撤销该行政行为。

③复议相关。

类型	人民法院处理方式
复议维持	人民法院对原行政行为作出判决的同时，应当对复议决定一并作出相应判决
复议改变	原行政行为错误，人民法院判决撤销复议决定时，可以一并责令复议机关重新作出复议决定或者判决恢复原行政行为的法律效力

（3）变更判决。

变更判决，是指人民法院经过审理，认定被告**行政处罚明显不当**，或者**其他行政行为涉及款额确定、认定确有错误**，运用国家审判权直接予以改变的判决。

项目		具体规定
适用情形		①被告行政处罚明显不当。 ②其他行政行为涉及款额确定、认定确有错误
禁止不利变更	诉讼不加重	①法院审理行政处罚案件时不得变更行政行为,加重对原告的处罚,包括加重处罚幅度或增加处罚内容。 ②人民法院审理行政案件不得加重对原告的处罚,但利害关系人同为原告的除外
	诉讼不处罚	对行政机关未处罚的相对人,法院不得判决直接给予处罚

(4)确认违法判决。

行政行为有下列情形之一,不需要撤销或者判决履行的,人民法院判决确认被诉行政行为违法:

①被告不履行或者拖延履行法定职责,但判决履行没有意义的。
②行政行为违法,但不具有可撤销内容的。
③被告改变原违法行政行为,原告仍要求确认原行政行为违法的。

(5)确认无效判决——"重大且明显违法"。

确认无效判决,是指行政行为实施主体不具有行政主体资格或者没有依据等重大且明显违法情形,人民法院判决确认该行政行为无效的判决。

有下列情形之一的,属于《行政诉讼法》规定的"重大且明显违法":

记忆提示	具体规定
无资格	行政行为实施主体不具有行政主体资格
无依据	减损权利或者增加义务的行政行为没有法律规范依据
不能做	行政行为的内容客观上不可能实施
兜个底	其他重大且明显违法的情形

提示:对于原告起诉请求确认无效或撤销行政行为,人民法院经审查认为行政行为无效的,均应作出确认无效判决。

原理详解

撤销判决与确认违法判决、确认无效判决、变更判决之间的关系可以概括为"一般与例外",即被诉行政行为违法的,一般情况下应当作出撤销判决,在特殊情形下,不宜作出撤销判决,以确认违法判决、确认无效判决和变更判决作为撤销判决的补充。

(6)履行判决。

履行判决,是指人民法院经过审理,认定被告无正当理由拒不履行或者拖延履行法定职责,从而责令其在一定期限内履行的判决。

①原告请求被告履行法定职责的理由成立，被告违法拒绝履行或者无正当理由逾期不予答复的，人民法院可以判决在一定期限内依法履行原告请求的法定职责。

②原告申请被告依法履行支付抚恤金、最低生活保障待遇或社会保险待遇等给付义务的理由成立，被告依法负有给付义务而拒绝或者拖延履行义务的，人民法院可以判决被告在一定期限内履行相应的给付义务。但是，对于此类案件，原告未先向行政机关提出请求或者申请的，人民法院裁定驳回起诉。

③人民法院经审理认为原告所请求履行的法定职责或者给付义务明显不属于行政机关权限范围的，可以裁定驳回起诉。

典例研习·6-4 （2016年单项选择题）

原告认为被告行政机关作出的行政行为违法侵害其合法权益而请求法院撤销。法院通过审理查清案件全部事实后，认为被诉行政行为合法。根据《行政诉讼法》及司法解释规定，法院应当判决（　）。

A.变更被诉行政行为
B.维持被诉行政行为
C.驳回原告诉讼请求
D.撤销被诉行政行为或者确认被诉行政行为违法

斯尔解析 本题考查行政诉讼的判决类型。选项C当选，人民法院通过审理，确认被告行政行为合法，应驳回原告的诉讼请求。选项AD不当选，撤销判决、变更判决、确认违法判决适用于被诉行政行为不合法或明显不当。选项B不当选，行政复议的决定中有"维持决定"，行政诉讼的判决中并无"维持被诉行政行为的决定"。

本题答案 C

（四）案件审理中需要注意的几个问题（★）

1.撤回起诉

（1）申请撤诉。

原告在提起行政诉讼法院依法立案后，法院宣告判决或者裁定前，可以向人民法院提出撤回起诉的请求。

人民法院裁定准许原告撤诉后，原告以同一事实和理由重新起诉的，人民法院不予立案。原告撤回起诉后无正当理由再行起诉，人民法院已经立案的，应当裁定驳回起诉。

（2）按撤诉处理。

在行政诉讼过程中，由于原告没有履行特定的法定诉讼义务，人民法院按原告申请撤诉处理。主要有两种情况：

①原告经传票传唤，无正当理由拒不到庭或者未经法庭许可中途退庭的。

②原告在法定期限内未缴纳诉讼费用且又未提出暂不缴纳诉讼费用申请的。

2.缺席判决

"缺谁"	具体规定
原告/上诉人	原告或者上诉人申请撤诉，人民法院裁定不予准许的，原告或者上诉人经传票传唤无正当理由拒不到庭，或者未经法庭许可中途退庭的，人民法院可以缺席判决
被告	被告经传票传唤无正当理由拒不到庭，或者未经法庭许可中途退庭的，人民法院可以按期开庭或者继续开庭审理，对到庭的当事人诉讼请求、双方的诉辩理由以及提交的证据及其他诉讼材料进行审理后，依法缺席判决
第三人	经传票传唤无正当理由拒不到庭，或者未经法庭许可中途退庭的，不发生阻止案件审理的效果

3.诉讼中止和诉讼终结

记忆提示	诉讼中止	诉讼终结
等人	（1）原告死亡，须等待其近亲属表明是否参加诉讼的。 （2）原告丧失诉讼行为能力，尚未确定法定代理人的。 （3）作为一方当事人的行政机关、法人或其他组织终止，尚未确定权利义务承受人的。 （4）一方当事人因不可抗力的事由不能参加诉讼的	（1）原告死亡，没有近亲属或者近亲属放弃诉讼权利的。 （2）作为原告的法人或其他组织终止后，其权利义务的承受人放弃诉讼权利的。 （3）因诉讼中止中"前三种情形"而中止诉讼满90日仍无人继续诉讼的，裁定终结诉讼，但有特殊情况的除外
等解释	案件涉及法律适用问题，需要送请有权机关作出解释或者确认的	—
等结果	案件的审判须以相关民事、刑事或者其他行政案件的审理结果为依据，而相关案件尚未审结的；其他应当中止诉讼的情形	—

4.关于审理后的诉讼调解

项目	具体规定
适用范围	行政赔偿、补偿以及行政机关行使法律、法规规定的自由裁量权的案件，其他案件不适用调解
"不公开"	（1）调解过程不公开，当事人同意公开的除外。 （2）调解协议内容原则上不公开，但有例外
调解书	（1）调解达成协议，人民法院应当制作调解书。 （2）调解书经双方当事人签收后，即具有法律效力

（五）简易程序（★★）

项目	具体规定
适用情形	人民法院审理下列第一审行政案件，认为事实清楚、权利义务关系明确、争议不大的，可以适用简易程序： （1）被诉行政行为是依法当场作出的。 （2）案件涉及款额2 000元以下的。 （3）属于政府信息公开案件的。 此外，当事人各方同意适用简易程序的，可以适用简易程序
审理方式	适用简易程序审理的行政案件，由审判员一人独任审理
审理时限	应当在立案之日起45日内审结
举证期限	适用简易程序案件的举证期限由人民法院确定，也可以由当事人协商一致并经人民法院准许，但不得超过15日

提示：人民法院在审理过程中发现案情复杂、不宜适用简易程序的，应当在审理期限届满前作出裁定转为普通程序。

典例研习·6-5   2019年多项选择题

根据《行政诉讼法》规定，人民法院审理第一审行政案件，认为事实清楚、权利义务关系明确、争议不大的，可以适用简易程序。具备该前提条件，可以适用简易程序的案件包括（ ）。

A.行政机关不履行行政协议的案件
B.行政机关不履行法定职责的案件
C.被诉行政行为是依法当场作出的案件
D.政府信息公开案件
E.被诉行政行为涉及款额10 000元以下的所有行政案件

斯尔解析 本题考查行政诉讼的简易程序。人民法院审理下列第一审行政案件，认为事实清楚、权利义务关系明确、争议不大的，可以适用简易程序：（1）被诉行政行为是依法当场作出的（选项C当选）；（2）案件涉及款额2 000元以下的（选项E不当选）；（3）属于政府信息公开案件的（选项D当选）。此外，当事人各方同意适用简易程序的，可以适用简易程序。选项AB不当选，其所述情形不适用行政诉讼一审简易程序。

本题答案 CD

三、行政诉讼第二审程序

第二审程序,是指上级人民法院根据当事人的上诉,对下级人民法院未发生法律效力的行政判决裁定进行审理、裁判的程序。

人民法院审理行政案件实行两审终审制,除最高人民法院所作的一审判决、裁定不能上诉外,其他各级人民法院作出的一审判决、裁定,当事人不服的都可以上诉,从而引起第二审程序。

原理详解

第一审程序的判决、裁定作出后,不会立即生效,该判决、裁定称为"未发生法律效力的判决、裁定",当事人在法定上诉期内可以向一审法院的上一级法院提起上诉,然后进入第二审程序,第二审程序的判决、裁定作出后即生效,该判决、裁定称为发生法律效力的判决、裁定,此谓两审终审制。而审判监督程序(再审程序),是对第一审或第二审中"已经发生法律效力"的判决、裁定进行的一种纠错行为,对已经审结的案件再次审理,以实现纠错的功能。

(一)上诉(★)

项目	具体规定
上诉情形	(1)判决:未生效的第一审判决。 (2)裁定:不予立案、驳回起诉、管辖异议
上诉主体	(1)上诉人必须是一审程序中的当事人。 (2)如一审法院作出判决、裁定后,当事人均提起上诉的,上诉各方均为上诉人
上诉期限	(1)不服判决:上诉期限为15天。 (2)不服裁定:上诉期限为10天
上诉方式	当事人必须以书面方式提起上诉
上诉法院	上诉必须向原审法院的上一级法院提起

(二)上诉案件的审理(★)

项目		具体规定
审理方式	开庭审理	(1)第二审人民法院审理上诉案件,原则上必须组成合议庭,开庭审理,对原审人民法院的裁判和被诉行政行为进行全面审查。 (2)当事人对原审人民法院认定的事实有争议的,或者第二审人民法院认为原审人民法院认定事实不清楚的案件,必须开庭审理
	书面审理	对事实清楚的上诉案件,二审人民法院可以实行书面审理

续表

项目	具体规定
审理期限	(1) 一般：应当自收到上诉状之日起3个月内作出终审判决。 (2) 延长：有特殊情况需要延长的，由高级人民法院批准，高级人民法院审理上诉案件需要延长的，由最高人民法院批准

（三）上诉案件的裁判

原判决、裁定状态	二审判决、裁定
事实清楚，适用法律、法规正确	驳回上诉，维持原判决、裁定
事实错误或适用法律、法规错误	依法改判、撤销或变更
认定事实不清、证据不足	裁定撤销原判，发回原审人民法院重审（原审法院应当另行组成合议庭审理），也可以查清事实后改判
遗漏当事人或违法缺席判决等严重违反法定程序	裁定撤销原判，发回原审人民法院重审

解题高手

命题角度：行政复议与行政诉讼的对比。

项目	行政复议	行政诉讼
申请/提起方式	可书面、可口头	可书面、可口头
申请/提起期限	60天/1年	6个月/1年
	客观起算"520"	
决定/判决期限	普通程序60天，简易程序30天	"3" — 二审审理期限：收到上诉状3个月内审结
		"45" — 一审简易程序：立案后45天内审结
		"6" — 一审普通程序：立案之日起6个月内审结
举证责任	被申请人（行政机关）	被告（行政机关）
	复议、诉讼过程中不得收集证据	
审理依据	法律、法规、规章	法律、行政法规、地方性法规，参照规章

续表

项目	行政复议	行政诉讼
审查范围	适当性（合理性）、合法性	合法性
是否调解	行政复议机关办理行政复议案件，可以进行调解。适用范围中没有案件类型的限制	"赔偿补偿、自由裁量"的案件可以调解，其他案件不调解
行政行为是否停止执行	一般不停止执行，有下列情形之一的，停止执行： （1）被申请人认为需要停止执行的。 （2）行政复议机关认为需要停止执行的。 （3）申请人、第三人申请停止执行，行政复议机关认为其要求合理，决定停止执行的。 （4）法律、法规、规章规定停止执行的其他情形	一般不停止执行，有下列情形之一的，停止执行： （1）被告认为需要停止执行。 （2）人民法院认为该行政行为的执行会给国家利益造成重大损害。 （3）法律、法规规定停止执行

典例研习在线题库

至此，涉税服务相关法律的学习已经进行了24%，继续加油呀！

 24%

第七章 民法总论

学习提要

重要程度：重点章节

平均分值：7~15分

考核题型：以单项选择题、多项选择题居多，综合分析题考查较少

本章提示：本章讲解民法基本原理。理论性内容居多，结合生活理解，内容不算晦涩。请同学们重点关注民事法律事实、法人、法律行为的效力样态

第一节　民法概述

一、民法概述（★）

（一）民法的概念

民法，是调整平等主体的自然人、法人和非法人组织之间的人身关系和财产关系的法律规范的总称。

（1）自然人、法人和非法人组织是《中华人民共和国民法典》所规定的三类民事主体。

（2）平等主体之间的人身关系，是指民事主体之间，因人格权或身份权的享有和保护所产生的民事关系，如人格权关系、身份权关系。平等主体之间的财产关系，是指民事主体之间，因财产权的享有和保护所产生的民事关系，如物权关系、债权关系等。

（二）民法的基本原则

1.权益保护原则

权益保护原则，是指民事主体的人身权利、财产权利以及其他合法权益受法律充分保护，任何组织或者个人不得侵犯，且非依法律程序不得限制和剥夺的原则。

（1）民事主体在法定范围内，可依自己的意志行使其民事权利，以实现一定的利益，满足自己的物质和精神需要。

（2）任何民事主体的民事权益受到不法侵害，均可依法请求侵权人停止侵害、赔偿损失或者采取其他补救措施，并由司法机关给予最终的保护。

（3）任何组织或者个人不得非法侵占、限制、剥夺他人的民事权利及其他合法权益，也不得干涉他人正常行使民事权利及正常维护其他合法权益。否则承担相应的民事责任。

2.平等原则

平等原则，是指民事主体在民事活动中法律资格、法律地位一律平等，任何一方不得将自己的意志强加于对方的原则。

提示：此处所谓平等是指形式平等、机会平等，而非实质平等、结果平等。

（1）民事主体在民事法律关系中的地位平等，既享有权利，又依法履行义务和承担责任。

（2）民事主体的合法权益受到法律的平等保护。当合法权益受到侵犯时，民事主体能够获得同等的法律救济。

3.自愿原则

自愿原则，也称"意思自治原则"，是指在法律允许的范围内，民事主体可以依其自由意思从事民事活动，为自己创设权利和义务的原则。

（1）民事主体享有参与民事活动与否的自由，他人不得干涉。

（2）民事主体享有在合法范围内选择行为相对人、行为内容和行为方式的自由。

（3）民事主体享有选择纠纷解决方式的自由。

（4）民事主体自觉承担其所从事的民事活动的后果，民事主体须对其自主行为负责。

4.公平原则

公平原则，是指民事主体从事民事活动及法官审理民事纠纷案件时，应秉持公平理念，公正、合理地确定各方的权利和义务，合理分配相应民事责任的原则。

提示：此处的公平，是指实质平等、结果平等。

（1）公平原则要求民事主体在从事民事活动时、法官在审理民事纠纷案件时，按照公平观念合理确定当事人之间的权利和义务。

（2）公平原则要求民事主体合理承担民事责任、合理分担损失，要求法官合理判定民事责任。通常，民事主体所承担的民事责任与其过错程度相当。仅在特殊情况下，即使没有过错，也可能需依法合理分担责任损失。

5.诚实信用原则（民法的"帝王条款"）

诚实信用原则，是指民事主体在民事活动中应当秉持诚实、善意，信守承诺，以期维持双方当事人之间利益平衡，以及当事人利益与社会公共利益平衡的原则。

（1）在当事人之间的利益关系中，诚实信用原则要求尊重他人合法权益，合理确定相关各方的权利和义务，以此保证法律关系中的当事人都能得到自己应得的利益。无论行使权利、履行义务，还是承担责任均应秉持善意，不得滥用权力，不得损人利己。

（2）在当事人与社会的利益关系中，诚实信用原则要求当事人以符合社会经济目的的方式善意行使权利，不得损害第三人或者社会公共利益。

提示：诚实信用原则是对民事主体从事民事活动的"内在"要求。

6.公序良俗原则

公序良俗原则，是指民事主体从事民事活动，须不违反社会公认的一般道德规范和公共利益的原则。

（1）民事主体从事民事活动不得违反法律的强制性规定，应避免对公共秩序造成破坏。

（2）民事主体从事民事活动不得违反当时、当地的善良习俗。

提示：公序良俗原则是对民事主体从事民事活动的"外在"要求。

7.生态保护原则

生态保护原则，亦称"绿色原则"，是指民事主体从事民事活动，应当有利于节约有限资源、保护生态环境的原则。

（1）民事活动应有利于节约资源、保护生态环境。

（2）绿色原则为民事主体树立起可持续发展的新理念。

二、民事法律关系

（一）概念

民事法律关系，是指平等主体之间发生的、符合民法规范的、以民事权利和民事义务为内容的社会关系。民事法律关系是民法对平等主体之间人身关系和财产关系予以调整的结果。

（二）民事法律关系的构成要素

民事法律关系由主体、内容和客体三要素构成。

要素	概念	具体内容
主体	参加民事法律关系，享有民事权利、承担民事义务的人	自然人、法人、非法人组织和特定情况下的国家
内容	民事主体享有的民事权利和承担的民事义务	权利、义务
客体	民事权利和义务共同指向的对象，即权利、义务的载体	（1）物、行为、智慧产品、人格利益和身份利益等。（2）权利也可以成为某些民事法律关系的客体，如权利抵押、权利质押等

三、民事义务

民事义务，是指民事法律关系中，当事人一方为满足他方利益所应实施行为的约束。民事义务具有强制性和限定性。民事义务的分类如下：

分类标准		具体内容	举例
义务发生的依据	法定义务	根据法律规定产生	不得侵害他人人身和财产的义务
	约定义务	当事人意思自治而协商确定	合同义务
义务与其主体的关系	专属义务	义务主体亲自履行	基于人身信任关系的承揽义务
	非专属义务	义务可以同主体发生分离	金钱给付义务
相关联义务之间的地位	主义务	两个相关联的义务中，能独立存在的义务	抵押借贷中，借款人偿还借款义务是主义务，以抵押物担保偿还借款是从义务
	从义务	两个相关联的义务中，不能独立存在，须以其他义务的存在为存在前提的义务	
义务人行为方式或者内容	积极义务	以特定作为为内容的义务	交付货物、支付金钱、交付工作成果、移转权利等
	消极义务	以特定不作为为内容的义务	保密义务、不妨害他人所有权义务等

四、民事责任（★）

民事主体因违反法定或者约定的民事义务，依法应当承担的民事法律后果。

(一) 民事责任的分类

分类标准	分类	说明
民事责任的产生原因	侵权责任	违反法律规定的义务致他人损害
	违约责任	违反合同约定的义务
	缔约过失责任	违反先合同义务致他人信赖利益损失
民事责任的内容	财产责任	以财产给付为内容，如支付违约金、赔偿损失等
	非财产责任	无财产给付内容，如赔礼道歉、恢复名誉等
复数责任人之间的对外关系	按份责任	每一个人仅按其确定份额对外承担责任
	连带责任	每一个人均有义务应权利主体的请求而承担部分或者全部责任的复数主体责任
侵权责任的构成要件和举证方式	过错责任	（1）以过错作为主观要件的侵权责任。 （2）受害人举证证明加害人过错
	推定过错责任	（1）以法律推定的过错作为主观要件的侵权责任。 （2）加害人证明自己无过错
	无过错责任	（1）不以过错作为主观要件的侵权责任。 （2）只要有错误，加害人即承担损失，无须证明
出资人承担责任的财产范围	有限责任	出资人仅以其出资财产为限对企业债务承担责任
	无限责任	出资人须以其包括出资财产在内的全部财产对企业债务所承担的责任

(二) 民事责任的承担方式

民事责任的承担方式主要有：（1）停止侵害；（2）排除妨碍；（3）消除危险；（4）返还财产；（5）恢复原状；（6）修理、重作、更换；（7）继续履行；（8）赔偿损失；（9）支付违约金；（10）消除影响、恢复名誉；（11）赔礼道歉。

提示：上述承担民事责任的方式，可以单独适用，也可以合并适用。

五、民事法律事实

民事法律事实，是指符合民法规范，能够引起民事法律关系发生、变更和消灭的客观事实。民事法律事实是引起民事法律关系变动的原因。

(一) 民事法律事实的分类（★★★）

民事法律事实分为自然事实和行为两类。

1.自然事实

自然事实，是指与人的意志无关的法律事实，包括事件和状态。如，人的出生、死亡，自然灾害的发生，时间的经过等。

2.行为

行为，是指人的有意识的活动。

（1）根据行为的内容和形式是否符合法律规定为标准划分：

分类	具体内容
合法行为	符合法律规定，受法律保护的行为。如生效法律行为、正当防卫、紧急避险等
不法行为	不符合法律要求或者违反法律规定的行为。如无效法律行为、违约行为、侵权行为等

（2）根据行为是否以行为人的意思表示为要件划分：

分类		具体内容		举例
表意行为	法律行为	以意思表示为核心，旨在按照行为人意思表示的内容发生相应民法效果		订立合同、立遗嘱等
	准法律行为	由法律直接规定民法效果的表意行为	意思通知	行为人内心意愿的告知，如要约拒绝、履行催告
			观念通知	行为人对客观事实的告知，如承诺迟到通知、债权让与通知
			情感表示	行为人感情的表达，如被继承人对继承人的宽恕
非表意行为（事实行为）		无须表示内心意思，在符合法定构成要件时发生法律规定的效果（即依法发生民法效果）的行为		建造房屋、创作作品、拾得遗失物、先占、无因管理、侵权行为等

提示：因事实行为的法律效果由法律直接规定，无须行为人作出意思表示，故法律对行为人的主体资格并无严格要求，完全行为能力人、限制行为能力人、无行为能力人皆可实施事实行为。

（二）法律事实构成（★）

（1）法律事实构成，是指须同时具备方能引起一民事法律关系发生、变更或者消灭的几个法律事实的总和。

（2）遗嘱继承关系的发生，既需要有有效的立遗嘱行为，同时又需要有遗嘱人死亡的事件。有效遗嘱和遗嘱人死亡两个法律事实结合，即为引起遗嘱继承关系发生的法律事实构成。

| 典例研习·7-1   2021年单项选择题

根据民法相关理论，下列法律事实中，属于民事法律行为的是（　　）。
A.甲拒绝他人向其发出的要约
B.丁免除其债务人的5万元货款债务
C.丙将债权让与的事实通知其债务人
D.乙催告其债务人按时还款

斯尔解析　本题考查民事法律行为与准法律行为的区分。法律行为以意思表示为核心，旨在按照行为人意思表示的内容发生相应民法效果。选项B当选，债务免除属于民事法律行为，债权人有权决定免除全部或部分债务，并根据债权人意思表示发生最后法律效果。选项ACD不当选，其所述情形均为准法律行为。

本题答案　B

第二节　主体制度

一、自然人

（一）自然人的民事权利能力（★）

（1）自然人的民事权利能力，是指法律赋予自然人享有民事权利、承担民事义务的法律资格，是自然人取得具体民事权利和承担具体民事义务的前提和基础。

（2）自然人的民事权利能力一律平等，自出生至死亡，始终具有民事权利能力。

提示：涉及遗产继承、接受赠与等胎儿利益保护的，胎儿视为具有民事权利能力。但是，胎儿娩出时为死体的，其民事权利能力自始不存在。

（二）自然人的民事行为能力（★）

自然人的民事行为能力，是指法律赋予自然人可以独立实施民事法律行为的法律资格。

1.自然人民事行为能力的划分

分类	年龄（X）分段	心智状态
无民事行为能力人	不满8周岁（$X<8$）	不能辨认自己行为
限制民事行为能力人	8周岁以上不满18周岁（$8 \leq X < 18$）	不能完全辨认自己行为

续表

分类	年龄（X）分段	心智状态
完全民事行为能力人	18周岁以上（$X \geq 18$）	能辨认自己行为
	视为完全民事行为能力人：16周岁以上的未成年人（$16 \leq X < 18$）能以劳动收入为主要生活来源	

提示：对于无民事行为能力人与限制民事行为能力人来说，"年龄"与"心智"符合上述条件之一，即可认定。完全民事行为能力人需要同时符合"年龄"与"心智"的条件，方可认定。

2.监护制度

监护是保障限制行为能力人和无行为能力人这两类行为能力欠缺者的合法权益，弥补其民事行为能力不足的法律制度。以下重点介绍监护人确定顺序：

（1）未成年人。

父母是未成年子女的监护人。未成年人的父母已经死亡或者没有监护能力的，由下列有监护能力的人按顺序担任监护人：

①祖父母、外祖父母。

②兄、姐。

③其他愿意担任监护人的个人或者组织，但是须经未成年人住所地的居民委员会、村民委员会或者民政部门同意。

（2）无民事行为能力或者限制民事行为能力的成年人。

由下列有监护能力的人按顺序担任监护人：

①配偶。

②父母、子女。

③其他近亲属。

④其他愿意担任监护人的个人或者组织，但是须经被监护人住所地的居民委员会、村民委员会或者民政部门同意。

（三）宣告失踪和宣告死亡（★）

1.申请

分类	前提	时间	下落不明之日/视为死亡日期	
宣告失踪	下落不明	满2年	一般规定	其失去音讯之日
			战争期间下落不明	战争结束之日
				有关机关确定的下落不明之日

续表

分类	前提	时间	下落不明之日/视为死亡日期
宣告死亡	下落不明	满4年	宣告死亡的判决作出之日
		因意外事件下落不明满2年（有关机关证明不可能生存，申请时间不受2年的限制）	意外事件发生之日

提示：同一自然人，既被申请宣告失踪又被申请宣告死亡的，符合宣告死亡条件，人民法院应宣告死亡。

2.申请人

分类	申请人
宣告失踪	利害关系人（包括近亲属、债务人、债权人、合伙人、税务机关等）可以向人民法院申请宣告该自然人为失踪人
宣告死亡	利害关系人（被申请人的配偶、父母、子女、有继承权的亲属、税务机关等）可以向人民法院申请宣告该自然人死亡

提示：税务机关作为税收债权人的代表，可以成为宣告失踪制度中的利害关系人，可以依法申请法院宣告下落不明的欠税自然人失踪，然后依法追缴其所欠税款。在符合法律规定的特别情形下，税务机关也可以认定为宣告死亡制度中的利害关系人。

3.撤销宣告失踪与宣告死亡的法律后果

分类	宣告失踪	宣告死亡
民事法律行为	—	自然人被宣告死亡但是并未死亡的，不影响该自然人在被宣告死亡期间实施的民事法律行为的效力
重新出现	本人或者利害关系人申请，人民法院应当撤销宣告失踪或死亡	
婚姻关系	—	自行恢复，但是其配偶再婚或向婚姻登记机关书面声明不愿意恢复的除外
收养子女	—	在宣告死亡期间，其子女被依法收养，不得以未经本人同意为由主张收养行为无效
财产	重新出现的失踪人有权要求财产代管人及时移交有关财产并报告财产代管情况	（1）在宣告死亡期间，其财产被继承的，取得其财产的民事主体，要依法返还财产；无法返还，应适当给予补偿。 （2）利害关系人隐瞒真实情况，致使他人被宣告死亡而取得其财产的，除应当返还财产外，还应当承担赔偿责任

(四)个体工商户和农村承包经营户("两户")

个体工商户和农村承包经营户合称"两户"。"两户"并非新的民事主体,只是自然人主体的两种特殊形态,属于商自然人。

1.个体工商户

类别	承担债务的范围	
个人经营	个人财产	无法区分的,以家庭财产承担
家庭经营	家庭财产	

2.农村承包经营户

农村集体经济组织的成员,依法取得农村土地承包经营权,从事家庭承包经营的,为农村承包经营户。农村承包经营户的债务,包括应缴税款,以从事农村土地承包经营的农户财产承担;事实上由农户部分成员经营的,以该部分成员的财产承担。

二、法人

法人,是指由民法赋予其民事权利能力和民事行为能力,能以自己的名义独立享有民事权利和承担民事义务的团体。

(一)法人的特征(★★)

(1)法人是团体。

分类	分类标准	举例
社团法人	人的集合	有限责任公司
财团法人	财产的集合	基金会法人

(2)法人是由民法赋予民事权利能力和民事行为能力的团体。

法人的民事权利能力和民事行为能力,从法人成立时产生,到法人终止时消灭。法人的民事权利能力和民事行为能力同时产生、同时消灭。

(3)法人具有独立人格。

法人人格独立是法人财产独立和责任独立的基础。

(4)法人拥有独立的财产。

法人的财产属于法人所有,独立于其他法人、非法人组织和自然人的财产;独立于法人成员的财产;独立于其捐助人或者出资人的其他财产。

(5)法人以自己的名义从事民事活动。

法人的人格与其创立人和成员的人格是分离的,法人具有独立的人格。法人有自己的名称,能够以自己的名义从事民事活动,为自己设定权利、承担义务。

(6)法人独立承担民事责任。

①法人以其全部财产独立承担民事责任。法人责任独立于其捐助人或者出资人,不殃及捐助人或者出资人的其他财产。

②法人的出资人对法人债务仅以其出资额为限,承担有限责任。

(二）法人的类型（★★）

1.营利法人

营利法人，是指以取得利润并分配给股东等出资人为目的成立的法人，包括有限责任公司、股份有限公司和其他企业法人等。

2.非营利法人

非营利法人，是指为公益目的或者其他非营利目的成立，不向出资人、设立人或者会员分配所取得利润的法人，包括事业单位、社会团体、基金会、社会服务机构以及依法设立的宗教活动场所等。

分类	基本概念	举例	成立程序
事业单位法人	事业单位，是指由政府利用国有资产设立的，从事教育、科技、文化、卫生等活动的社会服务组织	政府举办的学校、医院、科研机构等	（1）经依法登记成立，取得法人资格。（2）依法不需要办理法人登记的，从成立之日起，具有法人资格
社会团体法人	社会团体，是指中国公民自愿组成，为实现会员共同意愿，按照其章程开展活动的非营利性社会组织。包括行业协会以及科技、文化、艺术、慈善事业等社会群众团体	—	
捐助法人	基金会：利用自然人、法人或者非法人组织捐赠的财产，以从事公益事业为目的，依法成立的非营利性法人	中国扶贫基金会、中国青少年发展基金会等	—
	社会服务机构：自然人、法人或者非法人组织为提供社会服务，利用非国有资产设立的非营利性法人	民办非营利学校、民办非营利医院等	
	依法设立的宗教活动场所，具备法人条件的，可以申请法人登记，取得捐助法人资格	—	

3.特别法人

特别法人，是指**机关法人**、农村集体经济组织法人、城镇农村的合作经济组织法人、基层群众性自治组织法人（村民委员会、居民委员会）。

典例研习·7-2　2020年多项选择题

下列民事主体中，属于《民法典》规定的特别法人的有（　　）。
A.合伙企业　　　　　　　B.居民委员会
C.村民委员会　　　　　　D.宗教活动场所
E.农村集体经济组织

> 🔍 **斯尔解析** 本题考查特别法人。选项A不当选，合伙企业属于非法人组织，不属于特别法人。选项BCE当选，特别法人，是指机关法人、农村集体经济组织法人、城镇农村的合作经济组织法人、基层群众性自治组织法人，村民委员会和居民委员会属于特别法人。选项D不当选，宗教活动场所属于非营利法人。
>
> ▲**本题答案** BCE

（三）法人成立（★★）

1.法人成立条件

（1）依法成立。

①营利法人经依法登记成立，取得法人资格。营利法人的成立日期为营业执照的签发日期。

②非营利法人经依法登记成立，依法不需要办理法人登记的，自成立之日起具有法人资格。

（2）有自己的财产或者经费。

（3）有自己的名称、组织机构和住所。

①法人的名称是法人从事民事活动时得以区别于其他法人的特定化标志。

②法人的组织机构，亦称法人机关，主要包括意思机关（权力机关或决策机关）、执行机关、代表机关、监督机关。

③法人以其主要办事机构所在地为住所。

2.法人分支机构

（1）法人为经营需要可以依法设立分支机构。设立法人分支机构并非法人成立的条件。

（2）分支机构以自己的名义从事民事活动，产生的民事责任由法人承担；也可以先以该分支机构管理的财产承担，不足部分由法人承担。

（四）法人的终止

1.终止的法定事由

事由	具体情形
法人解散	(1) 法人章程规定的存续期间届满或者法人章程规定的其他解散事由出现。 (2) 法人的权力机构决议解散。 (3) 因法人合并或者分立需要解散。 (4) 法人依法被吊销执照、登记证书，被责令关闭或者被撤销。 (5) 法律规定的其他情形
法人被宣告破产	—

2.终止的程序

（1）法人终止，除因合并或者分立而解散外，都必须经由清算程序。

（2）清算期间法人存续，但是不得从事与清算无关的活动。

（3）清算结束并完成法人注销登记时，法人终止；依法不需要办理法人登记的，清算结束时，法人即终止。

（4）法人在清算期间应当缴纳所欠税款以及清算过程中产生的税款。

三、非法人组织

1.概念

非法人组织，是指不具有法人资格，但是能够依法以自己的名义从事民事活动的组织。包括个人独资企业、合伙企业、不具有法人资格的专业服务机构等。

2.责任承担

非法人组织的财产不足以清偿债务的，其出资人或者设立人承担无限责任。但法律另有规定的除外。

第三节　民事权利

一、民事权利的分类（★★★）

1.以民事权利客体所体现的利益性质为标准划分

分类		客体	内容
人身权	人格权	自然人的人格利益和身份利益	生命权、身体权、健康权、姓名权、肖像权、自由权、名誉权、荣誉权、隐私权、婚姻自主权等
	身份权		配偶权、亲权、亲属权
财产权		有形财产或无形财产	物权、准物权、债权和继承权
知识产权		智慧产品（作品、专利发明、商标设计等）	著作权、专利权、商标权等
成员权		—	基于成员资格而产生，如：对业务的知悉权、执行权、监督权以及盈利分配权、团体终止时的剩余财产分配权等

提示：自然人享有的人格权、身份权、物权、债权、知识产权、继承权、股权和其他投资性权利受法律保护。法人、非法人组织享有的名称权、名誉权、荣誉权和其他财产权利受法律保护。

2.以民事权利的作用方式为标准划分

分类	含义及具体规定	举例
支配权	(1) 对客体直接支配并享受其利益的排他性权利。 (2) 支配权的实现，仅凭权利人单方意思即可，无须义务人以积极行为相配合	物权、人身权、知识产权等
形成权	依权利人的单方意思表示，就能使既存的法律关系发生变化的权利。 (1) 超过形成权行使的除斥期间未行使则形成权消灭。 (2) 形成权的行使不得附条件或附期限	承认权、同意权、选择权、撤销权、解除权、抵销权、终止权等
请求权	请求他人为一定行为或不为一定行为的权利	债权、返还原物请求权、回复原状请求权及损害赔偿请求权等
抗辩权	(1) 抗辩权主要是针对请求权的权利。 (2) 暂时或永久地阻止请求权效力的发生，从而使抗辩权人能够拒绝对相对人履行义务。 (3) 不在于否认相对人请求权的存在，也不在于变更或者消灭相对人的权利	一时抗辩权：先诉抗辩权、同时履行抗辩权等 永久抗辩权：时效抗辩权

3.以权利实现方式为标准划分

分类	含义	举例
绝对权	无须他人协助，即可行使、实现的权利	人格权、身份权、物权、知识产权等
相对权	须借助他人协助，方可实现的权利	债权、返还原物请求权等

4.以权利效力所及范围为标准划分

种类	基本概念	特征	义务主体的义务	举例
对世权	能够请求不特定的一般人为一定行为的权利	权利主体特定、义务主体不特定	对他人权利的容忍、尊重和不侵扰	物权、人格权、知识产权等
对人权	仅能请求特定的人为一定行为的权利	权利主体特定、义务主体特定	积极的作为与消极的不作为	债权等请求权

5.以权利可否与其主体分离为标准划分

分类	含义	举例
专属权	(1) 只能由权利主体本人享有和行使的权利。 (2) 专属权不得让与和继承	人格权、身份权、居住权
非专属权	非专属于特定主体，可以与权利主体分离的权利，该项权利可以让与和继承	物权、债权等一般的财产权

6.以权利相互间的依存关系为标准划分

分类	含义	举例	关系
主权利	相互关联的几项权利中，不依赖其他权利而独立存在的权利	在有担保的债权中，担保权（抵押权、质权）是从权利，而被担保的债权则是主权利	主权利和从权利相互对应而存在。主权利不存在，从权利也就不可能存在
从权利	相互关联的几项权利中，须以其他权利的存在为其存在前提的权利		

7.在具有原生与派生关系的几项权利中，依权利相互间的地位为标准划分

分类	含义	举例
原权	原生性权利	有主物被他人非法占有时，所有权人可以主张返还原物，则所有权是原权，返还原物请求权是救济权
救济权	原权受到侵害或者有被侵害的危险时产生的援救原权的权利	

8.以权利要件是否全部具备为标准划分

分类	含义	举例
既得权（完整权）	全部法律要件齐备，权利人可以现实享有和行使的权利	—
期待权（形成中的权利）	具备部分法律要件，须待其余要件具备时权利人方能现实享有和行使的权利	清偿期届至之前的债权

解题高手

命题角度：重点民事权利的总结。

(1) 物权：财产权、绝对权、对世权、非专属权、支配权。
(2) 债权：财产权、相对权、对人权、非专属权、请求权。
(3) 人格权：绝对权、对世权、专属权、支配权。
(4) 知识产权：绝对权、对世权、支配权。
(5) 居住权：专属权。

| 典例研习·7-3 2017年多项选择题

下列关于民事权利属性的说法中，正确的有（　　）。

A.债权属于请求权　　　　　　　B.物权属于相对权
C.人身权属于对人权　　　　　　D.著作权属于支配权
E.追认权属于形成权

> **斯尔解析** 本题考查民事权利的分类。选项A当选，债权属于财产权、请求权、相对权、对人权、非专属权。选项B不当选，物权属于财产权、支配权、绝对权、对世权、非专属权。选项C不当选，人身权属于支配权、绝对权、对世权、专属权。选项D当选，著作权属于知识产权、支配权、绝对权、对世权。选项E当选，形成权中包括撤销权、解除权、抵销权、选择权、同意权、承认权等。
>
> ▲本题答案　ADE

二、民事权利的取得和消灭

（一）民事权利的取得（★★）

民事权利可以依据民事法律行为、事实行为、法律规定的事件或者法律规定的其他方式取得。依是否源自前手权利的让渡，可将民事权利取得的方式划分为原始取得和继受取得。

1.原始取得

（1）原始取得的概念。

权利的原始取得，是指不以他人既存的权利为前提的权利取得。

（2）原始取得的发生原因。

发生原因	举例
法律的直接规定	①善意取得动产或者不动产物权。 ②无主物的法定归属
事实行为	①基于先占而取得无主动产的所有权。 ②基于添附而取得添附物的所有权。 ③基于建造而取得不动产的所有权。 ④基于无因管理而取得必要费用的返还请求权。 ⑤基于侵权行为而取得损害赔偿请求权
事件	基于不当得利而取得不当利益的返还请求权
民事法律行为	基于合同而取得合同债权

2.继受取得

（1）继受取得的概念。

民事权利的继受取得，是指自前手权利人处承受而来的权利取得。

· 152 ·

（2）继受取得的发生原因。

发生原因	举例
法律行为	①基于交付而受让或者设定动产物权。 ②基于登记而受让或者设定不动产物权。 ③基于合同而设定用益物权或者担保物权
法律行为之外的法律事实	基于继承而取得遗产的所有权

（3）继受取得的方式。

取得方式	含义	举例
移转型继受取得	权利原封不动地自前手移至后手	受让赠与物所有权
创设型继受取得	权利前手对其权利予以权能分离的结果	取得他人为自己设立的居住权

（二）民事权利的消灭（★★）

权利的消灭，是指基于法律事实使某项权利与特定主体相分离的客观事实，包括绝对消灭和相对消灭。

分类	概念	举例
绝对消灭	权利本身不复存在	（1）所有权因标的物灭失而消灭。 （2）知识产权因保护期间届满而消灭。 （3）债权因全部清偿而消灭。 （4）形成权因除斥期间届满而消灭
相对消灭	权利由前手移转于后手，权利本身并不因此而消灭	赠与物的所有权因交付而自赠与方移转至受赠方。对赠与方而言，属于"权利的相对消灭"。对受赠方而言，实则"权利的继受取得"

三、民事权利的保护

（一）事前保护——权利的妨害预防

事前保护，即在权利遭受现实侵害之前，由权利人凭借法律所设置的一系列权利保障制度自行完成，如法律行为的条件附款和期限附款、所有权保留、债的保全与债的担保、抗辩权、连带责任等。

（二）事后保护——权利受侵害后的救济

事后保护，即在权利遭受现实侵害之时或者遭受现实侵害之后，由权利人凭借自身力量捍卫权利或者请求国家公力机关依法定程序恢复被侵害权利之圆满状态。

事后保护分为公力救济与私立救济。其中，公力救济是最主要、最普遍的方式，私力救济仅在特殊情况下方可适用，且须受严格的法律要件的限制。

分类	概念	方式及程序
公力救济	经权利人申请，由专门国家机关专职工作人员通过国家的专门力量和法定程序，对圆满性遭受破坏的权利所进行的事后保护	民事诉讼和强制执行
私力救济（自力救济）	在公力救济有所不及的特定情况下，由权利人依靠自身力量强制他人，对圆满性遭受破坏之权利所进行的事后保护	（1）自卫行为：为了防止或者避免自己或者他人所面临的现实侵害或者现实危险，不得已采取的致害他人的行为，包括正当防卫和紧急避险。 （2）自助行为：在权利受到损害而来不及请求公力救济时，权利人所采取的限制加害人的人身自由或者对加害人的财产予以扣押、损毁的行为，如公交车售票员扣留逃票乘客

第四节　民事法律行为和代理

一、民事法律行为的分类（★★）

民事法律行为，是指民事主体通过意思表示设立、变更、终止民事法律关系的行为。
1.依据法律行为中意思表示的构成特点

分类	含义	举例
单方法律行为	仅由行为人一方的意思表示构成的民事法律行为	行使形成权、立遗嘱、抛弃所有权等
双方法律行为	双方行为人内容相向的意思表示达成一致方可成立的法律行为	订立买卖合同等
共同法律行为	两个以上行为人相同方向的意思表示平行融合地互相结合，达成一致方可成立的民事法律行为	订立合伙合同
决议行为	基于多个行为人的意思表示，根据法律或者章程规定的议事方式和表决程序形成团体意思的民事法律行为	公司股东会决议、业主大会决议、债权人会议决议等

2.依据法律行为的效果发生于财产领域抑或身份领域

分类	含义	举例
财产法律行为	发生财产关系变动效果的法律行为	设立抵押权、订立承揽合同
身份法律行为	发生身份关系变动效果的法律行为	结婚、离婚、收养

3.依据法律行为的成立或生效是否必须践行法律规定的特定形式

分类	含义	举例
要式法律行为	必须采取法律规定的特定形式才能成立或生效的法律行为	房屋买卖合同
不要式法律行为	法律不要求采用特定方式，当事人可以自由选择行为方式的法律行为	—

4.依据彼此关联的法律行为相互之间的依从关系

分类	含义	举例
主法律行为	彼此关联的法律行为中，无须相关法律行为的存在即能成立的法律行为	借贷合同与保证合同之间，前者为主法律行为，后者为从法律行为
从法律行为	彼此关联的法律行为中，须以相关法律行为的存在为前提方得成立的法律行为	

5.依据彼此关联的法律行为有无独立的实质内容

分类	含义	举例
基本法律行为	相关联法律行为中，具有独立实质内容但却以相关法律行为作为生效要件的法律行为	限制行为能力人依法不能独立实施的法律行为
补助法律行为	相关联法律行为中，不具有独立实质内容、仅作为基本法律行为生效要件的法律行为	法定代理人对限制行为能力人所实施法律行为的同意行为

6.依据法律行为的效力发生于行为人生前或死后

分类	含义	举例
生存法律行为（生前行为）	效力发生于行为人生前的法律行为	—
死因法律行为（死后行为）	以行为人死亡为生效要件的法律行为	遗嘱

7.依据法律行为的成立是否于意思表示之外尚须交付实物

分类	含义	举例
诺成法律行为（不要物法律行为）	仅以意思表示为成立要件的法律行为，即一旦双方当事人意思表示达成一致，法律行为即告成立	买卖合同、租赁合同等

续表

分类	含义	举例
践成法律行为（要物法律行为、实践性法律行为）	除意思表示之外，尚须交付实物才能成立的法律行为	保管合同、定金合同、借用合同、自然人之间的借贷合同

8.依据当事人之间有无对价性给付

分类	含义	举例
有偿法律行为	当事人双方互为对待给付义务	买卖合同、租赁合同
无偿法律行为	仅当事人一方负给付义务，另一方无对待给付义务	赠与合同、借用合同

二、法律行为的形式

（一）明示形式（★）

明示形式，是指使用直接语汇（口头语言、文字、表情语汇以及特定形体语汇），鲜明或者明白确切地表达内心意思的形式。

1.口头形式

口头形式，是指以谈话的形式进行的意思表示。包括当面交谈、电话交谈、托人带口信等。

2.书面形式

分类	具体规定
一般书面形式	合同书、信件电报、电传、传真等可以有形地表现所载内容的形式
	以电子数据交换、电子邮件等方式能够有形地表现所载内容，并可以随时调取查用的数据电文，视为书面形式
特殊书面形式	公证、鉴证、审核登记等。
	提示：特殊书面形式于法律有特别规定时，当事人必须采用，否则将影响法律行为的效力

（二）默示形式（★）

1.推定的默示

推定的默示，是指行为人通过有目的、有意义的积极作为将其内在的意思表现于外部，使相对人可以根据常识、交易习惯或者相互间的默契，推知行为人已作某种意思表示，从而使法律行为成立的默示形式，如租期届满，承租人继续交付租金，出租人予以受领，即可推定双方续签了租赁合同。

2.特定沉默

（1）特定沉默，是指单纯的不作为依约定或者法律规定而被赋予一定意思表示的默示形式，包括约定沉默和法定沉默。

（2）特定沉默只有在法律规定、当事人约定或者符合当事人之间的交易习惯时，才可以被视为意思表示。

三、法律行为的成立和生效

民事法律行为自成立时生效，但是法律另有规定或者当事人另有约定的除外。

（一）法律行为的成立要件（★★★）

1.一般成立要件

一般成立要件，是指民事法律行为成立均须具备的要件。该要件只有一个，即意思表示。

（1）法律行为的成立时间。

①对于单方法律行为而言，当事人意思表示完成，法律行为即告成立。

②对于双方或者多方法律行为而言，须双方或者多方意思表示达成一致，法律行为始告成立。

③对于决议行为而言，须法人、非法人组织依照法律或者章程规定的议事方式和表决程序作出决议，该决议行为才能成立。

（2）意思表示的生效时间。

意思表示的作出方式			意思表示的生效时间
有相对人的意思表示	对话方式		相对人知道其内容时生效
	非对话方式	一般规定	到达相对人时生效
		采用数据电文形式的意思表示	①相对人指定特定系统接收数据电文，该数据电文进入该特定系统时生效。②未指定特定系统的，相对人知道或者应当知道该数据电文进入其系统时生效。③当事人另有约定的，按照其约定
无相对人的意思表示			表示完成时生效，法律另有规定的，依照其规定
公告方式作出的意思表示			公告发布时生效

2.特别成立要件

特别成立要件，是指法律对特定类型法律行为的成立于一般成立要件之外特别要求具备的条件。具体而言：

种类	特别成立要件	举例
要物法律行为	标的物的交付	保管合同、定金合同，须完成物的交付才能成立
要式法律行为	书面或者公证形式	不动产抵押合同，除须双方意思表示达成一致之外，尚须采用书面形式合同始告成立

| 典例研习·7-4 2020年单项选择题

下列关于意思表示生效时间的说法中，符合《民法典》规定的是（　　）。
A.以对话方式作出的意思表示，到达相对人时生效
B.采用数据电文形式的非对话意思表示，进入相对人任一系统时生效
C.以非对话方式作出的意思表示，相对人知道其内容时生效
D.以公告方式作出的意思表示，公告发布时生效

斯尔解析　本题考查意思表示的生效时间。选项AC不当选，以对话方式作出的意思表示，自相对人知道其内容时生效。以非对话方式作出的意思表示，到达相对人时生效。选项B不当选，以非对话方式作出的采用数据电文形式的意思表示，相对人指定特定系统接收数据电文的，该数据电文进入该特定系统时生效；未指定特定系统的，相对人知道或者应当知道该数据电文进入其系统时生效；当事人对生效时间另有约定的，按照其约定。选项D当选，以公告方式作出的意思表示，公告发布时生效。

本题答案　D

（二）法律行为的生效要件（★★）

法律行为的生效要件，是指业已成立的法律行为能够按照意思表示的内容发生相应法律效果的要件。

1.一般生效要件

一般生效要件，是指民事法律行为生效皆须具备的要件。具体包括：

（1）行为人具有相应的民事行为能力。

（2）意思表示真实。

（3）不违反法律、行政法规的强制性规定，不违背公序良俗。

2.特别生效要件

特别生效要件，是指法律对特定类型法律行为的生效于一般生效要件之外特别要求具备的条件。

情形	特别生效要件
附停止条件法律行为	所附条件成就
附始期法律行为	所附期限届至
效力待定行为	第三人同意
公示行为	采行法定公示方式
遗嘱	立遗嘱人死亡
法律规定须经批准方能生效的法律行为	获得批准

四、民事法律行为附款（★★）

法律行为附款，是指行为人在法律行为中特别设定，用以控制法律行为效力发生或者消灭的意思表示，包括条件附款和期限附款。

（一）附条件民事法律行为

附条件民事法律行为，是指包含条件附款的法律行为。民事法律行为可以附条件或附期限，但是根据其性质不得附条件或附期限的除外。

1.条件的特征

民事法律行为所附条件的特征：

（1）条件须是将来发生的事实。

（2）条件成就与否须不确定。

（3）条件须为合法事实。

（4）条件须为当事人约定的事实。

2.法律效果

附生效条件的民事法律行为，自条件成就时生效。附解除条件的民事法律行为，自条件成就时失效。

3.条件成就与否的法律拟制

附条件的民事法律行为，行为人为自己的利益不正当地阻止条件成就的，视为条件已成就；不正当地促成条件成就的，视为条件不成就。

（二）附期限民事法律行为

（1）附期限民事法律行为，是指包含有期限附款的法律行为。期限，是指由行为人选定、用以控制民事法律行为效果效力发生或者消灭的、确定发生的将来事实。

（2）控制民事法律行为生效的期限称"生效期限""始期"或者"延缓期限"。控制民事法律行为失效的期限称"终止期限""终期"或者"解除期限"。

（3）始期届至，民事法律行为开始生效。终期届满，民事法律行为开始失效。

解题高手

命题角度：附条件与附期限的辨析。

期限附款与条件附款的主要区别在于：条件将来成就与否不确定，而所附期限终会到来。

典例研习·7-5 2021年单项选择题

奥运会前夕，甲对乒乓球运动员乙说：1个月后的奥运会上，你若打赢某国运动员丙，我即送你1套价值500万元的海景房。根据《民法典》及相关规定，上述法律事实在甲乙之间产生了一项（　　）。

A.附期限法律行为　　　　　　B.有偿法律行为
C.实践性法律行为　　　　　　D.附条件法律行为

斯尔解析 本题考查附条件法律行为的界定。选项D当选，附条件民事法律行为，是指包含条件附款的法律行为。条件，是指由行为人选定、用以控制民事法律行为效果效力发生或者消灭的、成就与否并不确定的将来事实。"乙在1个月后的奥运会上，打赢某国运动员丙"是不确定的事情，此为"附条件"。"送海景房"一事为赠与合同，属法律行为。因此，上述法律事实在甲乙之间产生了一项附条件的民事法律行为。

本题答案 D

五、法律行为的效力样态

（一）完全生效与尚未完全生效民事法律行为

1.完全生效民事法律行为

完全生效民事法律行为，是指完全具备法律规定和当事人约定的生效要件的民事法律行为。

2.尚未完全生效民事法律行为（"待生效民事法律行为"）

在民事法律行为中存在法定或者约定的特别生效要件，而该特别生效要件尚未成就时，即为尚未完全生效民事法律行为。该类民事法律行为已具备一般生效要件，对双方具有一定的拘束力，任何一方不得擅自撤回、解除或者变更。只是在法定或者约定的特别生效要件成就前，不能产生民事法律行为的固有效力。具体包括如下两种：

（1）尚未满足法定特别生效要件的民事法律行为，如法律、行政法规规定须办理批准等手续方能生效的民事法律行为，尚未办理批准等手续。

（2）尚未满足约定特别生效要件的民事法律行为，如附停止条件或附始期的民事法律行为，所附停止条件尚未成就或所附期限尚未届至。

（二）无效民事法律行为（★★）

无效法律行为，是指虽已成立，但严重欠缺法定一般生效要件，自始、确定和当然不发生法律行为固有效力的民事法律行为。

1.无效民事法律行为的分类

（1）无民事行为能力人实施的民事法律行为。

（2）行为人与相对人恶意串通，损害他人合法权益的民事法律行为。

（3）行为人与相对人以虚假的意思表示实施的民事法律行为。

提示：行为人与相对人以虚假的意思表示所隐藏的民事法律行为有效与否，应当依据相关法律规定予以判断。

（4）违反法律、行政法规的强制性规定的民事法律行为，但该强制性规定不导致该民事法律行为无效的除外。

（5）违背公序良俗的民事法律行为。

2.法律效力

无效的民事法律行为自始没有法律约束力。民事法律行为部分无效，不影响其他部分效力的，其他部分仍然有效。

（三）可撤销民事法律行为（★★★）

可撤销法律行为，是指由于存在法定的重大意思表示瑕疵而可以请求法院或者仲裁机构予以撤销的法律行为。

1.可撤销法律行为的分类

（1）基于重大误解实施的民事法律行为。

（2）行为人的意思表示存在第三人转达错误情形下所实施的民事法律行为。

（3）一方以欺诈手段，使对方在违背真实意思的情况下实施的民事法律行为。

（4）第三人实施欺诈行为，使一方在违背真实意思的情况下实施的民事法律行为，且对方知道或者应当知道该欺诈行为的。

（5）一方或者第三人以胁迫手段，使对方在违背真实意思的情况下实施的民事法律行为。

（6）一方利用对方处于危困状态、缺乏判断能力等情形所实施的显失公平的民事法律行为。

2.法律效力

可撤销法律行为在被撤销前为有效法律行为，且在撤销权人行使撤销权之前，该效力持续存在。被撤销后，民事法律行为自始没有法律约束力。

3.撤销权的行使与消灭

（1）可撤销民事法律行为中的撤销权属于形成权。此种撤销权须通过诉讼或者仲裁的方式行使。撤销权应当由当事人行使。当事人未请求撤销的，人民法院不应当主动依职权予以撤销。

（2）撤销权作为形成权，受除斥期间的限制。具体规定如下：

情形	撤销权人	撤销权行使期间	
		主观起算	客观起算
重大误解	双方均可撤销	90日内	发生之日起5年内
显失公平	受损害方	自知道或应当知道 1年内	
欺诈	受欺诈方	1年内	
胁迫	受胁迫方	自胁迫行为终止1年内	

（3）当事人知道撤销事由后明确表示或者以自己的行为表明放弃撤销权的，撤销权消灭。

（四）效力待定民事法律行为（★★）

效力待定法律行为，是指法律行为的效力有待第三人以行为使之确定的法律行为。

1.效力待定民事法律行为的分类

（1）无权处分行为。

（2）狭义无权代理。

（3）债务承担。

（4）限制民事行为能力人实施的与其年龄、智力、精神健康状况不相适应的、有待其法定代理人同意或者追认的法律行为。

2.效力

（1）效力待定法律行为的效果效力在其成立之时是待定的，既非有效，也非无效。其效果效力最终取决于第三人（承认权人或者同意权人）的行为（承认、同意或者拒绝）。

（2）若第三人承认或者同意，则效力待定法律行为的效果效力即确定地自始发生；若第三人拒绝，则效力待定法律行为的效果效力即确定地自始不发生。

| 典例研习 · 7-6   2021年多项选择题

甲有电脑1台，对15周岁的乙表达出卖的意愿，限乙1周内答复，乙当即拒绝，但乙父次日知悉后表示同意。根据《民法典》及相关规定，甲乙间电脑买卖合同（　　）。

A.有效　　　　　　　　B.效力待定

C.可撤销　　　　　　　D.不成立

E.成立

🔍斯尔解析　本题考查民事法律行为效力的界定。选项AE当选，15周岁的乙属于限制民事行为能力人，能独立实施与其年龄、智力相适应的民事法律行为或者纯获利益的民事法律行为，其他民事法律行为须由其法定代理人代理或者征得法定代理人的同意、追认。乙拒绝属效力待定，其父同意，完成追认，因此，甲乙之间电脑买卖合同成立并生效。

▲本题答案　AE

六、民事法律行为的代理

（一）代理的概念和特征

1.代理的概念

代理，是指行为人在法律规定或者他人授权的权限范围内，以他人名义向第三人作出意思表示或者自第三人处受领意思表示，而该意思表示所产生的法律后果直接归属于该他人的行为。

提示：依照法律规定、当事人约定或者民事法律行为的性质，应当由本人亲自实施的民事法律行为，不得代理。例如，结婚、离婚等身份行为不得由他人代理。

2.代理的法律特征

（1）代理人代他人实施民事法律行为。

（2）代理人以被代理人名义实施民事法律行为。

在民事代理关系中，任何民事主体皆可成为被代理人，但代理人须具有相应的民事行为能力。

（3）代理人在代理活动中独立发出或者受领意思表示。

（4）代理行为的法律后果直接归属于被代理人。

（二）代理的分类（★）

1.委托代理与职务代理

分类	概念	性质	具体规定
委托代理	基于被代理人的委托授权而产生的代理，又称"意定代理"或者"授权代理"	—	（1）授权行为是以发生代理权为目的的单方法律行为，授权行为人须具备相应的民事行为能力。 （2）授权行为可以采用口头形式或书面形式；法律规定采用书面形式的，应当采用书面形式
职务代理	法人或者非法人组织的工作人员基于其职权以法人或者非法人组织的名义所实施的代理，对法人或非法人组织发生效力	本质上仍属于委托代理，其代理权源自法人或者非法人组织针对特定工作岗位的概括授权	（1）法人或非法人组织对执行其工作任务的人员职权范围的限制，不得对抗善意相对人。 （2）法人、非法人组织的工作人员就超越其职权范围的事项以法人、非法人组织的名义订立合同，相对人主张该合同对法人、非法人组织发生效力并由其承担违约责任的，人民法院不予支持。但是，法人、非法人组织有过错的，人民法院可以判决其承担相应的赔偿责任。前述情形，构成表见代理的，人民法院应当表见代理的规定处理 新

提示：

合同所涉事项有下列情形之一的，人民法院应当认定法人、非法人组织的工作人员在订立合同时超越其职权范围：

（1）依法应当由法人、非法人组织的权力机构或者决策机构决议的事项。

（2）依法应当由法人、非法人组织的执行机构决定的事项。

（3）依法应当由法定代表人、负责人代表法人、非法人组织实施的事项。

（4）不属于通常情形下依其职权可以处理的事项。 新

2.法定代理

（1）概念。

基于法律规定的直接取得代理权所实施的代理。

（2）法定代理的情形。

情形	具体规定
监护人	无民事行为能力人、限制民事行为能力人的监护人是其法定代理人
失踪人的财产代管人	失踪人的财产由其配偶、成年子女、父母或者其他愿意担任财产代管人的人代管
清算组	—

（三）代理权的行使规则（★）

在法定代理中，代理权因充分法律规定的要件而取得。法律规定行为能力欠缺者的监护人是其法定代理人。可见，取得监护人资格即取得代理权。

在委托代理中，代理权基于被代理人的授权行为而取得。授权行为系有相对人的单方法律行为、不要式法律行为。

由此，有如下代理权的行使规则：

（1）代理人必须在代理权的范围内行使代理权。

（2）代理人应积极履行代理职责，为被代理人的利益实施代理行为。

（3）禁止滥用代理权，即代理人实施代理行为时，不得滥用代理权。

（4）禁止自己代理，即代理人不得以被代理人的名义与自己实施民事法律行为，但是被代理人同意或者追认的除外（效力待定的民事法律行为）。

（5）禁止双方代理，即代理人不得以被代理人的名义与自己同时代理的其他人实施民事法律行为，但是被代理的双方同意或者追认的除外（效力待定的民事法律行为）。

（四）无权代理（★★）

无权代理，是指在没有代理权的情况下，以他人名义实施的旨在将其法律效果归属于该他人的代理行为。

1.狭义无权代理

（1）狭义无权代理的类型。

类型	具体规定
没有代理权	既无委托授权，又无法律规定，而以他人名义实施民事法律行为的代理
超越代理权	代理人超越代理权限范围而进行的代理
代理权终止	代理人在代理期限届满或者约定的代理事务完成甚至被解除代理权后，仍以被代理人的名义而进行的代理

（2）狭义无权代理的效力。

①狭义无权代理属于效力待定法律行为。

②被代理人的权利：狭义无权代理对被代理人有效与否取决于被代理人的意思；若被代理人未予追认，则对被代理人不发生效力。

③相对人的权利与责任：

项目		具体规定
权利	催告权	相对人可以催告被代理人自收到通知之日起30日内予以追认；被代理人未作表示的，视为拒绝追认
	撤销权	行为人实施的行为被追认前，善意相对人有撤销的权利。撤销应当以通知的方式作出
	请求赔偿权	行为人实施的行为未被追认的，善意相对人有权请求行为人履行债务或者就其受到的损害请求行为人赔偿
责任		相对人知道或者应当知道行为人无权代理的，相对人和行为人按照各自的过错承担责任

2.表见代理

表见代理，是指行为人虽无代理权但存在足以使相对人相信其有代理权的表征，从而须由本人负授权之责的代理。

（1）表见代理的构成要件。

记忆提示	具体规定
无权	行为人无代理权但以本人名义实施民事法律行为
有权	须客观上存在使相对人相信行为人有代理权的表征
不知	相对人须为善意，即无过失地不知行为人无代理权
生效	具备民事法律行为的生效要件

（2）法律效果。

表见代理发生有权代理之效果，即由本人（被代理人）而非行为人承受代理行为的效果。

（五）代理关系的终止（★）

1.委托代理及法定代理的终止事由

分类	终止事由	记忆提示
委托代理	代理期间届满或者代理事务完成	期间届满事干完
	被代理人取消委托或代理人辞去委托	取消辞职不干了
	代理人丧失民事行为能力	双方挂掉太（代）无能
	代理人或者被代理人死亡	
	作为代理人或被代理人的法人、非法人组织终止	
法定代理	被代理人取得或恢复民事行为能力	一有
	代理人丧失民事行为能力	一无
	代理人或者被代理人死亡	双方挂
	法律规定的其他情形	—

2.委托代理终止的例外规定

被代理人死亡后,有下列情形之一的,委托代理人实施的代理行为仍有效:

记忆提示	具体规定
不应知死亡	代理人不知道并且不应当知道被代理人死亡
继承人承认	被代理人的继承人予以承认
明确完成止	授权中明确代理权在代理事务完成时终止
做完分内事	被代理人死亡前已经实施,为了被代理人的继承人的利益继续代理

典例研习·7-7 2020年单项选择题

甲在展销会上看到乙公司展台上有一款进口食品料理机,想起同事丙前几天说想买1台料理机,遂自作主张以丙的名义向乙公司订购1台该款料理机,约定货到付款。随后,乙公司将料理机快递给丙,丙签收付款。根据《民法典》规定,乙公司与丙之间买卖合同的效力应为( )。

A.效力待定　　　B.无效　　　C.可撤销　　　D.有效

斯尔解析 本题考查无权代理的效力。选项D当选,行为人没有代理权、超越代理权或者代理权终止后,仍然实施代理行为的,属于效力待定的法律行为,有效与否取决于被代理人的意思;被代理人追认,则该行为生效,若被代理人未予追认,则对被代理人不发生效力。本题中,丙签收付款,视为追认,因此,乙丙之间的买卖合同有效。

本题答案 D

第五节　诉讼时效和除斥期间

一、诉讼时效

诉讼时效,是指请求权人在法定期间内怠于行使请求权,即导致义务人永久抗辩权发生效果的时效。

(一)诉讼时效的适用(★★)

诉讼时效的适用对象是请求权,包括债权请求权和物权请求权,但下列请求权不适用诉讼时效的规定:

(1)请求停止侵害、排除妨碍、消除危险。

(2)不动产物权和登记的动产物权的权利人请求返还财产。

(3)请求支付抚养费、赡养费或者扶养费。

（4）支付存款本金及利息请求权。

（5）兑付国债、金融债券以及向不特定对象发行的企业债券本息请求权。

（6）基于投资关系产生的缴付出资请求权。

（7）依法不适用诉讼时效的其他请求权。

（二）诉讼时效的效力（★）

（1）诉讼时效期间届满的法律效果：义务人取得永久抗辩权。

（2）诉讼时效期间届满的，义务人可以提出不履行义务的抗辩；当事人未提出诉讼时效抗辩的，人民法院不应对诉讼时效问题进行释明。

（3）诉讼时效期间届满后，义务人同意履行的，不得以诉讼时效期间届满为由抗辩；义务人已经自愿履行的，不得请求返还。

（三）诉讼时效期间和起算（★★）

1.诉讼时效期间类型

类别	期间	适用情形与起算点
普通诉讼时效	3年	一般民事法律关系，自权利人知道或应当知道权利受到损害以及义务人之日起计算
特殊诉讼时效	4年	某些特定民事法律关系，如国际货物买卖合同和技术进出口合同争议
最长保护时效	20年	自权利受到损害之日起计算，自权利受到损害之日起超过20年，人民法院不予保护。有特殊情况的，人民法院可以根据申请人决定延长（但不适用后文"中止""中断"的规定）

2.特殊情形下（普通）诉讼时效期间的起算

情形		起算点
当事人约定同一债务分期履行		自最后一期履行期限届满之日起计算
无民事行为能力人/限制民事行为能力人	对其法定代理人的请求权	自该法定代理终止之日起计算
	自己权利受损	其法定代理人知道或者应当知道权利受到损害以及义务人之日起计算，但是法律另有规定的除外
未成年人遭受性侵害的损害赔偿请求权		自受害人年满18周岁之日起计算

| 典例研习·7-8　2017年多项选择题

下列关于诉讼时效的适用及期间起算点的说法中，正确的有（　　）。

A.限制民事行为能力人对其法定代理人的请求权的诉讼时效期间，自其知道权利受到侵害之日起算

B.身体受到伤害要求赔偿的，适用普通诉讼时效

C.兑付国债本金和利息的请求权不适用诉讼时效

D.债务人自愿履行债务后又以诉讼时效期间届满为由提出抗辩的，法院不予支持

E.分期履行的债务，诉讼时效期间从最后一期履行期限届满之日起计算

【斯尔解析】本题考查诉讼时效的起算。选项A不当选，无民事行为能力人或者限制民事行为能力人对其法定代理人的请求权的诉讼时效期间，自该法定代理终止之日起计算。选项B当选，身体受到伤害要求赔偿属于一般民事法律行为，适用普通的诉讼时效，该期间为3年。选项C当选，兑付国债、金融债券以及向不特定对象发行的企业债券本息请求权，不适用诉讼时效的规定。选项D当选，诉讼时效期间届满后，义务人同意履行的，不得以诉讼时效期间届满为由抗辩；义务人已经自愿履行的，不得请求返还。选项E当选，当事人约定同一债务分期履行的，诉讼时效自最后一期履行期限届满之日起计算。

【本题答案】BCDE

（四）诉讼时效的中止、中断（★★）

1.诉讼时效期间的中止

诉讼时效期间的中止，是指在诉讼时效期间的**最后6个月内**，因**法定障碍事由**的发生而使权利人无法行使请求权，从而暂时停止计算诉讼时效期间的制度。

（1）中止的法律效力。

①**暂时停止计算**诉讼时效。

②中止时效的原因消除之日起**满6个月**，诉讼时效期间届满。

（2）中止的法定事由。

①不可抗力。

②无民事行为能力人或者限制民事行为能力人没有法定代理人，或者法定代理人死亡、丧失民事行为能力、丧失代理权。

③继承开始后未确定继承人或者遗产管理人。

④权利人被义务人或者其他人控制。

⑤其他导致权利人不能行使请求权的障碍。

2.诉讼时效期间中断

诉讼时效期间中断，是指在诉讼时效期间进行中，因**法定事由的发生**致使已经进行的诉讼时效期间全部归于无效，诉讼时效期间**重新开始计算**的制度。

（1）中断的法律效力。

诉讼时效期间重新开始计算。

（2）诉讼时效期间中断的法定事由。

①权利人向义务人提出履行请求。

②义务人同意履行义务。

③权利人提起诉讼或者申请仲裁。

与该类法定事由具有同等效力的其他情形包括申请支付令、申请破产、申报破产债权、为主张权利而申请宣告义务人失踪或者死亡、申请诉前财产保全、申请诉前临时禁令、申请强制执行、申请追加当事人或者被通知参加诉讼、在诉讼中主张抵销等。

二、除斥期间（★）

除斥期间，是指法律规定或者当事人约定的某些形成权的存续期间，又称"预定期间"。除斥期间届满，形成权即告消灭。

以下重点介绍诉讼时效与除斥期间的对比：

项目	诉讼时效期间	除斥期间
功能	维持新生秩序	维持原有秩序
适用对象	请求权（物权请求权、债权请求权）	形成权
性质	可变期间：可以中止、中断和延长	不变期间：不能中止、中断和延长
法律效果	诉讼时效期间届满，发生债务人永久性抗辩权	除斥期间届满，实体权利（形成权）消灭
期间的始点	权利人知道或应当知道权利受到损害以及义务人之日	权利人知道或应当知道形成权发生之日

典例研习在线题库

至此，涉税服务相关法律的学习已经进行了33%，继续加油呀！

33%

第八章 物权法

学习提要

重要程度：重点章节

平均分值：13分左右

考核题型：单项选择题、多项选择题、综合分析题

本章提示：本章主要围绕物与物权讲解。内容不多，但入门不易。物权是绝对权，因此，一定要按照法定方式公示。只有公示，才会发生物权变动。这句话是本章的核心。同时，本章的重点为担保物权，请同学们注意理解与掌握

第一节 物权总论

一、物权的客体——物（★）

（一）物的概念和特征

物，是指人们能够支配或者控制的物质实体和自然力。民法中的物具有如下特征：客观物质性、可支配性、可使用性、特定性、独立性、稀缺性。

（二）物的分类

（1）以物能否移动或者移动后是否损害其价值为标准划分。

分类	含义	举例
动产	能够移动且移动后无损其价值的物	电脑、汽车、家用电器等
不动产	不能移动或虽可移动但移动后有损其价值的物	土地、海域、附着于土地上的建筑物及其他定着物、建筑物的固定附属设备等

（2）以物是否具有独立特征或者是否被权利人指定而特定化为标准划分。

分类	含义	举例
特定物	具有独立特征，或者被权利人指定，不能以其他物替代	齐白石的一幅画
种类物	具有共同特征和同样经济意义并可以用度量衡计算的可代替之物	五常大米

（3）以两个独立存在的物在用途上客观存在的主从关系为标准划分。

分类	含义	举例
主物	独立存在，起主要作用	电视机与遥控器，电视机是主物，遥控器是从物，主物转让的，从物随主物转让，但是当事人另有约定的除外。因此，转让电视机，其遥控器亦随之转让
从物	独立存在，附属地位、起辅助作用和配合作用	

（4）以物能否分割为标准划分。

分类	含义	举例
可分物	可以分割且分割后不损害其经济用途或者改变其性质	面粉、汽油等
不可分物	不能分割或分割后将损害其原有用途或降低其经济价值	一部手机、一辆汽车

（5）以两个独立物之间曾经存在的产出与被产出的关系为标准划分。

分类		特点	举例
原物		产生新物的物	生蛋的母鸡、产生利息的存款本金
孳息物	天然孳息	依自然规律产生的新物	母鸡所产鸡蛋、果树所结果实
	法定孳息	依法律规定产生的新物	利息、租金等

（6）以物是由一个还是多个独立物构成为标准划分。

分类	特点	举例
单一物	独立成一体的物	一头牛
合成物	数个单一物结合为一体的物	一辆汽车
集合物	多个单一物或合成物集合在一起构成的聚合体，在交易上和法律上当作一物对待的物的总体	国家图书馆的全部藏书

二、物权的概念和特征

物权，是指权利人依法直接支配特定物，并享受其利益的排他性财产权。物权是对物的直接支配权、排他性财产权、对世权、绝对权。

三、物权法的基本原则（★★）

1.物权客体特定原则（亦称"一物一权原则"）

物权客体特定原则，是指一项物权须对应一个特定之物的原则，即一个物上只能有一个所有权，不允许同时存在两个以上互不相容的物权的原则。

> **原理详解**
>
> 物权的排他性与"一物一权原则"异曲同工，均要求一物之上不能同时存在两个以上互不相容的物权，但并不排除在同一标的物上同时存在所有权和他物权，如甲以自有房屋为乙设立一项居住权。则在该房屋上既存在甲的所有权，又存有乙的居住权。也不排除在同一标的物上同时存在二个以上不相冲突的他物权，如甲以自有房屋先后为乙和丙各设立一项抵押权。此时，该房屋上存在甲的所有权，又存有乙和丙的两个抵押权。

2.物权法定原则

物权法定原则，是指物权的种类、内容均由法律规定，不允许当事人自由创设的原则。

项目	具体规定
类型强制	物权的种类不得创设,当事人不得创设法律所不认可的新类型的物权
类型固定	物权的内容不得创设,当事人不得创设与物权的法定内容相悖的物权内容

3.公示和公信原则

项目	具体规定
公示原则	(1) 公示原则,是指物权的存在与变动均应当具备法定的公示方式的原则。 (2) 公示方式:动产物权的法定公示方式为占有和交付;不动产物权的法定公示方式为登记。 (3) 公示效力:物权的存在与变动公示的,产生相应的法律效力,并受法律保护。不公示的,不能产生相应的法律效力
公信原则	物权的存在与变动因公示而取得法律上的可信赖性,即使公示的物权名义人不是真正的物权人,善意受让人基于对公示的信赖,仍能取得物权

四、物权的分类(★)

1.以权利人是对自有物享有物权还是对他人所有之物享有物权为标准划分

分类	含义	举例
自物权	权利人依法对自有物享有的物权	所有权
他物权	对他人所有之物享有的物权	所有权之外的一切物权均为他物权,如用益物权、担保物权

2.以物权客体类型为标准划分

分类	含义	举例
动产物权	以动产为客体的物权,动产物权的享有和变动的公示方法是占有和交付	动产所有权、动产抵押权、动产质权
不动产物权	以不动产为客体的物权,不动产物权的享有和变动的公示方法为登记	不动产所有权、建设用地使用权、居住权、地役权、不动产抵押权
权利物权	以权利为客体的物权,权利作为物权客体须由法律特别规定	权利质权、权利抵押权

3.以物权能否单独存在为标准划分

分类	含义	举例	关系
主物权	不依赖其他权利而可以单独存在的物权	所有权、建设用地使用权等	主物权能够单独存在，而从物权的存在须以其他权利的存在为前提，从物权具有从属性，随所依赖权利的移转而移转，随所依赖权利的消灭而消灭
从物权	不能单独存在、须依赖于其他权利的存在而存在	地役权、担保物权	

4.以物权的变动是否须经登记方能生效为标准划分

分类	含义	举例
登记物权	物权的设定、变更及终止须经登记机关登记才能产生相应法律效力	不动产物权
非登记物权	物权的得丧变更无须登记即可产生相应法律效力	绝大多数物权

5.以他物权设立的目的为标准划分

分类	含义	作用	举例
用益物权	以实现对标的物的使用和收益为目的而设立的他物权	意在支配标的物的**使用价值**	居住权、地役权、土地承包经营权等
担保物权	为担保债务履行而在债务人或者第三人的特定物之上设立的他物权	意在支配标的物的**交换价值**	抵押权、质权、留置权等

五、物权的效力（★）

（一）物权的排他支配力

物权的排他支配力，是指法律赋予物权的、保障物权人对标的物直接为一定行为并享受其利益的排他性作用力。

分类	是否具有完全支配力	具体规定
自物权	是	在合法范围内，自物权人能够依自己的意思自由支配标的物
他物权	否，不完全的排他支配力	他物权人只能在法律规定或者合同约定的时空范围内，对他人之物享有一定的排他支配权

（二）物权的优先力

物权的优先力，是指法律赋予物权的、优先于同一物上的一般债权或者在后设立的物权而行使的作用力，包括物权对于债权的优先力和物权相互间的优先力。

1.物权之于债权的优先力

当债权以某特定物为给付标的物，而同一标的物上又存在他人物权时，无论物权设立先后，其效力通常优于债权。

（1）情形。

①享有担保物权的债权人可就担保财产优先于其他债权人受清偿。

②破产法上的"取回权"和"别除权"也体现物权之于债权的优先效力。

（2）物权优于债权的例外情形：

项目	具体规定
让与不得击破租赁	租赁物在承租人按照租赁合同占有期限内发生所有权变动的，不影响租赁合同的效力。即承租人可以其租赁权对抗租赁物的受让人
预告登记请求权	当事人签订买卖房屋的协议或者签订其他不动产物权的协议，为保障将来实现物权，按照约定可以向登记机构申请预告登记。预告登记后，未经预告登记的权利人同意，处分该不动产的，不发生物权效力

2.物权相互间的优先力

当同一物上两个以上潜在地发生冲突的物权并存时，成立在先的物权通常优于成立在后的物权，即"时间在先，效力优先"。

物权相互间优先力的限制（"时间在先，效力优先"规则的例外）：

（1）基于当事人意思的限制。

用益物权或者担保物权优于在先存在的所有权。

（2）基于法律规定的价款优先权（也称"购置款超级优先权"）的限制。

（3）基于法律规定的法定担保物权优于约定担保物权的限制。

同一动产上已经设立抵押权或者质权，该动产又被留置的，留置权人优先受偿。

（三）物权的妨害排除力

物权的妨害排除力，是指法律赋予物权的、排除他人妨害以回复物权人对物正常支配的圆满状态的效力。该效力从权利角度可称为"物权请求权"。

物权请求权包括：排除妨碍请求权、消除危险请求权和返还原物请求权。

（四）物权的追及效力

1.概念

物权的追及效力，是指物权的标的物无论辗转落入何人之手，物权人皆可追及物的所在并对物的占有人主张物权、请求返还的效力。

2.追及效力的限制

所有权、用益物权、担保物权皆具有追及效力。但为保护善意第三人，法律对物权的追及效力规定了适度限制。

物权追及效力的法律限制：

（1）善意取得。第三人的善意取得可以阻断物权的追及效力。

（2）物权未按法定方式公示。

以动产抵押的，抵押权自抵押合同生效时设立；未经登记，不得对抗善意第三人。

（3）**正常经营买受人特别保护规则**。

以动产抵押的，不得对抗正常经营活动中已经支付合理价款并取得抵押财产的买受人。

六、物权变动

物权变动，是指物权的设立、变更和终止的变化状态。

（一）物权变动的原因（★★）

原因	举例
民事法律行为（最主要）	（1）基于买卖、互易、赠与、遗赠等原因而完成的物权让与行为。 （2）抛弃物权的行为及设定、变更或者终止他物权的各种法律行为
民事法律行为之外的法律事实	房屋建造、先占、添附、继承、无主物的法定取得、天然孳息收取、标的物消费、标的物灭失及混同等
公法上的原因	公用征收、没收、罚款等

（二）我国的物权变动立法（★★★）

1.一般规定

（1）<u>不动产物权的设立、变更、转让和消灭</u>，经依法<u>登记</u>，发生效力；未经登记，不发生效力，但是法律另有规定的除外。

（2）<u>动产物权</u>的设立和转让，自<u>交付时发生效力</u>，但是法律另有规定的除外。

2.法律另有规定的情形

（1）依法属于国家所有的自然资源，所有权可以不登记。

（2）动产类：

①特殊动产的登记对抗： 变

船舶、航空器和机动车等的物权的设立、变更、转让和消灭，仍以交付为生效要件，未经登记，不得对抗善意第三人。

②动产的特殊交付方式：简易交付、指示交付、占有改定。

（3）不动产类：

①<u>土地承包经营权</u>自土地承包经营权<u>合同生效时</u>设立。

②<u>地役权</u>自地役权<u>合同生效时</u>设立。

（4）非基于法律行为的物权变动：

情形	物权变动时点
因继承取得物权的	自<u>继承开始</u>时发生效力
因合法建造、拆除房屋等事实行为设立或消灭物权的	自<u>事实行为成就</u>时发生效力
因人民法院、仲裁机构的法律文书或人民政府的征收决定等，导致物权设立、变更转让或消灭的	自<u>法律文书</u>或人民政府的<u>征收决定</u>等生效时发生效力

提示：上述"法律文书"包括人民法院、仲裁机构在分割共有不动产或者动产等案件中作出并依法生效的改变原有物权关系的判决书、裁决书、调解书，以及人民法院在执行程序中作出的拍卖成交裁定书、变卖成交裁定书、以物抵债裁定书。

（三）不动产登记（★）

不动产登记，是指经权利人申请，由法定登记机构依法将不动产的客观状态和不动产上的权利及其变动情况记载于登记机构专门设置的登记簿的事实。

1.变动登记

登记机构就不动产物权的变动所进行的登记。

2.更正登记

更正登记，是指为了消除登记内容的错误或者遗漏而对既有的登记内容进行订正和补充的一种登记。

（1）更正登记是对原登记权利的涂销登记，同时是对真正权利的初始登记。

（2）权利人、利害关系人认为不动产登记簿记载的事项错误的，可以申请更正登记。

（3）不动产登记簿记载的权利人书面同意更正或者有证据证明登记确有错误的，登记机构应当予以更正。

3.异议登记

异议登记，也称"异议抗辩登记"，是指在利害关系人认为登记簿对某一不动产权利的记载与真实的权利状态不相一致且登记名义人不同意更正的情况下，由登记机构依法将该利害关系人对登记内容的正确性提出的异议记载入登记簿之中的一种登记。

（1）利害关系人申请更正登记，不动产登记簿记载的权利人不同意更正的，利害关系人可以申请异议登记。

（2）登记机构予以异议登记，申请人自异议登记之日起15日内不提起诉讼的，异议登记失效。

（3）异议登记不当，造成权利人损害的，权利人可以向申请人请求损害赔偿。

提示：异议登记是一种临时性保护措施，其并不限制登记簿记载的名义权利人对不动产的处分权。只是名义权利人处分不动产的，即便事后证明其确无处分权，因异议登记的存在，受让人也不得主张善意取得。

4.预告登记

预告登记，是指债权人为保障其享有的以不动产物权变动为内容的债权请求权不受债务人的处分行为的不利影响，而将该请求权在不动产登记簿中所做的登记。

（1）适用情形。

当事人签订买卖房屋的协议或者签订其他不动产物权的协议，为保障将来实现物权，按照约定可以向登记机构申请预告登记。

（2）法律后果。

预告登记后，未经预告登记的权利人同意，处分该不动产的，不发生物权效力。

（3）预告登记失效。

预告登记后，债权消灭或者自能够进行不动产登记之日起90日内未申请登记的，预告登记失效。

提示：

"债权消灭"的情形包括：

①预告登记的买卖不动产物权的协议被认定无效。

②预告登记的买卖不动产物权的协议被撤销。

③预告登记的权利人放弃债权。

典例研习·8-1 2017年单项选择题

根据民事法律制度的规定，下列关于不动产登记制度的说法中，正确的是（ ）。

A.预告登记是异议抗辩登记

B.更正登记是为消除登记内容错误或遗漏的登记

C.变动登记是对原登记权利的涂销登记

D.异议登记旨在保全一项将来发生的不动产物权变动

斯尔解析 本题考查不动产的登记。选项A不当选，异议登记也称"异议抗辩登记"，预告登记不是"异议抗辩登记"。选项B当选，权利人、利害关系人认为不动产登记簿记载的事项错误的，可以申请更正登记。选项C不当选，更正登记是对原登记权利的涂销登记，同时是对真正权利的初始登记。选项D不当选，预告登记旨在保全一项将来发生的不动产物权变动。

本题答案 B

（四）动产交付（★★★）

动产交付，是指在设立和转让动产物权时，由出让人将其对动产的占有移转给受让人。交付是移转标的物占有的行为。

1.现实交付

现实交付，是指在设立或转让动产物权时，由出让人将其直接管理支配下的动产现实地移转给受让人，使受让人取得对动产的直接占有。这是实践中最常见的交付方式。

2.拟制交付

在动产物权以仓单、提单等物权凭证为表现形式时，动产物权的变动通常无须对动产进行现实交付，而是以仓单、提单的交付来代替动产的现实交付，民法理论上，称此种交付为"拟制交付"。

3.交付替代——"观念交付"

观念交付，是指在设立或转让动产物权时，出让人和受让人之间对于动产的占有仅仅在观念上发生移转，在外观上并未现实地发生变化。观念交付包括简易交付、指示交付和占有改定。

类型	说明	举例
简易交付	在设立或转让动产物权之前，权利人已经占有该动产；物权自民事法律行为生效时发生效力	乙因借用而占有甲的某项动产，后来甲乙双方约定甲将该动产出卖给乙。那么，在甲与乙之间达成让与该动产的合意时，乙即因简易交付而取得该动产的所有权
指示交付	在设立或转让动产物权之前，第三人占有该动产；负有交付义务的人可以通过转让请求第三人返还原物的权利代替交付	甲将其某项动产交给乙保管之后，又转而将该动产出售给丙。对此，甲可与丙约定，将其对乙享有的该动产的返还请求权转让给丙，以代替对丙的现实交付。在甲与丙之间的转让约定生效时，丙即因指示交付而取得该动产的所有权
占有改定	在动产物权转让时，出让人与受让人约定由出让人继续占有该动产；物权自该约定生效时发生效力	甲将其某项动产出让给乙，但因甲需要继续使用该动产，一段时间，甲遂与乙订立租赁合同或者借用合同，约定由甲继续占有该动产，由乙基于租赁或者借用这一占有媒介关系取得对该动产的间接占有。在甲与乙之间的约定生效时，乙即因占有改定而取得该动产的所有权

典例研习·8-2 2016年单项选择题

甲将自己电脑出租给乙使用，租赁期间，甲又将电脑卖给丙，并与丙约定于租期届满时由丙直接向乙请求返还电脑。甲与丙之间变动物权的交付方式属于（　　）。

A.指示交付　　　B.现实交付　　　C.占有改定　　　D.简易交付

斯尔解析 本题考查动产交付的方式。选项A当选，动产物权设立和转让前，第三人占有该动产的，负有交付义务的人可以通过转让请求第三人返还原物的权利代替交付，此谓指示交付。

本题答案 A

第二节　所有权

所有权，是指所有人对自己的不动产或者动产，依法享有的占有、使用、收益和处分的权利。所有权是所有人在法定限度内对物最充分、最完全的支配权。

一、所有权的取得和消灭

（一）所有权的取得（★）

1.所有权的取得方式

类型	概念	举例
原始取得	非依他人既存的权利和意志而是基于法律规定直接取得	先占、生产、收取孳息、添附物的归属、无主物和罚没物的法定归属、善意取得、没收等
继受取得	基于他人既存的权利和意志而取得	买受人自出卖人处受让标的物所有权

精准答疑

问题： 如何区分"原始取得"与"继受取得"？

解答：（1）"继受取得"可以通俗理解为"有前手"且"前手有权利"。于某向刘某购买一块金表，于某因刘某交付而取得金表的所有权，此为继受取得。于某的"前手"为刘某，交付金表之前，刘某为金表的所有权人。交付后，于某为金表的所有权人，刘某对金表的所有权消灭，此为相对消灭。

（2）"原始取得"可以通俗理解为"无前手"或"前手无权利"。

①先占是指以所有的意思，先于他人占有无主动产而取得其所有权的法律事实。先占的标的物须为非法律禁止占有的无主动产。既是无主动产，则必然符合"无前手"这一条件。先占为事实行为，对行为人的民事行为能力没有要求，此为原始取得。

②无主物。遗失物、漂流物、埋藏物、隐藏物自发布招领公告之日起1年内无人认领的，归国家所有。国家取得该物的所有权并非基于原所有权人的意思（"前手无权利"），而是基于法律的规定，此为原始取得。

③善意取得。后文将展开介绍，善意取得制度需要满足的法定条件。受让人取得物权，并非基于前手的权利，而是在满足法定条件下取得相应物权，因此善意取得为原始取得。

| 典例研习·8-3 | 2020年单项选择题 |

下列物权取得方式中，属于继受取得的是（ ）。
A.乙取得其从海中垂钓所得石斑鱼的所有权
B.丁基于添附而取得添附物的所有权
C.丙自土地承包经营权人处受让土地经营权
D.甲因建造而取得自建房屋所有权

斯尔解析 本题考查物权取得的方式。选项ABD不当选，从海中垂钓所得石斑鱼、基于添附取得所有权以及因为建造而取得所有权都不是基于既存的权利而取得，因此，属于原始取得。选项C当选，继受取得是基于他人既存的权利而取得，自土地承包经营权人处受让土地承包经营权，是基于出让人既存的土地承包经营权而取得，属于继受取得。

本题答案 C

2.所有权取得的法律原因

取得原因	不动产	动产
依民事法律行为取得	双方法律行为：基于买卖、赠与、互易等原因而受让不动产/动产所有权	
	单方法律行为：因受遗赠而取得不动产/动产所有权	
依民事法律行为以外的法律事实取得	（1）继承。（2）法院判决、强制执行。（3）公用征收、没收（动产中还涉及罚款）等行政行为。（4）善意取得	
	建造	（1）收取孳息。（2）无主物的法定归属。（3）先占。（4）添附

（二）所有权的消灭原因（★）

1.分类

分类	具体规定
绝对消灭	所有权与其主体分离，而他人亦未取得该权利
相对消灭	所有权与其主体分离，而由他人取得该权利

2.消灭具体原因

消灭原因		具体规定
民事法律行为	单方民事法律行为	抛弃所有权
	双方民事法律行为	基于赠与、买卖、互易等原因而出让所有权
民事法律行为以外的法律事实	（1）作为所有权人的自然人死亡或者法人终止。（2）标的物灭失。	

续表

消灭原因	具体规定
民事法律行为以外的法律事实	（3）判决、强制执行、罚款、没收、纳税等。 （4）添附：动产因添附于他人的不动产或者动产，而依法由他人取得所有权，原所有权即消灭

二、善意取得制度（★）

（一）善意取得的适用规则

无处分权人将不动产或者动产转让给受让人的，所有权人有权追回；除法律另有规定外，符合下列情形的，受让人取得该不动产或者动产的所有权：

1.受让人受让该动产或不动产时是善意的

受让人受让不动产或者动产时，不知道转让人无处分权，且无重大过失的，应当认定受让人为善意。

（1）对善意的认定。

善意的判断时点为**不动产物权完成转移登记或者动产交付**之时。

具有下列情形之一，应当认定不动产受让人知道转让人无权处分（非善意）：

①登记簿上存在有效的异议登记。

②预告登记有效期内，未经预告登记的权利人同意。

③登记簿上已经记载司法机关或者行政机关依法裁定、决定查封或者以其他形式限制不动产权利的有关事项。

④受让人知道登记簿上记载的权利主体错误。

⑤受让人知道他人已经依法享有不动产物权。

（2）对重大过失的认定。

①真实权利人有证据证明不动产受让人应当知道转让人无处分权，应当认定受让人具有重大过失。

②受让人受让动产时，交易的对象、场所或者时机等不符合交易习惯，应当认定受让人具有重大过失。

2.以合理的价格转让

合理的价格，应当根据转让标的物的性质、数量以及付款方式等具体情况，参考转让时交易地市场价格以及交易习惯等因素综合认定。

3.完成物权变动的公示

（1）转让的**动产**依照法律规定**已经交付**给受让人。

提示：船舶、航空器和机动车等交付受让人的，应当认定符合善意取得的条件。

（2）转让的**不动产**依照法律规定应当**登记**的已经登记。

4.转让合同有效

转让合同被认定无效或转让合同被撤销的，受让人不得基于善意取得制度取得所有权。

（二）善意取得的法律效果

（1）受让人取得动产或不动产的所有权。

（2）原所有权人可向让与人主张损害赔偿。

典例研习·8-4 2020年单项选择题

下列关于善意取得适用条件的说法中，不符合《中华人民共和国民法典》规定的是（　　）。

A.须受让的财产限于动产　　　　B.须受让人受让财产时是善意的

C.须出让人为无权处分人　　　　D.须受让财产是以合理价格有偿取得的

📖斯尔解析　本题考查善意取得制度。选项A当选，善意取得制度既适用于动产，也适用于不动产。选项B不当选，善意取得制度要求受让人受让动产或不动产时主观上为善意。选项C不当选，善意取得制度的前提是出让人无权处分。选项D不当选，善意取得制度要求受让人必须以合理价格受让。

▲本题答案　A

三、共有

共有，是指两个以上的人对同一物**共同享有一个所有权**的法律状态。不动产或者动产可以由两个以上组织、个人共有。共有包括按份共有和共同共有。

（一）共有的形态（★）

1.按份共有

按份共有，是指共有人按各自确定的份额享有所有权的共有形态。

按份共有人对共有的不动产或者动产享有的份额，没有约定或者约定不明确的，按照出资额确定；不能确定出资额的，视为等额享有。

2.共同共有

共同共有，是指数人对同一物平等和不分份额地共同享有所有权的共有形态。共同共有以共同关系的存在为前提，如家庭关系、夫妻关系等。共同共有的类型主要包括：夫妻财产共有、家庭财产共有和遗产分割前的共有。

3.共有形态的推定

共有人对共有的不动产或者动产没有约定为按份共有或者共同共有，或者约定不明确的，除共有人具有家庭关系等外，视为按份共有。

（二）对共有物的处分和管理（★★）

对共有的不动产或者动产进行**处分、作重大修缮、变更性质或者用途**的：

共有类型	具体规定
按份共有	经占**份额2/3以上**的按份共有人同意，但是共有人之间另有约定的除外
共同共有	经全体共同共有人同意，但是共有人之间另有约定的除外

（三）共有物的分割

共有类型	具体规定
按份共有	按份共有人对共有物享有分割请求权
共同共有	（1）在共同共有关系存续期间，共同共有人原则上无分割请求权。仅在共有的基础丧失或者有重大理由需要分割时可以请求分割。 （2）共同共有关系终止时，对共有财产的分割与按份共有相同

（四）对外债权债务的承担（★）

（1）无论是按份共有或共同共有，共有人对外享有连带债权、承担连带债务。但是法律另有规定或者第三人知道共有人不具有连带债权债务关系的除外。

（2）按份共有人偿还债务超过自己应当承担份额的，有权向其他共有人追偿。

（五）按份共有中的份额处分（★）

1.份额担保

按份共有人可以在其份额上设定担保物权。

2.份额转让

按份共有人对其共有份额享有自由处分权，无须其他共有人同意。按份共有人向共有人之外的人转让其份额，在同等条件下，其他共有人可以主张优先购买权。

（1）优先购买权行使的限制。

①共有份额的权利主体因继承、遗赠等原因发生变化时，其他按份共有人不得主张优先购买，但按份共有人之间另有约定的除外。

②按份共有人之间转让共有份额，其他按份共有人不得主张优先购买，但按份共有人之间另有约定的除外。

（2）同等条件的要求。

"同等条件"应当综合共有份额的转让价格、价款履行方式及期限等因素确定。

（3）多人主张优先购买权时的处理。

两个以上其他共有人主张行使优先购买的，协商确定各自的购买比例；协商不成的，按照转让时各自的共有份额比例行使优先购买权。

| 典例研习·8-5   2020年单项选择题

甲、乙、丙按3∶2∶1的出资比例共同购买1头耕牛，约定3人共同饲养管理，轮流使用。在乙使用耕牛期间，耕牛将同村村民丁承包地中的庄稼践踏损毁。根据《民法典》规定，下列关于丁应如何向甲、乙、丙请求赔偿的说法中，正确的是（　　）。

A.丁只能请求乙承担全部赔偿责任

B.丁只能请求乙承担1/3的赔偿责任

C.丁可以请求甲、乙、丙承担连带赔偿责任

D.丁应当请求甲、乙、丙按各自份额比例承担赔偿责任

> 🔍斯尔解析 本题考查共有债务的承担。选项C当选，按份共有人对外享有连带债权、承担连带债务。甲、乙、丙三人共有的耕牛对丁造成损失，丁可以请求其中任何一个人承担全部责任。
>
> ▲本题答案 C

四、业主的建筑物区分所有权

建筑物区分所有权，是指由区分所有建筑物的专有部分所有权、共有部分共有权以及对建筑物进行共同管理的成员权三者构成的特别不动产所有权。

（一）建筑物区分所有权的内容

1. 专有部分所有权

专有部分所有权属于空间所有权，是指区分所有权人对专有部分的占有、使用、收益及处分的权利。

2. 共有部分共有权

共有部分共有权，是指建筑物区分所有权人依照法律或者管理规约的规定，对区分所有建筑物之共有部分所享有的占有、使用及收益的权利。具体包括：

财产范围（属于业主共有）	例外规定（不属于业主共有）
建筑区划内的道路	城镇公共道路
建筑区划内的绿地	城镇公共绿地或者明示属于个人的
建筑区划内的其他公共场所、公用设施和物业服务用房	—
占用业主共有的道路或者其他场地用于停放汽车的车位	—

3. 成员权

成员权，是指建筑物区分所有权人（业主）基于一栋建筑物的构造、权利归属及使用上的密切关系而形成的、作为建筑物管理团体之一成员所享有的权利。

业主可以设立业主大会，选举业主委员会。业主大会或者业主委员会的决定，对业主具有法律约束力。

（二）业主共同决定的事项（★★）

记忆提示	事项	参与表决	通过表决
定约	（1）制定和修改业主大会议事规则。 （2）制定和修改管理规约	由专有部分面积占比2/3以上的业主且人数占比2/3以上的业主参与表决	经参与表决专有部分面积过半数（>1/2）的业主且参与表决人数过半数（>1/2）的业主同意

续表

记忆提示	事项	参与表决	通过表决
选人	（1）选举业主委员会或者更换业主委员会成员。 （2）选聘和解聘物业服务企业或者其他管理人	由专有部分面积占比2/3以上的业主且人数占比2/3以上的业主参与表决	经参与表决专有部分面积过半数（>1/2）的业主且参与表决人数过半数（>1/2）的业主同意
用资金	使用建筑物及其附属设施的维修资金		
其他	有关共有和共同管理权利的其他重大事项		
筹钱	筹集建筑物及其附属设施的维修资金		经参与表决专有部分面积3/4以上的业主且参与表决人数3/4以上的业主同意
改建	改建、重建建筑物及其附属设施		
改用途	改变共有部分的用途或者利用共有部分从事经营活动		

第三节　用益物权

一、用益物权概念及特征（★★）

（一）概念

用益物权，是指对他人所有的不动产或者动产，依法享有占有、使用和收益的权利。

（二）特征

（1）用益物权是限定物权。

（2）用益物权是以使用收益为目的的限定物权。

（3）用益物权的享有和行使通常以对物之占有为前提。

用益物权的目的在于标的物的使用价值。用益物权的设立目的决定了用益物权人对物实际占有的必要。

（4）用益物权是一种独立的物权，一旦产生，独立于所有权。对物有直接的支配性和排他性，可以对抗任何第三人，包括所有权人。

（5）用益物权的客体包括不动产和动产。

二、用益物权类型及其变动

《民法典》物权编第三分编明确规定了五种用益物权：土地承包经营权、建设用地使用权、宅基地使用权、居住权和地役权。

（一）建设用地使用权（★★）

1.概念

建设用地使用权，是指按照法律规定，对国家所有的土地享有的占有、使用和收益的权利。该权利可以分层设立，即在土地的地表、地上或者地下分别设立。

2.建设用地使用权的设立

设立建设用地使用权的，应当向登记机构申请建设用地使用权登记。建设用地使用权自登记时设立。登记机构应当向建设用地使用权人发放权属证书。

3.建设用地使用权的取得

建设用地使用权可以通过出让、划拨、转让、继承等方式取得。

分类	具体规定
出让	（1）国家以土地所有者的身份，以出让合同的方式，将建设用地使用权在一定年限内让与建设用地使用者，向建设用地使用者依法收取建设用地使用权出让金的法律行为。 （2）工业、商业、旅游、娱乐和商品住宅等经营性用地以及同一土地有两个以上意向用地者的，应当采取招标、拍卖等公开竞价的方式出让
划拨	（1）国家以土地所有者的身份，将建设用地使用权无偿交由建设用地使用者使用的法律行为。 （2）严格限制以划拨方式设立建设用地使用权，以划拨方式设立建设用地使用权仅限于国家机关用地和军事用地、城市基础设施用地和公益事业用地、国家重点扶持的能源、交通、水利等项目用地
转让	（1）建设用地使用权人在其权利有效年限内，将其受让的建设用地使用权依法转让给第三人的法律行为。 （2）包括建设用地使用权的出卖、互换和赠与等行为。 （3）建设用地使用权转让、互换、出资、赠与或者抵押的，当事人应当采用书面形式订立相应的合同。 （4）使用期限由当事人约定，但是不得超过建设用地使用权的剩余期限。 （5）建设用地使用权转让、互换、出资或者赠与的，附着于该土地上的建筑物、构筑物及其附属设施一并处分。 （6）建筑物、构筑物及其附属设施转让、互换、出资或者赠与的，该建筑物、构筑物及其附属设施占用范围内的建设用地使用权一并处分（房随地走、地随房走）
继承	建设用地使用权作为被继承人的遗产由继承人依法继承

（二）宅基地使用权

1.概念

宅基地使用权，是指农村集体经济组织成员依法享有的，在集体所有的土地上建造住宅及其附属设施的权利。

2.宅基地使用权的取得和用途

（1）一户一宅：一户只能拥有一处宅基地。

（2）用途唯一：宅基地使用权人只能在宅基地上建造住宅及其附属设施。

（3）无偿分配：农民基于集体经济组织成员身份而享有的福利保障，依法无偿分配取得。

（三）土地承包经营权（★★）

农村集体经济组织实行家庭承包经营为基础、统分结合的双层经营体制。农民集体所有和国家所有由农民集体使用的耕地、林地、草地以及其他用于农业的土地，依法实行土地承包经营制度。

1.概念

土地承包经营权，是指根据土地承包经营权合同，对农民集体所有或者国家所有由农民集体使用的耕地、林地、草地以及其他用于农业的土地享有的占有、使用和收益的权利。

2.土地承包经营权的设立和流转

（1）土地承包经营权的设立。

分类		具体规定
设立流程	设立方式	土地承包经营权自土地承包经营权合同生效时设立
	发放证书	登记机构应当向土地承包经营权人发放土地承包经营权证、林权证等证书，并登记造册，确认土地承包经营权
承包期限		①耕地：30年。 ②草地：30～50年。 ③林地：30～70年。 提示：原则上，承包期内发包人不得调整承包地，亦不得收回承包地

（2）土地承包经营权的流转。

我国实行土地所有权、土地承包经营权、土地经营权"三权分置"。

分类	具体规定
土地承包经营权流转	①土地承包经营权人依法有权将土地承包经营权互换、转让。未经依法批准，不得将承包地用于非农建设。 ②土地承包经营权互换、转让未经登记的，不得对抗善意第三人

续表

分类		具体规定
土地经营权流转	二次流转	①土地承包经营权人可以自主决定依法采取出租、入股或者其他方式向他人流转土地经营权。 ②通过招标、拍卖、公开协商等方式承包农村土地，经依法登记取得权属证书的，可以依法采取出租、入股、抵押或者其他方式流转土地经营权
	登记对抗	流转期限为5年以上的土地经营权，自流转合同生效时设立。当事人可以向登记机构申请土地经营权登记，未经登记，不得对抗善意第三人

（四）居住权（★★）

1.概念

居住权，是指按照合同约定或者遗嘱，为满足生活居住需要而对他人的住宅及其附属设施享有的占有、使用的权利。

2.取得

（1）设立居住权，当事人应当采用书面形式订立居住权合同或者遗嘱形式。

（2）基于居住权合同而设立居住权的，应当向登记机构申请居住权登记，居住权自登记时设立。基于遗嘱而取得居住权的，自继承开始时发生效力。变

3.居住权的法律特征

项目	具体规定
用益物权	为满足生活居住需要而对他人住宅予以占有和使用
期限性	居住权的期限可由当事人在居住权合同中约定或者在遗嘱中确定。若合同或者遗嘱未对居住权期限予以明确，则推定居住权期限为居住权人的终生
无偿性	居住权无偿设立，但是当事人另有约定的除外
专属性	(1) 居住权不得转让、继承、抵押。 (2) 设立居住权的住宅不得出租，但是当事人另有约定的除外

4.消灭

居住权可因居住权期限届满或者居住权人死亡而消灭。

精准答疑

问题：为什么居住权可以通过遗嘱方式设立，但居住权又不得继承？

解答：上述两个法条，说得根本就不是一回事。刘某生前书立遗嘱，其中一条内容为"在我死后，在A房屋上为照顾我10年的小保姆于某设立居住权，期限20年"。居住权经过登记后，在刘某死后，于某即享有对A房屋20年居住的权利。在刘某死后10年，于某去世，则于某的儿子小于不得继承该房屋的居住权。居住权为专属于居住权人于某自身的权利。

（五）地役权（★★）

1.概念

地役权，是指不动产的所有权人或者使用权人为自己不动产使用的便利，根据合同约定使用他人不动产的一种用益物权。其中，提供便利的他人不动产称"供役地"，享受便利的自己不动产称"需役地"。

2.地役权的取得

（1）地役权可基于设立、让与、法律直接规定、继承等原因而取得。

（2）设立地役权，当事人应当采用书面形式订立地役权合同；地役权自地役权合同生效时设立。当事人要求登记的，可以向登记机构申请地役权登记；未经登记，不得对抗善意第三人。

3.地役权的法律特征

记忆提示	具体规定
"非自有"	地役权是存在于他人不动产上的物权
"从物权"	（1）地役权从属于需役地所有权或者使用权，不得与需役地所有权或者使用权分离而单独让与；土地承包经营权、建设用地使用权等转让的，地役权一并转让。 （2）地役权不得与需役地所有权或者使用权分离而成为其他权利的客体，地役权不得单独抵押
"不可分"	（1）需役地被分割时，地役权在分割后的各部分仍然存在。 （2）在供役地被分割时，地役权就分割后的各部分仍然有效
"方便用"	地役权是为需役地的便利而设定的物权
"需占有"	地役权的享有和行使通常以对供役地的占有为要件，如通行、通过、排水、通风、采光、取水等，但也有例外，眺望地役权，其享有和行使即无须占有供役地

解题高手

命题角度：用益物权对比。

项目	建设用地使用权	居住权	宅基地使用权	地役权	土地承包经营权
设立方式	登记	登记	—	合同生效	合同生效
合同形式	书面	书面/遗嘱	—	书面	书面
转让限制	出让、转让	不可转让	—	可互换、转让	可互换、转让
取得对价	有偿、无偿	无偿（约定除外）	无偿	—	—
继承	可以	不得	不得单独继承	—	不得
消灭	—	期限届满/居住权人死亡	—	—	—
出租	可以	除另有约定外，设立居住权的住宅不得出租			

第四节 担保物权

一、担保物权的概念和特征（★★）

1.概念

担保物权，是指以确保债权实现为目的，对债务人或第三人用供担保的特定财产上依法享有的一种优先受偿的权利。

2.法律特征

法律特征	具体规定
从属性和附随性	担保物权是为确保债权实现而设立的，其存在以债权的存在为前提，随债权的转移而转移，并随债权的消灭而消灭
不可分性	担保物的分割、部分灭失或者转让，被担保债权的分割或者部分转让，均不影响担保物权，担保物权人仍然能够完整地行使其担保物权

续表

法律特征	具体规定
物上代位性	物上代位性，是指担保期间，担保财产毁损、灭失或者被征收等，担保物权人可以就获得的保险金、赔偿金或者补偿金等优先受偿

二、抵押权

（一）抵押权的概念和特征（★）

1.概念

抵押权，是指债权人于债务人不履行到期债务或者发生当事人约定的实现抵押权的情形时，可以对债务人或者第三人提供的、不移转占有的担保财产进行变价处分并优先受偿的权利。

> **原理详解**
>
> 于某向刘某借款100万元，约定1年后归还，于某无须支付利息。于某以自己名下的一处房产提供抵押。双方就上述事宜分别签订书面的借款合同和抵押合同，并办理了房产抵押登记。1年后，于某无力偿还借款，刘某可以主张将抵押的房产拍卖（即实现抵押权）；就拍卖所得价款，刘某可以优先受偿。如果该房产拍卖后成交价款为150万，里面的100万要优先还给刘某，剩下的50万才能给于某。
>
> 在上述法律关系中，刘某为债权人、抵押权人，于某为债务人、抵押人。当然，若于某找来其朋友陈某，以陈某房屋用于抵押，则陈某称抵押人，抵押合同亦由刘某与陈某订立。

2.特征

（1）抵押权是物权。

（2）抵押权是担保物权。

抵押权是以抵押财产的交换价值确保债权实现而设立的物权，其设立目的并不在于对标的物进行使用、收益。

（3）抵押权是意定担保物权。

抵押权基于抵押人与抵押权人之间的抵押合同而设立。

（4）抵押权是不移转抵押财产占有的优先性担保物权。

（5）抵押权是以对抵押财产变价处分权和优先受偿权为内容的担保物权。

（二）抵押权的设立（★★★）

1.抵押合同

（1）设立抵押权，当事人应当采用书面形式订立抵押合同。

（2）抵押合同既可以是单独存在的抵押合同，也可以是债权合同中附设的抵押条款。

（3）绝押条款无效。

抵押权人在债务履行期限届满前，与抵押人约定债务人不履行到期债务时抵押财产归债权人所有的，只能依法就抵押财产优先受偿。

2.抵押财产与抵押权设立

（1）根据抵押财产类型不同，采取法定登记和自愿登记并存的做法。

登记类型	财产类型	抵押权设立方式
法定登记	①建筑物和其他土地附着物。②建设用地使用权。③海域使用权。④正在建造的建筑物。	以不动产抵押的，应当办理抵押登记，抵押权自登记时设立
自愿登记	①生产设备、原材料、半成品、产品。②正在建造的船舶、航空器。③交通运输工具。④可以抵押的其他动产	以动产抵押的，抵押权自抵押合同生效时设立；未经登记，不得对抗善意第三人

（2）以不动产抵押的特殊规定——"房地一体原则"。

①以建筑物抵押的，该建筑物占用范围内的建设用地使用权一并抵押。以建设用地使用权抵押的，该土地上的建筑物一并抵押。

②抵押人未依据法律规定将房、地一并抵押的，未抵押的财产视为一并抵押。

（3）以动产抵押的特殊规定——"浮动抵押"。

企业、个体工商户、农业生产经营者可以将现有的以及将有的生产设备、原材料、半成品、产品抵押，债务人不履行到期债务或者发生当事人约定的实现抵押权的情形，债权人有权就抵押财产确定时的动产优先受偿。

①浮动抵押的特征。

a.抵押人限于企业、个体工商户、农业生产经营者。

b.抵押财产限于生产设备、原材料、半成品、产品等动产。

c.抵押财产不固定，可以是现有的也可以是将有的，在抵押权实行前一直处于不断增减变化的浮动状态，直到抵押权实现时才固定下来。

d.抵押期间，抵押人对抵押财产的使用、收益及处分不受抵押权的影响。

②浮动抵押中抵押财产确定的法定事由：

a.债务履行期限届满，债权未实现。

b.抵押人被宣告破产或者解散。

c.当事人约定的实现抵押权的情形。

d.严重影响债权实现的其他情形。

（4）不得抵押的财产。

①土地所有权。

②宅基地、自留地、自留山集体所有土地的使用权，但是法律规定可以抵押的除外。

③学校、幼儿园、医疗机构等为公益目的成立的非营利法人的教育设施、医疗卫生设施和其他公益设施。

④所有权、使用权不明或者有争议的财产。

⑤依法被查封、扣押、监管的财产。

⑥法律、行政法规规定不得抵押的其他财产。

典例研习·8-6 2020年单项选择题

下列关于物权设立时间的说法中，符合《民法典》规定的是（　　）。

A.以正在建造的船舶、航空器抵押的，抵押权自完成抵押登记时设立

B.居住权自居住权合同生效时设立

C.建设用地使用权自建设用地使用权出让合同生效时设立

D.地役权自地役权合同生效时设立

斯尔解析 本题考查物权设立。选项A不当选，以动产抵押的，抵押权自抵押合同生效时设立；未经登记，不得对抗善意第三人。选项B不当选，设立居住权，应当向登记机构申请居住权登记，居住权自登记时设立。选项C不当选，建设用地使用权自登记时设立。选项D当选，地役权自地役权合同生效时设立；未经登记，不得对抗善意第三人。

本题答案 D

（三）抵押权的效力（★★）

1.抵押权所担保的债权范围

当事人可在抵押合同中明确约定。若无约定，抵押权所担保的债权范围依法应当包括：主债权及其利息、违约金、损害赔偿金和实现抵押权的费用。

解题高手

命题角度：关于各担保方式担保范围。

（1）抵押权、质权与保证，有约定按约定，无约定按法定；留置权按法律规定。

（2）法律规定如下：

分类	主债权	（迟延）利息	违约金	损害赔偿金	实现权利的费用	财产保管费用
抵押权	√	√	√	√	√	×
质权	√	√	√	√	√	√
留置权	√	√	√	√	√	√
保证	√	√	√	√	√	×

2.抵押权所及标的物的范围

抵押权及于抵押财产本身及其从物、从权利；及于抵押财产被法院依法扣押期间产生的孳息；及于抵押财产因加工、附合、混合而形成的添附物；及于抵押财产因侵权行为、保险事故、征收、添附等原因毁损、灭失所获得的赔偿金、补偿金、保险金等代位物。

3.抵押权人的权利

（1）变价处分权。

债权届期而未获清偿时，抵押权人可依法定程序拍卖、变卖抵押财产，实现抵押财产的交换价值。

（2）优先受偿权。

抵押权人就抵押财产卖得的价金，优先于其他无担保的债权人受领清偿。

（3）保全抵押财产价值权。

①抵押人的行为足以使抵押财产价值减少的，抵押权人有权请求抵押人停止其行为。

②抵押财产价值减少的，抵押权人有权请求恢复抵押财产的价值，或者提供与减少的价值相应的担保。

③抵押人不恢复抵押财产的价值，也不提供担保的，抵押权人有权请求债务人提前清偿债务。

（4）抵押权的处分权。

①放弃：抵押权人可以放弃抵押权或者抵押权的顺位。

②变更：抵押权人与抵押人可以协议变更抵押权顺位以及被担保的债权数额等内容。但是，抵押权的变更未经其他抵押权人书面同意的，不得对其他抵押权人产生不利影响。

4.抵押人的权利

（1）抵押财产的用益权。

抵押权设立后，抵押人仍保有对抵押财产的占有，仍可以对抵押财产进行使用和收益。

（2）抵押财产的处分权。

①抵押权设立后，抵押人作为抵押财产的所有权人，仍可以对抵押财产进行处分，如转让抵押财产、在抵押财产上为他人再行设立抵押权或者质权等。

②抵押期间，抵押人可以转让抵押财产。当事人另有约定的，按照其约定。抵押财产转让的，抵押权不受影响。

5.抵押权的追及效力

（1）基本规定。

抵押期间，抵押人可以转让抵押财产。当事人另有约定的，按照其约定。抵押财产转让的，抵押权不受影响。

（2）追及效力的限制（抵押权人不得行使抵押权的情形）。

①善意取得制度的限制。

第三人善意取得抵押财产的，可以阻断抵押权的追及效力。

②抵押权未按法定方式公示的限制。

以动产抵押的，抵押权自抵押合同生效时设立；未经登记，不得对抗善意第三人。

③正常经营买受人规则的限制。

以动产抵押的,不得对抗正常经营活动中已经支付合理价款并取得抵押财产的买受人。

提示:

出卖人正常经营活动,是指出卖人的经营活动属于其营业执照明确记载的经营范围,且出卖人持续销售同类商品。有下列情形之一的,不属于"正常经营活动":

a.购买商品的数量明显超过一般买受人。

b.购买出卖人的生产设备。

c.订立买卖合同的目的在于担保出卖人或者第三人履行债务。

d.买受人与出卖人存在直接或者间接的控制关系。

e.买受人应当查询抵押登记而未查询的其他情形。

精准答疑

问题:如何理解抵押财产转让的,抵押权不受影响?

解答:此规定平衡了抵押人与抵押权人之间的矛盾。抵押人转让抵押财产在一定程度上可以实现资金周转,加速变现。但此时可能损害抵押权人的利益,因此,法律赋予抵押权人相应权利,即无论抵押财产辗转落入何人之手,享有抵押权的人都可以在符合规定情形的时候,向取得抵押财产的人主张就抵押财产实现其抵押权。但也要注意,抵押权人行使抵押权要受到上述限制。

6.抵押权的优先效力

(1)抵押财产拍卖、变卖所得的价款应当优先清偿抵押权人的债权,清偿后有剩余的,才能清偿债务人的其他债权人的债权。

(2)同一财产向两个以上债权人重复抵押时,抵押权的清偿顺序:

①抵押权已经登记的,按照登记的时间先后确定清偿顺序。

②抵押权已经登记的先于未登记的受偿。

③抵押权未登记的,按照债权比例清偿。

(3)价款优先权("购置款超级优先权")。

①动产抵押担保的主债权是抵押物的价款,标的物交付后10日内办理抵押登记的,该抵押权人优先于抵押物买受人的其他担保物权人受偿,但是留置权人除外。

②担保人在设立动产浮动抵押并办理抵押登记后又购入或者以融资租赁方式承租新的动产,下列权利人为担保价款债权或者租金的实现而订立担保合同,并在该动产交付后10日内办理登记,主张其权利优先于在先设立的浮动抵押权的,人民法院应予支持:

a.在该动产上设立抵押权或者保留所有权的出卖人。

b.为价款支付提供融资而在该动产上设立抵押权的债权人。

c.以融资租赁方式出租该动产的出租人。买受人取得动产但未付清价款或者承租人以融资租赁方式占有租赁物但是未付清全部租金,又以标的物为他人设立担保物权。

提示：同一动产上存在多个价款优先权的，人民法院应当按照登记的时间先后确定清偿顺序。

原理详解

　　甲公司向乙公司借款100万，以自己现有的以及将有的生产设备、原材料、半成品、产品抵押为乙公司设立抵押权。双方签订了书面抵押合同，办理了抵押登记。

　　抵押期间，甲公司因生产需要，想买个很贵的机器设备，但苦于没有资金。机器厂家丙公司的销售人员于某询问甲公司的采购人员刘某，我们公司先把机器赊销给你们，你们先用。但是机器设备的价款，需要给我公司提供一个担保。

　　刘某提出，那就直接在机器上给你们设立一个抵押权，担保购买机器设备的价款。

　　于某想了想，这个恐怕不行。你们公司已经为乙公司设立浮动抵押，机器设备交给你们公司，就属于抵押财产了。万一你们没有按约定向我公司支付价款，也没有还乙公司的钱，抵押财产直接拉去拍卖。

　　乙公司的抵押权设立在先，又已经办理了抵押登记。拍卖机器设备的钱乙公司先拿走，万一都拿走了，那我们公司不就亏了。

　　刘某说，一看你就不懂法，《民法典》第416条规定了，只要咱们在"机器设备交付后10日内"办抵押登记，那你们丙公司的抵押权，就优于乙公司的抵押权！如果我们公司真还不上钱，拍卖设备的价款也先还给你们！

　　这种情况下，虽然丙公司的抵押权设立在后，但仍优于乙公司的抵押权。

（四）抵押权的消灭原因

（1）主债权消灭：作为从权利的抵押权随之而消灭。

（2）抵押权实现：即抵押权人在债务履行期届满而未获清偿时，经法定程序以抵押财产折价或者以拍卖、变卖该抵押财产所得价款优先受偿。

（3）抵押财产因不可归责于任何人的事由而灭失：抵押权因客体灭失且无替代物而消灭。

（4）抵押权人放弃抵押权。

三、质权

（一）质权的概念

　　质权，是指债权人于债务人不履行到期债务或者发生当事人约定的实现质权的情形时，可以对债务人或者第三人移转占有而供担保的特定动产或者权利进行变价处分并优先受偿的权利。

（二）质权的设立（★★★）

1.质押合同

（1）设立质权，当事人应当采用书面形式订立质押合同。

（2）流质条款无效：质权人在债务履行期限届满前，与出质人约定债务人不履行到期债务时质押财产归债权人所有的，只能依法就质押财产优先受偿。

2.质押财产类型以及质权设立与实现

（1）动产质权。

质权自出质人交付质押财产时设立。此处的"交付"，可以是现实交付，也可以是作为交付替代的"观念交付"中的简易交付、指示交付。占有改定不得作为设立动产质权的交付方式。

（2）权利质权。

为设立权利质权，当事人应当采取书面形式订立质押合同，此外，不同的权利在出质时适用一些特殊的规则，具体如下：

质押权利的种类	质权设立的条件	质押标的提前实现的处理方式
汇票、本票、支票、债券、存款单、仓单、提单	①质权自权利凭证交付质权人时设立。 ②没有权利凭证的，质权自办理出质登记时设立。法律另有规定的，依照其规定	兑现日期或者提货日期先于主债权到期的，质权人可以： ①兑现或者提货。 ②与出质人协议将兑现的价款或者提取的货物提前清偿债务或者提存
基金份额、股权		①出质后不得转让，但是出质人与质权人协商同意的除外。 ②出质人转让基金份额、股权所得的价款，应当向质权人提前清偿债务或者提存
注册商标专用权、专利权、著作权等知识产权中的财产权	质权自办理出质登记时设立	①出质后，出质人不得转让或者许可他人使用，但是出质人与质权人协商同意的除外。 ②出质人转让或者许可他人使用出质的知识产权中的财产权所得的价款，应当向质权人提前清偿债务或者提存
现有的及将有的应收账款		出质后不得转让，但是出质人与质权人协商同意的除外。出质人转让应收账款所得的价款，应当向质权人提前清偿债务或者提存

| 典例研习·8-7 | 2020年单项选择题

根据《民法典》规定，下列财产权利中，设立权利质权需要办理出质登记的是（　　）。

A.提单　　　　　B.支票　　　　　C.基金份额　　　　　D.存款单

斯尔解析 本题考查质权的设立。选项ABD不当选，以汇票、本票、支票、债券、存款单、仓单、提单出质的，质权一般自交付权利凭证时设立。选项C当选，以基金份额、股权、知识产权中的财产权和应收账款出质的，质权自办理出质登记时设立。

▲本题答案 C

（三）动产质权的效力

1.质权的担保范围

质权是意定担保物权，其担保范围可由当事人在质押合同中明确约定。若无约定，质权所担保的债权范围依法应当包括：主债权及利息、违约金、损害赔偿金、质押财产的保管费用和实现质权的费用。

2.质权人的权利与义务

（1）权利。

①占有、留置质押财产。

②优先受偿。

③收取质押财产所产生的孳息，以充抵债权，但须先充抵收取孳息的费用。

④转质，限于原质权的范围之内。

⑤保全质权的权利，即保全质押财产价值、排除对质权的各种妨害的权利。

⑥物上代位权。

（2）义务。

①妥善保管质押财产。

②于债务人到期清偿债务后返还质押财产。

③返还超过债权数额的质押财产拍卖、变卖价款。

④不得擅自使用、处分质押财产。

第八章 物权法

| 典例研习·8-8 2019年多项选择题

2019年5月3日，甲、乙签订汽车买卖合同，约定甲以20万元的价格将其汽车卖给乙。5月8日，甲向乙交付汽车，并与乙约定：乙于6月6日付清全部车款，甲于6月8日协助乙办理机动车过户登记。5月20日，乙为筹措购车款而以该车质押向丙借款10万。双方签订了借款合同和质押合同，但事后乙并未将汽车交付给丙。根据《民法典》的规定，下列有关汽车所有权归属和物权变动的说法中，正确的有（　　）。

A.6月6日，付清全部车款时，乙取得汽车所有权

B.5月8日，甲交付汽车时，乙取得汽车所有权

C.5月3日，汽车所有权归属于甲

D.5月20日，乙、丙间质押合同有效，但质权未设立

E.6月8日，办理完过户登记手续时，乙取得汽车所有权

【斯尔解析】本题考查物权变动的公示方式和质权。选项AE不当选，选项BC当选，动产物权的设立和转让，自交付时发生效力，但法律另有规定的除外。本题中，甲向乙交付汽车的时间是5月8日，交付时，乙取得所有权。选项D当选，动产质权自出质人交付质押财产时成立，但质权未设立不影响质押合同的效力，本题中，乙丙之间虽订立了质押合同，但是未交付汽车，丙公司对小汽车的质权未设立。

【本题答案】BCD

四、留置权

（一）留置权的概念（★）

留置权，是指债权人合法占有债务人的动产，当债务人逾期不履行与该动产有关的债务时，可以留置该动产并就该动产优先受偿的担保物权。留置权属于法定担保物权。

（二）留置权成立的法律要件（★★）

（1）须债权人已经合法占有债务人（或第三人）的动产。

（2）须债权的发生与留置财产属于同一法律关系，但企业之间留置的除外。

（3）须债权已届清偿期而未获清偿。

（4）须留置标的物不违反法律规定和公序良俗。

（三）留置权的效力（★★）

1.留置权的担保范围

主债权及利息、迟延利息、违约金、损害赔偿金、实现留置权的费用、保管留置财产所支出的必要费用等。

2.留置权人的权利

（1）留置所占有的债务人的动产。

（2）收取留置财产所产生的孳息，以充抵债权。但须先充抵收取孳息的费用。

（3）留置标的物所支出必要费用的求偿权。

（4）变价处分权和优先受偿权，即以留置财产折价偿债或者变卖留置财产就所得价款优先受偿的权利。只是留置权人变价处分权的行使须先行催告，受催告期的限制。

3.留置权人的义务

（1）妥善保管留置财产。

（2）催告义务。

①留置权人与债务人应当约定留置财产后的债务履行期限；没有约定或者约定不明确的，留置权人应当给债务人60日以上履行债务的期限，但是鲜活易腐等不易保管的动产除外。

②留置权人变价处分权的行使须先行催告，催告期不少于60日。未经催告，不得径行变卖留置财产。

③债务人在催告期内仍不履行债务，债权人方可行使变价处分权。

（3）留置财产返还义务。

即留置权人于债权消灭或者留置权消灭后，须将留置财产返还于债务人。

五、数种担保并存时的效力规则（★★）

（一）抵押权、质权、留置权并存——留置权优先

同一动产上已经设立抵押权或者质权，该动产又被留置的，留置权人优先受偿。

（二）抵押权和质权并存——设立在先，效力优先

同一财产既设立抵押权又设立质权的，拍卖、变卖该财产所得的价款按照登记、交付的时间先后确定清偿顺序。

（三）购置款超级优先权

动产抵押担保的主债权是抵押物的价款，标的物交付后10日内办理抵押登记的，该抵押权人优先于抵押物买受人的其他担保物权人受偿，但是留置权人除外。

命题角度1：以动产担保，各担保物权的优先性。

在"动产的一物多保"中，有留置权＞动产价款债权的抵押权＞已经登记的抵押权/质权（时间）＞未登记的抵押权。

命题角度2：判断各种物权设立时间或设立要件。

分类		设立要件
所有权	动产	占有或交付
	不动产	登记
用益物权	建设用地使用权	登记
	居住权	登记

续表

分类		设立要件
用益物权	土地承包经营权	合同生效
	地役权	合同生效，未经登记，不得对抗善意第三人
担保物权	抵押权 动产	合同生效，未经登记，不得对抗善意第三人
	抵押权 不动产	登记
	质权 动产	交付
	质权 权利	交付/登记
	留置权 动产	符合法定成立要件

第五节 占 有

占有，是指人对物为管领和控制的事实。其中，对物为管领、控制的人，即占有人；被管领、控制的物，即占有物。

一、占有的分类（★★）

1.以有无占有的权源为标准划分

分类	含义	举例
有权占有	基于法律上的原因而为的占有	基于物权、债权的占有
无权占有	欠缺法律上原因的占有	小偷对盗窃物的占有

2.以无权占有人是否知其无占有的权源为标准划分

分类	含义	举例
善意占有	无权占有人不知其无占有的权源，而误信有正当权源且无怀疑地占有	将别人的东西误以为自己的而占有
恶意占有	无权占有人明知其无占有的权源，或对是否有权源虽怀疑而仍为占有	小偷对偷盗物的占有

提示：区分善意占有和恶意占有的前提是占有人"无权占有"，有权占有中不分善意或恶意。

3.以占有人是否具有所有的意思为标准划分

分类	含义	举例
自主占有	以所有的意思而为的占有	买受人对其所受让标的物的占有
他主占有	不以所有的意思而为的占有	借用人对借用物的占有

4.以占有人在事实上是否直接占有其物为标准划分

分类	含义	举例
直接占有	占有人事实上占有物，即直接对物有事实上的管领力	质权人对质物的占有、保管人保管物的占有
间接占有	基于一定法律关系而对事实上占有其物之人有返还请求权的占有	出质人对质物的占有、寄存人对保管物的占有

典例研习·8-9 2016年多项选择题

甲、乙签订合同，甲承租乙的房屋。租期届满后，甲拒绝退出房屋。这种情形下，甲对该房屋的占有属于（　　）。

A.善意占有　　　　　　　　B.恶意占有
C.直接占有　　　　　　　　D.无权占有
E.有权占有

斯尔解析 本题考查占有的分类。选项AE不当选，选项BD当选，租期届满前的占有为有权占有，租期届满之后仍然占有，则为无权占有。甲明知租期届满拒绝退房，为恶意占有。选项C当选，甲对房屋属于事实上在占有，为直接占有。

本题答案 BCD

二、占有的保护效力（★）

占有的效力，是指法律根据占有的事实而赋予占有人所实施的行为在一定情形下产生的法律后果。

（一）占有保护请求权

占有的不动产或者动产被侵占或者占有被妨害的，占有人可以请求侵占人或者妨害人恢复其圆满占有状态的权利。

（1）占有保护请求权包括原物返还请求权、占有妨害排除请求权、占有妨害防止请求权。

（2）原物返还请求权的除斥期间为1年，自侵占发生之日起算。

（二）自力救济权

自力救济，是指占有人依靠自身力量保护其占有。自力救济权包括自力防御权和自力取回权。

（1）自力防御权，是指占有人对于侵夺或者妨害其占有的行为，可以己力进行防御的权利。

（2）自力取回权，是指占有人在其占有完全被侵夺或者妨害后，可以己力恢复原有状态的权利，即占有人可取回其物。

（三）损害赔偿请求权

因侵占或者妨害造成损害的，占有人有权依法请求损害赔偿。

（四）善意占有人的必要费用偿还请求权

不动产或者动产被占有人占有的，权利人可以请求返还原物及其孳息；但是，应当支付善意占有人因维护该不动产或者动产支出的必要费用。

第九章 债 法

学习提要

重要程度：重点章节

平均分值：20分左右

考核题型：单项选择题、多项选择题、综合分析题

本章提示：本章主要讲解债，分成三节。第一节主要讲解与债相关的内容。第二、三节讲解合同与侵权。本章是全书内容最多的章节，需要记忆和理解的内容都比较多，考试题目较灵活，学习本章时请同学们以理解为主，在理解的基础上记忆

考点精讲

第一节　债法总论

一、债的概念和构成要素

（一）概念

债，是指特定当事人之间请求为或者不为一定行为的财产性民事法律关系。

（二）债的构成要素

债作为民事法律关系的一种，同样须具备民事法律关系的三要素，即主体、内容和客体。

1. 债的主体

债的主体，是指参加债的法律关系的当事人，包括债权人和债务人。享有债权的当事人谓债权人；他方负有为满足债权人的请求而为或者不为一定行为的义务，即债务，负有债务的当事人谓债务人。

2. 债的内容

债的内容，即债权和债务。债权是请求特定义务人为或者不为一定行为的权利，债务是应向特定权利人为或者不为一定行为的义务。

3. 债的客体

在债的关系中，债权人可以请求债务人为特定行为，债务人则须应债权人的请求而为特定行为。

债权人的债权与债务人的债务共同指向的这一特定行为即为债的客体（债的客体也称债的标的）。该特定行为在民法理论上称为"**给付**"。如交付财物、支付金钱、移转权利、提供劳务、提交成果以及不作为等。

原理详解

合同是引起债发生的原因之一。下文以买卖合同为例分析债的构成要素：

甲公司与乙公司订立买卖合同，约定甲公司向乙公司购买一批货物，乙公司先发货，甲公司收到货物后付款。

在此买卖合同中，甲公司有要求乙公司发货的权利，因此，对于发货，甲公司是债权人，乙公司是债务人。乙公司有要求甲公司付款的权利，在付款的层面上，甲公司是债务人，乙公司是债权人。甲乙公司即为债的主体，二者互负债务、互享权利。甲公司有权要求乙公司发货、乙公司有权要甲公司付款，这即为债的内容。

"甲公司支付价款""乙公司交付货物"的行为即为民法上的"给付",此为债的客体,也称债的标的。

值得注意的是,债的标的有别于债的标的物。前者指给付本身,后者指给付的对象。仅在交付财物、支付金钱之债中,才有标的物存在。而劳务之债,债务人仅需提供劳务,并无标的物存在。

二、债的发生(★★)

能够在特定当事人之间引起债权债务关系发生的民事法律事实,即为债的发生原因。

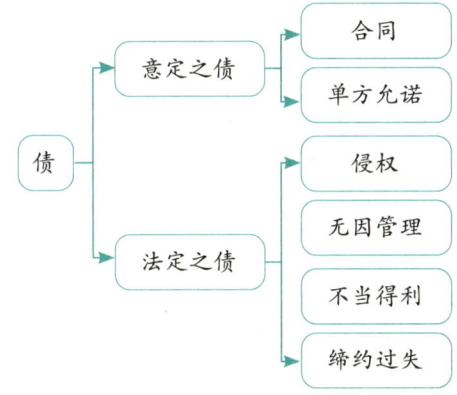

(一)合同

合同,是指民事主体之间设立、变更、终止民事法律关系的双方法律行为。当事人双方基于合同产生约定的债权债务关系。依法成立的合同,对当事人具有法律约束力。

提示:合伙合同由共同法律行为引起,基于多方当事人意思表示一致而成立,且多方当事人意思表示的内容相同。

(二)缔约过失

缔约过失,是指在合同成立前的缔约过程中,缔约人一方所具有的、造成对方信赖利益损失的过失。

当事人在订立合同过程中,造成对方信赖利益损失的缔约过失行为主要有:

(1)假借订立合同,恶意进行磋商。

(2)故意隐瞒与订立合同有关的重要事实或者提供虚假情况。

(3)泄露或者不正当使用在订立合同过程中知悉的商业秘密或者其他应当保密的信息。

(4)其他违背诚信原则的行为。

(三)单方允诺

(1)单方允诺,是指表意人向相对人作出的,为自己设定某种义务,使相对人取得某种权利的意思表示,如悬赏广告。

（2）悬赏人以公开方式声明对完成特定行为的人支付报酬的，完成该行为的人可以请求其支付。据此，完成特定行为的人有权请求悬赏人支付报酬，悬赏人也应当向完成特定行为的人支付所允诺的报酬，双方遂形成债权债务关系。

（四）侵权行为

（1）侵权行为，是指不法侵害他人民事权益造成损害，依法应当承担民事责任的致害行为。

（2）被侵权人有权请求侵权人予以赔偿，侵权人也应当向被侵权人进行赔偿，双方因此形成以损害赔偿为主要内容的债权债务关系。

（五）无因管理

1.概念

无因管理，是指**无法定或者约定的义务**，为避免他人利益受损而管理他人事务的行为。其中，管理他人事务的人，即管理人；事物被管理的人，即本人。

> **解题高手**
>
> **命题角度：常见的无因管理的情形。**
>
> （1）赡养被他人遗弃的老人。
> （2）替未按时缴税的他人代缴代垫税款。
> （3）饲养他人走失的牛羊。
> （4）为修缮他人房屋而购买建筑材料。

2.无因管理之债的构成要件

（1）管理人管理他人事务。
（2）管理人具有为他人利益而管理的意思。
（3）管理人对本人无法定或者约定的义务。

3.不真正无因管理

不真正无因管理，是指或者欠缺无因管理的主观要件，或者欠缺无因管理的客观要件的事务管理行为，亦称"准无因管理"。主要包括三种类型：

分类	含义	欠缺要件	法律后果
误信管理	误将他人事务当作自己事务进行管理	"为他人管理"的主观要件	不成立无因管理。可能成立不当得利或者侵权行为
不法管理	明知是他人事务，却为自己利益而进行管理		不成立无因管理
幻想管理	误将自己事务当作他人事务进行管理	"管理他人事务"的客观要件	

4.无因管理之债的效力

无因管理作为事实行为,一旦发生,即依法在管理人和本人之间产生以必要费用返还为主要内容的债权债务关系。对于管理人来说,应当受到以下限制:

分类	具体规定
必要费用偿还请求权	管理人有权请求受益人偿还因管理事务而支出的必要费用
损失补偿请求权	管理人因管理事务受到损失的,有权请求受益人给予适当补偿
负债清偿请求权	管理人因管理事务负担必要债务的,有权请求被管理人清偿
妥善管理义务	管理人管理他人事务,应当采取有利于受益人的方法。中断管理对受益人不利的,无正当理由不得中断
通知义务	管理人管理他人事务,能够通知受益人的,应当及时通知受益人。管理的事务不需要紧急处理的,应当等待受益人的指示
报告和结算义务	管理结束后,管理人应当向受益人报告管理事务的情况。管理人管理事务取得的财产,应当及时转交给受益人
准合同效力转换	管理人管理事务经受益人事后追认的,从管理事务开始时起,适用委托合同的有关规定,但是管理人另有意思表示的除外

|典例研习·9-1 【2020年多项选择题】

根据《中华人民共和国民法典》的规定,下列法律事实中,能够引起无因管理之债发生的有(   )。

A.邻居赡养被子女遗弃的老人

B.抢险队员奋力抢救被洪水围困的群众

C.路人将晕倒的伤者送医并垫付医药费

D.居民委员会照料父母因疫情被隔离的幼童

E.承揽人为定作人保管其提供的原材料

斯尔解析 本题考查债的发生原因。无因管理,是指无法定或者约定的义务,为避免他人利益受损而管理他人事务的行为。选项AC当选,邻居赡养被子女遗弃的老人,路人将晕倒的伤者送医并垫付医药费,并非其法定义务,可以适用无因管理。选项BDE不当选,所述情形均为其本该履行的义务,不能引起无因管理之债发生。

▲本题答案 AC

（六）不当得利

没有合法根据，致他人受损而获得的利益。不当得利发生后，即在得利人与受损人之间依法发生以不当利益返还为内容的债权债务关系。

1.构成要件

（1）一方获得财产利益，包括财产的积极增加和消极增加（本应减少而未减少）。

（2）他方受有损失，包括财产的积极减少和消极减少（本应增加而未增加）。

（3）获得利益与受有损失之间存在因果关系。

（4）一方获得利益没有合法根据。

2.类型

类型	具体规定
给付 不当得利	（1）因法律行为无效、不成立、被撤销、未被追认而发生的不当得利。 （2）因合同解除而发生的不当得利。 （3）因非债清偿而发生的不当得利。 （4）因合同所附解除条件成就而发生的不当得利。 （5）因合同所附终期届至而发生的不当得利
非给付 不当得利	（1）受益人的行为：税务机关多收税款。 （2）受损人的行为：纳税人多缴税款。 （3）第三人的行为：送报员将甲订的报纸投入乙的报箱。 （4）自然事件：因连降暴雨致鱼塘水位升高，甲鱼塘中的鱼跃入相邻的乙鱼塘中。 （5）法律的直接规定：基于添附而发生的不当得利

3.给付不适用不当得利的情形

（1）为履行道德义务而进行的给付，如养子女对亲生父母并无赡养义务而赡养。

（2）债务到期之前的清偿。

（3）明知无给付义务而进行的债务清偿。

4.不当得利的效力

主体		具体规定
受损人		受损人有权请求得利人返还其所获得的不当利益
得利人	善意得利人	得利人不知道且不应当知道获得的利益没有法律根据，仅返还现存利益。获得的利益已经不存在的，不承担返还该利益的义务
	恶意得利人	得利人知道或者应当知道获得的利益没有法律根据的，受损失的人可以请求得利人返还其获得的利益并依法赔偿损失
第三人		得利人已经将获得的利益无偿转让给第三人的，受损失的人可以请求第三人在相应范围内承担返还义务

三、债的分类（★★）

1.根据债的发生原因划分

分类	概念	举例
意定之债	债的发生及其内容由当事人依其自由意思而决定	（1）单方法律行为所生之债，如遗赠。 （2）双方法律行为所生之债，如合同
法定之债	债的发生及其内容均由法律直接规定	缔约过失之债、侵权行为之债、无因管理之债、不当得利之债

2.根据债的给付标的划分

分类	概念	具体规定	
货币之债（金钱之债）	以给付一定数额的货币为标的的债	原则上仅发生给付迟延，不发生给付不能，亦不发生不可抗力免责	
利息之债	以给付利息为标的的债	利息之债是以给付本金为标的的主债的从债。利息之债的存在以主债的存在为前提条件，主债发生变更、消灭，其效力及于利息之债	
实物之债	以实物作为给付标的的债	特定物之债	标的物在债之关系成立时即已特定
		种类物之债	标的物在债之关系成立时未加特定
劳务之债	以债务人提供劳务为标的的债	一般须由债务人亲自履行，未经约定不得由第三人代为履行；发生债务不履行时，不得强制履行，只能转化为损害赔偿之债以为救济。如演出合同、雇佣合同、修理合同	
权利之债	以特定权利为给付标的的债	以物权、债权、知识产权（仅限财产权部分）、股权等作为债之给付标的而产生的债之关系，如建设用地使用权转让合同、债权让与合同、股权转让合同、专利权转让合同、商标权转让合同等	
损害赔偿之债	以赔偿他人所受损害为标的的债	因合同约定发生	保险合同
		因法律规定发生	侵权行为、不履行债务等行为

3.根据债的双方主体人数划分

分类	具体规定
单数主体之债	债的关系中，债权人和债务人均为一人的债
复数主体之债	（1）债的关系中，债的当事人一方或者双方为两人以上的债。 （2）其又可以分为按份之债和连带之债；可分之债和不可分之债

4.根据复数主体之债中多数债权人或者多数债务人的对外关系划分

（1）按份之债与连带之债辨析。

分类	概念
按份之债	多数债权人或者多数债务人各自按照一定的份额享有债权或者负担债务的债。 其中： ①债权人为二人以上，标的可分，按照份额各自享有债权的，为按份债权。 ②债务人为二人以上，标的可分，按照份额各自负担债务的，为按份债务
连带之债	各债权人均得请求债务人为全部债务的履行，各债务人均负有为全部履行的义务，并且全部债权债务因一次全部履行而归于消灭的债

（2）按份之债的细化规定。

①按份债权人或者按份债务人的份额难以确定的，视为份额相同。

②在按份债权中，各债权人按照各自的份额对债务人享有债权，对超出其份额的部分无权受领。在按份债务中，各债务人仅就各自的份额对债权人负担债务，对超出其份额的部分无义务给付。

③就某一按份债权人或者按份债务人发生的给付迟延、受领迟延、给付不能、债务免除、抵销、提存等事项，对其他按份债权人或者按份债务人不产生影响。

（3）连带之债的细化规定。

维度		具体规定
连带债务	对内按份	①连带债务人之间的份额难以确定的，视为份额相同。 ②债务人承担的连带债务超出自己份额，有权向其他连带债务人追偿。 ③被追偿的连带债务人不能履行其应分担份额的，其他连带债务人应当在相应范围内按比例分担
	对外连带	①部分连带债务人履行、抵销债务或者提存标的物的，其他债务人对债权人的债务在相应范围内消灭。 ②部分连带债务人的债务被债权人免除的，在该连带债务人应当承担的份额范围内，其他债务人对债权人的债务消灭。 ③部分连带债务人的债务与债权人的债权同归于一人的，在扣除该债务人应当承担的份额后，债权人对其他债务人的债权继续存在
连带债权		①按照份额确定；份额难以确定的，视为份额相同。 ②实际受领债权的连带债权人，应当按比例向其他连带债权人返还

（4）不真正连带债务。

不真正连带债务，是指多数债务人就基于不同发生原因而偶然产生的同一内容的给付，各负全部履行的义务，并因债务人之一的履行而使全体债务人的债务均归于消灭的多数人之债。

以下介绍不真正连带债务与连带债务的区别：

维度	不真正连带债务	连带债务
产生的原因	基于不同的发生原因，即多数债务人的债务各有其发生的独立原因	基于共同的产生原因，如基于同一合同、基于共同侵权行为等
目的的共同性	没有共同目的，只有各自单一的目的，各债务人之间对债务的发生没有主观上的联系	具有共同目的，且各债务人主观上相互关联
发生的法律要求	没有法律规定或当事人约定，发生系因不同法律关系偶然竞合所致	由法律规定或当事人约定
内部求偿的性质	不存在内部分担关系，即使发生相互求偿亦非基于分担关系，而是基于终局的责任承担	各债务人之间存在当然的分担关系，并据此产生内部的求偿权

原理详解

根据《民法典》第1203条，因产品存在缺陷造成他人损害的，被侵权人可以向产品的生产者请求赔偿，也可以向产品的销售者请求赔偿。产品缺陷由生产者造成的，销售者赔偿后，有权向生产者追偿。因销售者的过错使产品存在缺陷的，生产者赔偿后，有权向销售者追偿。

对被侵权人来说，不真正连带债务与连带债务承担方式相同，被侵权人有权选择向生产者请求赔偿，亦可向销售者请求赔偿。但在生产者与销售者内部分担中，由其中一人承担最终责任。该规定中，**生产者和销售者对被侵权人承担的即为不真正连带债务**。

5.根据复数主体之债的标的是否可分为标准划分

分类	概念	举例
可分之债	以同一可分给付为标的，其债权可分享或其债务可分担	数人共同侵权之债
不可分之债	以同一不可分给付为标的，数人负同一债务或享同一债权，而其给付不可分	数人共同出租或承租一套公寓

6.根据债的标的可否选择划分

分类	概念	区分	举例
简单之债（"唯一"）	债的标的只有一宗，当事人只能按该宗标的履行	标的唯一	甲乙两公司订立买卖合同，约定乙公司向甲公司交付10台冰箱，此为简单之债
选择之债（"选择"）	债的标的有数宗，当事人可以选择其中之一为履行标的	（1）可供选择的数宗给付须是内容相异、并列待选的，即地位平等。 （2）数宗给付在选择之债成立之时既已存在，但债务人并不负履行全部给付的义务，而只须在数宗给付中选择其中之一为履行。标的一经选择确定即转化为简单之债，不得变更，除非对方同意。 （3）标的有多项而债务人只需履行其中一项的，债务人享有选择权；但是，法律另有规定、当事人另有约定或者另有交易习惯的除外	甲乙两公司订立买卖合同，约定乙公司向甲公司交付10台冰箱或10台洗衣机，具体交付哪种，甲公司有选择权
任意之债（"替代"）	债权人或者债务人可以约定用原定给付之外的其他给付来代替原定给付	（1）任意之债成立时，给付标的是确定的。 （2）任意之债的原定给付与代用给付，在代用给付发生前有主次之分	甲乙两公司订立买卖合同，约定乙公司向甲公司交付10台冰箱，但可以用10台洗衣机代替。10台洗衣机，称为"代用给付"

7.根据两个债之间的主从关系划分

分类	概念	举例
主债	能够独立存在的债	借款合同与其担保合同，借款合同为主债，担保合同为从债
从债	从属于主债并且其效力受主债影响的债	

8.根据债的给付方法划分

分类	概念	举例
一时之债	债的内容只须一次给付或分期给付即可完成的债	买卖合同
持续之债	债的内容须以持续性给付予以完成的债	租赁合同、保管合同

四、债的效力

债的效力，是指债的关系发生后，为了保障债的实现而由法律赋予的强制性作用力。其中，对债权人的效力，称债权效力；对债务人的效力，称债务效力。

（一）债权的效力

债权的效力，是指债权在债的关系中所具有的作用。包括请求力、执行力和保持力。

（二）债权人受领迟延

债权人受领迟延，是指债权人对债务人已提出的给付，未受领或者未为给付完成提供必要协助的事实。受领迟延是债权人对协助义务的违反。

1.债权人受领迟延的构成要件

（1）须有履行上需要债权人协助的债务。

（2）须债务人已按债的内容提出给付，使债权人处于可予受领的状态。

（3）须债权人未予受领，包括不能受领和拒绝受领两种情况。

2.债权人受领迟延的法律后果

（1）减免债务人的责任。

（2）使债权人承受不利益，如债务人注意义务减轻、停止支付利息、孳息返还范围缩小、危险负担转移、费用赔偿产生及债务人可以自行消灭债务等。

（三）债务的效力（★★）

债务的效力，是指债务满足债权的效果。债务的效力体现为以给付义务为核心的义务群。

1.给付义务

给付义务，是指债务人以满足债权为目的所实施的特定行为，是债务人所负的最主要的义务。以下介绍给付义务的类型：

类别		概念	举例
主VS从	主给付义务	债的关系所固有的、必备的并决定债的关系类型的给付义务	甲将自有汽车卖给乙，交付汽车是主给付义务，交付该车的相关文件或者资料即为从给付义务
	从给付义务	辅助主给付义务的义务，它并不决定债的关系类型	
原VS次	原给付义务	债原本存在的给付义务	在买卖合同中，卖方交付标的物义务、买方支付价款义务为原给付义务。因卖方交付的标的物存在瑕疵致买方遭受损害而产生的损害赔偿义务为次给付义务
	次给付义务	当原给付义务在履行过程中，因特定事由发生变化而产生的义务	

续表

类别		概念	举例
行为VS效果	给付行为	当债的类型或性质确定，给付内容只考虑给付行为本身，而不考虑是否有预期利益即发生履行效力的给付	律师代理，律师只要依约完成代理行为，即完成了给付义务
	给付效果	依债的类型或性质确定，给付内容不仅要考虑行为本身，还要谋求相对人预期利益的给付	承揽人不仅要完成承揽行为，还要使该行为达到定作人预期的效果。否则，即使有承揽行为，亦属未完成给付

2.附随义务

附随义务，是指根据诚实信用原则，依债的关系发展情形所发生的对相对人的告知、照顾、保护等义务。

常见的附随义务包括：

（1）因第三人主张权利，致使承租人不能对租赁物使用、收益的，承租人可以请求减少租金或者不支付租金。第三人主张权利的，承租人应当及时通知出租人。承租人的通知义务，即为附随义务。

（2）承运人在运输过程中，应当尽力救助患有急病、分娩、遇险的旅客。此为承运人的附随义务。

（3）宾馆对旅客财产的安全保障义务亦属于附随义务。

3.前合同义务和后合同义务

分类	概念	性质	举例
前合同义务	当事人为订立合同而进行接触、磋商阶段所负担的说明、告知、保护、注意等义务	前合同义务是法定义务，对前合同义务的违反可能构成缔约过失责任	（1）不得假借订立合同，恶意进行磋商。（2）不得故意隐瞒与订立合同有关的重要事实或者提供虚假情况。（3）不得泄露或者不正当地使用在订立合同过程中知悉的商业秘密或者其他应当保密的信息。
后合同义务	合同之债消灭后，当事人为了维护给付效果或者为了协助相对方终了善后事务所负担的作为或者不作为义务	后合同义务多基于法律的特别规定，但也不妨约定	受雇人离职后不得泄露雇主的商业秘密

4.不真正义务

不真正义务,是指在债之关系中,为使己方权利或利益完全实现,而由债权人负担的义务或风险。不真正义务的承担人为债权人。

当事人一方违约后,对方应当采取适当措施防止损失的扩大;没有采取适当措施致使损失扩大的,不得就扩大的损失要求赔偿。上述所规定的债权人"应当采取适当措施防止损失的扩大"的义务,即为不真正义务。

解题高手

命题角度:关于债务的效力的辨析。

(1) 通过债的进程辨析。

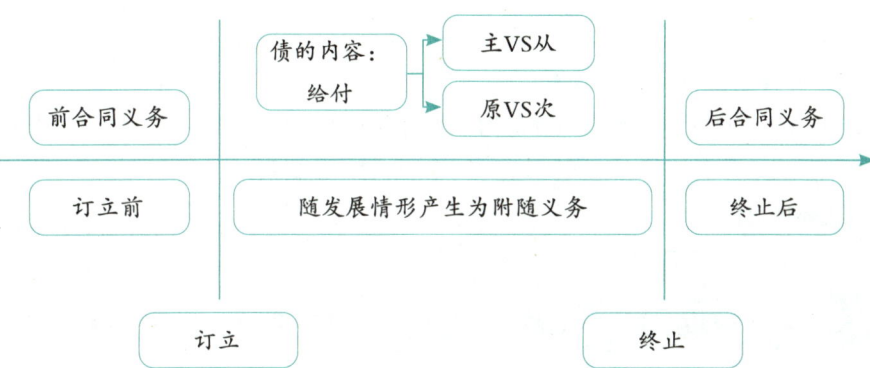

考试中,常常将"从给付义务"与"附随义务"混淆,从给付义务强调"给付"动作,如上文所述,"出售产品后交付相关资料"自始确定,为从给付义务。但附随义务随债的关系发展情形而发生,并非自始确定。

(2) 通过主体辨析:债权人应当承担的义务为不真正义务。

典例研习·9-2 2019年单项选择题

下列有关给付义务类型的说法中,正确的是( )。
A.买卖合同中出卖人交付标的物使用说明书的义务是附随义务
B.宾馆对旅客财产的安全保障义务是从给付义务
C.因合同解除而产生的恢复原状义务是次给付义务
D.租赁合同订立后出租人交付租赁物的义务是后合同义务

🔍 **斯尔解析** 本题考查给付义务的类型。选项AB不当选，买卖合同中交付标的物是主给付义务，交付说明书是从给付义务，而不是附随义务。附随义务是依债的关系发展情形所发生的对相对人的告知、照顾、保护等义务。宾馆对旅客财产的安全保障义务属于附随义务。选项C当选，次给付义务与原给付义务相对，原给付义务是债原本就存在的义务，次给付义务是债履行过程中因特定事由发生变化而产生的义务。因合同解除而产生的恢复原状义务是因为不履行或不完全履行债务所产生的义务，属于次给付义务。选项D不当选，后合同义务和前合同义务相对，前合同义务是合同生效前的义务，后合同义务是合同关系消灭后的义务，出租人交付租赁物的义务是合同履行中的主要义务，既非前合同义务，也非后合同义务，而是主给付义务。

▲ **本题答案** C

（四）债务违反及其效力（★）

债务违反，是指债务人未依债务的内容给付以满足债权的状态。债务人不履行债务的情形主要有四种：给付不能、给付拒绝、不完全给付、给付迟延。

1.构成要件对比

项目	给付不能 （客观情况）	给付拒绝 （我就不干）	不完全给付 （干不明白）	给付迟延 （磨磨唧唧）
"债合法"	—	须存在合法的债务	—	—
"能履行"	给付内容成为不可能	须给付尚可能	给付内容不完全	给付须为可能
"未（完全）履行"	—	须债务人有拒绝给付的表示	—	债务人未为给付
"已到期"	—	—	—	债务已届满履行期
"可归责"	—	拒绝给付须无合法理由	造成不完全给付的原因在于债务人	可归责于债务人的事由

2.类型与法律效力

（1）给付不能的类型。

分类		概念	举例
事实VS法律	事实不能	因自然法则而使给付不能	标的物被洪水冲走而无法交付
	法律不能	因法律上原因而使给付无法实现	以禁止流通物为标的物

续表

分类		概念	举例
自始VS嗣后	自始不能	在债成立之时给付即为不能	—
	嗣后不能	债成立后发生的给付不能	
客观VS主观	客观不能	因债务人以外的原因导致的不能	约定交付进口汽车，事后国家政策变更禁止汽车进口
	主观不能	因债务人自身的原因导致的不能	歌手因声带嘶哑而无法演唱
永久VS一时	永久不能	在债务的整个履行期间给付不能	—
	一时不能	在债务履行的部分期间内给付不能	
全部VS部分	全部不能	给付的全部履行不能	
	部分不能	给付的一部分履行不能	
可归责VS不可归责	可归责的给付不能	因可归责于债务人的事由而发生的给付不能（债权人可请求损害赔偿）	—
	不可归责的给付不能	因不可归责于债务人的事由而发生的给付不能（债权人一般不得请求损害赔偿）	

（2）给付拒绝（"毁约"）的效力。

给付拒绝，是指债务人在债成立后履行期届满之前，能为给付而明确地表示不为给付的意思表示，包括预期毁约和届期毁约。

①届期毁约：履行期已届至但尚未届满前的给付拒绝，债权人有选择权，可以请求债务人继续履行，也可以请求债务人承担不履行债务的责任，后者包括支付违约金、损害赔偿等。

②预期毁约：履行期届至前的给付拒绝，债权人可以拒绝受领债务人的拒绝表示，亦可直接行使解除权而解除合同。

提示：当事人一方明确表示或者以自己的行为表明不履行合同义务的，对方可以在履行期限届满前要求其承担违约责任。

（3）不完全给付。

不完全给付，是指债务人没有完全按债务的内容所为的给付。

分类	概念	举例	效力
瑕疵给付	给付不符合规定或者约定的条件	数量不足、品种不符、地点不妥、时间不宜、方法不当、未履行附随义务等	总体遵循"能补正就补正，不能补正就赔偿"的原则，具体规定如下： ①补正。尚可补正的不完全给付，债务人须将其补正为完全给付，如更换、重做、修理。不能补正的不完全给付，债务人应负损害赔偿责任。 ②对于加害给付，债务人除须补正外，还须负损害赔偿的责任
加害给付（"不良给付""积极侵害债权"）	造成债权人履行利益以外的其他损害的瑕疵给付	劣质水泥修筑的"豆腐渣"工程致他人人身、财产损害	

（4）给付迟延的效力。

给付迟延，是指对已届满履行期且能给付的债务，因可归责于债务人的事由而未为给付所致的迟延。

①债务人须对因迟延所造成的损害予以赔偿。

②债务人须对迟延中所发生的不可抗力所造成的损害予以赔偿。

③债务人在赔偿迟延所造成的损失后，尚须接受强制履行。

④对金钱债务的特殊效力：金钱债务的迟延给付所造成的损失，由债务人偿付迟延利息；在给付迟延中，如逢货币贬值，债务人应赔偿此损失。

五、债的保全

原理详解

债权作为请求权和对人权，只能向债务人请求履行。债的关系成立后，债务人就其债务，原则上应以其全部财产作为实现债权的保障，债务人的这一全部财产也就成为债权的一般担保，理论上称其为"责任财产"。

当责任财产因债务人与第三人的行为而发生不当减损，影响债权实现时，为了维持债务人的责任财产并确保债权人的利益，法律遂赋予债权人两项特别的权利，即债权人的代位权和债权人的撤销权。

（一）债权人代位权（★★★）

债权人的代位权，是指债权人为了保全其债权不受影响，而以自己的名义代债务人行使其对第三人权利的权利。

1.构成要件

（1）须债务人怠于行使其债权或者与该债权有关的从权利。

提示："怠于行使"，是指债务人不履行其对债权人的到期债务，又不以诉讼或仲裁方式向相对人主张其享有的债权或者与该债权有关的从权利。

（2）须有保全到期债权的必要。

提示：有无保全的"必要"，应以债务人的责任财产是否不足以清偿到期债务为标准予以认定。

（3）须债权人的债权已届满履行期。

提示：债权人的债权到期前，债务人的债权或者与该债权有关的从权利存在诉讼时效期间即将届满或者未及时申报破产债权等情形，影响债权人的债权实现的，债权人可以代位向债务人的相对人请求其向债务人履行、向破产管理人申报或者作出其他必要的行为。

2.可代位行使的权利

债权人行使代位权以非专属于债务人自身的财产权利为限。

下列债权为债务人的人身权利和专属于债务人自身的财产，债权人不可代位行使：

记忆提示	具体规定
"三养"	抚养费、赡养费或者扶养费请求权
"三金"	请求支付基本养老保险金、失业保险金、最低生活保障金等保障当事人基本生活的权利
"一劳"	劳动报酬请求权，但是超过债务人及其所扶养家属的生活必需费用的部分除外
"一伤"	人身损害赔偿请求权

3.代位权行使的规则与效力

（1）代位权的行使方法：代位权须由债权人以自己的名义，通过**诉讼**的方式行使。

（2）代位权的行使范围：以债务人的债权额和债权人的**（到期）债权额**为限。

（3）由债务人的相对人向债权人履行义务。债权人接受债务人的相对人履行后，债权人与债务人之间、债务人与相对人之间相应的权利义务终止。

（4）相对人对债务人的抗辩，可以向债权人主张。

（5）债权人行使代位权的必要费用，由债务人负担。

（二）债权人撤销权（★★）

债权人撤销权，是指债权人请求法院撤销债务人影响其债权实现的行为的权利。

1.撤销权的行使条件

（1）须有债务人减少其财产或者增加其财产负担的行为。

（2）须债务人的行为影响债权实现，即债务人减损责任财产的行为，将导致债权不能实现。

（3）须债务人的行为在债权成立之后所为。

（4）对于债务人的有偿行为，须具备主观要件。

行为种类		具体规定
无偿行为	①放弃债权。 ②放弃债权担保。 ③恶意延长到期债权的履行期限。 ④将财产赠与他人	无须以"相对人的恶意"为要件
有偿行为	①以明显不合理的低价转让财产（转让价格未达到交易时交易地的市场交易价或者指导价70%的）、以明显不合理的高价受让他人财产（受让价格高于交易时交易地的市场交易价或者指导价30%的）。 提示：债务人与相对人存在亲属关系、关联关系的，不受前款规定的70%、30%的限制。 ②以明显不合理的价格实施互易财产、以物抵债、出租或者承租财产、知识产权许可使用等行为。 ③为他人提供担保	须以"相对人的恶意"为要件

提示：债务人的相对人的主观恶意具体表现为"知道或者应当知道"债务人的行为影响债权人的债权实现。

2.债权人撤销权的行使

（1）行使方法：撤销权应由债权人以自己的名义，通过诉讼的方式行使。

（2）行使范围：以债权人的债权额为限。

（3）行使期限。

撤销权自债权人知道或者应当知道撤销事由之日起1年内行使，但自债务人的行为发生之日起5年内没有行使的，撤销权消灭。

（4）行使效力。

①债务人影响债权人的债权实现的行为被撤销的，自始没有法律约束力。

②第三人因该行为取得的财产应返还债务人。不能返还的，应折价赔偿。第三人已向债务人支付对价的，可依不当得利请求债务人返还。

③行使撤销权的债权人，有权请求第三人返还财产，但就收取的财产并无优先受偿权。

④债权人行使撤销权的必要费用，由债务人负担。

精准答疑

问题： 债的保全中的撤销权和"法律行为可撤销"中的撤销权有何异同？

解答： 首先，二者的相同之处在于都属于形成权，均适用"除斥期间"。即债权人或撤销权人应当在规定时限内行使撤销权，超过期限，则不得再行使撤销权。

二者的主要差异在于：

第一，债权人撤销的是自己与债务人之间的合同，还是债务人与其他人的合同。

（1）若乙欠甲100万元，借款期限届满，乙向甲声称没有偿还能力，而后将自己市价100万元的机器设备无偿赠送给丙，则甲可以请求人民法院撤销债务人乙向丙无偿赠送的行为。撤销后，该机器设备仍然归属于乙。由此，债权人甲行使撤销权，撤销的是债务人乙和第三人丙之间的合同。

（2）若乙对甲进行欺诈，导致甲基于错误认识与乙订立合同。则甲作为被欺诈方有权可以撤销其与乙之间的合同。

第二，导致撤销权的事由发生在合同成立前还是合同成立后。债的保全中，导致债权人享有撤销权的事由发生在合同成立后，债务人乙不当处分自己财产。但若乙欺骗甲的事情发生在订立合同之前，即导致该合同可撤销的事由发生在合同成立前。

解题高手

命题角度： 债权人代位权与撤销权的行使。

项目	债权人代位权	债权人撤销权
行使时间	—	主观：1年/客观：5年
行使方式	诉讼	诉讼
行使范围	以债务人的债权额和债权人的（到期）债权额为限	以债权人的债权额为限
必要费用	债务人	债务人
有无优先受偿权	有	无

| 典例研习·9-3 2020年多项选择题

根据《民法典》的规定，下列影响债权人债权实现的债务人不当行为中，债权人无须考虑债务人的相对人知道与否即可请求法院予以撤销的有（　　）。

A.债务人放弃其债权担保
B.债务人以明显不合理的高价受让他人财产
C.债务人无偿转让财产
D.债务人放弃其债权
E.债务人以明显不合理的低价转让财产

斯尔解析 本题考查债的保全之债权人撤销权。选项ACD当选，债务人减少其财产或者增加其财产负担的行为中，若为无偿行为，如债务人放弃其债权、放弃债权担保、无偿转让财产等，无须具备主观要件。选项BE不当选，对于有偿行为，须具备主观要件，即要求相对人知道或应当知道，如债务人以明显不合理的价格转让或受让财产。

本题答案 ACD

六、债的担保

债的担保，是指以第三人的信用或者以债务人或者第三人的特定财产确保债务人履行义务债权人实现权利的制度。

如下图所示，担保方式包括五种，抵押、质押、留置、保证、定金。

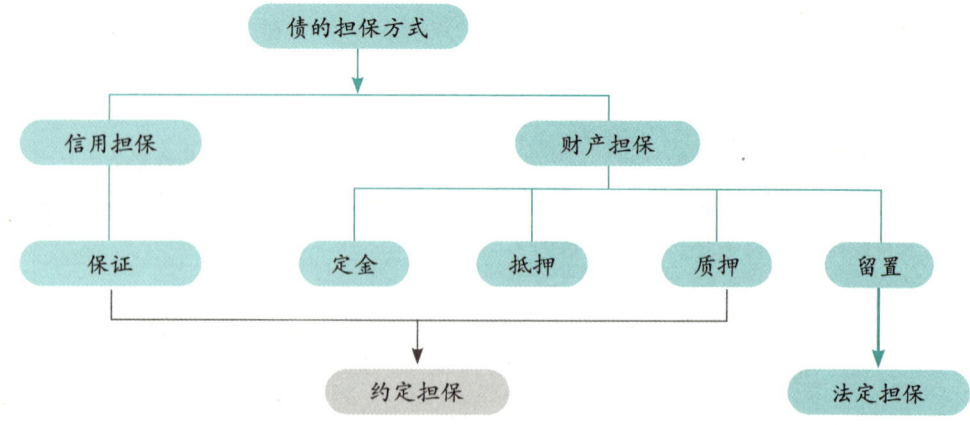

由此：

（1）信用担保的唯一方式为保证，其余均为财产担保。

（2）法定担保的唯一方式为留置，其余均为约定担保。

（一）保证（★★）

保证，是指第三人和债权人约定，当债务人不履行到期债务或者发生当事人约定的情形时，由第三人按照约定履行债务或者承担责任的担保方式。

1.不得担任保证人的主体

（1）机关法人不得为保证人，但是经国务院批准为使用外国政府或者国际经济组织贷款进行转贷的除外。

（2）以公益为目的的非营利法人、非法人组织。

2.保证合同

（1）性质。

保证合同属于单务、无偿、诺成、要式合同以及从合同。

（2）保证合同的书面形式。

①债权人和保证人单独订立的书面保证合同。

②主债权债务合同中的保证条款。

③第三人单方以书面形式向债权人作出保证，债权人接收且未提出异议。

3.保证的担保范围

保证的担保范围可由当事人在保证合同中约定。若无约定，则保证的范围包括主债权及其利息、违约金、损害赔偿金和实现债权的费用。

4.保证方式

保证方式有两种：一般保证和连带责任保证。保证方式可以由当事人在保证合同中约定。但在税法领域中，纳税保证方式仅限连带责任保证。

（1）一般保证。

一般保证，是指当事人在保证合同中约定，债务人不能履行债务时，由保证人承担保证责任的保证方式。当事人在保证合同中对保证方式没有约定或者约定不明确的，按照一般保证承担保证责任。

一般保证中，保证人享有先诉抗辩权：

①先诉抗辩权的概念。

先诉抗辩权，是指一般保证的保证人在主合同纠纷未经审判或者仲裁，并就债务人财产依法强制执行仍不能履行债务前，可以拒绝向债权人承担保证责任的权利。

提示：在一般保证中，保证人仅在债权人已依法对主债务人的财产诉请执行后仍不能获得清偿时，才负保证责任。

②保证人不得行使先诉抗辩权的情形：

a.债务人下落不明，且无财产可供执行。

b.人民法院已经受理债务人破产案件。

c.债权人有证据证明债务人的财产不足以履行全部债务或者丧失履行债务能力。

d.保证人书面表示放弃先诉抗辩权。

③一般保证人担保责任的特别免除。

一般保证的保证人在主债务履行期限届满后，向债权人提供债务人可供执行财产的真实情况，债权人放弃或者怠于行使权利致使该财产不能被执行的，保证人在其提供可供执行财产的价值范围内不再承担保证责任。

（2）连带责任保证。

连带责任保证，是指当事人在合同中约定保证人和债务人对债务承担连带责任的保证方式。在连带责任保证中，保证人不享有先诉抗辩权。

5.保证期间

（1）基本规定。

项目	具体规定	
性质	不变期间，不发生中止、中断和延长	
起算点	有债务履行期限	主债务履行期限届满之日
	没有债务履行期限	自债权人请求债务人履行债务的宽限期届满之日
时长	有约定	由债权人与保证人在保证合同中约定保证期间，根据双方约定确定保证期间长短
	无约定或者约定不明确	6个月。 提示：约定的保证期间早于主债务履行期限或者与主债务履行期限同时届满的，视为没有约定

（2）保证期间的效力。

①一般保证的债权人未在保证期间对债务人提起诉讼或者申请仲裁的，保证人不再承担保证责任。

②连带责任保证的债权人未在保证期间请求保证人承担保证责任的，保证人不再承担保证责任。

典例研习·9-4　2016年单项选择题

保证期间是指保证责任的存续期间，下列关于保证期间的说法中，正确的是（　　）。

A.保证期间为主债务诉讼时效期间届满之日起3个月

B.保证期间自主债务履行期届满之日起计算

C.保证期间为可变期间

D.保证期间适用诉讼时效规则

斯尔解析　本题考查保证期间。选项A不当选，选项B当选，保证期间由当事人之间约定，当事人没有约定或者约定不明确的，保证期间为主债务履行期限届满之日起算6个月。选项C不当选，保证期间属于不变期间，不发生中止、中断和延长。选项D不当选，诉讼时效是法定期间，不能由当事人约定，保证期间由当事人约定，不适用诉讼时效规则。

本题答案　B

6.主债权债务合同变更对保证责任的影响

主债权债务合同的变更,经过保证人书面同意的,保证人应对变更后的债务承担保证责任,未经保证人书面同意的,按如下情形承担保证责任:

(1)"人变了"。

变更情形	保证责任的承担	
债权人转让债权	可转让的债权	通知保证人 — 该转让对保证人发生效力
		未通知保证人 — 该转让对保证人不发生效力
	禁止转让的债权	保证人对受让人不再承担保证责任
债务人转移债务	保证人对未经其同意转移的债务不再承担保证责任,但是债权人和保证人另有约定的除外	
第三人加入债务	保证人的保证责任不受影响	

(2)"事变了"。

变更情形	保证责任的承担	
变更主债权债务内容	加重债务	保证人对加重的部分不承担保证责任
	减轻债务	保证人对变更后的债务承担保证责任
变更主债权债务期限	保证期间不受影响	

7.保证人的抗辩权

(1)主债务人的抗辩权。主债权债务合同中,债务人所享有的一切抗辩权保证人均可以行使。

①保证人可以主张债务人对债权人的抗辩。债务人放弃抗辩的,保证人仍有权向债权人主张抗辩。

②债务人对债权人享有抵销权或者撤销权的,保证人可以在相应范围内拒绝承担保证责任。

(2)保证人自身的抗辩权。这是基于保证合同自身所产生的,由保证人独享的抗辩权。如保证期间届满的抗辩权、保证合同诉讼时效完成的抗辩权等。

(3)一般保证中,保证人的先诉抗辩权。

8.担保方式盘点

(1)仅有物的担保。(请见本书202页)

(2)仅有人的担保(数人保证)。

①数人保证的成立,可以由数个保证人与债权人共同签订一份保证合同,也可以由数个保证人分别与债权人签订数份保证合同。

②同一债务有两个以上保证人的,保证人应当按照保证合同约定的保证份额,承担保证责任;没有约定保证份额的,债权人可以请求任何一个保证人在其保证范围内承担保证责任。

（3）既有物的担保，又有人的担保。

被担保的债权既有物的担保又有人的担保的，债务人不履行到期债务或者发生当事人约定的实现担保物权的情形，有如下处理方式：

情形	具体规定	
有约定	债权人按照约定实现债权	
无约定或者约定不明确	物保由债务人提供	先就物的担保实现债权
	物保由第三人提供	债权人在人保和物保中任选

（4）担保人之间相互追偿的问题。

一般来说，同一债务有两个以上第三人提供担保，承担担保责任的担保人不能相互追偿。但存在下列情形的，担保人之间可以相互追偿：

记忆提示	条件	如何"追"
"二话不说直接追"	担保人之间约定相互追偿及分担份额	承担了担保责任的担保人可以请求其他担保人按照约定分担份额
"先找债务后担保"	约定承担连带共同担保，或者约定相互追偿但是未约定分担份额的	各担保人按照比例分担向债务人不能追偿的部分
	未作上述约定，但各担保人在同一份合同书上签字、盖章或者按指印	

解题高手

命题角度：数人担保时，担保人之间可以相互追偿的情形。

一般来说，担保人之间不得相互追偿，除非"担保人之间明确约定相互追偿及分担份额""约定担保方式为连带共同担保""未作明确约定但各担保人在同一份合同书上签章"。

（二）定金（★★）

定金，是指当事人约定为担保合同履行而由一方预先向他方交付的金钱或者其他替代物。

1.基本规定

（1）定金合同自实际交付定金时成立。

（2）定金的数额可以由当事人约定，但是不得超过主合同标的额的20%，超过部分不产生定金的效力。实际交付的定金数额多于或者少于约定数额的，视为变更约定的定金数额。

2.定金罚则

（1）内容。

给付定金的一方不履行债务或者履行债务不符合约定，致使不能实现合同目的的，无权请求返还定金；收受定金的一方不履行债务或者履行债务不符合约定，致使不能实现合同目的的，应当双倍返还定金。

（2）适用。

①双方当事人均具有致使不能实现合同目的的违约行为，其中一方请求适用定金罚则的，人民法院不予支持。

②当事人一方仅有轻微违约，对方具有致使不能实现合同目的的违约行为，轻微违约方主张适用定金罚则，对方以轻微违约方也构成违约为由抗辩的，人民法院对该抗辩不予支持。

③当事人一方已经部分履行合同，对方接受并主张按照未履行部分所占比例适用定金罚则的，人民法院应予支持。对方主张按照合同整体适用定金罚则的，人民法院不予支持，但是部分未履行致使不能实现合同目的的除外。

④因不可抗力致使合同不能履行，非违约方主张适用定金罚则的，人民法院不予支持。

3.定金的类型 新

定金基于功能的不同而被分为违约定金、立约定金、成约定金和解约定金等类型。

（1）当事人交付留置金、担保金、保证金、订约金、押金或者订金等，但是没有约定定金性质，一方主张适用定金罚则的，人民法院不予支持。

（2）当事人约定了定金性质，但是未约定定金类型或者约定不明，一方主张为违约定金的，人民法院应予支持。

（3）当事人定金作为订立合同的担保，一方拒绝订立合同或者在磋商订立合同时违背诚信原则导致未能订立约定以交付合同，对方主张适用定金罚则的，人民法院应予支持。

（4）当事人约定以交付定金作为合同成立或者生效条件，应当交付定金的一方未交付定金，但是合同主要义务已经履行完毕并为对方所接受的，人民法院应当认定合同在对方接受履行时已经成立或者生效。

（5）当事人约定定金性质为解约定金，交付定金的一方主张以丧失定金为代价解除合同的，或者收受定金的一方主张以双倍返还定金为代价解除合同的，人民法院应予支持。

4.定金与其他概念的区别

（1）定金与预付款的区别。

维度	定金	预付款
有无担保作用	有	无
交付效力	定金合同的成立要件	合同履行的一部分
是否适用定金规则	适用	不适用
适用范围	金钱履行义务合同、其他合同	金钱履行义务合同
交付方式	一般一次性交付	可以分期交付

（2）定金与违约金的区别。

维度	定金	违约金
交付时间	履行之前	违约之后
证约作用	有证约和预先给付作用	没有证约和预先给付作用
性质	既是担保方式，也是违约责任的承担方式	仅是违约责任的承担方式
限额	有上限（主合同标的额的20%）	无上限

七、债的移转

债的转移包括债权让与、债务承担、债的概括承受。

（一）债权让与（★★）

债权让与，是指在不改变债的内容的前提下，债权人将其债权的全部或者部分移转于第三人的民事法律行为。第三人受让取得全部或者部分让与的债权后，即成为新的债权人，在其受让的债权范围内取代原债权人的地位。

1.债权让与的生效要件

（1）须存在有效债权。

（2）须让与人对被让与的债权享有处分权。

（3）须被让与的债权具有可转让性。

（4）法律、行政法规规定债权让与合同应当办理批准、登记等手续才能生效的，当事人须办理相应的手续。

2.债权让与对债务人生效的要件

债权人转让债权，未通知债务人的，该转让对债务人不发生效力。让与人未通知债务人，受让人直接起诉债务人请求履行债务，人民法院经审理确认债权转让事实的，应当认定债权转让自起诉状副本送达时对债务人发生效力。【新】

3.债权让与的效力

（1）债权让与人在其让与的债权范围内脱离原债权债务关系。

（2）受让人可以请求债务人履行债务。

（3）债务人对让与人的抗辩可以向受让人主张。

（4）债务人对让与人享有的债权，符合法定条件的，可以向受让人主张抵销。

4.债权的多重让与【新】

（1）让与人将同一债权转让给两个以上受让人，债务人以已经向最先通知的受让人履行为由主张其不再履行债务的，人民法院应予支持。

提示："最先通知的受让人"，是指最先到达债务人的转让通知中载明的受让人。

（2）债务人明知接受履行的受让人不是最先通知的受让人，最先通知的受让人请求债务人继续履行债务或者依据债权转让协议请求让与人承担违约责任的，人民法院应予支持；最先通知的受让人请求接受履行的受让人返还其接受的财产的，人民法院不予支持，但是接受履行的受让人明知该债权在其受让前已经转让给其他受让人的除外。

（二）债务承担（★）

债务承担，是指在不改变债的内容的前提下，债务人将其债务的全部或者部分移转于第三人的民事法律行为。第三人承担取得全部或者部分移转的债务后，即成为新的债务人，在其承担的债务范围内取代原债务人的地位。

1.债务承担的生效要件

债务人将债务的全部或者部分转移给第三人的，应当经债权人同意。债务人或者第三人可以催告债权人在合理期限内予以同意，债权人未作表示的，视为不同意。

2.债务承担的类型及效力

分类	概念	效力
免责的债务承担	债务人的债务移转给承担人，由承担人取代债务人的地位向债权人承担债务，债务人在承担人承担债务的范围内获得免责	（1）债务由原债务人移转至承担人，原债务人脱离债的关系。 （2）与主债务有关的从债务一并移转给承担人。但该从债务专属于原债务人自身的除外
并存的债务承担（债务加入）	在债务人不脱离债的关系的情况下，由承担人加入债的关系，与债务人一并向债权人承担连带债务	（1）承担人加入债的关系后，在其愿意承担的债务范围内和原债务人向债权人承担连带债务。 （2）第三人加入债务并与债务人约定了追偿权，其履行债务后主张向债务人追偿的，人民法院应予支持；没有约定追偿权，第三人依照民法典关于不当得利等的规定，在其已经向债权人履行债务的范围内请求债务人向其履行的，人民法院应予支持，但是第三人知道或者应当知道加入债务会损害债务人利益的除外 新

3.不得转让的债权、债务

维度	债权	债务
根据债权/合同性质	基于特定身份的债权，如亲属间的扶养、赡养请求权	承揽合同中承揽方的义务
	基于当事人之间的特别信任而产生的债权，如雇佣、委托、租赁合同中的债权	—
	以债务人不作为为标的的债权	—

续表

维度	债权	债务
根据债权/合同性质	属于从权利的债权不得单独让与，如保证债权、定金债权	—
按照当事人约定不得转让的债权	当事人约定非金钱债权不得转让的，不得对抗善意第三人	—
	当事人约定金钱债权不得转让的，不得对抗第三人	—
依照法律规定	精神损害抚慰金请求权	建设工程主体结构的施工必须由承包人自行完成

（三）债权债务的概括移转

债权债务的概括移转，是指债的主体一方将自己的债权和债务一并移转给第三人，实践中，债权债务的概括移转常见于合同权利义务的概括移转和企业合并。

八、债的消灭

债的关系在客观上不复存在，即为债的消灭。引起债消灭的法律原因很多，最主要的法律原因有：清偿、抵销、提存、免除、混同和解除。但"解除"仅适用于合同之债，将在本章"第二节　合同法"中展开介绍。

（一）清偿（★）

清偿，是指能够达到消灭债权效果从而实现债之目的的给付行为。清偿是债消灭的最主要、最典型和最常见的原因。

1.基本规定

项目	具体规定
清偿人	（1）债务人。 （2）债务人的代理人。 （3）第三人。 债务人不履行债务，第三人对履行该债务具有合法利益的，第三人有权向债权人代为履行；但是，根据债务性质、按照当事人约定或者依照法律规定只能由债务人履行的除外。债权人接受第三人履行后，其对债务人的债权转让给第三人，但是债务人和第三人另有约定的除外。 提示：对履行债务具有合法利益的第三人包括：①保证人或者提供物的担保的第三人；②担保财产的受让人、用益物权人、合法占有人；③担保财产上的后顺位担保权人；④对债务人的财产享有合法权益且该权益将因财产被强制执行而丧失的第三人；⑤债务人为法人或者非法人组织的，其出资人或者设立人；⑥债务人为自然人的，其近亲属；⑦其他对履行债务具有合法利益的第三人

续表

项目	具体规定
受领清偿人	（1）债权人。 （2）债权人的代理人。 （3）债权受领证书的持有人。 （4）第三人。
清偿标的 （给付的内容）	交付实物、支付金钱、提供劳务、移转权利、完成工作及不作为等
清偿地 （履行地）	（1）给付货币的，在接受货币一方所在地履行。 （2）交付不动产的，在不动产所在地履行。 （3）其他标的，在履行义务一方所在地履行。
清偿期 （履行期）	有约定按约定，无约定或约定不明确的则按下列规则： （1）债务人可以随时履行。 （2）债权人也可以随时请求履行，但是应当给对方必要的准备时间
清偿费用	具体内容：运送费、包装费、汇费、登记费、通知费等 支付主体：除法律有特别规定或者当事人有特别约定外，清偿费用由债务人承担。但因债权人原因增加的清偿费用，由债权人承担

2.清偿抵充

清偿抵充，是指债务人对同一债权人负担的数项债务种类相同，债务人的给付不足以清偿全部债务时，确定该给付抵充数项债务中某项或者某几项债务的清偿规则。

（1）清偿抵充顺序。

清偿抵充的顺序的基本原则包括：有约定从约定，无约定从指定，无指定从法定。

①由债务人在清偿时指定其履行的债务。

②债务人未作指定的，应当优先履行已经到期的债务。

③数项债务均到期的，优先履行对债权人缺乏担保或者担保最少的债务。

④均无担保或者担保相等的，优先履行债务人负担较重的债务。

⑤负担相同的，按照债务到期的先后顺序履行。

⑥到期时间相同的，按照债务比例履行。

（2）涉及费用、利息、主债务的处理。

债务人在履行主债务外还应当支付利息和实现债权的有关费用，其给付不足以清偿全部债务的，除当事人另有约定外，应当按照下列顺序履行：①实现债权的有关费用；②利息；③主债务。

（二）抵销（★）

抵销，是互负给付债务的双方将自己的债务与对方债务按对等数额充抵，从而消灭互负债务的意思表示。

1.法定抵销

当事人互负债务，该债务的标的物种类、品质相同的，任何一方可以将自己的债务与对方的到期债务抵销；但是，根据债务性质、按照当事人约定或者依照法律规定不得抵销的除外。

（1）法定抵销的条件：

①须双方互享债权、互负债务。

②须双方互负债务属于同一种类。

③须主动债权已届至清偿期。

④须债权债务依其性质或者法律规定可以为抵销。

提示：

a.因侵害自然人人身权益，或者故意、重大过失侵害他人财产权益产生的损害赔偿债务，侵权人主张抵销的，人民法院不予支持。【新】

b.当事人互负债务，一方以其诉讼时效期间已经届满的债权通知对方主张抵销，对方提出诉讼时效抗辩的，人民法院对该抗辩应予支持。一方的债权诉讼时效期间已经届满，对方主张抵销的，人民法院应予支持。【新】

（2）法定抵销的方法和效力：

①当事人主张抵销的，应当<u>通知</u>对方。通知自到达对方时生效，双方对等数额的债权债务即归于消灭。

②抵销权属于<u>形成权</u>，故抵销不得附条件或者附期限。

2.合意抵销

合意抵销，是指当事人约定相互充抵互负债务的双方法律行为。合意抵销的要件及效力，可由当事人自由商定，且不受法定抵销要件的约束。

（1）合意抵销的要件及效力，可由当事人自由商定，且不受法定抵销要件的约束。

（2）对于合意抵销，自双方达成抵销合意时生效，双方对等数额的债权债务即归于消灭。

提示：人民法院经审理认为抵销权成立的，应当认定通知到达对方时双方互负的主债务、利息、违约金或者损害赔偿金等债务在同等数额内消灭。

（三）提存（★★）

提存，是指债务人将无法清偿的标的物交给有关部门保存以消灭债的行为。提存成立的，视为债务人在其提存范围内已经交付标的物。

1.提存的发生原因

记忆提示	具体规定
拒绝	债权人无正当理由拒绝受领
不明	债权人下落不明
无人领	债权人死亡未确定继承人、遗产管理人，或者丧失民事行为能力未确定监护人
兜底	法律规定的其他情形

2.提存的主体

（1）提存人：债务人或其代理人。

（2）提存机关：接收提存物予以保管，并应债务人的请求将提存物发还债权人的机关。我国目前只有公证提存，公证机关为主要的提存机关。

（3）债权人：债的关系因提存而归于消灭，提存物的所有权因提存而移转于债权人，债权人只能请求提存机关返还提存物，不得再请求债务人履行债务。

3.提存的客体

一般为有体物，如金钱、有价证券、动产等。对不宜保存或者长期保存将有损价值的提存物，应由债务人将其拍卖或者变卖，以金钱形态保存。

4.提存的效力

债务人将标的物或者将标的物依法拍卖、变卖所得价款交付提存部门时，提存成立。

（1）自提存成立之日起，债权人和债务人之间的债权债务关系即归于消灭。

（2）提存物的所有权自提存成立之时起移转于债权人。由此：

①提存期间提存物产生的**孳息归债权人所有**。

②毁损、灭失的**风险由债权人承担**。

③提存**费用由债权人**负担。

（3）债权人可以**随时领取**提存物。债权人领取提存物的权利，自提存之日起**5年内**不行使而消灭，提存物扣除提存费用后**归国家**所有。

（4）提存期间，债权人对债务人负有到期债务的，在债权人未履行债务或者提供担保之前，提存部门根据债务人的要求应当拒绝其领取提存物。

（5）提存期间，债权人未履行对债务人的到期债务，或者债权人向提存部门书面表示放弃领取提存物权利的，债务人负担提存费用后有权取回提存物。

（四）免除

免除，是指债权人放弃债权的民事法律行为。

（1）免除作为民事法律行为，可以附条件，也可以附期限。

（2）债权人免除债务人部分或者全部债务的，债权债务部分或者全部终止，但是债务人在合理期限内拒绝的除外。可见，免除须债务人接受方可达到消灭债的效果。

（五）混同

混同，是指债权和债务同归于一人的事实。如债权让与、债务承担、企业合并、继承、债权债务的概括承受等。混同可基于民事法律行为而发生，也可基于法律规定而发生。

第二节 合同法

一、合同的分类（★★★）

1. 根据双方当事人是否互负给付义务划分

分类	概念	举例
单务合同	仅一方当事人负担给付义务	赠与合同、保证合同
双务合同	双方当事人互负对待给付义务	买卖合同、租赁合同

原理详解

请注意区分"单务合同/双务合同"以及"单方法律行为/双方法律行为"这两对概念。

（1）"单方法律行为/双方法律行为"是对法律行为的区分，区分标准是该法律行为的成立需要几方作出意思表示。合同订立的主要方式是"要约"与"承诺"，可见，合同一般属于双方法律行为（合伙合同属于共同法律行为）。

（2）合同可以进一步分为"单务合同/双务合同"，也就是说，在"双方法律行为"的基础上，继续根据双方是否互负对待给付义务，对合同性质进行划分。典型的双务合同如买卖合同，"交钱"与"交货"互为对待给付义务；典型的单务合同如赠与合同，赠与人负有交付赠与物义务，而受赠人不负有对待给付的义务。

2. 根据当事人取得权益是否须支付对价划分

分类	含义	举例
有偿合同	当事人一方取得权益，须向对方支付相应对价	买卖合同、租赁合同等
无偿合同	当事人一方取得权益，无须向对方支付对价	赠与合同、借用合同等

3. 根据合同的成立是否须交付标的物或者完成其他给付划分

分类	含义	举例
诺成合同	双方当事人意思表示一致即可成立	大多数合同
践成合同（要物合同、实践合同）	除双方当事人意思表示一致以外，尚须交付标的物或完成其他给付才能成立	自然人之间的借款合同、借用合同、保管合同、定金合同

4.根据法律对合同是否予以规定并赋予特定名称划分

分类	含义
典型合同（有名合同）	法律予以规定并赋予特定名称
非典型合同（无名合同）	法律未设特别规定，也未赋予特定名称，任由当事人自由创设

5.根据合同成立或者生效是否需要具备法定形式和手续划分

分类	含义	举例
要式合同	法律要求必须具备一定的形式和手续方能成立或者生效	（1）法律规定应采用书面形式的合同。 （2）要求鉴证或者公证的合同。 （3）须经有关国家机关审核批准的合同
不要式合同	法律不要求具备一定形式和手续即可成立或者生效	该类合同的形式完全交由当事人意思自治

6.根据合同的订立是否以订立另一合同为内容划分

分类	含义	成立与否	举例
预约	约定将来订立相关联的另一个合同。此合同不得让与	（1）当事人以认购书、订购书、预订书等形式约定在将来一定期限内订立合同，或者为担保在将来一定期限内订立合同交付了定金，能够确定将来所要订立合同的主体、标的等内容的，人民法院应当认定预约合同成立。 （2）当事人通过签订意向书或者备忘录等方式，仅表达交易的意向，未约定在将来一定期限内订立合同，或者虽然有约定但是难以确定将来所要订立合同的主体、标的等内容，一方主张预约合同成立的，人民法院不予支持	约定在将来一定期限内订立合同的认购书、订购书、预订书
本约	履行预约而订立的合同	当事人订立的认购书、订购书、预订书等已就合同标的、数量、价款或者报酬等主要内容达成合意，符合法定的合同成立条件，未明确约定在将来一定期限内另行订立合同，或者虽然有约定但是当事人一方已实施履行行为且对方接受的，人民法院应当认定本约合同成立	物权合同、身份合同和债权合同

二、合同的订立（★★）

合同的成立必须基于当事人的合意，即双方当事人意思表示达成一致。当事人订立合同，可以采取要约、承诺方式或者其他方式。

原理详解

合同订立过程可以通过下图进行拆解：

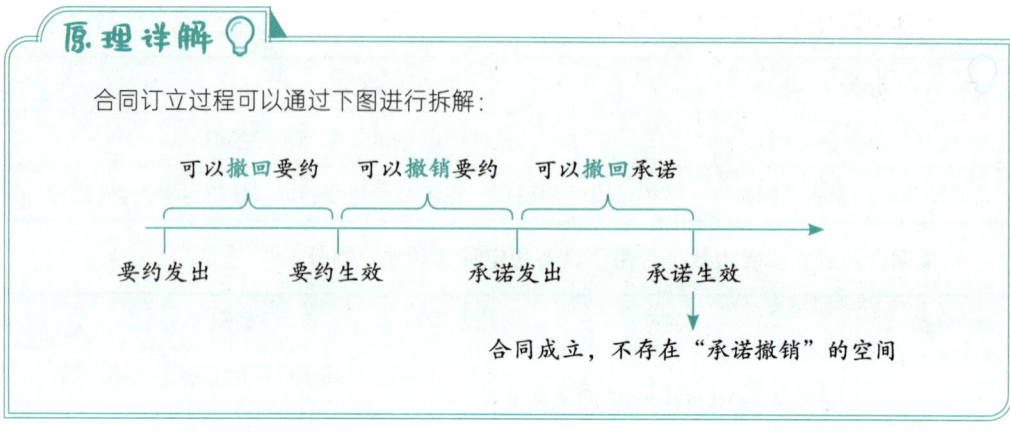

（一）要约与要约邀请

1.概念

（1）要约的人称要约人，受领要约的人称相对人或受要约人。如自动售货机的设置，属于要约。

（2）要约邀请，是希望他人向自己发出要约的表示。

解题高手

命题角度：考试中常见的要约邀请、要约、承诺。

（1）招标属于要约邀请，投标属于要约，定标属于承诺。

（2）要约邀请：商贩的沿街叫卖、拍卖公告、招标公告、招股说明书、债券募集办法、基金招募说明书、商业广告和宣传、寄送的价目表等为要约邀请。

提示：商业广告和宣传的内容符合要约条件的，构成要约。

（3）要约：自动售货机的设置。

2.要约的构成要件

（1）要约须是特定人作出的意思表示。

（2）要约须向要约人希望与之订立合同的相对人发出。

（3）要约的内容须具体确定。

（4）要约须是受相对人承诺拘束的意思表示。

3.要约的法律效力

（1）要约生效的时间。

要约作出方式	生效时间
对话方式	受要约人知道其内容时生效

续表

要约作出方式		生效时间	
非对话方式	一般规定	到达受要约人时生效	
	以数据电文形式作出	特定系统接收	进入特定系统时生效
		未指定特定系统	受要约人知道或应当知道该数据电文进入其系统时生效

（2）要约对要约人与受要约人均有约束力。

主体	具体规定
要约人	"要约的形式拘束力"：要约生效后，要约人在要约效力存续期间不得随意变更或者撤回
受要约人	"要约的实质拘束力"：受要约人因要约生效而获得承诺的权利。要约一经受要约人承诺，合同即告成立

4.要约的撤回和撤销

（1）要约的撤回——"生效前，随意撤"。

①要约的撤回，是指要约人对尚未生效的要约所作的阻止其发生法律效力的意思表示。

②撤回要约的通知应当在要约到达受要约人之前或者与要约同时到达受要约人。

（2）要约的撤销——"生效后，限制撤"。

①要约的撤销，是指要约人在要约生效后获承诺前所作的消灭要约法律效力的意思表示。

②要约撤销的时间。

要约作出方式	撤销时间
对话方式	在受要约人作出承诺之前为受要约人所知道
非对话方式	在受要约人作出承诺之前到达受要约人

③不得撤销的要约。

a.要约人以确定承诺期限或者其他形式明示要约不可撤销。

b.受要约人有理由认为要约是不可撤销的，并已经为履行合同做了合理准备工作。

5.要约的失效情形

（1）要约被拒绝。

（2）要约被依法撤销。

（3）承诺期限届满，受要约人未作出承诺。

（4）受要约人对要约的内容作出实质性变更。

有关合同标的数量、质量、价款或者报酬、履行期限、履行地点和方式、违约责任和解决争议方法等内容的变更，是对要约内容的实质性变更。

解题高手

命题角度： 受要约人对要约"不同反应"的法律效果。

(1) 受要约人对要约内容作出实质性变更后：
①原要约失效。
②受要约人对要约的内容进行扩张、限制或者变更后所作的"承诺"，为"反要约"，也称"新要约"。

(2) 受要约人对要约未置可否（意为"不表示同意，也不表示反对"），后又同意原要约条件。
①以对话方式作出要约，受要约人应即时承诺，否则原要约失效。
②原要约失效后，原受要约人又同意原要约条件的，当属要约，并非"反要约"或"新要约"。因为，原受要约人并未对原要约内容进行扩张、限制或者变更。

典例研习·9-5 （2022年单项选择题）

甲到乙家做客，看到一幅画，甲对该画爱不释手，乙就口头提议5万元卖给甲，但甲因最近投资失败导致资金紧张，就未置可否。当晚甲越想越觉得放不下。第二天，甲打电话告知乙同意5万元购买。甲同意购画的行为属于（　　）。

A.要约　　　　B.要约邀请　　　　C.承诺　　　　D.反要约

斯尔解析 本题考查要约相关概念辨析。选项A当选，以对话方式作出的要约，受要约人知道其内容时生效。受要约人应当即时作出承诺。本题中，甲在乙口头提议后，并未在当时作出承诺，因此，要约失效。甲次日同意以5万元购买的意思表示为向乙发出的要约。

本题答案 A

典例研习·9-6 （2019年单项选择题）

下列有关要约的说法中，正确的是（　　）。

A.拍卖公告属于要约　　　　B.要约对受要约人没有拘束力
C.要约作出后不得撤回　　　　D.要约对要约人具有拘束力

斯尔解析 本题考查要约。选项A不当选，拍卖公告是向不特定对象发出的，内容并非具体确定，属于要约邀请。选项B不当选，选项D当选，要约对要约人与受要约人均有拘束力。选项C不当选，要约既可以撤回，也可以撤销。

本题答案 D

（二）承诺

承诺，是受要约人同意要约的意思表示，如向自动售货机中投币购物。

1.承诺的构成要件

（1）承诺须由受要约人向要约人作出。

（2）承诺的内容应当与要约的内容一致。

①受要约人对要约的内容作出实质性变更的，不构成承诺，而为新要约。

②承诺对要约的内容作出非实质性变更的，除要约人及时表示反对或者要约表明承诺不得对要约的内容作出任何变更外，该承诺有效，合同的内容以承诺的内容为准。

（3）承诺须在承诺期限内到达要约人。

①承诺期限。

期限类别	具体规定
意定期限	要约人在要约中确定承诺期限
法定期限	a.要约以对话方式作出的，应当即时作出承诺。 b.要约以非对话方式作出的，承诺应当在合理期限内到达

②承诺期限的起算。

要约作出方式	承诺期限起算	
信件、电报	载明日期	信件载明的日期或电报交发之日
信件	未载明日期	投寄该信件的邮戳日期
电话、传真、电子邮件等快速通信方式	要约到达受要约人时	

2.承诺的迟延和迟到

项目	迟延	迟到
承诺发出时间	正常发出	发晚了
	法条表述： 在承诺期限内发出承诺，因承诺人以外的原因，导致按照通常情形本应在承诺期限内到达的承诺，在承诺期限届满后才到达要约人的承诺状态	法条表述： （1）在承诺期限届满后才发出承诺。 （2）虽在承诺期限内发出但按照通常情形不能及时到达要约人的承诺状态
后果	有效承诺	新要约
例外	除要约人因超期而不接受	除要约人及时通知该承诺有效

3.承诺的方式

承诺应当以通知的方式作出；但是，根据交易习惯或者要约表明可以通过行为作出承诺的除外。由此，通知是承诺作出的主要方式。

4.承诺的生效与撤回

（1）承诺生效。

①承诺需要通知的，承诺到达要约人时生效。

②承诺不需要通知的，根据交易习惯或者要约的要求作出承诺的行为时生效。如将车开进收费停车场泊车，预订宾馆、饭店等。

（2）承诺的撤回——阻止承诺生效。

①承诺的撤回，是指承诺人阻止承诺发生法律效力的意思表示。

②撤回承诺的通知应当在承诺到达要约人前或者与承诺同时到达要约人。

（三）合同成立的时间和地点

承诺生效时合同成立，但是法律另有规定或者当事人另有约定的除外。

原理详解

合同的成立和生效是两个不同的概念，合同成立解决的是合同是否存在的问题，合同生效解决的是合同从什么时候开始产生约束力的问题，合同成立是合同生效的前提；一般来说，合同成立即生效，除非法律另有规定或者当事人另有约定。

订立形式	合同成立时间	合同成立地点
一般情形	承诺生效时	承诺生效的地点
采用合同书形式	当事人均签字、盖章或按指印时。提示：在签名、盖章或按指印之前，当事人一方已经履行主要义务，或应采用书面形式而未采用，但是一方已经履行主要义务的，对方接受时，该合同成立	最后签字、盖章或按指印的地点
信件、数据电文等形式订立合同	要求签订确认书的，签订确认书时	—
数据电文	—	收件人的主营业地，若无，收件人的住所地为合同成立地点，当事人另有约定的，按照其约定
互联网等信息网络形式	对方选择该商品或者服务并提交订单成功时，但是当事人另有约定除外	—
招标方式	中标通知书到达中标人时	—
采取现场拍卖、网络拍卖等公开竞价方式	拍卖师落槌、电子交易系统确认成交时	—

| 典例研习·9-7 2020年单项选择题

乙与甲公司签订商品房预售合同，预购商品房1套，并向登记机关申请办理了预告登记，房屋建好后，因房价上涨，甲公司遂擅自将乙选购的商品房以更高价格出售给不知情的丙。根据《民法典》的规定，下列关于甲丙商品房买卖合同效力的说法中，正确的是（　　）。

A.甲丙商品房买卖合同可撤销　　B.甲丙商品房买卖合同效力待定
C.甲丙商品房买卖合同有效　　　D.甲丙商品房买卖合同无效

斯尔解析 本题考查合同的成立和生效。选项C当选，除法律另有规定或当事人另有约定之外，合同一般成立即生效，未办理物权登记的，不影响合同效力。预告登记后，未经预告登记的权利人同意，处分该不动产的，不发生物权效力，即商品房所有权并未转移给丙，但是甲和丙之间的合同效力不因此而受影响，合同仍然有效。

本题答案 C

三、合同内容和形式（★）

（一）合同的内容

合同的内容，即合同当事人订立合同的各项意思表示，体现为合同的各项条款。合同的内容由当事人约定。

（1）合同一般包括下列条款：①当事人的姓名或者名称和住所；②标的；③数量；④质量；⑤价款或者报酬；⑥履行期限、地点和方式；⑦违约责任；⑧解决争议的方法。

（2）当事人对合同是否成立存在争议，人民法院能够确定当事人姓名或者名称、标的和数量的，一般应当认定合同成立。但是，法律另有规定或者当事人另有约定的除外。

（二）合同的形式

合同的形式，即合同当事人意思表示的外在表现形式。

合同形式	具体规定
书面形式	（1）书面形式是合同书、信件、电报、电传、传真等可以有形地表现所载内容的形式。 （2）以电子数据交换、电子邮件等方式能够有形地表现所载内容，并可以随时调取查用的数据电文，视为书面形式。 （3）法律、行政法规规定采用书面形式或者当事人约定采用书面形式的，应当采用书面形式
口头形式	—
其他形式	当事人未以书面形式或者口头形式订立合同，但从双方从事的民事行为能够推定双方有订立合同意愿的，可以认定是以"其他形式"订立的合同

（三）合同条款

1.格式条款

格式条款，是指当事人为了重复使用而预先拟定，并在订立合同时未与对方协商的条款。

（1）对提供格式条款一方的规制。

①提供格式条款的一方应当遵循公平原则确定当事人之间的权利和义务。

②提供格式条款的一方在合同订立时应当采用通常足以引起对方注意的文字、符号、字体等明显标识，提示对方注意免除或者减轻其责任、排除或者限制对方权利等与对方有重大利害关系的异常条款，并且应当按照对方的要求，就与对方有重大利害关系的异常条款的概念、内容及其法律后果以书面或者口头形式向对方作出通常能够理解的解释说明。

③提供格式条款的一方未履行提示或者说明义务，致使对方没有注意或者理解与其有重大利害关系的条款的，对方可以主张该条款不成为合同的内容。

（2）格式条款无效的情形。

①提供格式条款一方不合理地免除或者减轻其责任、加重对方责任、限制对方主要权利的条款无效。

②提供格式条款一方排除对方主要权利的条款无效。

③违反法律强制性规定的格式条款无效。

（3）对格式条款的解释与适用。

①格式条款和非格式条款不一致的，应当采用非格式条款。

②对格式条款的理解发生争议的，应当按照通常理解予以解释。

③对格式条款有两种以上解释的，应当作出不利于提供格式条款一方的解释。

2.免责条款

免责条款，是指当事人事先以协议免除或者限制其将来责任的合同条款。

合同中的下列免责条款无效：

（1）造成对方人身损害的。

（2）因故意或者重大过失造成对方财产损失的。

四、双务合同履行中的抗辩权（★★★）

双务合同履行中的抗辩权，是指在符合法律规定的条件下，合同当事人一方对抗对方当事人的履行请求权，暂时拒绝履行其债务的权利。

（一）同时履行抗辩权

当事人互负债务，没有先后履行顺序的，应当同时履行。一方在对方履行之前有权拒绝其履行请求。一方在对方履行债务不符合约定时，有权拒绝其相应的履行请求。当事人互负债务，一方以对方没有履行非主要债务为由拒绝履行自己的主要债务的，人民法院不予支持。但是，对方不履行非主要债务致使不能实现合同目的或者当事人另有约定的除外。 新

同时履行抗辩权的成立条件：

（1）须双方债务基于同一合同而发生且未约定履行先后顺序。

（2）须双方互负的债务均已届清偿期。
（3）须相对人不履行或履行不符合约定。
（4）须合同具备能够履行的客观条件。

（二）后履行抗辩权

当事人互负债务，有先后履行顺序，应当先履行债务一方未履行的，后履行一方有权拒绝其履行请求。先履行一方履行债务不符合约定的，后履行一方有权拒绝其相应的履行请求。

后履行抗辩权的成立条件：
（1）须双方当事人因同一合同互负债务。
（2）须双方债务存在先后履行顺序。
（3）须先履行债务一方未履行或其履行不符合约定。

（三）不安抗辩权

不安抗辩权，是指双务合同中负有先履行义务的一方当事人，有确切证据证明对方当事人可能无法履行义务的，在对方当事人履行合同或者提供担保之前，可以暂时中止履行合同的权利。

1.成立条件

（1）须双方当事人因同一双务合同互负债务，且互负债务有先后履行顺序。
（2）须先履行债务人有确切证据证明后履行债务人发生了丧失或可能丧失履行债务能力的情形。

提示：
根据《民法典》，可能无法履行义务的情形包括：
①经营状况严重恶化。
②转移财产、抽逃资金，以逃避债务。
③丧失商业信誉。
④有丧失或者可能丧失履行债务能力的其他情形。

2.行使效力

（1）当事人依法中止履行的，应及时通知对方。对方提供适当担保时，应当恢复履行。
（2）中止履行后，对方在合理期限内未恢复履行能力并且未提供适当担保的，视为以自己的行为表明不履行主要债务，中止履行的一方可以解除合同并可以请求对方承担违约责任。
（3）当事人没有确切证据中止履行的，应当承担违约责任。

典例研习·9-8 2014年单项选择题

根据《民法典》的规定，双务合同履行中的抗辩权，合同双方当事人均可行使的是（　　）。

A.不安抗辩权 B.后履行抗辩权
C.同时履行抗辩权 D.先诉抗辩权

🅢 **斯尔解析** 本题考查双务合同履行中的抗辩权。选项AB不当选，选项C当选，双务合同履行中的抗辩权包括后履行抗辩权、同时履行抗辩权和不安抗辩权，其中，不安抗辩权由先履行一方行使，后履行抗辩权由后履行一方行使；同时履行抗辩权当事人双方均可以行使。选项D不当选，先诉抗辩权是一般保证的保证人享有的抗辩权，不属于双务合同履行中的抗辩权。

▲ **本题答案** C

五、合同的解除

合同的解除，是指终止合同权利义务关系的法律事实。

（一）解除的分类

解除包括约定解除、法定解除和裁判解除。

1. 约定解除

当事人协商一致，可以解除合同。当事人可以约定一方解除合同的事由。解除合同的事由发生时，解除权人可以解除合同。当事人就解除合同协商一致时未对合同解除后的违约责任、结算和清理等问题作出处理，一方主张合同已经解除的，人民法院应予支持。但是，当事人另有约定的除外。

2. 法定解除

法定解除，是指当事人一方基于法定解除事由的发生而行使解除权，使合同权利义务关系终止。

有下列情形之一的，当事人可以解除合同：

（1）因<u>不可抗力</u>致使不能实现合同目的。

（2）在履行期限<u>届满之前</u>，当事人一方明确表示或以自己的行为<u>表明不履行主要债务</u>。

（3）当事人一方迟延履行主要债务，经催告后在合理期限内仍未履行。

（4）当事人一方迟延履行债务或有其他违约行为致使不能实现合同目的。

（5）法律规定的其他情形。

以持续履行的债务为内容的不定期合同，当事人可以随时解除合同，但是应当在合理期限之前通知对方。

3. 裁判解除

裁判解除，是基于人民法院或者仲裁机构的裁判而发生的解除。

（1）合同成立后，合同的基础条件发生了当事人在订立合同时无法预见的、不属于商业风险的重大变化，继续履行合同对于当事人一方明显不公平的，受不利影响的当事人可以与对方重新协商；在合理期限内协商不成的，当事人可以请求人民法院或者仲裁机构变更或者解除合同。

（2）合同成立后，因政策调整或者市场供求关系异常变动等原因导致价格发生当事人在订立合同时无法预见的、不属于商业风险的涨跌，继续履行合同对于当事人一方明显不公平的，人民法院应当认定合同的基础条件发生了"重大变化"。

（二）解除权的行使

行使方式	记忆提示	具体规定
通知解除	第一次知道	（1）当事人一方依法主张解除合同的，应当通知对方；合同自通知到达对方时解除。 （2）通知载明债务人在一定期限内不履行债务则合同自动解除，债务人在该期限内未履行债务的，合同自通知载明的期限届满时解除
诉讼或者仲裁解除		当事人一方未通知对方，直接以提起诉讼或者申请仲裁的方式依法主张解除合同，人民法院或者仲裁机构确认该主张的，合同自起诉状副本或者仲裁申请书副本送达对方时解除

（三）解除权的消灭

（1）因除斥期间届满而消灭。法律规定或者当事人约定解除权行使期限，期限届满当事人不行使的，解除权消灭。

（2）法律没有规定或者当事人没有约定解除权行使期限，自解除权人知道或者应当知道解除事由之日起1年内不行使，解除权消灭。

（3）法律没有规定或者当事人没有约定解除权行使期限，经对方催告后在合理期限内不行使的，解除权消灭。

（四）解除的效力

（1）合同一经解除，其权利义务关系即终止。

（2）合同解除后，尚未履行的，终止履行；已经履行的，根据履行情况和合同性质，当事人可以请求恢复原状或采取其他补救措施，并有权请求赔偿损失。

（3）合同因违约解除的，解除权人可以请求违约方承担违约责任。但是当事人另有约定的除外。

（4）合同的权利义务关系终止，不影响合同中结算和清理条款的效力。

六、违约责任（★）

违约责任，是指当事人一方不履行合同义务或者履行合同义务不符合约定的，依法应向对方承担的民事责任。

（一）违约行为的类型

分类	具体规定	主张违约责任的时间
预期违约	债务人在债务履行期届满之前，向债权人明确表示或者以自己的行为表明不履行合同债务	当事人一方明确表示或者以自己的行为表明不履行合同义务的，对方可以在履行期限届满前请求其承担违约责任

续表

分类	具体规定	主张违约责任的时间
届期违约	债务人在债务履行期届满后没有依约履行债务，包括给付不能、给付拒绝、给付迟延及不完全给付	—

（二）违约责任的承担方式

（1）强制履行（也称"继续履行"）。

由司法机关运用国家强制力，迫使债务人按照债的内容履行债务，以实现保护债权目的的行为，是对债权的"公力救济"。包括直接强制履行和间接强制履行。

分类	概念	适用范围
直接强制履行	不问债务人的意思如何，依国家强制力，直接实现债务内容的履行，如直接划扣债务人的财产	①金钱债务均可以直接强制履行。 ②非金钱债务也可以直接强制履行，但下列情形除外： a.法律上或者事实上不能履行。 b.债务的标的不适于强制履行或者履行费用过高。 c.债权人在合理期限内未请求履行
间接强制履行	以债务人的费用，由债权人或者第三人代债务人实现债务内容的履行	多用于行为债务的履行。如出租人不履行修缮房屋之义务，法院可以委托他人或者雇人修缮，而由出租人承担修缮费用

（2）赔偿损失。

违约方依法应当赔偿未违约方所遭受的损失。

违约损害赔偿的范围包括实际损失和预期利益等履行利益损失。赔偿损失以完全赔偿为原则。

但要受到如下限制：

规则	具体规定
可预见性规则	损失赔偿额不得超过违约一方订立合同时预见到或应当预见到的因违约可能造成的损失
减损规则	当事人一方违约后，对方应当采取适当措施防止损失的扩大；没有采取适当措施致使损失扩大的，不得就扩大的损失请求赔偿

（3）支付违约金。

①约定的违约金低于造成的损失的，人民法院或者仲裁机构可以根据当事人的请求予以增加。

②约定的违约金过分高于造成的损失的，人民法院或者仲裁机构可以根据当事人的请求予以适当减少。恶意违约的当事人一方请求减少违约金的，人民法院一般不予支持。

提示：约定的违约金超过造成损失的30%的，人民法院一般可以认定为过分高于造成的损失。

> **原理详解**
>
> 甲公司与乙公司约定，甲公司应在2023年7月1日前向乙公司发运一台某型号机器设备，乙公司收货后5个工作日内一次性付清全款，即200万元。双方约定，如甲公司未按时发货，则应赔偿乙公司违约金100万元。由本例可知：
>
> （1）与"损害赔偿"相比，"违约金"显然更加方便。如果守约方主张违约方进行"损害赔偿"，则应证明自己受到多少损失；但如果主张对方承担"违约金"，则"明码标价"（比如本例中的100万元），省去证明损失金额的麻烦。
>
> （2）正因为方便，所以可能"失准"。本例中，如果甲真的违约，乙因此受到的实际损失可能与100万元的违约金金额相去甚远。就此，法律原则上还是支持"实事求是、据实赔偿"，但其纠偏措施非常巧妙：
>
> ①如果违约金小于实际损失，守约方可以要求增加，直到足以弥补守约方的损失。
>
> ②如果违约金大于实际损失，则不可一概而论。如果违约金并未"过分高于"实际损失，则法律不予纠偏；只有在违约金"过分高于"实际损失时，法律才予以纠偏，允许违约方请求降低违约金。

（4）适用定金规则（见上文定金部分）。

（5）采取补救措施。

违约发生后，可依法采取的补救措施主要有：修理、重作、更换、退货、减少价款或者报酬等。

（三）违约责任的免责事由

（1）一般免责事由——不可抗力。

①一般免责事由，是指普遍适用于各类型合同的免责事由，如不可抗力。

②因不可抗力不能履行合同的，根据不可抗力的影响，部分或全部免除责任，但法律另有规定的除外。

③当事人迟延履行后发生不可抗力的，不免除其违约责任。

（2）特别免责事由。

特别免责事由，是指不具有普遍适用性，仅适用于特定类型合同的免责事由。

承运人对运输过程中货物的毁损、灭失承担赔偿责任。但是，承运人证明货物的毁损、灭失是因不可抗力、货物本身的自然性质或者合理损耗以及托运人、收货人的过错造成的不承担赔偿责任。

七、典型合同

（一）买卖合同（★★★）

买卖合同，是指当事人双方约定，出卖人交付标的物并移转标的物所有权于买受人，买受人受领标的物并支付价款的合同。

1.标的物毁损、灭失的风险负担

（1）一般原则：交付。

标的物毁损、灭失的风险，在标的物交付之前由出卖人承担，交付之后由买受人承担。法律另有规定或者当事人另有约定的除外。

提示：出卖人按照约定未交付有关标的物的单证和资料的，不影响标的物毁损、灭失风险的转移。

（2）特殊规则。

情况	风险转移时点	规则
买受人违约	买受人违约时	①因买受人的原因致使标的物不能按照约定的期限交付的，买受人应当自违反约定时起承担标的物毁损、灭失的风险。②出卖人按照约定或者依照法律规定将标的物置于交付地点，买受人违反约定没有收取的，标的物毁损、灭失的风险自违反约定时起由买受人承担
出卖人违约	风险未转移	因标的物不符合质量要求，致使不能实现合同目的的，买受人可以拒绝接受标的物或者解除合同。买受人拒绝接受标的物或者解除合同的，标的物毁损、灭失的风险由出卖人承担
需要运输	交运	①交付地点约定明确：出卖人按照约定将标的物运送至买受人指定地点并交付给承运人后，标的物毁损、灭失的风险由买受人承担。②交付地点约定不明确：当事人没有约定交付地点或者约定不明确，标的物需要运输的，出卖人将标的物交付给第一承运人后，标的物毁损、灭失的风险由买受人承担
路货买卖	买卖合同成立	出卖人出卖交由承运人运输的在途标的物，除当事人另有约定外，毁损、灭失的风险自合同成立时起由买受人承担

2.买卖合同标的物孳息的归属

标的物在交付之前产生的孳息，归出卖人所有；交付之后产生的孳息，归买受人所有。但是，当事人另有约定的除外。

3.买卖合同解除的特别规则

（1）标的物包括主物和从物的买卖合同。

记忆提示	具体规定
"从随主"	因标的物的主物不符合约定而解除合同的，解除合同的效力及于从物
"主不随从"	因标的物的从物不符合约定被解除的，解除的效力不及于主物

（2）标的物为数物的买卖合同。

标的物为数物，其中一物不符合约定的，买受人可以就该物解除，但该物与他物分离使标的物的价值显受损害的，当事人可以就数物解除合同。

（3）分批交付标的物买卖合同。

记忆提示	具体规定
"解一批"	出卖人对其中一批标的物不交付或者交付不符合约定，致使该批标的物不能实现合同目的的，买受人可以就该批标的物解除
"解后批"	出卖人不交付其中一批标的物或者交付不符合约定，致使之后其他各批标的物的交付不能实现合同目的的，买受人可以就该批以及之后其他各批标的物解除
"解全部"	买受人如果就其中一批标的物解除，该批标的物与其他各批标的物相互依存的，可以就已经交付和未交付的各批标的物解除

（4）分期付款买卖合同。

①分期付款的买受人**未支付到期价款**的数额达到**全部价款的1/5**，经催告后在合理期限内仍未支付到期价款的，出卖人可以请求买受人支付全部价款或者解除合同。

②出卖人解除合同的，可以向买受人请求支付该标的物的使用费。

4.特种买卖合同

（1）保留所有权买卖。

当事人可以在买卖合同中约定买受人未履行支付价款或者其他义务的，标的物的所有权属于出卖人。保留所有权买卖的标的物**限于动产**。

①所有权买卖的法律效力：

a.买受人享有取得标的物所有权的期待权。

b.出卖人保留标的物所有权。该所有权未经登记，不得对抗善意第三人。

c.利益、风险及责任随交付而移转。

②在保留所有权买卖中，标的物所有权转移前，买受人有下列情形之一，造成出卖人损害的，除当事人另有约定外，出卖人有权取回标的物：

a.未按照约定支付价款，经催告后在合理期限内仍未支付。

b.未按照约定完成特定条件。

c.将标的物出卖、出质或者作出其他不当处分。

提示：出卖人可以与买受人协商取回标的物；协商不成的，可以参照适用担保物权的实现程序。

（2）试用买卖。

当事人双方可以约定，于合同成立时，出卖人先将标的物交付买受人试用，并以买受人在约定的试用期限内对标的物的认可作为买卖合同的生效要件。

试用买卖的法律效力：

①试用买卖的当事人可以约定标的物的试用期限。对试用期限没有约定或者约定不明确，依法仍不能确定的，由出卖人确定。

②试用买卖的买受人在试用期内可以购买标的物，也可以拒绝购买。

试用买卖买受人（视为）同意购买的情形：

a.试用期限届满，买受人对是否购买标的物未作表示的，视为购买。

b.买受人在试用期内已经支付部分价款或者对标的物实施出卖、出租、设立担保物权等行为的，视为同意购买。

③试用买卖的当事人对标的物使用费没有约定或者约定不明确的，出卖人无权请求买受人支付。

④标的物在试用期内毁损、灭失的风险由出卖人承担。

（二）赠与合同（★）

赠与合同，是指赠与人将自己的财产无偿给予受赠人，受赠人表示接受赠与的合同。

1.赠与人的责任

（1）赠与人负有将赠与的财产无偿移转给受赠人的义务。

（2）赔偿责任。

因赠与人故意或者重大过失致使应当交付的赠与财产毁损、灭失的，赠与人应当承担赔偿责任。

（3）瑕疵担保责任。

①赠与的财产有瑕疵的，赠与人不承担责任。

②赠与人故意不告知瑕疵或者保证无瑕疵，造成受赠人损失的，应当承担赔偿责任。

2.赠与人及其继承人或者法定代理人的权利

（1）撤销权。

①任意撤销。

赠与人在赠与财产的权利转移之前可以撤销赠与。但经过公证的赠与合同或者依法不得撤销的具有救灾、扶贫、助残等公益、道德义务性质的赠与合同不得撤销。

②法定撤销。

无论赠与财产权利是否转移，均可撤销。若赠与财产已经交付，撤销权人撤销赠与的，可以向受赠人请求返还赠与的财产。具体规定如下：

撤销主体	法定撤销的情形	行使前提	行使期限
赠与人	a.严重侵害赠与人或者赠与人近亲属的合法权益。	出现法定情形	自知道或应当知道撤销事由之日起1年
赠与人的继承人或法定代理人	b.对赠与人有扶养义务而不履行。 c.不履行赠与合同约定的义务	受赠人的违法行为致使赠与人死亡或者丧失民事行为能力	自知道或应当知道撤销事由之日起6个月

（2）穷困抗辩权。

赠与人的经济状况显著恶化，严重影响其生产经营或者家庭生活的，可以不再履行赠与义务。

（三）借款合同（★★）

借款合同，也称借贷合同，是指借款人向贷款人借款，到期返还借款并支付利息的合同。

1.借款合同的形式

借款合同应当采用书面形式，但是自然人之间借款另有约定的除外。

2.民间借贷合同的成立或生效时间

情形		合同成立或生效时间
双方均为自然人	以现金支付的	自借款人收到借款时
	以银行转账、网上电子汇款等形式支付的	自资金到达借款人账户时
	以票据交付的	自借款人依法取得票据权利时
	出借人将特定资金账户支配权授权给借款人	自借款人取得对该账户实际支配权时
	出借人以与借款人约定的其他方式提供借款	于实际履行完成时
自然人之间借款合同之外的民间借贷合同		自合同成立时生效，当事人之间另有约定或法律、行政法规另有规定除外

3.民间借贷利息和利率的基本规则

（1）借款的利息不得预先在本金中扣除。利息预先在本金中扣除的，应当按照实际借款数额返还借款并计算利息。

（2）利息的确定。

情形		具体规定
约定利息	"红线"之内	按当事人约定
	"红线"之上	按"红线"计算，超过部分无效/人民法院不予支持
未约定利息		视为没有利息

续表

情形		具体规定
对利息约定不明	自然人之间的民间借贷合同	视为没有利息
	自然人之间借贷之外的民间借贷	人民法院应当结合民间借贷合同的内容，并根据当地或者当事人的交易方式、交易习惯、市场报价利率等因素确定利息

提示："红线"为借款合同成立时一年期贷款市场报价利率4倍。

（四）租赁合同（★★★）

租赁合同，是指出租人将租赁物交付承租人使用、收益，承租人支付租金的合同。

1.租赁合同的期限和形式

（1）租赁合同的期限。

①租赁期限可由当事人约定，但约定的租赁期限不得超过20年。超过20年的，超过部分无效。租赁期限届满，当事人可以续订租赁合同，约定的租赁期限自续订之日起亦不得超过20年。

②不定期租赁。

双方当事人没有约定租赁期限或者约定不明确，依法仍不能确定的，视为不定期租赁。

（2）租赁合同的形式。

租赁期限6个月以上的，应当采用书面形式；当事人未采用书面形式，无法确定租赁期限的，视为不定期租赁。

2.出租人的义务

（1）出租人应当按照约定将租赁物交付承租人，并在租赁期限内保持租赁物符合约定的用途。

（2）瑕疵担保义务。

出租人应当担保租赁物在租期内不被第三人主张权利，从而影响承租人对租赁物的正常使用和收益。

（3）维修租赁物。

出租人应当履行租赁物的维修义务，但是当事人另有约定的除外。

（4）维修费用的偿还义务和租金减免义务。

承租人在租赁物需要维修时可以请求出租人在合理期限内维修。出租人未履行维修义务的，承租人可以自行维修，维修费用由出租人负担。但因承租人的过错致使租赁物需要维修的，出租人不负担维修费用。因维修租赁物影响承租人使用的，应当相应减少租金或者延长租期。

（5）返还押金的义务。

3.承租人的义务

（1）承租人应当按照约定的期限支付租金。对支付租金的期限没有约定或者约定不明确，依法仍不能确定：

①租赁期限不满1年的，应当在租赁期限届满时支付。

②租赁期1年以上的，应当在每届满1年时支付，剩余期限不满1年的，应当在租赁期限届满时支付。

（2）按照约定的方法或者根据租赁物的性质使用租赁物。

（3）妥善保管租赁物。

承租人应当妥善保管租赁物，因保管不善造成租赁物毁损、灭失的，应当承担赔偿责任。

（4）通知义务。

第三人对租赁物主张权利的，承租人应当及时通知出租人。

（5）返还租赁物。

租赁期限届满，承租人应当返还租赁物。返还的租赁物应当符合按照约定或者根据租赁物的性质使用后的状态。

4.承租人的权利

（1）租赁物的使用收益权。

在租赁期间因占有、使用租赁物获得的收益，归承租人所有，但当事人另有约定的除外。

（2）改善租赁物的权利。

承租人经出租人同意，可以对租赁物进行改善或者增设他物。未经出租人同意，出租人可以请求承租人恢复原状或者赔偿损失。

（3）转租的权利。

①承租人经出租人同意，可以将租赁物转租给第三人。

②出租人知道或者应当知道承租人转租，但是在6个月内未提出异议的，视为出租人同意转租。

③承租人转租的，承租人与出租人之间的租赁合同继续有效；第三人造成租赁物损失的，承租人应当赔偿。

④承租人未经出租人同意转租的，出租人可以解除其与承租人的租赁合同。

（4）房屋承租人的优先购买权。

①出租人出卖租赁房屋的，应当在出卖之前的合理期限内通知承租人，承租人享有以同等条件优先购买的权利；但是，房屋按份共有人行使优先购买权或者出租人将房屋出卖给近亲属的除外。

提示：

民法上的近亲属包括：配偶、父母、子女、兄弟姐妹、祖父母、外祖父母、孙子女、外孙子女。

②优先购买权的行使期间：

a.出租人履行通知义务后，承租人在15日内未明确表示购买的，视为承租人放弃优先购买权；

b.出租人委托拍卖人拍卖租赁房屋的，应当在拍卖5日前通知承租人，承租人未参加拍卖的，视为放弃优先购买权。

（5）房屋承租人的优先承租权。

租赁期限届满，房屋承租人享有以同等条件优先承租的权利。

5."买卖不破租赁"规则

租赁物在承租人依据租赁合同占有期间发生所有权变动的，不影响租赁合同的效力，承租人的承租权可以对抗租赁物的新的所有权人。

6.租赁合同的解除

（1）出租人的解除权。

记忆提示	具体规定
"未付"	承租人无正当理由未支付或者迟延支付租金的，出租人可以请求承租人在合理期限内支付；承租人逾期不支付的，出租人可以解除合同
"违约"	承租人未按照约定的方法或者未根据租赁物的性质使用租赁物，致使租赁物受到损失的，出租人可以解除合同并要求赔偿损失
"转租"	承租人未经出租人同意转租的，出租人可以解除合同

（2）承租人的解除权。

有下列情形之一，承租人可以解除合同：

记忆提示	具体规定
"不能用、可解除"	①租赁物非因承租人原因被司法机关或者行政机关依法查封、扣押，致使租赁物无法使用的。 ②租赁物非因承租人原因发生权属有争议，致使租赁物无法使用的。 ③租赁物具有违反法律、行政法规关于使用条件的强制性规定情形且不可归责于承租人，致使租赁物无法使用的。 ④因不可归责于承租人的事由，致使租赁物部分或者全部毁损、灭失，且不能实现合同目的的
"危健康、随时解"	租赁物危及承租人的安全或者健康的，即使承租人订立合同时明知该租赁物质量不合格，承租人仍然可以随时解除合同

（3）双方解除权。

对于不定期租赁合同或者视为不定期租赁合同，当事人可以随时解除合同，但是应当在合理期限之前通知对方，以给对方必要的准备时间。

（五）融资租赁合同（★★）

融资租赁合同，是出租人（须为专营融资租赁业务的法人）根据承租人对出卖人、租赁物的选择，向出卖人购买租赁物，提供给承租人使用，承租人支付租金的合同。

提示：承租人与出卖人可以是同一人。

（1）出租人在整个融资租赁期间对标的物享有所有权。但该所有权，未经登记，不得对抗善意第三人。

（2）承租人在租赁期限届满时对租赁物享有优先购买权，且应当按照合同约定支付租金以及在租赁期间妥善保管、合理使用、维修保养租赁物。

（六）保理合同

保理合同，是指应收账款债权人将现有的或者将有的应收账款转让给保理人，保理人提供资金融通、应收账款管理或者催收、应收账款债务人付款担保等服务的合同。

保理合同是《民法典》合同编新增四种典型合同中，唯一全新增加的合同类型。

1.保理合同基本类型

（1）有追索权保理合同（类似于让与担保借款）。

①保理人可以向应收账款债权人主张返还保理融资款本息或者回购应收账款债权，也可以向应收账款债务人主张应收账款债权。

②保理人向应收账款债务人主张应收账款债权，在扣除保理融资款本息和相关费用后有剩余的，剩余部分应当返还给应收账款债权人。

（2）无追索权保理合同（更接近于债权买卖）。

保理人应当向应收账款债务人主张应收账款债权，保理人取得超过保理融资款本息和相关费用的部分，无须向应收账款债权人返还。

2.多个保理合同并存的效力规则

应收账款债权人就同一应收账款订立多个保理合同，致使多个保理人主张权利的，适用下列规则：

（1）已经登记的先于未登记的取得应收账款。

（2）均已经登记的，按照登记时间的先后顺序取得应收账款。

（3）均未登记的，由最先到达应收账款债务人的转让通知中载明的保理人取得应收账款。

（4）既未登记也未通知的，按照保理融资款或者服务报酬的比例取得应收账款。

（七）承揽合同（★）

承揽合同，是指承揽人按照定作人的要求完成工作，交付工作成果，定作人按约定接受工作成果并支付报酬的合同。

承揽合同包括加工合同、定作合同、修理合同、房屋修缮合同以及其他承揽合同。建设工程合同属于特殊的承揽合同。

提示：加工合同中，定作人提供材料或半成品，由承揽人加工。在定作合同中，承揽人提供材料并制成成品交付定作人。

1.承揽人的主要义务

（1）亲自干活：承揽人应当以自己的设备、技术和劳力，完成主要工作，但当事人另有约定的除外。

（2）材料相关。

①合同约定承揽人提供材料的，承揽人应当按照约定选用材料，并接受定作人检验。

②对定作人提供的材料进行检验，不得擅自更换。承揽人对定作人提供的材料，应当及时检验，发现不符合约定时，应当及时通知定作人更换、补齐或者采取其他补救措施。

承揽人不得擅自更换定作人提供的材料，不得更换不需要修理的零部件。

（3）保密义务。

承揽人应当按照定作人的要求保守秘密，未经定作人许可，不得留存复制品或者技术资料。

2.工作成果和材料的风险负担

（1）工作成果在交付定作人之前，风险由承揽人负担。但定作人受领迟延的，迟延期间的风险由定作人负担。

（2）材料由承揽人提供的，风险由承揽人负担；材料由定作人提供或者定作人已付款购买的，风险由定作人负担。

3.承揽合同的特殊解约权

情形	具体规定
承揽人的解约权	定作人不履行协助义务的，承揽人可催告其在合理的期限内履行，定作人逾期仍不履行的，承揽人可以解除合同
定作人的解约权 — 法定解除权	承揽人未经定作人同意将主要承揽工作交由第三人完成的，定作人可以解除合同
定作人的解约权 — 任意解除权	定作人可以不作解释任意解除合同，但解除造成承揽人损失的，应当赔偿损失

（八）建设工程合同

建设工程合同，是指承包人进行工程建设，发包人支付价款的合同。包括工程勘察、设计、施工合同。

1.建设工程合同的发包、分包和转包规则

（1）发包。

①发包人可以与总承包人订立建设工程合同，也可以分别与勘察人、设计人、施工人订立勘察、设计、施工合同。

②发包人不得将应当由一个承包人完成的建设工程支解成若干部分发包给数个承包人。

（2）分包。

①总承包人或者勘察、设计、施工承包人经发包人同意，可以将自己承包的部分工作交由第三人完成。第三人就其完成的工作成果与总承包人或者勘察、设计、施工承包人向发包人承担连带责任。

②禁止承包人将工程分包给不具备相应资质条件的单位。

③禁止分包单位将其承包的工程再分包。

（3）转包。

承包人不得将其承包的全部建设工程转包给第三人或者将其承包的全部建设工程支解以后以分包的名义分别转包给第三人。

2.承包人的法定优先权

发包人未按照约定支付价款的,承包人可以催告发包人在合理期限内支付价款。发包人逾期不支付的,除根据建设工程的性质不宜折价、拍卖外,承包人可以与发包人协议将该工程折价,也可以请求人民法院将该工程依法拍卖。建设工程的价款就该工程折价或者拍卖的价款优先受偿。

(九) 运输合同

运输合同,是承运人将旅客或者货物从起运地点运输到约定地点,旅客、托运人或者收货人支付票款或者运输费用的合同,包括客运合同和货运合同。

1.运输合同的一般效力

(1)"强制缔约"。

从事公共运输的承运人不得拒绝旅客、托运人通常、合理的运输要求。

(2)承运人应当在约定期限或者合理期限内,按照约定的或者通常的运输路线将旅客、货物安全运输到约定地点。

2.客运合同

(1)客运合同自承运人向旅客出具客票时成立,但当事人另有约定或者另有交易习惯的除外。

(2)承运人的义务主要包括安全运输义务、告知和妥善安置义务、救助义务以及损害赔偿责任。

以下重点介绍损害赔偿责任:

项目			具体规定
人身伤害	赔偿旅客范围		运输过程中的旅客,包括按照规定免票、持优待票或者经承运人许可搭乘的无票旅客
	赔偿范围	赔	运输过程中的伤亡
		不赔	该伤亡是旅客自身健康原因造成的或者承运人证明伤亡是旅客故意、重大过失造成的
财产损失			在运输过程中旅客随身携带物品毁损、灭失,承运人有过错的,应当承担赔偿责任

3.货运合同

(1)托运人的任意变更、解除权。

在承运人将货物交付收货人之前,托运人可以要求承运人中止运输、返还货物、变更到达地或者将货物交给其他收货人,但应当赔偿承运人因此受到的损失。

(2)收货人的损害赔偿请求权。

收货人对运输过程中货物发生的毁损、灭失有权请求承运人予以赔偿。但若货物的毁损、灭失是因不可抗力、货物本身的自然性质或者合理损耗以及托运人、收货人的过错造成的,则承运人免责。

（3）承运人。

①赔偿责任。

承运人对运输过程中货物的毁损、灭失承担赔偿责任，但承运人证明货物的毁损、灭失是因不可抗力、货物本身的自然性质或者合理损耗以及托运人、收货人的过错造成的，不承担赔偿责任。

②承担风险。

货物在运输过程中因不可抗力灭失，未收取运费的，承运人不得请求支付运费；已收取运费的，托运人可以请求返还。

③留置权。

托运人或者收货人不支付运费、保管费或者其他费用的，承运人对相应的运输货物享有留置权，但当事人另有约定的除外。

④提存权。

收货人不明或者收货人无正当理由拒绝受领货物的，承运人依法可以提存货物。

（十）保管合同（寄托合同）（★）

保管合同，也称寄托合同，是指保管人保管寄存人交付的保管物，并返还该物的合同。寄存人到保管人处从事购物、就餐、住宿等活动，将物品存放在指定场所的，视为保管，但是当事人另有约定或者另有交易习惯的除外。

1.成立时点

保管合同自**保管物交付时成立**，但是当事人另有约定的除外。

2.保管人的权利、义务和责任

（1）妥善保管义务。

保管人应当妥善保管保管物。当事人可以约定保管场所或者方法。除紧急情况或者为了维护寄存人利益外，不得擅自改变保管场所或者方法。

（2）亲自保管义务。

保管人不得将保管物转交第三人保管，但当事人另有约定的除外。保管人将保管物转交第三人保管，造成保管物损失的，应承担赔偿责任。保管人不得使用或者许可第三人使用保管物义务。

（3）保管人的赔偿责任。

①保管期间，因保管人保管不善造成保管物毁损、灭失的，保管人应当承担赔偿责任。

②无偿保管中，保管人证明自己没有故意或者重大过失的，不承担赔偿责任。

（4）保管人的留置权。

寄存人未按照约定支付保管费或者其他费用的，保管人对保管物享有留置权，但当事人另有约定的除外。

3.寄存人的权利、义务和责任

（1）支付保管费义务。

有偿保管合同，寄存人应当按照约定向保管人支付保管费。当事人对保管费没有约定或者约定不明确，视为无偿保管。

（2）告知义务和赔偿责任。

寄存人交付的保管物有瑕疵或者按照保管物的性质需要采取特殊保管措施的，寄存人应当将有关情况告知保管人。寄存人未告知，致使保管物受损失的，保管人不承担赔偿责任；保管人因此受损失的，除保管人知道或者应当知道且未采取补救措施外，寄存人应当承担赔偿责任。

（3）声明义务。

寄存人寄存货币、有价证券或者其他贵重物品的，应当向保管人声明，由保管人验收或者封存。寄存人未声明的，该物品毁损、灭失后，保管人可以按照一般物品予以赔偿。

（4）随时领取保管物的权利。

（5）赔偿请求权。

保管期间，因保管人保管不善造成保管物毁损、灭失的，寄存人有权请求保管人承担赔偿责任。

典例研习·9-9 2021年单项选择题

甲委托乙保管房屋，在乙保管房屋期间因丙不慎引起火灾致房屋烧毁。对于该房屋损失，甲（　　）。

A.只能请求保管人乙赔偿　　　　B.只能在乙丙2人间任选其一请求赔偿

C.只能请求侵权人丙赔偿　　　　D.可以既请求乙赔偿，同时又请求丙赔偿

斯尔解析 本题考查保管合同。选项C当选，保管期间，因保管人保管不善造成保管物毁损、灭失的，寄存人有权请求保管人承担赔偿责任。题述情形下，房屋烧毁并非因乙保管不善造成，甲只能请求侵权人丙赔偿。

本题答案 C

（十一）仓储合同

仓储合同，也称仓储保管合同，是指保管人储存存货人交付的仓储物，存货人支付仓储费的合同。仓储合同属于保管合同的特殊类型。

1.基本规定

（1）仓储保管人须是经仓储营业登记，专营或者兼营仓储保管业务的人，且应当具备相应的仓储设备和条件。

（2）仓储保管的标的物须为动产。存货人的货物交付或者返还请求权均以仓单为凭证。

2.仓储保管人的义务和责任

仓储保管人的义务与责任主要包括：

（1）接受并验收仓储物。

（2）出具仓单、入库单。

（3）协助义务。

（4）危险通知义务。

（5）赔偿责任。

储存期内，因保管不善造成仓储物毁损、灭失的，保管人应当承担赔偿责任。因仓储物本身的自然性质、包装不符合约定或者超过有效储存期造成仓储物变质、损坏的，保管人不承担赔偿责任。

3.存货人的义务

存货人的义务包括：

（1）支付仓储费义务。

（2）说明义务。

（3）提取仓储物义务。

①储存期限届满，存货人或者仓单持有人应当凭仓单、入库单等提取仓储物。

②存货人或者仓单持有人逾期提取的，应当加收仓储费；提前提取的，不减收仓储费。

③储存期限届满，存货人或者仓单持有人不提取仓储物的，保管人可以催告其在合理期限内提取；逾期不提取的，保管人可以提存仓储物。

（十二）委托合同（委任合同）（★）

委托合同，又称委任合同，是指委托人和受托人约定，由受托人处理委托人事务的合同。委托人可以特别委托受托人处理一项或者数项事务，也可以概括委托受托人处理一切事务。物业服务合同与行纪合同为特殊的委托合同。

1.受托人义务

（1）亲自处理。

受托人应当亲自处理委托事务。经委托人同意，受托人可以转委托。转委托经同意或者追认的，委托人可以就委托事务直接指示转委托的第三人，受托人仅就第三人的选任及其对第三人的指示承担责任。

（2）损失赔偿义务。

①有偿委托合同，因受托人的过错造成委托人损失的，委托人可以请求赔偿损失。

②无偿委托合同，因受托人的故意或者重大过失造成委托人损失的，委托人可以请求赔偿损失。

③受托人超越权限造成委托人损失的，应当赔偿损失。

（3）共同受托人的连带责任。

两个以上的受托人共同处理委托事务的，对委托人承担连带责任。

2.委托人义务

（1）有偿委托中支付报酬的义务。

受托人完成委托事务的，委托人应当按照约定向其支付报酬。因不可归责于受托人的事由，委托合同解除或者委托事务不能完成的，委托人应当向受托人支付相应的报酬。当事人另有约定的，按照其约定。

（2）损失赔偿义务。

受托人处理委托事务时，因不可归责于自己的事由受到损失的，可以向委托人请求赔偿损失。

3.委托合同终止的情形

（1）委托事务处理完毕或者委托期限届满。

（2）委托人或者受托人的任意解除委托合同。

（3）委托人死亡、终止或者受托人死亡、丧失民事行为能力、终止的，委托合同终止，但当事人另有约定或者根据委托事务的性质不宜终止的除外。

（十三）物业服务合同

物业服务人在物业服务区域内，为业主提供建筑物及其附属设施的维修养护、环境卫生和相关秩序的管理维护等物业服务，业主支付物业费的合同。

1.物业费的支付和收取

（1）业主支付物业费的义务。

业主应当按照约定向物业服务人支付物业费。物业服务人已按照约定和有关规定提供服务的，业主不得以未接受或者无须接受相关物业服务为由拒绝支付物业费。

（2）物业服务人收取物业费的权利。

业主不支付物业费的，物业服务人可以提起诉讼或者申请仲裁，但不得采取停止供电、供水、供热、供燃气等方式催物业费。

2.合同双方的任意解除权

物业服务合同双方均有权随时解除不定期物业服务合同，但是应当提前60日书面通知对方。

（十四）行纪合同（★）

行纪合同，是指行纪人以自己的名义为委托人从事贸易活动，委托人支付报酬的合同。

1.行纪合同的特征

（1）行纪人应具有从事行纪业务的资格。

（2）行纪人以自己的名义为委托人从事贸易活动。

行纪人与第三人订立合同的，行纪人对该合同直接享有权利、承担义务。第三人不履行义务致使委托人受到损害的，行纪人应当承担赔偿责任，但行纪人与委托人另有约定的除外。

（3）行纪合同的客体是行纪人为委托人从事的买入、卖出等商事法律行为。

2.行纪人的权利和义务

（1）权利。

权利分类	具体规定
报酬请求权	行纪人完成或者部分完成委托事务的，有权向委托人请求支付相应的报酬
介入权	行纪人卖出或者买入具有市场定价的商品，除委托人有相反的意思表示外，行纪人自己可以作为买受人或者出卖人，并且仍然可以请求委托人支付报酬
留置权	行纪人完成或者部分完成委托事务，而委托人逾期不支付报酬的，行纪人对委托物享有留置权，但当事人另有约定的除外

续表

权利分类	具体规定
提存权	行纪人按照约定买入委托物，委托人应当及时受领。经行纪人催告，委托人无正当理由拒绝受领的，行纪人依法可以提存委托物
合理处分委托物的权利	委托物交付给行纪人时存在瑕疵或者容易腐烂、变质的，经委托人同意，行纪人可以处分该物；与委托人不能及时取得联系的，行纪人可以合理处分

（2）义务。

①按委托人的指示完成行纪行为。

记忆提示	具体规定
"低卖高买、补差有效"	行纪人低于委托人指定的价格卖出或者高于委托人指定的价格买入的，应当经委托人同意。未经委托人同意，行纪人补偿其差额的，该买卖对委托人发生效力
"低买高卖、约定委托"	行纪人高于委托人指定的价格卖出或者低于委托人指定的价格买入的，可以按照约定增加报酬。没有约定或者约定不明确，根据相关法律规定仍不能确定的，该利益属于委托人

②行纪人须负担行纪费用。

行纪人处理委托事务支出的费用，由行纪人负担，但当事人另有约定的除外。

③妥善保管委托物。

行纪人占有委托物的，应当妥善保管委托物。

典例研习·9-10 2018年单项选择题

下列关于行纪合同的表述中，错误的是（　　）。

A.行纪人以自己的名义为委托人办理事务

B.行纪人低于委托人指定的价格卖出的，未经委托人同意，行纪人补偿其差额的，该买卖对委托人发生效力

C.第三人不履行义务致使委托人受到损害的，行纪人应当承担损害赔偿责任，但行纪人与委托人另有约定的除外

D.行纪人与第三人订立合同的，行纪人对该合同不直接享有权利、承担义务

斯尔解析　本题考查行纪合同。选项D当选，行纪人与第三人订立合同的，行纪人对该合同直接享有权利、承担义务。选项ABC不当选，其所述均正确。

本题答案　D

（十五）中介合同（★）

中介合同，也称居间合同，是指中介人向委托人报告订立合同的机会或者提供订立合同的媒介服务，委托人支付报酬的合同。

（1）中介人促成合同成立的，委托人应当按照约定支付报酬。委托人在接受中介人的服务后，利用中介人提供的交易机会或者媒介服务，绕开中介人直接订立合同的，应当向中介人支付报酬（"跳单"行为）。

（2）中介人未促成合同成立的，可以按照约定请求委托人支付从事中介活动支出的必要费用。中介人促成合同成立的，中介活动的费用由中介人负担。

（十六）合伙合同（★）

合伙合同，是指二个以上合伙人为了共同的事业目的所订立的互约出资、共享利益、共担风险的合同。合伙合同基于多方当事人意思表示一致而成立，属于共同法律行为。

1.合伙合同基本规定

（1）合伙人可以是自然人、法人或者非法人组织。合伙人是自然人的，应具有完全民事行为能力。

（2）合伙人所追求的共同事业目的，可以是营利目的、公益目的或者其他非营利目的。

（3）合伙人的出资、因合伙事务依法取得的收益和其他财产，属于合伙财产，归全体合伙人共有。合伙合同终止前，合伙人不得请求分割合伙财产。

2.合伙人的权利

（1）合伙财产共有权。

合伙人的出资、因合伙事务依法取得的收益和其他财产，属于合伙财产。合伙合同终止前，合伙人不得请求分割合伙财产。

（2）合伙事务执行权和监督权。

合伙事务由全体合伙人共同执行。合伙人就合伙事务作出决定的，除合伙合同另有约定外，应当经全体合伙人一致同意。按照合伙合同的约定或者全体合伙人的决定，可以委托一个或者数个合伙人执行合伙事务；其他合伙人不再执行合伙事务，但是有权监督执行情况。

（3）合伙利润的分配请求权。

（4）追偿权。

清偿合伙债务超过自己应当承担份额的合伙人，有权向其他合伙人追偿。

（5）合伙合同解除权。

合伙人对合伙期限没有约定或者约定不明确，根据相关法律规定仍不能确定的，视为不定期合伙。合伙人可以随时解除不定期合伙合同，但是应当在合理期限之前通知其他合伙人。

（6）财产份额处分权。

除合伙合同另有约定外，合伙人可以向合伙人以外的人转让其全部或者部分财产份额，但须经其他合伙人一致同意。

3.合伙人的义务和责任

（1）出资义务。

（2）合伙亏损的分担义务。

合伙的利润分配和亏损分担，按照合伙合同的约定办理；合伙合同没有约定或者约定不明确的，由合伙人协商决定；协商不成的，由合伙人按照实缴出资比例分配、分担；无法确定出资比例的，由合伙人平均分配、分担。

（3）合伙人对合伙债务承担连带责任。

4.合伙合同的终止

（1）合伙期限届满。

（2）合伙人死亡、丧失民事行为能力或者终止；但是，合伙合同另有约定或者根据合伙事务的性质不宜终止的除外。

（3）合伙人解除合伙合同。

典例研习·9-11　**2020年单项选择题**

甲、乙合伙购买1辆卡车从事运输。双方约定，按2：1的比例分成。某日，乙在为客户丙运送货物途中发生交通事故，造成丙货物损失30万元。根据《民法典》的规定，对于该30万元的损失，丙可以向乙请求赔偿的最高数额为（　　）。

A.15万元　　　　B.20万元　　　　C.10万元　　　　D.30万元

斯尔解析　本题考查合伙合同。选项D当选，合伙人订立合伙合同，共担经营风险、共享经营收益。各合伙人应当对因合伙产生债务承担连带责任，因此，丙可以向甲、乙请求赔偿的最高数额为全部损失30万元。合伙人之间的约定只在合伙人内部生效，对外不发生效力，因此若乙承担的赔偿金额超过约定份额的，可以按双方之间的约定向甲追偿。

本题答案　D

解题高手

命题角度：判断合同的性质。

大多数合同为双务、有偿、诺成以及不要式合同，少数合同为单务、无偿、践成、要式合同，考试中经常考查对合同性质的辨析；同学们可通过如下表格把握：

分类	诺成/践成	单务/双务	有偿/无偿	要式/不要式
买卖合同	诺成	双务	有偿	—
赠与合同	诺成	单务	无偿	不要式
借款合同	一般为诺成，自然人之间的借贷合同为践成	双务	（1）商业借贷为有偿合同。（2）民间借贷二者均可	（1）商业借贷为要式合同。（2）民间借贷为不要式合同

续表

分类	诺成/践成	单务/双务	有偿/无偿	要式/不要式
租赁合同	诺成	双务	有偿	—
融资租赁合同	诺成	双务	有偿	要式
保理合同	诺成	双务	有偿	要式
承揽合同	诺成	双务	有偿	要式/不要式
建设工程合同	诺成	双务	有偿	要式（书面形式）
运输合同	（1）客运：诺成/践成（交易惯例确定）。（2）货运：通常为诺成	双务	有偿	—
保管合同	践成	—	有偿/无偿	不要式
仓储合同	诺成	双务	有偿	—
委托合同	诺成	—	有偿/无偿	不要式
物业服务合同	诺成	双务	有偿	要式（书面形式）
行纪合同	诺成	双务	有偿	不要式
中介合同	诺成	双务	有偿	不要式
合伙合同	诺成	—	—	不要式

值得注意的是，合伙合同、物业服务合同、仓储保管合同、保管合同为继续性合同。

第三节 侵权责任法

一、侵权行为和侵权责任

1.侵权行为

侵权行为,是指因不法侵害他人民事权益造成损害,而依法应对所生损害负民事责任的致害行为。侵权行为属于事实行为,是引起债的发生的原因之一。

提示:

《民法典》规定的民事权益包括:生命权、身体权、健康权、姓名权、肖像权、名誉权、荣誉权、隐私权、婚姻自主权、个人信息、身份权、物权、债权、知识产权、继承权、股权、数据、网络虚拟财产等人身、财产权益。

2.侵权责任

侵权责任,是指侵权人对其侵害他人民事权益所造成的损害,依法应当承担的民事责任。

二、侵权责任的归责原则(★★)

性质	适用	分类	含义	记忆提示
基本归责原则	适用于一般侵权	过错责任原则	(1)行为人因其过错而担责。(2)行为人的过错须由被侵权人举证证明	有侵权行为+被侵权人证明过错→承担责任
例外情况	适用于法律特别规定的类型侵权	过错推定责任原则	行为人须证明自己没有过错方能免责,否则,法律即推定行为人有过错并确定行为人须对损害承担赔偿责任	有侵权行为+侵权人自己证明无过错→不承担责任(若不能证明,则应承担侵权责任)
		无过错责任原则	不论行为人有无过错,法律规定应当承担侵权责任的,行为人即应对其行为所造成的他人民事权益损害承担侵权责任	有侵权行为+不考虑侵权人是否有过错→承担责任

三、侵权责任的构成要件(★★)

分类	构成要件	
过错责任原则	(1) 损害。	行为人的过错
过错推定责任原则	(2) 加害行为违法,加害行为不具有违法性即不构成侵权。	
无过错责任原则	(3) 加害行为与损害之间存在因果关系	—

提示：侵权责任法中的因果关系，是指加害行为与损害事实之间前者引起后者的这种引起与被引起的客观联系。

原理详解

一般情况下，侵权责任的承担应当适用过错责任原则，即有过错才有责任。过错责任原则作为侵权责任的基本归责原则，较好地平衡了"个人自由"与"社会安全"之间的关系。但是在现代社会，很多情况下如果始终强调无过错则无责任，将会使很多被侵权人的权益无法得到及时的救济，因此法律还规定了过错推定责任、无过错责任。但二者只有在法律特别规定的情形下才能适用。

四、免除责任和减轻责任事由（★）

加害行为发生后，行为人可基于下列法定事由而得以免责或者减责：

分类	含义
依法执行职务	行为人履行法定职责而给他人造成损害，因其行为具有合法性，阻却其违法，故行为人不承担赔偿责任。如依法拆除违章建筑
正当防卫	（1）为了国家利益、社会公共利益、本人或者他人的人身权利、财产权利免受正在进行的不法侵害，而针对实施侵害行为的人采取的制止不法侵害的行为。 （2）因正当防卫造成损害的，不承担民事责任。正当防卫超过必要限度，造成不应有的损害的，正当防卫人仅在造成不应有的损害范围内承担部分责任
紧急避险	（1）为了使国家利益、社会公共利益、本人或者他人的人身权利、财产权利以及其他合法权益免受正在发生的急迫危险，不得已而采取紧急措施的，应当认定为紧急避险。 （2）因紧急避险造成损害的，由引起险情发生的人承担民事责任。 （3）危险由自然原因引起的，紧急避险人不承担民事责任，可以给予适当补偿
紧急救助	因自愿实施紧急救助行为造成受助人损害的，救助人不承担民事责任
自甘冒险	自愿参加具有一定风险的文体活动，因其他参加者的行为受到损害的，受害人不得请求其他参加者承担侵权责任；但是，其他参加者对损害的发生有故意或者重大过失的除外
自助行为	合法权益受到侵害，情况紧迫且不能及时获得国家机关保护，不立即采取措施将使其合法权益受到难以弥补的损害的，受害人可以在保护自己合法权益的必要范围内采取扣留侵权人的财物等合理措施；但是，应当立即请求有关国家机关处理。受害人采取的措施不当造成他人损害的，应当承担侵权责任
与有过错	被侵权人对同一损害的发生或者扩大有过错的，可以减轻侵权人的责任
受害人故意	损害是因受害人故意造成的，行为人不承担责任

续表

分类	含义
第三人行为	损害是因第三人造成的，第三人应当承担侵权责任
不可抗力	因不可抗力不能履行民事义务的，不承担民事责任。法律另有规定的，依照其规定

五、法律特别规定的侵权责任类型（★★）

（一）数人侵权责任

数人侵权，是指二人以上实施的侵害他人民事权益造成损害的行为。

适用情形		含义	责任承担
共同侵权	共同实施 共同造成	二人以上共同实施侵权行为，造成他人损害的	侵权人承担连带责任
	共同实施 一（数）人造成（共同危险）	二人以上实施危及他人人身、财产安全的行为，其中一人或者数人的行为造成他人损害	（1）能够确定具体侵权人的，由侵权人承担责任。（2）不能确定具体侵权人的，行为人承担连带责任
分别侵权	"100%+100%=100%"	二人以上分别实施侵权行为造成同一损害，每个人的侵权行为都足以造成全部损害的	行为人承担连带责任
	"50%+50%=100%"	二人以上分别实施侵权行为造成同一损害	（1）能够确定责任大小的，各自承担相应的责任。（2）难以确定责任大小的，平均承担责任
教唆、帮助		完全行为能力人实施	二者承担连带责任
		无民事行为能力人、限制民事行为能力人实施	教唆、帮助者承担侵权责任，该无民事行为能力人、限制民事行为能力人的监护人未尽到监护职责的，应当承担相应的责任

（二）特殊主体责任

1.监护人责任

（1）监护人责任属于无过错责任。

无民事行为能力人、限制民事行为能力人造成他人损害的，由监护人承担侵权责任。监护人尽到监护职责的，可以减轻其侵权责任。

提示：有财产的无民事行为能力人、限制民事行为能力人造成他人损害的，从本人财产中支付赔偿费用；不足部分，由监护人赔偿。

（2）委托监护的责任承担。

无民事行为能力人、限制民事行为能力人造成他人损害，监护人将监护职责委托给他人的，监护人应当承担侵权责任；受托人有过错的，承担相应的责任。

2.意识暂时丧失人责任

（1）完全民事行为能力人对自己的行为暂时没有意识或者失去控制造成他人损害有过错的，应当承担侵权责任。没有过错的，根据行为人的经济状况对受害人适当补偿。

（2）完全民事行为能力人因醉酒、滥用麻醉药品或者精神药品对自己的行为暂时没有意识或者失去控制造成他人损害的，应当承担侵权责任。

3.雇主责任

雇主责任，也称"用人者责任"，属于无过错责任、替代责任。

（1）"单位"担责。

用工形式	具体规定
正常用工	用人单位的工作人员因执行工作任务造成他人损害的，由用人单位承担侵权责任
劳务派遣	①被派遣的工作人员因执行工作任务造成他人损害的，由接受劳务派遣的用工单位承担侵权责任。 ②劳务派遣单位有过错的，承担相应的责任

（2）个人用工。

①个人之间形成劳务关系，提供劳务一方因劳务造成他人损害的，由接受劳务一方承担侵权责任。

②提供劳务期间，因第三人的行为造成提供劳务一方损害的，提供劳务一方有权请求第三人承担侵权责任，也有权请求接受劳务一方给予补偿。

4.网络用户、网络服务提供者责任

网络用户、网络服务提供者责任均属于过错责任，包括单独责任和连带责任。

（1）作为方式侵权的单独责任。

网络用户、网络服务提供者利用网络侵害他人民事权益的，应当承担侵权责任。

（2）作为方式侵权与不作为方式侵权结合的连带责任。

①网络用户利用网络服务实施侵权行为的，权利人有权通知网络服务提供者采取删除、屏蔽、断开链接等必要措施。

②网络服务提供者接到通知后，应当及时将该通知转送相关网络用户，并根据构成侵权的初步证据和服务类型采取必要措施。

③未及时采取必要措施的，对损害的扩大部分与该网络用户承担连带责任。

（3）不作为方式侵权的连带责任。

网络服务提供者知道或者应当知道网络用户利用其网络服务侵害他人民事权益，未采取必要措施的，与该网络用户承担连带责任。

5.安全保障义务人责任

安全保障义务人责任由不作为侵权引起,包括过错责任、补充责任。

(1)过错责任。

宾馆、商场、银行、车站、机场、体育场馆、娱乐场所等经营场所、公共场所的经营者、管理者或者群众性活动的组织者,未尽到安全保障义务,造成他人损害的,应当承担侵权责任。

(2)补充责任。

①因第三人的行为造成他人损害的,由第三人承担侵权责任;经营者、管理者或者组织者承担补充责任后,可以向第三人追偿。

②经营者、管理者或者组织者未尽到安全保障义务的,承担相应的补充责任。

6.教育机构责任

教育机构责任由不作为方式侵权引起,包括过错推定责任、过错责任及补充责任。

(1)过错推定责任。

"无民事行为能力人"在幼儿园、学校或者其他教育机构学习、生活期间受到人身损害的,幼儿园、学校或者其他教育机构应当承担侵权责任,但能够证明尽到教育、管理职责的,不承担侵权责任。

(2)过错责任。

"限制民事行为能力人"在学校或者其他教育机构学习、生活期间受到人身损害,学校或者其他教育机构未尽到教育、管理职责的,应当承担侵权责任。

(3)补充责任。

①无民事行为能力人或者限制民事行为能力人在幼儿园、学校或者其他教育机构学习、生活期间,受到幼儿园、学校或者其他教育机构以外的第三人人身损害的,由第三人承担侵权责任。

②幼儿园、学校或者其他教育机构未尽到管理职责的,承担相应的补充责任。承担补充责任后可向第三人追偿。

> **解题高手**
>
> 命题角度:特定主体侵权责任承担。

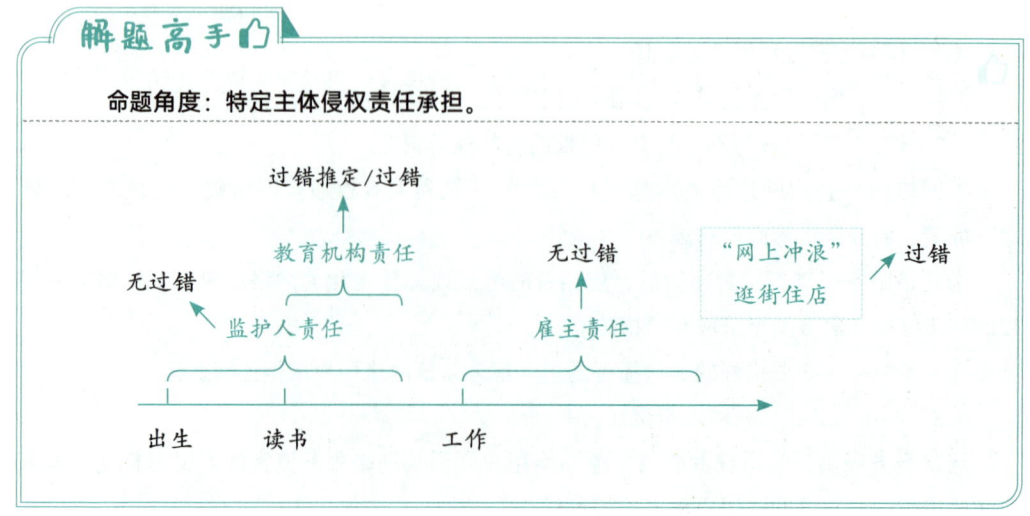

（1）按时间线划分，每个人基本的生活轨迹都是"出生、读书、工作"，在成长期间，需要"兜底"的人有二：老爸和老板，因此，监护人、雇主承担无过错责任。

（2）教育机构承担过错推定或过错责任，根据被侵权人的行为能力具体确定。

（3）至于"网上冲浪""逛街住店"等情形下，网络用户、网络服务提供者、经营者等安全保障义务人承担过错责任。

（三）危险活动及物件致害责任

1.产品责任——无过错责任

产品责任属于**无过错责任**。于个别情形发生不真正连带责任，于法定情形发生惩罚性赔偿。

（1）产品缺陷致损。

因产品存在缺陷造成他人损害的，生产者应当承担侵权责任。

①被侵权人追责与内部责任承担。

记忆提示	具体规定
"被侵权人随意追"	被侵权人可以向产品的生产者请求赔偿，也可以向产品的销售者请求赔偿
"最终一人担责任"	产品缺陷由生产者造成的，销售者赔偿后，有权向生产者追偿。因销售者的过错使产品存在缺陷的，生产者赔偿后，有权向销售者追偿

②涉及运输。

因运输者、仓储者等第三人的过错使产品存在缺陷，造成他人损害的，产品的生产者、销售者赔偿后，有权向第三人追偿。

（2）产品缺陷危及安全。

因产品缺陷危及他人人身、财产安全的，被侵权人有权请求生产者、销售者承担停止侵害、排除妨碍、消除危险等侵权责任。

（3）发现流通产品缺陷——及时补救。

①产品投入流通后发现存在缺陷的，生产者、销售者应当及时采取停止销售、警示、召回等补救措施。

②未及时采取补救措施或者补救措施不力造成损害扩大的，对扩大的损害也应当承担侵权责任。

（4）惩罚性赔偿。

明知产品存在缺陷仍然生产、销售，或者没有依法采取有效补救措施，**造成他人死亡或者健康严重损害**的，被侵权人有权请求相应的"惩罚性赔偿"。

2.机动车交通事故责任

机动车交通事故责任包括过错责任、无过错责任及连带责任。

（1）基本规定。

机动车之间发生交通事故的，由有过错的一方承担赔偿责任；双方都有过错的，按照各自过错的比例分担责任。

（2）特殊情形。

记忆提示	具体规定
"谁用谁赔"	①因租赁、借用等情形机动车所有人、管理人与使用人不是同一人时，发生交通事故造成损害，属于该机动车一方责任的，由机动车使用人承担赔偿责任；机动车所有人、管理人对损害的发生有过错的，承担相应的赔偿责任。 ②未经允许驾驶他人机动车，发生交通事故造成损害，属于该机动车一方责任的，由机动车使用人承担赔偿责任；机动车所有人、管理人对损害的发生有过错的，承担相应的赔偿责任。 ③当事人之间已经以买卖或者其他方式转让并交付机动车但是未办理登记，发生交通事故造成损害，属于该机动车一方责任的，由受让人承担赔偿责任
"谁偷谁赔"	盗抢（盗窃、抢劫或者抢夺）的机动车发生交通事故造成损害的，由盗抢人承担赔偿责任
"两方连带"	①以挂靠形式从事道路运输经营活动的机动车，发生交通事故造成损害，属于该机动车一方责任的，由挂靠人和被挂靠人承担连带责任。 ②以买卖或者其他方式转让拼装或者已达到报废标准的机动车，发生交通事故造成损害的，由转让人和受让人承担连带责任。 ③盗抢人与机动车使用人并非同一人，发生交通事故造成损害，属于该机动车一方责任的，由盗抢人与机动车使用人承担连带责任
"无偿减轻"	非营运机动车发生交通事故造成无偿搭乘人损害，属于该机动车一方责任的，应当减轻其赔偿责任，但是机动车使用人有故意或者重大过失的除外

3.医疗损害责任

医疗损害责任包括医疗机构对自己的过错承担的过错责任和医疗机构对其医务人员的过错承担的替代责任，后者属于无过错责任。

（1）患者在诊疗活动中受到损害，医疗机构或者其医务人员有过错的，由医疗机构承担赔偿责任。

（2）未尽义务。

①医务人员在诊疗活动中未尽到与当时的医疗水平相应的诊疗义务，造成患者损害的，医疗机构应当承担赔偿责任。

②医务人员在诊疗活动中对患者或者其近亲属未尽到必要的说明义务，造成患者损害的，医疗机构应当承担赔偿责任。

（3）泄露隐私。

医疗机构及其医务人员泄露患者的隐私和个人信息，或者未经患者同意公开其病历资料的，应当承担侵权责任。

（4）医疗产品致损。

因药品、消毒产品、医疗器械的缺陷，或者输入不合格的血液造成患者损害的，患者可以向药品上市许可持有人、生产者、血液提供机构请求赔偿，也可以向医疗机构请求赔偿。

4.环境污染和生态破坏责任

环境污染和生态破坏责任属于无过错责任。于法定情形发生**惩罚性赔偿**。于个别情形发生不真正连带责任。

（1）无过错责任。

因污染环境、破坏生态造成他人损害的，侵权人应当承担侵权责任。

（2）惩罚性赔偿。

侵权人违反法律规定故意污染环境、破坏生态**造成严重后果**的，被侵权人有权请求相应的惩罚性赔偿。

（3）不真正连带责任。

因第三人的过错污染环境、破坏生态的，被侵权人可以向侵权人请求赔偿，也可以向第三人请求赔偿。侵权人赔偿后，有权向第三人追偿。

5.高度危险责任

高度危险责任属于无过错责任。于个别情形发生连带责任。

（1）**从事高度危险作业造成他人损害的，应当承担侵权责任**。

（2）具体情形及责任主体。

类型	责任人	免责事由
民用核设施或运入运出核材料发生核事故造成他人损害	民用核设施的营运单位	①战争、武装冲突、暴乱。②受害人故意
民用航空器造成他人损害	民用航空器经营者	受害人故意
占有或者使用易燃、易爆、剧毒、高放射性、强腐蚀性、高致病性物质造成他人损害	占有人或者使用人	①受害人故意。②不可抗力
高空、高压、地下挖掘或者使用高速轨道运输工具造成他人损害	经营者	
遗失、抛弃高度危险物造成他人损害　一般	所有人	—
遗失、抛弃高度危险物造成他人损害　交他人管理	管理人；所有人有过错，与管理人承担连带责任	—
非法占有高度危险物造成他人损害	非法占有人；所有人、管理人不能证明尽到高度注意义务，与占有人承担连带责任	—

续表

类型	责任人	免责事由
未经许可进入高度危险活动区域或者高度危险物存放区域受到损害	管理人	管理人能够证明已经采取足够安全措施并尽到充分警示义务的，可以减轻或者不承担责任

6.饲养动物损害责任

饲养动物损害责任属于无过错责任。但动物园的动物损害责任属于过错推定责任。受害人故意或者重大过失是饲养动物损害责任的免责或减责事由。于个别情形发生不真正连带责任。

（1）无过错责任。

饲养的动物造成他人损害的，动物饲养人或者管理人应当承担侵权责任，但能够证明损害是因被侵权人故意或者重大过失造成的，可以不承担或者减轻责任。

（2）过错推定责任。

动物园的动物造成他人损害的，动物园应当承担侵权责任；但是，能够证明尽到管理职责的，不承担侵权责任。

（3）不真正连带责任。

因第三人的过错致使动物造成他人损害的，被侵权人可以向动物饲养人或者管理人请求赔偿，也可以向第三人请求赔偿。动物饲养人或者管理人赔偿后，有权向第三人追偿。

（4）其他情形。

①违反管理规定，未对动物采取安全措施造成他人损害的，动物饲养人或者管理人应当承担侵权责任；但是，能够证明损害是因被侵权人故意造成的，可以减轻责任。

②禁止饲养的烈性犬等危险动物造成他人损害的，动物饲养人或者管理人应当承担侵权责任。

③遗弃、逃逸的动物在遗弃、逃逸期间造成他人损害的，由动物原饲养人或者管理人承担侵权责任。

7.建筑物和物件损害责任

建筑物和物件损害责任大多属于过错推定责任。于个别情形发生不作为方式侵权所致过错责任。于个别情形发生连带责任。

具体情形及责任主体：

（1）一个责任主体（过错推定责任）。

情形	责任主体	不承担责任的情形
建筑物、构筑物或者其他设施及其搁置物、悬挂物发生脱落、坠落造成他人损害	所有人、管理人或者使用人	证明自己无过错
堆放物倒塌、滚落或者滑落造成他人损害	堆放人	
因林木折断、倾倒或者果实坠落等造成他人损害	所有人或者管理人	

续表

情形	责任主体	不承担责任的情形
窨井等地下设施造成他人损害	管理人	证明尽到管理职责
在公共场所或者道路上挖坑、修缮安装地下设施等造成他人损害	施工人	证明已经设置明显标志和采取安全措施

（2）多个责任主体（过错推定责任、过错责任）。

情形	责任主体	不承担责任的情形
建筑物、构筑物或者其他设施倒塌、塌陷造成他人损害的	建设单位与施工单位承担连带责任	能够证明不存在质量缺陷的
	所有人、管理人、使用人或者第三人有过错，应当承担侵权责任	非基于上述主体的原因
从建筑物中抛掷物品或者从建筑物上坠落的物品造成他人损害	侵权人	—
	难以确定侵权人的，可能加害的建筑物使用人给予补偿	能证明自己不是侵权人
从建筑物中抛掷物品或者从建筑物上坠落的物品造成他人损害	物业服务企业未采取必要的安全保障措施，应当承担相应责任	—
在公共道路上堆放、倾倒、遗撒妨碍通行的物品造成他人损害的	行为人承担侵权责任	—
	公共道路管理人承担相应责任	能证明已经尽到清理、防护、警示等义务

解题高手

命题角度1：判断不同侵权责任的规则原则。

侵权行为一般适用过错责任原则，常考的适用无过错责任和过错推定责任的情形总结如下：

具体情形	一般情形下的归责原则
产品责任（含医疗产品）	无过错责任原则
环境污染和生态破坏	
高度危险责任	
个人饲养动物损害	
动物园饲养动物损害	过错推定责任原则
建筑物和物件损害	

续表

具体情形	一般情形下的归责原则
医疗损害责任	过错责任原则

命题角度2：不真正连带责任归纳。

(1) 产品责任（生产者与销售者）。

(2) 医疗产品责任（医疗机构与药品上市许可持有人、生产者、血液提供机构）。

(3) 第三人过错污染环境、破坏生态。

(4) 第三人过错导致饲养的动物致人损害（有过错的第三人与动物饲养人或管理人）。

(5) 个人之间形成劳务关系，因第三人的行为造成提供劳务一方损害。（有过错的第三人与接受劳务的一方）。

典例研习·9-12　2020年单项选择题

甲公司铺设燃气管道，在路中挖一条深沟，设置了明显路障和警示标志。乙驾车撞倒全部标志，致丙骑摩托车路经该地时避让不及而驶向人行道，撞伤行人丁。根据《民法典》规定，丁所受损害应当（　　）。

A.由甲乙共同承担连带赔偿责任　　B.由甲乙丙共同承担连带赔偿责任
C.由乙承担赔偿责任　　D.由乙丙共同承担连带赔偿责任

斯尔解析　本题考查侵权责任的免责事由。在公共场所或者道路上挖掘、修缮安装地下设施等造成他人损害，施工人不能证明已经设置明显标志和采取安全措施的，应当承担侵权责任。选项A不当选，本题中甲公司已经在路上设置了明显路障和警示标志，因此，甲公司不承担责任。选项BD不当选，选项C当选，丙因为紧急情况下避让不及才驶向人行道，撞伤了行人丁，该情形属于紧急避险，因紧急避险造成损害的，由引起险情发生的人（乙）承担民事责任，避险人（丙）不承担责任。

本题答案　C

典例研习·9-13 2017年单项选择题

根据《民法典》的规定，从事高度危险作业造成他人损害的，适用的归责原则是（ ）。

A. 过错责任原则　　　　B. 过错推定责任原则
C. 公平责任原则　　　　D. 无过错责任原则

斯尔解析 本题考查侵权责任的归责原则。选项D当选，高度危险责任适用无过错责任原则，即从事高度危险作业造成他人损害的，无论行为人有无过错，行为人均应当承担侵权责任。

本题答案 D

六、侵权责任的承担方式

损害赔偿是侵权责任最主要的责任方式，也是适用最广泛的侵权责任方式，包括补偿性损害赔偿、惩罚性赔偿和精神损害赔偿。

损害赔偿的适用如下：

项目		具体规定
人身损害赔偿	伤	赔偿医疗费、护理费、交通费、营养费、住院伙食补助费等为治疗和康复支出的合理费用，以及因误工减少的收入
	残	赔偿辅助器具费和残疾赔偿金
人身损害赔偿	死	赔偿丧葬费和死亡赔偿金。 提示：因同一侵权行为造成多人死亡的，可以以相同数额确定死亡赔偿金
人身权益损害赔偿		（1）被侵权人因此受到的损失或者侵权人因此获得的利益赔偿。 （2）难以确定，双方协商不一致，由人民法院根据实际情况确定
精神损害赔偿		（1）侵害自然人人身权益造成严重精神损害的，被侵权人有权请求精神损害赔偿。 （2）因故意或者重大过失侵害自然人具有人身意义的特定物造成严重精神损害的，被侵权人有权请求精神损害赔偿
财产损害赔偿		财产损失按照损失发生时的市场价格或者其他合理方式计算

续表

项目	具体规定
惩罚性赔偿（明确规定）	（1）故意侵害他人知识产权，情节严重的，被侵权人有权请求相应的惩罚性赔偿。 （2）明知产品存在缺陷仍然生产、销售，或者没有依法采取有效补救措施，造成他人死亡或者健康严重损害的，被侵权人有权请求相应的惩罚性赔偿。 （3）侵权人违反法律规定故意污染环境、破坏生态造成严重后果的，被侵权人有权请求相应的惩罚性赔偿

解题高手

命题角度：惩罚性赔偿的适用。

（1）并非所有侵权类型均适用惩罚性赔偿。惩罚性赔偿适用范围的关键词：知产、产品、环境。

（2）在上述侵权类型的前提下，还需要满足"故意/明知+严重后果"方可适用惩罚性赔偿。

典例研习在线题库

至此，涉税服务相关法律的学习已经进行了61%，继续加油呀！

第十章 婚姻家庭与继承法

学习提要

重要程度：重点章节

平均分值：3~10分

考核题型：单项选择题、多项选择题、综合分析题

本章提示：本章内容不多，但近年考试易考查综合分析题。与生活息息相关，容易入门理解。但考试中，若涉及综合分析题，可能所考查案例较为复杂

第一节　婚姻家庭法

一、结婚制度

（一）结婚（★）

1. 结婚的概念与特征

结婚，是指男女双方依法确立夫妻关系的民事法律行为。

结婚的特征为：

（1）结婚的双方必须是一男一女，同性不能成立婚姻。

（2）结婚行为是要式行为，结婚双方当事人必须办理结婚登记。

（3）双方当事人必须亲自、共同申请办理结婚登记，不得由他人代理。

（4）结婚的后果是建立双方之间的身份关系，即夫妻关系。

2. 结婚的条件（结婚的实质要件）

结婚的条件（实质要件）包括结婚的必备条件和结婚的禁止条件。

条件	具体规定
必备条件	（1）双方当事人具有真实的结婚合意。 （2）双方当事人具有结婚能力。当事人已到法定结婚年龄：男不得早于22周岁，女不得早于20周岁。 （3）双方当事人具有相应的民事行为能力
禁止条件	（1）一方或者双方当事人重婚。 （2）双方当事人有禁止结婚的亲属关系（直系血亲或者三代以内的旁系血亲禁止结婚）

3. 结婚的程序（结婚的形式要件）

结婚的形式条件也称结婚的程序，是指结婚登记。要求结婚的男女双方应当亲自到婚姻登记机关申请结婚登记。完成结婚登记，男女双方即确立婚姻关系。未办理结婚登记的，应当补办登记。

（二）无效婚姻和可撤销婚姻（★）

1. 无效婚姻

无效婚姻，是指已经成立，但存在法定的婚姻无效事由，经法院判决，不能发生法律效力的婚姻。

（1）法定事由及申请宣告婚姻无效的主体。

法定事由	申请宣告婚姻无效的主体	
	本人	利害关系人
重婚	婚姻当事人	当事人的近亲属及其基层组织
有禁止结婚的亲属关系		未达法定婚龄者的近亲属
未到法定婚龄		当事人的近亲属

（2）处理。

①法院受理请求确认婚姻无效案件后，原告申请撤诉的，不予准许。对婚姻效力的审理不适用调解，应当依法作出判决。

②涉及财产分割和子女抚养的，可以调解，调解达成协议的，另行制作调解书；未达成协议的，应当一并作出判决。

2.可撤销婚姻

可撤销婚姻，是指违反了结婚的主观实质要件，享有请求权的人可依法申请撤销婚姻。

（1）事由。

事由		撤销权人
受胁迫结婚	行为人以给另一方当事人或者其近亲属的生命、身体、健康、名誉、财产等方面造成损害为要挟，迫使另一方当事人违背真实意愿结婚的，可以认定为胁迫	受胁迫一方
隐瞒重大疾病	一方患有重大疾病的，应当在结婚登记前如实告知另一方；不如实告知的，另一方可以向法院请求撤销婚姻	另一方（未患病的一方）

（2）撤销方式。

①可撤销的婚姻必须由享有撤销权的一方当事人向法院作出撤销婚姻的意思表示。

②在当事人行使撤销权之前，婚姻关系有效，双方当事人之间产生夫妻人身和财产方面的权利和义务，但婚姻因撤销权的行使自始没有法律拘束力。

③撤销权在性质上属于以诉讼方式实施的形成权。撤销权作为形成权，受到除斥期间的限制，除斥期间为1年。

3.婚姻无效或被撤销的法律后果

（1）无效的或者被撤销的婚姻，自始没有法律约束力。

（2）财产的处理。

①当事人同居期间所得的财产，除有证据证明为当事人一方所有的以外，按共同共有处理。

②同居期间所得的财产，由当事人协议处理；协议不成的，由法院根据照顾无过错方的原则判决。

③对重婚导致的婚姻无效的财产处理，不得侵害合法婚姻当事人的财产权益。

（3）婚姻无效或者被撤销的，无过错方有权请求损害赔偿。

（4）无效或被撤销婚姻当事人所生的子女，适用我国民事法律有关父母子女的规定。

（三）夫妻关系（★★★）

1.夫妻人身关系

夫妻人身关系以夫妻身份为基础，是基于夫妻身份存在的特定权利义务关系。

（1）夫妻独立姓名权和婚姻姓氏权。夫妻双方都有各自使用自己姓名的权利。在这一前提下，子女的姓氏可以选择随父姓或者随母姓。

（2）夫妻人身自由权。

（3）夫妻双方有平等的婚姻住所决定权。

（4）夫妻同居、忠实的权利和义务。

2.夫妻财产关系

夫妻财产关系，是指夫妻在财产方面的权利义务关系。夫妻财产关系的内容包括夫妻财产制和其他夫妻财产关系。

（1）夫妻财产制。

夫妻财产制，是指夫妻婚前财产和婚后所得财产的归属、使用、管理、收益、处分以及债务清偿、离婚时的财产清算等方面的法律制度。夫妻财产制包括**法定财产制**和**约定财产制**。

①约定财产制。

男女双方可以约定婚姻关系存续期间所得的财产以及婚前财产归各自所有、共同所有或者部分各自所有、部分共同所有，夫妻共同债务规则不仅适用于法定财产制，也适用于约定财产制。

a.约定应当采用**书面**形式。

b.没有约定或者约定不明确的，适用《中华人民共和国民法典》关于夫妻共同财产和夫妻一方的个人财产的规定。

c.夫妻对婚姻关系存续期间所得的财产以及婚前财产的约定，对**双方具有法律约束力**。

d.婚前或者婚姻关系存续期间，当事人约定将一方所有的房产赠与另一方的，不属于夫妻财产制约定。赠与方在赠与房产变更登记之前可以行使任意撤销权，撤销赠与。【新】

②法定财产制。

法定财产制是指在夫妻对其财产没有约定或约定不明、约定无效时，依照法律规定所直接适用的夫妻财产制。它可以由夫妻共同财产制与夫妻个人特有财产制相结合。

记忆提示	夫妻共同财产	夫妻一方的个人财产
"劳动赚、钱生钱"	a.工资、奖金、劳务报酬。 b.生产、经营、投资的收益。 c.知识产权的收益	—
"天上掉"	继承或者受赠的财产，但《民法典》特别规定的属夫妻一方的个人财产除外	遗嘱或者赠与合同中确定只归一方的财产

续表

记忆提示	夫妻共同财产	夫妻一方的个人财产
婚前、专用	—	a.一方的婚前财产。 b.一方专用的生活用品
人身损害	—	一方因受到人身损害获得的赔偿和补偿

提示：

a.夫妻一方个人财产在婚后产生的收益，除孳息和自然增值外，应认定为夫妻共同财产。孳息和自然增值，为夫妻一方个人财产。

b.由一方婚前承租、婚后用共同财产购买的房屋，登记在一方名下的，应当认定为夫妻共同财产。

c.男女双方实际取得或者应当取得的住房补贴、住房公积金，男女双方实际取得或者应当取得的养老保险金、破产安置补偿费、军人复员费、自主择业费中属于夫妻共同财产的部分。 |新|

③夫妻债务。

a.夫妻共同债务的界定。

记忆提示	夫妻共同债务	不属于夫妻共同债务
"同意思"	夫妻双方共同签名或者夫妻一方事后追认等共同意思表示所负的债务	—
"生活用"	夫妻一方在婚姻关系存续期间以个人名义为家庭日常生活需要所负的债务	夫妻一方在婚姻关系存续期间以个人名义超出家庭日常生活需要所负的债务，不属于夫妻共同债务；但是，债权人能够证明该债务用于夫妻共同生活、共同生产经营或者基于夫妻双方共同意思表示的除外
"虚构"	—	夫妻一方与第三人串通，虚构债务，第三人主张该债务为夫妻共同债务的，法院不予支持
"违法"	—	夫妻一方在从事赌博、吸毒等违法犯罪活动中所负债务，第三人主张该债务为夫妻共同债务的，法院不予支持
"婚前"	—	债权人就一方婚前所负个人债务向债务人的配偶主张权利的，法院不予支持；但债权人能够证明所负债务用于婚后家庭共同生活的除外

b.夫妻共同债务的清偿。

夫或者妻一方死亡的，生存一方应当对婚姻关系存续期间的夫妻共同债务承担清偿责任。

287

c.债权人主张权利的方式。

当事人的离婚协议或者法院生效判决、裁定、调解书已经对夫妻财产分割问题作出处理的,债权人仍有权就夫妻共同债务向男女双方主张权利。一方就夫妻共同债务承担清偿责任后,主张由另一方按照离婚协议或者法院的法律文书承担相应债务的,法院应予支持。

| 典例研习·10-1 2019年单项选择题

下列婚姻关系存续期间夫妻一方取得的财产中,属于夫妻一方单独所有的是(   )。

A.奖金　　　　　　　　　　B.知识产权收益
C.生产、经营收益　　　　　D.因身体受到伤害获赔的医疗费

斯尔解析　本题考查夫妻共同财产。选项ABC不当选,婚姻关系存续期间,夫妻双方所得奖金、知识产权收益、生产和经营收益属于夫妻共同财产。夫妻一方的个人财产包括:(1)一方的婚前财产。(2)一方因受到人身损害获得的赔偿或者补偿(选项D当选)。(3)遗嘱或者赠与合同中确定只归一方的财产。(4)一方专用的生活用品。(5)其他应当归一方的财产。

本题答案　D

(2)其他夫妻财产关系。

①夫妻的扶养义务。

②夫妻日常家事代理权。

a.日常家事代理权,是指夫妻一方因日常家庭生活或者家庭共同事务在与第三人进行民事交往活动时所为法律行为,被视为夫妻共同的意思表示,另一方承担连带责任。

b.夫妻一方因家庭日常生活需要而实施的民事法律行为,对夫妻双方发生效力,但是夫妻一方与相对人另有约定的除外。

c.夫妻之间对一方可以实施的民事法律行为范围的限制,不得对抗善意相对人。

夫妻有互相扶养的义务。需要扶养的一方,在另一方不履行扶养义务时,有要求其给付扶养费的权利。夫妻的扶养关系是基于夫妻的人身关系而建立。夫妻之间的扶养关系是对等的,这种关系具有法律的强制性。

③夫妻继承权。夫妻有相互继承遗产的权利。

二、离婚

(一)婚姻的终止

婚姻终止,是指合法有效的婚姻因发生一定的法律事实而归于消灭。

婚姻终止的法律事实包括:

(1)因配偶的死亡(包括自然死亡与宣告死亡)而终止。

(2)因离婚而终止。

（二）离婚（★★）

离婚，是指夫妻双方依照法定的条件和程序解除婚姻关系的民事法律行为，包括协议离婚和判决离婚。

1.协议离婚

协议离婚（登记离婚），是指夫妻双方自愿离婚，并对离婚的后果（子女和财产问题）达成协议，经婚姻登记机关认可即可解除婚姻关系。

（1）男女双方自愿离婚的，应当订立书面离婚协议，并亲自到婚姻登记机关申请离婚登记。离婚协议应当载明双方自愿离婚的意思表示和对子女抚养、财产及债务处理等事项协商一致的意见。

（2）离婚冷静期。

①自婚姻登记机关收到离婚登记申请之日起30日内，任何一方不愿意离婚的，可以向婚姻登记机关撤回离婚登记申请。

②在规定期间届满后30日内，双方应当亲自到婚姻登记机关申请发给离婚证；未申请的，视为撤回离婚登记申请。

2.判决离婚（诉讼离婚）

判决离婚（诉讼离婚），是指对夫妻一方提出的离婚诉讼请求，经法院审理，作出肯定或者否定判决的一种离婚制度。

（1）先行调解。

法院审理离婚案件，应当进行调解，如感情确已破裂，调解无效，应准予离婚。有下列情形之一调解无效的，应当准予离婚：

①重婚或者与他人同居。

②实施家庭暴力或者虐待、遗弃家庭成员。

③有赌博、吸毒等恶习屡教不改的。

④因感情不和分居满2年的。

⑤其他导致夫妻感情破裂的情形。

（2）其他特殊情形。

①一方被宣告失踪，另一方提出离婚诉讼的，应准予离婚。

②经法院判决不准离婚后，双方又分居满1年，一方再次提起离婚诉讼的，应当准予离婚。

③现役军人的配偶要求离婚，应当征得军人同意，但是军人一方有重大过错的除外。

④女方在怀孕期间、分娩后1年内或者终止妊娠后6个月内，男方不得提出离婚；但是，女方提出离婚或者法院认为确有必要受理男方离婚请求的除外。

（3）完成离婚登记，或者离婚判决书、调解书生效，即解除婚姻关系。

3.离婚的法律后果

（1）离婚后的身份关系。 !新

①夫妻身份关系消灭。当事人因离婚使得共同生活的权利、义务终止，生活共同体解散；相互的扶养权利、义务终止；相互间法定继承人的资格丧失；双方有再婚的自由。

②姻亲关系的消灭。姻亲关系因子女或者父母的婚姻而产生,也因子女或者父母的离婚而消灭。同时,随着婚姻关系的终止,家庭成员的身份也随之消灭。

③离婚后的父母子女关系。

a.父母与子女间的关系,不因父母离婚而消除。离婚后,子女无论由父或者母直接抚养,仍是父母双方的子女。

b.离婚后,不满2周岁的子女,以由母亲直接抚养为原则。已满2周岁的子女,父母双方对抚养问题协议不成的,由法院根据双方的具体情况,按照最有利于未成年子女的原则判决。

(2)财产分割与离婚救济。

记忆提示	具体规定
"财产分割先协议"	离婚时,夫妻的共同财产由双方协议处理;协议不成的,由法院根据财产的具体情况,按照照顾子女、女方和无过错方权益的原则判决
"付出较多要补偿"	夫妻一方因抚育子女、照料老年人、协助另一方工作等负担较多义务的,离婚时有权向另一方请求补偿,另一方应当给予补偿,具体办法由双方协议;协议不成的,由法院判决
"藏移卖毁可不分,事后发现可重分"	夫妻一方隐藏、转移、变卖、毁损、挥霍夫妻共同财产,或者伪造夫妻共同债务企图侵占另一方财产的,在离婚分割夫妻共同财产时,对该方可以少分或者不分。离婚后,另一方发现有上述行为的,可以向法院提起诉讼,请求再次分割夫妻共同财产
"一方困难当帮助"	离婚时,如一方生活困难,另一方应从其住房等个人财产中给予适当帮助,具体办法由双方协议;协议不成时,由法院判决

(3)债务承担。

离婚时,夫妻共同债务,应当共同偿还。共同财产不足清偿或者财产归各自所有的,由双方协议清偿;协议不成的,由法院判决。夫妻对婚姻关系存续期间所得的财产约定归各自所有,夫或妻一方对外所负的债务,相对人知道该约定的,以夫或者妻一方的个人财产清偿。

(4)离婚损害赔偿。

有下列情形之一导致离婚的,无过错方有权请求损害赔偿:

①重婚。

②与他人同居。

③实施家庭暴力。

④虐待、遗弃家庭成员。

⑤有其他重大过错。

三、收养

收养，是指公民依法将他人子女收为自己子女，从而使原来没有父母子女关系的当事人之间产生法律拟制的父母子女关系的民事法律行为。

（一）收养关系成立的一般条件（★）

收养成立的法定条件亦可分为一般收养（普通收养）成立的条件和特殊收养成立的条件。以下仅介绍一般收养关系成立的条件：

条件	具体规定
被收养人必须是无法得到父母抚养的未成年人	（1）丧失父母的孤儿。 （2）查找不到生父母的未成年人。 （3）生父母有特殊困难无力抚养的子女
收养人必须具有抚养、教育和保护被收养人的条件	收养人应当同时具备的条件： （1）无子女或者只有1名子女。 无子女的收养人可以收养2名子女，有子女的收养人只能收养1名子女。 （2）有抚养、教育和保护被收养人的能力。 （3）未患有在医学上认为不应当收养子女的疾病。 （4）无不利于被收养人健康成长的违法犯罪记录。 （5）年满30周岁。 （6）有配偶者收养子女，应当夫妻共同收养
送养人必须是法律所认可的特定个人或组织	下列个人、组织可以作为送养人： （1）孤儿的监护人。 （2）儿童福利机构。 （3）有特殊困难无力抚养子女的生父母（生父母送养子女，应当双方共同送养。生父母一方不明或者查找不到的，可以单方送养）。 （4）未成年人的父母均不具备完全民事行为能力且可能严重危害该未成年人的，该未成年人的监护人可以将其送养。 提示：配偶一方死亡，另一方送养未成年子女的，死亡一方的父母有优先抚养的权利
必须有成立收养关系的合意	收养关系的成立必须有当事人的一致合意。监护人送养孤儿的，应当征得有抚养义务的人同意。收养8周岁以上未成年人的，应当征得被收养人的同意

| 典例研习·10-2   2020年单项选择题

下列关于收养的说法中，符合《民法典》规定的是（　　）。
A.无子女的收养人可以收养两名子女
B.收养人应当年满40周岁
C.配偶一方可以独自收养子女
D.监护人不得将未成年子女送养

🔍斯尔解析　本题考查收养的条件。收养人须同时满足下列条件：（1）无子女或者只有1名子女。无子女的收养人可以收养2名子女，有子女的收养人只能收养1名子女（选项A当选）。（2）有抚养、教育和保护被收养人的能力。（3）未患有在医学上认为不应当收养子女的疾病。（4）无不利于被收养人健康成长的违法犯罪记录。（5）年满30周岁（选项B不当选）。选项C不当选，有配偶者收养子女，应当夫妻共同收养。选项D不当选，未成年人的父母均不具备完全民事行为能力且可能严重危害该未成年人的，该未成年人的监护人可以将其送养。

▲本题答案　A

（二）收养成立的法定程序

1.收养登记

收养应当向县级以上政府民政部门登记。收养关系自登记之日起成立。

2.收养协议、收养公正

（1）收养关系当事人愿意订立收养协议的，可以订立收养协议。
（2）收养关系当事人各方或者一方要求办理收养公证的，应当办理收养公证。

（三）收养的效力

（1）自收养关系成立之日起，养父母与养子女间的权利义务，适用《民法典》关于父母子女关系的规定。养子女与生父母间的权利义务关系，因收养关系的成立而消除。

（2）自收养关系成立之日起，养子女与养父母的近亲属间的权利义务关系，适用《民法典》关于子女与父母的近亲属关系的规定。养子女与生父母的近亲属间的权利义务关系，因收养关系的成立而消除。

（四）收养的解除

收养关系解除后，养子女与养父母及其他近亲属间的权利义务关系即行消除，与其生父母及其他近亲属之间的权利义务关系自行恢复。但是，成年养子女与生父母及其他近亲属之间的权利义务关系是否恢复，可以协商确定。

四、亲属关系

亲属，是指因婚姻、血缘或者法律拟制而形成的社会关系。

（一）亲属种类

分类	含义	分类/举例
配偶	男女双方因结婚而形成的亲属关系	夫妻
血亲	有血缘联系的亲属	（1）自然血亲：有自然血缘联系的亲属，如同父同母、同父异母、同母异父。 （2）拟制血亲：相互之间本无该种血亲应当具有的血缘关系，但法律确认其与该种血亲具有相同的权利义务的亲属，如收养
姻亲	以婚姻为中介而形成的亲属关系，但配偶除外	（1）血亲的配偶，儿媳、女婿、姐夫、妹夫、嫂、弟媳等。 （2）配偶的血亲，以己身为本位，己身配偶的血亲均为姻亲。 （3）配偶血亲的配偶，如连襟、妯娌等

（二）亲系

亲系，是指亲属间的联络系统。

1.直系亲

分类	含义	举例
直系血亲	彼此之间有直接血缘关系的亲属	（1）自然血亲：父母、祖父母、外祖父母、子女、孙子女、外孙子女。 （2）法律拟制直系血亲：养父母与养子女、养祖父母与养孙子女、有抚养关系的继父母与继子女
直系姻亲	—	（1）直系晚辈血亲的配偶：儿媳、女婿、孙媳、孙女婿、养儿媳、养女婿等。 （2）配偶的直系长辈血亲：如公婆、岳父母等

2.旁系亲

分类	含义	举例
旁系血亲	彼此之间具有间接血缘关系的亲属，即除直系血亲外，与己身同出一源的血亲	兄弟姐妹、侄子女、伯、姑、舅、姨、堂兄弟姐妹、表兄弟姐妹
旁系姻亲	—	（1）旁系血亲的配偶，如兄嫂、弟媳、侄媳、侄女婿、伯（叔）母、姑父、姨夫、舅母等。 （2）配偶的旁系血亲，如妻的兄弟姐妹及其伯、叔、姑，夫的兄弟姐妹及其伯、姑等。配偶的旁系血亲的配偶，如妯娌、连襟等

（三）近亲属的范围

《民法典》将近亲属的范围确定为：配偶、父母、子女，兄弟姐妹、祖父母、外祖父母、孙子女、外孙子女。又将配偶、父母、子女和其他共同生活的近亲属确定为家庭成员。

（四）父母子女关系

1.父母子女间的权利义务

（1）父母对子女有抚养教育的义务。

①父母不履行抚养义务时，未成年的或不能独立生活的子女，有要求父母付给抚养费的权利。

②未成年子女造成他人损害的，父母应当依法承担民事责任。

（2）成年子女对父母有赡养、扶助、保护的义务。

①缺乏劳动能力或生活困难的父母，有要求成年子女给付赡养费的权利。子女对父母的赡养义务，不因父母的婚姻关系变化而终止。

②父母子女之间有相互继承遗产的权利。

2.父母子女间的权利义务关系范围

（1）婚生子女。

（2）非婚生子女：法律有关父母子女间的权利义务同样适用于非婚生父母子女间。

（3）继父或者继母和受其抚养教育的继子女间的权利和义务，适用我国《民法典》关于父母子女关系的规定。

（4）父母与人工生育子女。

婚姻关系存续期间，夫妻双方一致同意进行人工授精，所生子女应视为婚生子女，父母子女间的权利义务关系适用《民法典》的有关规定。

第二节　继承法

一、继承法概述

继承，是指因自然人的死亡而由与其有一定亲属关系的生存人概括承继其财产的法律制度。

（一）继承人

继承人是自然人，可分为法定继承人和遗嘱继承人。我国的法定继承人范围与遗嘱继承人的范围相同，包括配偶、子女、父母、兄弟姐妹、祖父母、外祖父母（无"孙子女""外孙子女"）。

（二）继承分类

继承主要分为法定继承与遗嘱继承。

继承开始后，按照法定继承办理；有遗嘱的，按照遗嘱继承或者遗赠办理；有遗赠扶养协议的，按照协议办理。

（三）遗产

遗产，是指自然人死亡时遗留的个人合法财产，但是，依照法律规定或者根据其性质不得继承的除外。

一般而言，被继承人的物权、债权、知识产权中的财产权利以及其他合法财产都属于遗产的范围。在我国，依法或者根据其性质不得继承的财产有：

（1）法律规定不得继承的财产，如居住权。

（2）与被继承人的人身有关的具有专属性的财产权利和义务：

①以特定身份为基础的财产权利，如子女与父母之间、夫妻之间的抚养费、赡养费或者扶养费请求权。

②以特别信任关系为前提的财产权利，如因雇佣或者委托合同发生的财产权利。

（3）自然资源利用权。

（4）宅基地、自留山、自留地的使用权。

（5）土地承包经营权。土地承包经营权虽然不能继承，但承包收益是可以继承的。

（四）继承开始

（1）继承从被继承人死亡时开始。

（2）相互有继承权的继承人在同一事故中死亡，难以确定死亡时间时：

①推定没有其他继承人的人先死亡。

②都有其他继承人，辈分不同的，推定长辈先死亡。

③辈分相同的，推定同时死亡，相互不发生继承。

（五）继承权的丧失

丧失继承权的情形	例外（不丧失继承权）
故意杀害被继承人	—
为争夺遗产而杀害其他继承人	—
遗弃被继承人或者虐待被继承人情节严重	确有悔改表现，被继承人表示宽恕或事后在遗嘱中将其列为继承人的，该继承人不丧失继承权
伪造、篡改隐匿或者销毁遗嘱，情节严重	
以欺诈、胁迫手段迫使或者妨碍被继承人设立、变更或者撤回遗嘱，情节严重	

提示：受遗赠人有故意杀害被继承人行为的，丧失受遗赠权。

（六）继承纠纷管辖

因继承遗产纠纷提起的诉讼，由被继承人死亡时住所地或者主要遗产所在地法院管辖。

二、法定继承

法定继承（又称无遗嘱继承），是指在被继承人没有对其遗产的处理立有遗嘱的情况下，由法律直接规定继承人的范围、继承顺序、遗产分配的原则的一种继承形式。

（一）法定继承的适用情形

被继承人生前没有设立合法有效的遗嘱和遗赠，也没有与他人签订合法有效的遗赠扶养协议的适用法定继承。

对遗产中的有关部分按照法定继承办理的情形有：

（1）遗嘱继承人放弃继承或者受遗赠人放弃受遗赠。

（2）遗嘱继承人丧失继承权或者受遗赠人丧失受遗赠权。

（3）遗嘱继承人、受遗赠人先于遗嘱人死亡或者终止。

（4）遗嘱无效部分所涉及的遗产。

（5）遗嘱未处分的遗产。

（二）法定继承人的范围和顺序（★）

继承顺序，是指法律规定的法定继承人继承遗产的先后次序。

分类	内容	顺序具体规定
第一顺序继承人	(1) 配偶、子女、父母。 (2) 丧偶儿媳对公婆，丧偶女婿对岳父母，尽了主要赡养义务的，作为第一顺序继承人	(1) 继承开始后，由第一顺序继承人继承，第二顺序继承人不继承。 (2) 没有第一顺序继承人或者第一顺序继承人放弃继承的，由第二顺序继承人继承
第二顺序继承人	兄弟姐妹、祖父母、外祖父母	

（三）代位继承（间接继承）

代位继承，是指继承人先于被继承人死亡时，由继承人的直系晚辈血亲代替先亡的直系尊血亲继承被继承人遗产的法定继承制度（不适用于遗嘱继承）。

1.继承方式

代位继承人作为第一顺序继承人参加继承，只能继承被代位继承人应继承的遗产份额。

2.适用情形

（1）被继承人的子女先于被继承人死亡的，由被继承人的子女的直系晚辈血亲代位继承。

（2）被继承人的兄弟姐妹先于被继承人死亡的，由被继承人的兄弟姐妹的子女代位继承。

3.细化规定

（1）被继承人的养子女、已形成扶养关系的继子女的生子女可以代位继承；被继承人亲生子女的养子女可以代位继承；被继承人养子女的养子女可以代位继承；与被继承人已形成扶养关系的继子女的养子女也可以代位继承。

（2）丧偶儿媳对公婆、丧偶女婿对岳父母，无论其是否再婚，依照《民法典》规定作为第一顺序继承人时，不影响其子女代位继承。

（3）被继承人的孙子女、外孙子女、曾孙子女、外曾孙子女都可以代位继承，代位继承人不受辈数的限制。

（四）转继承

转继承，是指继承人在被继承人死亡之后，遗产分割之前，因为某种缘故尚未实际取得遗产而死亡或被宣告死亡，其应继承份额转由他的法定继承人继承。

1.适用条件

（1）继承人于被继承人死亡后遗产分割前死亡。

（2）继承人未丧失继承权，也未放弃继承权。

（3）遗嘱没有另外安排。

2.转继承的特征

（1）转继承发生在被继承人死亡之后，遗产分割之前，继承人也相继死亡的情形下。

（2）继承人因死亡而未实际取得遗产，继承人并未放弃继承权。

（3）由继承人的法定继承人直接分割被继承人的遗产。

（4）转继承人一般只能继承其被转继承人应得的遗产份额。

（5）转继承人可以是被继承人的直系血亲，也可以是被继承人的其他合法继承人。

3.转继承与代位继承的区别

项目	代位继承	转继承
性质	只发生一次继承	两次继承、连续继承
发生时间和成立条件	被代位继承人先于被继承人死亡而发生	（1）继承开始后遗产分割前。（2）任一继承人都可能成为被转继承人
适用范围	只适用于法定继承，遗嘱继承中不适用	可以发生在法定继承中，也可以发生在遗嘱继承中
主体	代位继承中的代位继承人只能是被代位继承人的直系血亲，其他法定继承人不能成为代位继承人	转继承人是被转继承人死亡时生存的所有法定继承人，被转继承人可以是被继承人的任一继承人

（五）应继份与酌情分得遗产

1.应继份

应继份，是指各个继承人应该取得的被继承人遗产的份额。同一顺序继承人继承遗产的份额，一般应当均等。继承人协商同意的，也可以不均等。

但若存在下列特殊情形，应特殊处理：

记忆提示	具体规定
"困乏应照顾"	对生活有特殊困难的缺乏劳动能力的继承人，分配遗产时，应当予以照顾
"扶养可多分"	对被继承人尽了主要扶养义务或者与被继承人共同生活的继承人，分配遗产时，可以多分
"不养酌情减"	有扶养能力和有扶养条件的继承人虽然与被继承人共同生活，但对需要扶养的被继承人不尽扶养义务的，分配遗产时，可以少分或者不分

2.酌情分得遗产

酌情分得遗产，是指法律允许依靠被继承人扶养的缺乏劳动能力又没有生活来源的人，以及对被继承人扶养较多的未能继承遗产的人适当分得遗产。

三、遗嘱继承

（一）遗嘱继承的概念和特征（★）

遗嘱继承，是指按照被继承人所立的合法有效的遗嘱而承受其遗产的继承方式。遗嘱继承的特征为：

（1）被继承人生前立有合法有效的遗嘱和立遗嘱人死亡是遗嘱继承的事实构成。

（2）遗嘱继承直接体现着被继承人的遗愿。

（3）遗嘱继承人与法定继承人的范围相同，但遗嘱继承不受法定继承顺序和应继份额的限制。

（4）遗嘱继承的效力优于法定继承的效力。

（二）遗嘱与遗嘱能力（★）

遗嘱，是指自然人生前在法律允许的范围内，按照法律规定的方式对其遗产或者其他事务所作的个人处理，并于设立遗嘱人死亡时发生效力的民事法律行为。

1.遗嘱的特征

（1）遗嘱是单方法律行为。

（2）遗嘱人必须具备完全民事行为能力。

（3）设立遗嘱不能进行代理。

遗嘱的内容必须是遗嘱人的真实意思表示，应由遗嘱人本人亲自作出，不能由他人代理。

2.遗嘱能力

遗嘱人立遗嘱时必须具有完全民事行为能力，因此，无民事行为能力人或者限制民事行为能力人所立的遗嘱无效。即使其本人后来具有完全民事行为能力，该遗嘱仍属无效遗嘱。

（三）遗嘱的形式与遗嘱见证人（★★）

1.遗嘱的形式

遗嘱形式	要求	
自书遗嘱	（1）由遗嘱人亲笔书写，签名，注明年、月、日。 （2）自然人在遗书中涉及死后个人财产处分的内容，确为死者的真实意思表示，有本人签名并注明了年、月、日，又无相反证据的，可以按自书遗嘱对待	
代书遗嘱	由其中一见证人代书，遗嘱人、代书人和其他见证人签名，注明年、月、日	有两个以上见证人在场见证
打印遗嘱	遗嘱和见证人应当在遗嘱每一页签名，注明年、月、日	
录音录像遗嘱	遗嘱人和见证人应当在录音录像中记录其姓名或肖像，以及年、月、日	

续表

遗嘱形式	要求	
口头遗嘱	（1）遗嘱人在危急情况下，可以立口头遗嘱。 （2）危急情况消除后，遗嘱人能够以书面或者录音录像形式立遗嘱的，所立的口头遗嘱无效	有两个以上见证人在场见证
公证遗嘱	由遗嘱人经公证机关办理	

2.遗嘱见证人

遗嘱见证人，是指由遗嘱人指定的见证遗嘱真实性的自然人。

见证人必须具备一定的资格，下列人员不能作为遗嘱见证人，其所见证遗嘱无效：

记忆提示	具体规定
无能力	无民事行为能力人、限制民事行为能力人以及其他不具有见证能力的人
有关系	（1）继承人、受遗赠人。（2）与继承人、受遗赠人有利害关系的人。 提示：继承人、受遗赠人的债权人、债务人，共同经营的合伙人，也应当视为与继承人、受遗赠人有利害关系，不能作为遗嘱的见证人

> **典例研习·10-3**　**2020年多项选择题**
>
> 下列遗嘱形式中，依法须有2个以上见证人见证的有（　　）。
> A.代书遗嘱　　　　　　　　B.口头遗嘱
> C.打印遗嘱　　　　　　　　D.录音录像遗嘱
> E.自书遗嘱
>
> **斯尔解析**　本题考查遗嘱的形式。选项ABCD当选，代书遗嘱、口头遗嘱、打印遗嘱、录音录像遗嘱和自书遗嘱都属于法定的遗嘱形式，法定的遗嘱形式中，除公证遗嘱、自书遗嘱外，都需要有2个见证人作为合法有效遗嘱的条件。
>
> **本题答案** ABCD

（四）遗嘱的效力（★）

遗嘱的效力涉及有效遗嘱、无效遗嘱以及生效遗嘱。符合条件的遗嘱就是有效遗嘱，反之则属无效遗嘱。生效遗嘱，是指遗嘱涉及的当事人之间的权利义务关系发生的时间。

1.有效遗嘱

有效遗嘱必须具备下列条件，方能认定为有效遗嘱：

（1）立遗嘱时，遗嘱人必须具有遗嘱能力。
（2）遗嘱人的意思表示真实。
（3）遗嘱的内容不违反法律和公序良俗。
（4）遗嘱的形式应当符合法律规定的要求。

2.无效遗嘱

无效遗嘱主要有下列类型：

（1）无民事行为能力人或者限制民事行为能力人所立的遗嘱无效。

（2）遗嘱必须表示遗嘱人的真实意思，受欺诈、胁迫所立的遗嘱无效。

（3）伪造的遗嘱无效。

（4）遗嘱被篡改的，篡改的内容无效。

（5）遗嘱没有为缺乏劳动能力又没有生活来源的继承人保留必要的遗产份额的，对应当保留的必要份额处分无效。

提示：遗嘱人未保留缺乏劳动能力又没有生活来源的继承人的遗产份额，遗产处理时，应当为该继承人留下必要的遗产，所剩余的部分，才可参照遗嘱确定的分配原则处理。

（6）遗嘱人以遗嘱处分了国家、集体或者他人财产的，应当认定该部分遗嘱无效。

3.遗嘱不生效的情形

（1）遗嘱继承人、受遗赠人先于被继承人死亡，但遗嘱另有规定的除外，如指定有候补继承人或者候补受遗赠人。

（2）遗嘱继承人、受遗赠人在遗嘱成立之后丧失继承权或者受遗赠权。

（3）附解除条件的遗嘱，在遗嘱人死亡之前该条件已经成就。

（4）附停止条件的遗嘱，遗嘱继承人、受遗赠人在条件成就前死亡。

（5）遗嘱人死亡时，遗嘱处分的财产标的已经不复存在。

（五）遗嘱变更和撤回

情形	具体规定	
遗嘱变更	遗嘱人依法改变原先所立的遗嘱的部分内容	自然人变更或撤回遗嘱应由遗嘱人本人亲自进行
遗嘱的撤回	(1) 遗嘱的撤回，是指遗嘱人取消先前所立遗嘱。 (2) 立遗嘱后，遗嘱人实施与遗嘱内容相反的民事法律行为的，视为对遗嘱相关内容的撤回。 (3) 立有数份遗嘱，内容相抵触的，以最后的遗嘱为准	

（六）遗嘱的执行

遗嘱的执行，是指遗嘱生效以后，由特定的人按照遗嘱的内容将遗嘱付诸实施的行为及程序。

（1）自然人可以依法指定遗嘱执行人。遗嘱执行人，是指有权按照遗嘱人的意志执行遗嘱的人。

（2）遗嘱人可以在遗嘱中指定法定继承人中的一个或数个执行遗嘱，也可以指定在法定继承人以外的人执行遗嘱，还可以指定某些单位或组织充当遗嘱执行人。

（3）如果遗嘱人没有指定遗嘱执行人，则全体继承人都可以参加执行遗嘱。

（七）附义务的遗嘱

遗嘱继承或者遗赠附有义务的，继承人或者受遗赠人应当履行义务。没有正当理由不履行义务的，经利害关系人或者有关组织请求，法院可以取消其接受附义务部分遗产的权利。 !新

四、遗赠与遗赠扶养协议

遗赠，是遗嘱人用遗嘱的方式将个人财产赠给国家、集体或者法定继承人以外的自然人，而于其死之时发生法律效力的一种单方民事法律行为。

（一）遗赠（★★）

1.遗赠的概念

遗赠，是遗嘱人用遗嘱的方式将个人财产赠给国家、集体或法定继承人以外的自然人，而于其死之时发生法律效力的一种单方民事法律行为。

2.遗赠的特征

（1）遗赠是一种单方民事法律行为。

①只要将遗赠内容载入遗嘱，不需要受遗赠人同意即可产生法律效力。

②受遗赠人可以拒绝接受，也可以放弃受遗赠。拒绝接受或者放弃后，该项被放弃的遗赠由其他继承人按比例分配。

（2）遗赠人必须是自然人，受遗赠人既可以是自然人，也可以是非自然人。但作为受遗赠人的自然人必须是法定继承人以外的人。

（3）遗赠是给予法定继承人范围以外的人财产利益的民事法律行为。

（4）遗赠是死因法律行为。

遗赠人生前所为的遗赠行为只有到他死亡时才发生法律效力，受遗赠人才有权取得遗嘱中所指定的遗赠给他的遗产。

（二）遗赠扶养协议（★）

遗赠扶养协议，是指遗赠人和扶养人（继承人以外的组织或个人）之间关于扶养人承担遗赠人的生养死葬的义务，遗赠人的财产在其死后转归扶养人所有的协议。

1.遗赠扶养协议的特征

（1）遗赠扶养协议是双方民事法律行为。

（2）遗赠扶养协议是有偿、诺成、双务民事法律行为。

（3）遗赠扶养协议是生前行为和死后行为的统一。

遗赠扶养协议自成立之日起开始发生法律效力，而遗赠是从遗赠人死亡之日起发生法律效力。

2.遗赠扶养协议的优先性

（1）遗赠扶养协议具有优先于法定继承和遗嘱继承的效力。

（2）被继承人生前与他人订有遗赠扶养协议，同时又立有遗嘱的，继承开始后，如果遗赠扶养协议与遗嘱没有抵触，遗产分别按协议和遗嘱处理；如果有抵触，按协议处理，与协议抵触的遗嘱全部或者部分无效。

五、遗产的处理

继承开始后，遗产转归全体继承人共同共有。没有特殊约定的，遗产的使用、收益和处分应当由全体继承人共同为之或者经全体继承人一致同意才能进行。

（一）遗产管理人的选定和指定

1.选定

（1）继承开始后，**遗嘱执行人为遗产管理人**。

（2）没有遗嘱执行人的，继承人应当及时**推选**遗产管理人。

（3）继承人未推选的，由**继承人共同担任**遗产管理人。

（4）没有继承人或者继承人均放弃继承的，由被继承人生前住所地的民政部门或者村民委员会担任遗产管理人。

2.指定

（1）对遗产管理人的确定有争议的，利害关系人可以向**法院申请指定**遗产管理人。

（2）对遗产管理人的确定有争议，利害关系人申请指定遗产管理人的，向被继承人死亡时住所地或者主要遗产所在地基层法院提出。【新】

（二）遗产管理人的职责

遗产管理人应当履行下列职责：

（1）清理遗产并制作遗产清单。

（2）向继承人报告遗产情况。

（3）采取必要措施防止遗产毁损、灭失。

（4）处理被继承人的债权债务。

（5）按照遗嘱或者依照法律规定分割遗产。

（6）实施与管理遗产有关的其他必要行为。

（三）遗产债务清偿的原则【新】

（1）遗产债务的清偿遵循遗产债务限定继承原则。该原则是指继承人对遗产债务的偿还以所得遗产实际价值为限的原则。

（2）保留必留份份额原则。必留份是指被继承人在遗嘱处分自己的遗产时，必须依法留给特定继承人、不得自由处分的遗产份额，遗嘱非法处分必留份的，该部分遗嘱内容无效。

（3）遗产债务优先于执行遗赠的原则。

（四）遗产的分割

继承人可以在继承开始后**随时请求分割**遗产。

1.分出他人的

（1）夫妻共同所有的财产，除有约定的以外，遗产分割时，应当先将共同所有的财产的一半分出为配偶所有，其余的为被继承人的遗产。

（2）遗产在家庭共有财产之中的，遗产分割时，应当先分出他人的财产。

2.保留他人的

（1）遗产分割时，应当保留胎儿的继承份额。

①为胎儿保留的遗产份额没有保留的，应从继承人所继承的遗产中扣回。

②为胎儿保留的遗产份额，如胎儿出生后死亡的，由其继承人继承；如胎儿娩出时是死体的，由被继承人的继承人继承。

（2）应当为缺乏劳动能力又没有生活来源的继承人保留适当的遗产。

3.酌情减少的

对于故意隐匿、侵吞、争夺遗产的继承人，可以酌情减少其应继承的遗产。

4.无人继承的遗产处理

无人继承又无人受遗赠的遗产，归国家所有，用于公益事业；死者生前是集体所有制组织成员的，归所在集体所有制组织所有。

典例研习在线题库

至此，涉税服务相关法律的学习已经进行了65%，继续加油呀！

65%

第十一章 个人独资企业法

学习提要

重要程度：次重点章节

平均分值：1.5~3分

考核题型：单项选择题、多项选择题，在个别年份考查综合分析题

本章提示：本章内容较少，简单易懂。考试中以法条的形式或以简单案例的形式考查

第一节　个人独资企业法基础

一、个人独资企业的概念与特征（★★）

1.概念

个人独资企业，是指依照《中华人民共和国个人独资企业法》（以下简称《个人独资企业法》）在中国境内设立，由一个自然人投资，财产为投资人个人所有，投资人以其个人财产对企业债务承担无限责任的经营实体。

2.特征

（1）个人独资企业是由一个自然人投资设立的企业，企业的出资人是一个自然人，并且仅指中国公民。

（2）个人独资企业投资人的个人财产与企业财产不分离，投资人对企业债务承担无限责任。

当投资人申报登记的出资不足以清偿个人独资企业经营所负的债务时，投资人必须以其个人全部财产承担债务责任。

> **原理详解**
> 个人独资企业可以以家庭共有财产出资，但是其他家庭成员却不能因此成为投资人，也就是说，即使以家庭共有财产出资，出资人也应当是一个自然人。

（3）个人独资企业的内部机构设置简单，经营管理方式灵活。

（4）个人独资企业是一个经营实体，但不具有法人资格。

提示：个人独资企业可以起字号。

二、个人独资企业法的概念和适用范围 新

（1）《个人独资企业法》适用范围是依照该法在中国境内设立，由一个自然人投资，财产为投资人个人所有，投资人以其个人财产对企业债务承担无限责任的经营实体。

提示：符合《个人独资企业法》规定设立条件的个体工商户可以依法申请设立个人独资企业，不符合规定条件的个体工商户，如没有固定的生产经营场所或者只是从事季节性经营的，则不纳入该法调整范围。

（2）个人独资企业不包括国有和集体所有的独资企业，也不包括外商投资的独资企业。

第二节 个人独资企业的设立、变更与终止

一、个人独资企业的设立

（一）个人独资企业的设立条件（★）

记忆提示	具体规定
"人"	（1）投资人为一个自然人。即使以家庭财产投资的，也只能以一个自然人的名义投资。 （2）有必要的从业人员
"名"	有合法的企业名称
"钱"	有投资人申报的出资： （1）资金来源、出资形式未作限定。 （2）出资数额由投资人申报
"地"	有固定的生产经营场所和必要的生产经营条件

（二）个人独资企业的设立程序

1.提出申请

（1）设立个人独资企业。

申请个人独资企业，应当由投资人或者其委托的代理人向个人独资企业所在地的市场主体登记机关提出设立申请。

（2）设立分支机构。

个人独资企业设立分支机构，应当由投资人或者其委托的代理人向分支机构所在地的登记机关提出设立申请登记。

2.市场主体登记

（1）登记机关应当在收到投资人所提交且符合法定条件的予以核准登记，发给营业执照。

（2）个人独资企业营业执照的签发日期为个人独资企业成立日期。

二、个人独资企业的事务管理（★★）

（一）个人独资企业的投资人及其企业的权利和义务

1.权利

（1）确定企业名称和使用企业名称的权利。

（2）企业的用人权。

个人独资企业根据经营管理的实际需要，有权自行决定企业内部的机构设置和人员编制。

（3）占有、使用和处分企业财产的权利。

（4）决定个人独资企业经营管理的权利。

（5）企业依法获取经营收益的权利。个人独资企业依法从事经营或者提供服务，有权就所从事的经营或者提供的服务获取应得合法收入。

（6）其他合法权益。

个人独资企业可以依法申请贷款、取得土地使用权；申请商标注册，依法取得商标专用权；提出专利申请，依法取得专利权；以及依法设立或者撤销分支机构的权利等。

2.义务

（1）遵守法律、法规，遵守诚实信用原则，不得损害社会公共利益。

（2）依法履行纳税义务。

（3）个人独资企业招用职工的，应当依法与职工签订劳动合同，保障职工的劳动安全，按时、足额发放职工工资。

（4）依法设置会计账簿，进行会计核算。

（5）按照法律规定参加社会保险，为职工缴纳社会保险费。

（二）个人独资企业投资人对企业事务的管理

1.聘用人员

（1）在个人独资企业经营期间，投资人可以自行管理企业事务，也可以委托或者聘用其他具有民事行为能力的人负责企业的事务管理。

（2）投资人委托或者聘用他人管理个人独资企业事务，应当与受托人或者被聘用的人签订书面合同，明确委托的具体内容和授予的权利范围。

（3）投资人对受托人或者被聘用的人员职权的限制，不得对抗善意第三人。

2.会计账簿

个人独资企业应当依法设置会计账簿，进行会计核算。

3.公示

登记机关应当将个人独资企业登记、备案信息通过企业信用信息公示系统向社会公示。

| 典例研习·11-1 2019年单项选择题

根据《个人独资企业法》规定，下列有关个人独资企业的说法中，正确的是（　　）。

A.投资人对个人独资企业财产所享有的财产权利可以依法转让

B.投资人不能委托他人管理个人独资企业

C.个人独资企业具有法人资格

D.投资人对所聘用人员职权的限制，可以对抗第三人

> **斯尔解析** 本题考查个人独资企业的事务管理。选项A当选，个人独资企业投资人对本企业的财产依法享有所有权，其有关权利可以依法进行转让或继承。选项B不当选，个人独资企业投资人可以自行管理企业事务，也可以委托或者聘用其他具有民事行为能力的人负责企业的事务管理。选项C不当选，个人独资企业是非法人组织，其不具有法人资格。选项D不当选，投资人对受托人或者被聘用的人员职权的限制，不得对抗善意第三人。
>
> ▲ 本题答案　A

三、个人独资企业的变更

（1）个人独资企业存续期间登记事项发生变更的，应当办理变更登记。

（2）个人独资企业变更住所跨登记机关辖区的，应当向迁入地登记机关申请变更登记。

四、个人独资企业的终止（★）

（一）个人独资企业解散的情形

（1）投资人决定解散。

（2）投资人死亡或者被宣告死亡，无继承人或者继承人放弃继承。

（3）被依法吊销营业执照。

（4）法律、行政法规规定的其他情形。

（二）个人独资企业的清算

1.清算人

个人独资企业解散，由投资人自行清算或者由债权人申请人民法院指定清算人进行清算。

2.清算程序

（1）通知债权人。

投资人自行清算的，应当在清算前15日内书面通知债权人，无法通知的，应当予以公告。

（2）债权人申报债权。

债权人应当在接到通知之日起30日内，未接到通知的应当在公告之日起60日内，向投资人申报其债权。

3.企业财产清偿顺序

个人独资企业解散的，企业财产应当按照下列顺序清偿：

（1）所欠职工工资和社会保险费用。

（2）所欠税款。

（3）其他债务。

4.清算期间的限制

（1）清算期间，个人独资企业不得开展与清算目的无关的经营活动。

（2）在按规定顺序清偿债务前，投资人不得转移、隐匿财产。

5.债务承担

（1）个人独资企业财产不足以清偿债务的，投资人应当以其个人的其他财产予以清偿。

（2）企业所形成的债权债务事实上属于原企业主的个人债权债务。个人独资企业解散后，原投资人对个人独资企业存续期间的债务仍应承担偿还责任，但债权人在5年内未向债务人提出偿债请求的，该责任消灭。

（三）个人独资企业的终止

个人独资企业清算结束后，投资人或者人民法院指定的清算人应当编制清算报告，并于15日内到登记机关办理注销登记。

至此，涉税服务相关法律的学习已经进行了66%，继续加油呀！

第十二章 合伙企业法

学习提要

重要程度：重点章节

平均分值：3~13分

考核题型：单项选择题、多项选择题、个别年份考查综合分析题

本章提示：本章内容不多，整体不难，请同学们学习时注意区分普通合伙企业与有限合伙企业、普通合伙人与有限合伙人的相关规定

第一节 合伙企业法基础

原理详解

我国《中华人民共和国民法典》确立了包括合伙企业在内的非法人组织的独立民事主体地位。《民法典》合同编又增设"合伙合同",区分了契约型合伙与组织型合伙。契约型合伙属于纯粹的契约关系,由《民法典》合同编"合伙合同"调整的"合伙财产"并不具备独立性,其性质属于"共有"性质。形成组织体的合伙企业,被《民法典》纳入"非法人组织",拥有独立法律地位,财产由合伙企业独立享有。

一、合伙企业的概念与特征（★）

（一）合伙企业的概念

合伙企业,是指由合伙人订立合伙协议共同出资、共担风险、共享经营收益、对合伙企业债务依法承担责任的经营性组织。

（二）合伙企业的特征

（1）全体合伙人订立书面合伙协议。

订立合伙协议必须由全体合伙人协商一致,并且应当采用书面形式订立。

（2）合伙人共同出资、共担风险、共享经营收益、合伙经营。

（3）合伙企业是营利性经济组织,具体而言：

①合伙企业属于商事合伙。

②不具有法人资格。

③具有人合的团体性。

④组织形式的持续存在性。

（4）普通合伙人对合伙企业债务承担无限连带责任。

二、合伙企业的分类（★）

我国的合伙企业形式包括两类：一是普通合伙企业；二是有限合伙企业。

（一）普通合伙企业

（1）普通合伙企业由普通合伙人组成。

（2）合伙人对合伙企业债务依法承担无限连带责任,法律另有规定的除外。

（3）普通合伙企业名称中应当标明"普通合伙"字样。

（二）有限合伙企业

（1）有限合伙企业由普通合伙人和有限合伙人组成。

（2）普通合伙人对合伙企业债务承担无限连带责任，有限合伙人以其认缴的出资额为限对合伙企业债务承担责任。

（3）有限合伙企业名称中应当标明"有限合伙"字样。

第二节 普通合伙企业

一、普通合伙企业的设立条件（★）

1.普通合伙企业的合伙人

（1）普通合伙企业应有2个以上合伙人，人数没有上限。

（2）普通合伙人可以是自然人，也可以是法人或者其他组织。但合伙人为自然人的，应当具有完全民事行为能力。

（3）国有独资公司、国有企业、上市公司以及公益性的事业单位、社会团体不得成为普通合伙人。

2.书面合伙协议

（1）合伙协议应当依法由全体合伙人协商一致，以书面形式订立。

（2）合伙协议经全体合伙人签名、盖章后生效。

（3）修改或者补充合伙协议，应当经全体合伙人一致同意。但是，合伙协议另有约定的除外。

3.合伙人出资

（1）合伙企业应当有合伙人认缴或者实际缴付的出资。

（2）普通合伙人可以用货币、实物、知识产权、土地使用权或者其他财产权利出资，也可以用劳务出资。

（3）非货币财产出资的评估作价：

①合伙人以实物、知识产权、土地使用权或者其他财产权利出资，需要评估作价的，可以由全体合伙人协商确定，也可以由全体合伙人委托法定评估机构评估。

②合伙人以劳务出资的，其评估办法由全体合伙人协商确定，并在合伙协议中载明。

4.合伙企业的名称和生产经营场所

普通合伙企业应当在其名称中标明"普通合伙"字样；特殊普通合伙企业，应当在其名称中标明"特殊普通合伙"字样。

5.法律、行政法规规定的其他条件

合伙企业的经营范围中有属于法律、行政法规规定在登记前须经批准的项目的，该项经营业务应当依法经过批准，并在登记时提交批准文件。

二、合伙企业的财产

合伙企业的财产,是指合伙人的出资、以合伙企业名义取得的收益和依法取得的其他财产。合伙企业拥有自己的财产范围并受到法律保护。合伙企业财产独立于合伙人的个人财产,合伙人不能直接支配合伙企业财产。

(一)合伙企业财产的构成(★★)

合伙企业财产由原始财产和积累财产两个部分组成:

分类	具体规定
原始财产	全体合伙人的出资
积累财产	(1)合伙企业成立以后以合伙企业的名义依法取得的全部收益。 (2)依法取得的其他财产

提示:除《中华人民共和国合伙企业法》(以下简称《合伙企业法》)另有规定外,合伙人在合伙企业清算前,不得请求分割合伙企业的财产。合伙人在合伙企业清算前私自转移或者处分合伙企业财产的,合伙企业不得以此对抗善意第三人。

(二)合伙企业财产份额的转让和出质(★)

1.财产份额的转让

(1)内部转让。

合伙人之间转让在合伙企业中的全部或者部分财产份额时,应当**通知**其他合伙人(无须其他合伙人同意)。

(2)对外转让。

除合伙协议另有约定外,合伙人向合伙人以外的人转让其在合伙企业中的全部或者部分财产份额时:

①须经**其他合伙人一致同意**。

②在同等条件下,其他合伙人**有优先购买权**;但是,合伙协议另有约定的除外。

(3)合伙人资格取得。

合伙人以外的人依法受让合伙人在合伙企业中的财产份额的,经**修改合伙协议**即成为合伙企业的合伙人。

2.财产份额的出质

(1)普通合伙人以其在合伙企业中的财产份额**出质**的,须经**其他合伙人**一致同意。

(2)未经其他合伙人一致同意,其**行为无效**,由此给**善意第三人**造成损失的,由**行为人**依法承担赔偿责任。

三、合伙企业的事务执行(★★)

合伙企业事务执行,是指合伙企业的经营管理及对内对外关系中的事务处理的活动。

(一)合伙事务执行形式

合伙企业事务执行有三种形式:

执行形式	具体规定
全体合伙人共同执行	这是合伙事务执行的基本形式
委托一个或者数个合伙人执行	（1）按照合伙协议的约定或者经全体合伙人决定，可以委托一个或者数个合伙人执行合伙事务，其他合伙人不再执行合伙事务。 （2）作为合伙人的法人、其他组织执行合伙事务的，由其委派的代表执行
聘任合伙人以外的人执行	由合伙协议约定或者经过全体合伙人一致同意，可以聘请合伙人以外的人执行合伙事务

提示：对于不具有事务执行权的合伙人，擅自执行合伙事务，给合伙企业或者其他合伙人造成损失的，应当承担赔偿责任。不执行合伙事务的合伙人虽然不执行合伙企业的日常事务，但仍有参与企业重大事务的决定权。

（二）合伙人在执行合伙事务中的权利

1.全体合伙人的权利

（1）合伙人在合伙企业中具有平等的管理权、经营权、表决权、监督权和代表权。

（2）查阅权：合伙人为了解合伙企业的经营状况和财务状况，有权查阅合伙企业会计账簿等财务资料。

2.执行事务的合伙人的权利

（1）对外代表合伙企业的权利：执行合伙事务的合伙人对外代表合伙企业。

（2）提出异议的权利：

①合伙人分别执行合伙事务的，执行事务合伙人可以对其他合伙人执行的事务提出异议。

②其他合伙人提出异议时，应当暂停该项事务的执行。

（3）合伙企业对合伙人执行合伙事务以及对外代表合伙企业权利的限制，不得对抗善意第三人。

原理详解

此处的"第三人"，是指与合伙企业进行交易的相对人，"善意"意味着其不知道合伙企业内部对执行事务的合伙人的权利所作的限制。"对抗"，是指合伙企业否定第三人的某种权利和利益，拒绝承担某些责任。

提示：受委托执行合伙事务的合伙人不按照合伙协议或者全体合伙人的决定执行事务的，其他合伙人可以决定撤销该委托。

3.不执行事务的合伙人的权利

不执行合伙事务的合伙人有权监督执行事务合伙人执行合伙事务的情况。

（三）合伙人在执行合伙事务中的义务

（1）向其他合伙人的定期报告义务。

报告的内容包括：事务执行情况以及合伙企业经营和财务状况。

（2）竞业禁止义务和自我交易的禁止义务。

禁止项目	具体规定	违反义务的后果
经营竞业（绝对禁止）	普通合伙人不得自营或同他人合作经营与本合伙企业相竞争的业务	违反法律规定或合伙协议约定，从事与本合伙企业相竞争的业务或与本企业交易的，该收益归合伙企业所有，给合伙企业或者其他合伙人造成损失的，依法承担赔偿责任
自我交易（相对禁止）	除合伙协议另有约定或者经全体合伙人一致同意外，普通合伙人不得同本合伙企业进行交易	

（3）合伙人不得从事损害本合伙企业利益的活动。

典例研习·12-1 （2019年多项选择题）

根据《合伙企业法》的规定，下列有关普通合伙企业合伙事务执行的说法中，正确的有（　　）。

A.不执行合伙事务的合伙人有权对执行合伙事务的合伙人执行合伙事务情况进行监督

B.执行合伙事务的合伙人必须是自然人

C.经全体合伙人决定，可以委托一个或者数个合伙人对外代表合伙企业，执行合伙事务

D.执行合伙事务的合伙人应当定期向其他合伙人报告事务执行情况

E.作为合伙人的法人、其他组织不能对外代表合伙企业执行合伙事务

斯尔解析 本题考查普通合伙企业合伙事务的执行。选项A当选，不执行合伙事务的合伙人有权监督执行事务合伙人执行合伙事务的情况。选项BE不当选，执行合伙事务的合伙人可以是自然人，也可以是法人、其他组织，作为合伙人的法人、其他组织执行合伙事务的，由其委派的代表执行。选项C当选，合伙事务的执行可以由全体合伙人共同执行，也可以经全体合伙人决定，委托一个或者数个合伙人执行。选项D当选，执行事务的合伙人负有向其他合伙人定期报告的义务。

本题答案 ACD

（四）合伙企业决议的表决

1.一般事项

合伙人对合伙企业有关事项的决议，按照合伙协议约定的表决办法办理。合伙协议未约定或者约定不明确的，实行合伙人一人一票并经全体合伙人过半数通过的表决办法。

2.特殊事项

（1）"法定一致决"。

普通合伙人将其财产份额对外出质，应当经其他合伙人一致同意。

（2）"约定一致决"。

下列事项，除合伙协议另有约定外，须经全体/其他合伙人一致同意：

记忆提示	具体规定
改名改地改经营	改变合伙企业的名称、经营范围、主要经营场所的地点
卖方转权外担保	①转让、处分合伙企业的不动产、知识产权和其他财产权利。②以合伙企业名义为他人提供担保
再加外聘管理人	聘任合伙人以外的人担任合伙企业的经营管理人员
修补协议	修改或者补充合伙协议
新人入伙	决定新合伙人入伙
外转份额	普通合伙人向合伙人以外的人转让其在合伙企业中的财产份额
身份变更	普通合伙人转变为有限合伙人，或者有限合伙人转变为普通合伙人

3.合伙企业的经营管理人员相关规定

（1）被聘任的合伙企业的经营管理人员应当在合伙企业授权范围内履行职务。

（2）被聘任的合伙企业的经营管理人员，超越合伙企业授权范围履行职务，或者在履行职务过程中因故意或者重大过失给合伙企业造成损失的，依法承担赔偿责任。

（五）合伙企业的利润分配及亏损分担

1.利润分配、亏损分担原则

合伙协议不得约定将全部利润分配给部分合伙人或者由部分合伙人承担全部亏损。

2.合伙企业的利润分配、亏损分担顺序

记忆提示	具体规定
第一步：约定	按照合伙协议的约定办理
第二步：协商	合伙协议未约定或者约定不明确的，由合伙人协商决定
第三步：实缴	协商不成的，由合伙人按照实缴出资比例分配、分担
第四步：平均	无法确定出资比例的，由合伙人平均分配、分担

四、合伙企业与合伙人的债务清偿（★★）

（一）合伙企业债务的承担

（1）合伙企业对其债务，应先以合伙企业自身的全部财产进行清偿；合伙企业不能清偿到期债务的，合伙人承担无限连带责任。

（2）合伙人由于承担无限连带责任，清偿数额超过其亏损分担比例的，有权向其他合伙人追偿。

· 317 ·

原理详解

(1) 所谓"连带"，是指合伙人之间的连带，而不是合伙人与合伙企业连带。合伙企业有其独立的财产，对于合伙企业的债务，应先由合伙企业自己承担，无力承担的部分再由合伙人承担，因此，合伙企业和合伙人之间在负担合伙企业债务时有顺序，并不是直接承担"连带责任"。

(2) 合伙人之间约定的分担比例，仅在合伙人之间产生约束力，对债权人没有约束力，债权人可以请求全体合伙人中的一人或数人承担全部债务，也可以自由选择由各合伙人承担多少。

（二）合伙人债务的承担

合伙人发生与合伙企业无关的债务，有如下处理方式：

1.可以采取的方式

记忆提示	具体规定
收益偿	合伙人的自有财产不足清偿其与合伙企业无关的债务的，该合伙人可以其从合伙企业中分取的收益用于清偿
份额偿	(1) 债权人也可以依法请求人民法院强制执行该合伙人在合伙企业中的财产份额用于清偿。 (2) 人民法院强制执行合伙人的财产份额时，应当通知全体合伙人；其他合伙人有优先购买权。 (3) 其他合伙人未购买，又不同意将该财产份额转让给他人的，依照《合伙企业法》的规定为该合伙人办理退伙结算，或者办理削减该合伙人相应财产份额的结算

2.不可取的方式

记忆提示	具体规定
禁代位	相关债权人不得代位行使合伙人在合伙企业中的权利
禁抵销	相关债权人不得以债权抵销其对合伙企业的债务

五、入伙（★★）

1.入伙的条件和程序

（1）新合伙人入伙，除合伙协议另有约定外，应当经全体合伙人一致同意，并依法订立书面入伙协议。

（2）订立入伙协议时，原合伙人应当向新合伙人如实告知原合伙企业的经营状况和财务状况。

2.新合伙人责任承担

（1）入伙的新合伙人与原合伙人享有同等权利，承担同等责任。入伙协议另有约定的，从其约定。

（2）新合伙人对入伙前合伙企业的债务承担无限连带责任。

提示：即使入伙协议中约定新合伙人对合伙前合伙企业债务不承担责任，也不能对抗合伙企业的债权人。

典例研习·12-2 【2020年单项选择题】

在合伙协议没有特别约定的情况下，下列关于合伙企业入伙规则的说法中，正确的是（　　）。

A.新入伙的合伙人与原合伙人享有同等权利，但不承担同等义务

B.新入伙的合伙人对其入伙前合伙企业债务不承担责任

C.新合伙人入伙应得到2/3以上原合伙人同意

D.签订入伙协议时，原合伙人应当向新合伙人如实告知原合伙企业的经营状况、财务状况

【斯尔解析】本题考查合伙人的入伙规则。选项A不当选，入伙的新合伙人与原合伙人享有同等权利，承担同等责任。选项B不当选，新合伙人对入伙前合伙企业的债务承担无限连带责任。选项C不当选，新合伙人入伙，除合伙协议另有约定外，应当经全体合伙人一致同意，并依法订立书面入伙协议。选项D当选，订立入伙协议时，原合伙人应当向新合伙人如实告知原合伙企业的经营状况和财务状况。

【本题答案】D

六、退伙（★★）

退伙，是指合伙人身份归于消灭的法律事实。

（一）退伙的类型

退伙分为协议退伙、声明退伙、法定退伙、除名退伙。

1.协议退伙

协议退伙，是指退伙人与其他合伙人就退伙达成协议，从而使自己的合伙人资格归于消灭。

（1）合伙协议约定合伙期限的，在合伙企业存续期间，有下列情形之一的，合伙人可以退伙：

①合伙协议约定的退伙事由出现。

②经全体合伙人一致同意。

③发生合伙人难以继续参加合伙的事由。

④其他合伙人严重违反合伙协议约定的义务。

（2）合伙协议未约定合伙期限的，合伙人在不给合伙企业事务执行造成不利影响的情况下，可以退伙，但应当提前30日通知其他合伙人。

2.声明退伙

声明退伙，是指合伙人基于自己的意愿而表示退伙。合伙人声明退伙应当有正当的理由，没有正当理由的被视为违法退伙。合伙人违法退伙的，应当赔偿由此给合伙企业造成的损失。

3.法定退伙（当然退伙）

法定退伙（又称当然退伙），是指当合伙出现法律规定的情形，而导致合伙人资格消灭。

（1）普通合伙人有下列情形之一的，当然退伙：

记忆提示	具体规定
人挂	作为合伙人的自然人死亡或者被依法宣告死亡
人挂	作为合伙人的法人或者其他组织依法被吊销营业执照、责令关闭撤销，或者被宣告破产
钱没	个人丧失偿债能力
钱没	合伙人在合伙企业中的全部财产份额被人民法院强制执行
资格丧	法律规定或者合伙协议约定合伙人必须具有相关资格而丧失该资格

（2）退伙事由实际发生之日为退伙生效日。

4.除名退伙

当某一个合伙人因违法或者违反合伙协议时，被其他合伙人开除出合伙。

（1）合伙人有下列情形之一的，经其他合伙人一致同意，可以决议将其除名：

记忆提示	具体规定
未出资	未履行出资义务
干坏事	因故意或者重大过失给合伙企业造成损失
干坏事	执行合伙事务时有不正当行为
有约定	发生合伙协议约定的事由

（2）对合伙人的除名决议应当书面通知被除名人。被除名人接到除名通知之日，除名生效，被除名人退伙。

（3）被除名人对除名决议有异议的，可以向法院起诉。

（二）退伙的效果

1.合伙人资格的继承/财产份额的退还

（1）合伙人的继承人为完全民事行为能力人。

合伙人死亡或者被依法宣告死亡的，对该合伙人在合伙企业中的财产份额享有合法继承权的继承人，按照合伙协议的约定或者经全体合伙人一致同意，从继承开始之日起，取得该合伙企业的合伙人资格。

（2）合伙人的继承人为无民事行为能力人或限制民事行为能力人。

①经全体合伙人一致同意，可以依法成为有限合伙人，普通合伙企业依法转为有限合伙企业。

②全体合伙人未能一致同意的，合伙企业应当将被继承合伙人的财产份额退还该继承人。

（3）有下列情形之一的，合伙企业应当向合伙人的继承人退还被继承合伙人的财产份额：

①继承人不愿意成为合伙人。

②法律规定或者合伙协议约定合伙人必须具有相关资格，而该继承人未取得该资格。

③合伙协议约定不能成为合伙人的其他情形。

2.退伙结算

（1）合伙人退伙，其他合伙人应当与该退伙人按照退伙时的合伙企业财产状况进行结算，退还退伙人的财产份额。

（2）退伙人对给合伙企业造成的损失负有赔偿责任的，相应扣减其应当赔偿的数额。

（3）退伙时有未了结的合伙企业事务的，待该事务了结后进行结算。

（4）退伙人在合伙企业中财产份额的退还办法，由合伙协议约定或者由全体合伙人决定，可以退还货币，也可以退还实物。

（5）合伙人退伙时，合伙企业财产少于合伙企业债务的，退伙人应当依照法律规定分担亏损。

（6）退伙人对**退伙前**发生的合伙企业债务，承担无限连带责任。

典例研习·12-3 〔2020年多项选择题〕

根据《合伙企业法》的规定，可能导致合伙人被除名的事由有（　　）。

A.因故意给合伙企业造成损失　　　B.因重大过失给合伙企业造成损失

C.执行合伙事务时有不正当行为　　D.未履行出资义务

E.合伙人个人丧失偿债能力

斯尔解析 本题考查除名退伙。合伙人有下列情形之一的，经其他合伙人一致同意，可以决议将其除名：（1）未履行出资义务（选项D当选）；（2）因故意或者重大过失给合伙企业造成损失（选项AB当选）；（3）执行合伙事务时有不正当行为（选项C当选）；（4）发生合伙协议约定的事由。选项E不当选，合伙人个人丧失偿债能力属于普通合伙人当然退伙的情形。

本题答案 ABCD

七、特殊普通合伙企业（★）

特殊普通合伙企业（又称有限责任合伙），是指以专业知识和专门技能为客户提供有偿服务的**专业机构**性质的合伙企业，**非专业服务机构不能采取特殊普通合伙企业形式**。

（一）特殊普通合伙企业的责任承担

（1）对合伙人在执业活动中非因故意或者重大过失造成的合伙企业债务和合伙企业的其他债务，由全体合伙人承担无限连带责任。

（2）合伙人执业活动中因故意或重大过失造成的合伙企业债务，以合伙企业财产对外承担责任后，该合伙人应当按照合伙协议的约定对给合伙企业造成的损失承担赔偿责任。

（二）特殊普通合伙企业的执业风险防范

（1）特殊普通合伙企业应当建立执业风险基金、办理职业保险。

（2）执业风险基金用于偿付合伙人执业活动造成的债务。

（3）执业风险基金应当单独立户管理。

| 典例研习 · 12-4　2018年单项选择题改编

下列关于特殊普通合伙企业的性质、法律责任承担的说法中，不正确的是（　　）。

A．某一合伙人在执业活动中因故意造成合伙企业债务的，应当由该合伙人先行赔偿

B．某一合伙人在执业活动中因非因故意或重大过失造成合伙企业债务的，由全体合伙人承担无限连带责任

C．某一合伙人在执业活动中因故意造成合伙企业债务的，应当先以合伙企业财产对外承担责任

D．它是以专业知识和专门技能为客户提供有偿服务的专业服务机构性质的合伙企业

斯尔解析　本题考查特殊普通合伙企业。选项A当选，合伙人执业活动中因故意或者重大过失造成的合伙企业债务，以合伙企业财产对外承担责任后，该合伙人应当按照合伙协议的约定对给合伙企业造成的损失承担赔偿责任。选项BCD不当选，其所述均正确。

▲本题答案 A

第三节　有限合伙企业

在法律适用中，凡是《合伙企业法》中对有限合伙企业有特殊规定的，应当适用有关特殊规定；无特殊规定的，适用有关普通合伙企业及其合伙人的一般规定。

一、有限合伙企业的设立（★）

（一）合伙人

（1）有限合伙企业由2个以上50个以下合伙人设立；但是，法律另有规定的除外。

（2）有限合伙企业**至少应当有1个普通合伙人**；有限合伙企业仅剩有限合伙人的，应当解散；有限合伙企业仅剩普通合伙人的，应当转为普通合伙企业。

（3）自然人、法人和其他组织可以依法设立有限合伙企业，但国有独资公司、国有企业、上市公司以及公益性的事业单位、社会团体不得成为有限合伙企业的普通合伙人。

（二）合伙人的出资

（1）有限合伙人可以用货币、实物、知识产权、土地使用权或者其他财产权利作价出资。但**有限合伙人不得以劳务出资**。

（2）有限合伙人应当按照合伙协议的约定按期足额缴纳出资；未按期足额缴纳的，应当承担补缴义务，并**对其他合伙人承担违约责任**。

（3）有限合伙企业登记事项中应当载明有限合伙人的姓名或者名称及认缴的出资数额。

（三）名称

有限合伙企业名称中应当标明"有限合伙"字样。

二、有限合伙企业事务执行（★）

（一）有限合伙企业事务执行人

有限合伙企业由**普通合伙人执行合伙事务**。执行事务合伙人可以要求在合伙协议中确定执行事务的报酬及报酬提取方式。

（二）有限合伙人实施合伙事务的具体规定

1.不执行、不代表

有限合伙人不执行合伙事务，不得对外代表有限合伙企业。

2.有限合伙人可以实施的事项

（1）有限合伙人的下列行为，不视为执行合伙事务：

记忆提示	具体情形
入退伙	参与决定普通合伙人入伙、退伙
提建议	对企业的经营管理提出建议
选会所	参与选择承办有限合伙企业审计业务的会计师事务所
本担保	依法为本企业提供担保
获报告	获取经审计的有限合伙企业财务会计报告
查账簿	对涉及自身利益的情况，查阅有限合伙企业财务会计账簿等财务资料
提诉讼	在有限合伙企业中的利益受到侵害时，向有责任的合伙人主张权利或者提起诉讼
	执行事务合伙人怠于行使权利时，督促其行使权利或者为了本企业的利益以自己的名义提起诉讼

（2）若无相反约定，有限合伙人可以实施下列事项：

记忆提示	具体规定
出质	有限合伙人可以将其在有限合伙企业中的财产份额出质；但是，合伙协议另有约定的除外
交易	有限合伙人可以同本有限合伙企业进行交易；合伙协议另有约定的除外
相竞争	有限合伙人可以自营或者同他人合作经营与本有限合伙企业相竞争的业务，合伙协议另有约定的除外

（三）利润分配

有限合伙企业不得将全部利润分配给部分合伙人；但是，合伙协议另有约定的除外。

（四）财产份额转让

有限合伙人可以按照合伙协议的约定向合伙人以外的人转让其在有限合伙企业中的财产份额，但应当提前30日通知其他合伙人。

（五）债务清偿

有限合伙人的自有财产不足清偿其与合伙企业无关的债务的：

记忆提示	具体规定
收益偿	该合伙人可以以其从有限合伙企业中分取的收益用于清偿
份额偿	债权人也可以依法请求人民法院强制执行该合伙人在有限合伙企业中的财产份额用于清偿： （1）人民法院强制执行有限合伙人的财产份额时，应当通知全体合伙人。 （2）在同等条件下，其他合伙人有优先购买权

三、有限合伙企业的入伙和退伙（★）

（一）入伙

（1）新入伙的有限合伙人对入伙前有限合伙企业的债务，以其认缴的出资额为限承担责任。

（2）新入伙的有限合伙人以其认缴的出资额为限承担责任。

（二）退伙

1.当然退伙

有限合伙人出现下列情形时当然退伙：

记忆提示	具体规定
人挂	作为合伙人的自然人死亡或者被依法宣告死亡 作为合伙人的法人或者其他组织依法被吊销营业执照、责令关闭、撤销，或者被宣告破产
钱没	合伙人在合伙企业中的"全部财产份额"被人民法院强制执行
资格丧	法律规定或者合伙协议约定合伙人必须具有相关资格而丧失该资格

2.退伙后的责任承担

有限合伙人退伙后,对基于其退伙前的原因发生的有限合伙企业债务,以其退伙时从有限合伙企业中取回的财产承担责任。

> **解题高手**
>
> **命题角度:合伙人丧失民事行为能力/死亡的处理。**
>
> (1) 丧失民事行为能力。
>
> "合伙人被依法认定为无民事行为能力人或者限制民事行为能力人"并不属于法定退伙的情形。
>
> ①普通合伙人:
>
> 经其他合伙人一致同意,可以依法转为有限合伙人;相应地,普通合伙企业依法转为有限合伙企业。其他合伙人未能一致同意的,该无民事行为能力或者限制民事行为能力的合伙人退伙。
>
> ②有限合伙人:
>
> 作为有限合伙人的自然人在有限合伙企业存续期间丧失民事行为能力的,其他合伙人不得因此要求其退伙。这意味着,此种情形并不影响有限合伙人资格。
>
> (2) 死亡。
>
> 作为合伙人的自然人死亡属于当然退伙情形,合伙人死亡后,有如下处理:
>
> ①普通合伙人:
>
> 特定情形下继承合伙人资格,其余情形,向继承人退还财产份额。
>
> ②有限合伙人:
>
> 作为有限合伙人的自然人死亡、被依法宣告死亡或者作为有限合伙人的法人及其他组织终止时,其继承人或者权利承受人可以依法取得该有限合伙人在有限合伙企业中的资格。

四、合伙人性质转变

1.转换流程

除合伙协议另有约定外,普通合伙人转变为有限合伙人,或者有限合伙人转变为普通合伙人,应当经全体合伙人一致同意。

2.责任承担

(1) 有限合伙人转变为普通合伙人的,对其作为有限合伙人期间有限合伙企业发生的债务承担无限连带责任。

(2) 普通合伙人转变为有限合伙人的,对其作为普通合伙人期间合伙企业发生的债务承担无限连带责任。

解题高手

命题角度：判断普通合伙人、有限合伙人入伙、退伙对合伙企业债务的承担。

时间		普通合伙人	有限合伙人
入伙前		无限连带责任	以认缴的出资额为限承担责任
合伙人期间			
退伙后	基于退伙前的原因发生		以退伙时从有限合伙企业中取回的财产承担责任
	新发生	不承担责任	

第四节　合伙企业解散、清算

一、合伙企业解散（★）

1.合伙企业解散的概念

合伙企业解散，是指合伙企业因某种法律事实的发生而使其民事主体资格归于消灭的法律行为。

2.合伙企业解散的事由

（1）合伙期限届满，合伙人决定不再经营。

（2）合伙协议约定的解散事由出现。

（3）全体合伙人决定解散。

（4）合伙人已不具备法定人数满30天。

（5）合伙协议约定的合伙目的已经实现或者无法实现。

（6）依法被吊销营业执照、责令关闭或者被撤销。

（7）法律、行政法规规定的其他原因。

二、合伙企业清算

合伙企业清算，是指合伙企业解散宣告后，为了结束合伙企业现存的各种法律关系，依法清理合伙企业债权债务的行为。

合伙企业解散，应当由清算人进行清算。

（一）清算人

1.清算人的确定

（1）共同担任：清算人由**全体合伙人**担任。

（2）合伙人指定：经全体合伙人**过半数**同意，可以自合伙企业解散事由出现15日内指定一个或者数个合伙人，或者委托第三人，担任清算人。

（3）法院指定：自合伙企业解散事由出现之日起15日内未确定清算人的，合伙人或者其他利害关系人可以申请人民法院指定清算人。

2.清算人职权

（1）清理合伙企业财产，分别编制资产负债表和财产清单。

（2）处理与清算有关的合伙企业未了结事务。

（3）清缴所欠税款。

（4）清理债权、债务。

（5）处理合伙企业清偿债务后的剩余财产。

（6）代表合伙企业参加诉讼或者仲裁活动。

（二）清算流程

1.债权申报

（1）清算人应自被确定之日起10日内将合伙企业解散事项通知债权人，并于60日内在报纸上公告。

（2）债权人应当自接到通知书之日起30日内，未接到通知书的自公告之日起45日内，向清算人申报债权。

2.财产分配

合伙企业财产在支付清算费用和职工工资、社会保险费用、法定补偿金（法定补偿金可包括：因解除劳动合同应支付的补偿金；克扣、拖欠工资支付的补偿金；因合同终止应支付的补偿金）以及缴纳所欠税款、清偿债务后的剩余财产，依照《合伙企业法》的有关规定进行分配。

3.注销登记

（1）清算期间，合伙企业存续，但不得开展与清算无关的经营活动。

（2）清算结束，清算人应当编制清算报告，经全体合伙人签名、盖章后，在15日内申请办理合伙企业注销登记。

（3）合伙企业注销后，原普通合伙人对合伙企业存续期间的债务仍应承担**无限连带责任**。

（三）合伙企业破产

（1）合伙企业不能清偿到期债务的，债权人可以依法向人民法院提出破产清算申请，也可以要求普通合伙人清偿。

（2）合伙企业依法被宣告破产的，普通合伙人对合伙企业债务仍应承担无限连带责任。

解题高手

命题角度1：普通合伙企业与有限合伙企业的对比辨析。

事项		普通合伙企业	有限合伙企业
设立相关	人	2个以上合伙人，均为普通合伙人	2~50人，至少1名普通合伙人
	名称	"普通合伙""特殊普通合伙"	"有限合伙"
损益分配		不得将全部利润分配给部分合伙人，也不得要求部分合伙人承担全部亏损	不得将全部利润分配给部分合伙人，合伙协议另有约定除外

命题角度2：普通合伙人与有限合伙人对比辨析。

事项		普通合伙人	有限合伙人
责任承担		无限连带责任	以认缴的出资额为限承担有限责任
合伙人性质		完全民事行为能力人、法人、其他组织	自然人、法人、其他组织
		国有独资公司、国有企业、上市公司以及公益性的事业单位、社会团体不得成为普通合伙人，但可以成为有限合伙人	
转让份额	对内	通知	—
	对外	"约定一致决"	无须征得同意，但应提前30日通知其他合伙人
质押		"法定一致决"：应当经其他合伙人一致同意	
经营竞业		绝对禁止	可以（协议另有约定除外）
自我交易		不得（合伙协议另有约定或经全体合伙人一致同意除外）	
债务清偿		合法的清偿方式：收益、份额。不合法的清偿方式：代位、抵销	合法的清偿方式：收益、份额

续表

事项		普通合伙人	有限合伙人
合伙人	死亡	合伙协议的约定或者经全体合伙人一致同意，继承人自继承开始日取得合伙人资格	继承人可以直接继承资格
	丧失民事行为能力	（1）经其他合伙人一致同意，该合伙人转为有限合伙人；合伙企业转为有限合伙企业。（2）反之，该合伙人退伙	不影响合伙人资格

典例研习在线题库

至此，涉税服务相关法律的学习已经进行了70%，继续加油呀！

70%

第十三章 公司法

学习提要

重要程度：重点章节

平均分值：5~12分

考核题型：以单项选择题、多项选择题为主，在个别年份涉及综合分析题

本章提示：本章按照2024年7月1日实施的《中华人民共和国公司法》书写。本章内容对记忆要求很高，重点并不突出。先听课，在能正确理解法条含义的基础上记忆，学习效果会更好

第一节 公司法概述

一、公司与股东

公司是依照法定条件和程序,由股东出资设立的以营利为目的的社团法人。根据《中华人民共和国公司法》(以下简称《公司法》)的规定,在中国境内设立的公司,仅限于有限责任公司和股份有限公司。

有限责任公司是股东以其认缴的出资额为限对公司承担责任的公司。股份有限公司是股东以其认购的股份为限对公司承担责任的公司。

股东在出资后,其出资财产即归公司所有。而股东取得了对公司的股东权利。有限责任公司对公司的权利,一般称"股权";股份有限公司股东对公司的权利,一般以"股份"衡量。

二、公司能力

公司是法人,其享有民事权利能力和民事行为能力。

(一)公司的权利能力

公司的权利能力,是指公司作为法律主体依法享有权利和承担义务的资格。

1.公司权利能力的开始和终止

公司的权利能力始于成立,即营业执照签发之日。终于终止,即办理完注销登记手续并公告之日。

2.公司权利能力的限制

(1)性质上的限制。

公司为法律拟制的人格,凡与自然人自身性质相关的权利义务,公司均不能享有。但公司享有名称权、名誉权、荣誉权等权利。

(2)经营范围的限制。

①公司的经营范围由公司章程作出规定。

②公司的经营范围必须依法进行登记。

③公司申请登记的经营范围中属于法律、行政法规规定须经批准的项目,应当依法经过批准。

④公司可以修改公司章程,改变经营范围,但是应当办理变更登记。

⑤公司必须在登记的经营范围内从事经营活动。

⑥如果当事人超越经营范围订立合同,为了保护善意相对人的利益,人民法院不因此认定合同无效。

（3）目的上的限制。

公司经营不得违反国家法律、行政法规规定，违反国家限制经营、特许经营以及法律、行政法规禁止经营规定的，应当承担相应的法律责任。

（二）公司的行为能力

公司的行为能力，是指公司基于自己的意思表示，以自己的行为独立取得权利和承担义务的能力。**公司的行为能力与公司的权利能力同时产生，同时终止。**

1.公司行为能力的实现

（1）公司的意思能力通过公司的法人机关形成和表示，公司的法人机关由股东会、董事会和监事会组成。它们依照《公司法》规定的职权和程序，相互配合又相互制衡，进行公司的意思表示。

（2）公司的行为能力由公司的法定代表人实现。公司的法定代表人依照公司章程的规定，由代表公司**执行公司事务的董事或者经理担任**，并依法登记。担任法定代表人的董事或者经理辞任的，视为同时辞去法定代表人。

（3）**法定代表人以公司名义从事的民事活动，其法律后果由公司承受**。公司章程或者股东会对法定代表人职权的限制，不得对抗善意相对人。法定代表人因执行职务造成他人损害的，由公司承担民事责任。公司承担民事责任后，依照法律或者公司章程的规定，可以向有过错的法定代表人追偿。

（4）法律、行政法规为限制法人的法定代表人或者非法人组织的负责人的代表权，规定合同所涉事项应当由法人、非法人组织的权力机构或者决策机构决议，或者应当由法人、非法人组织的执行机构决定，法定代表人、负责人未取得授权而以法人、非法人组织的名义订立合同，未尽到合理审查义务的相对人主张该合同对法人、非法人组织发生效力并由其承担违约责任的，人民法院不予支持，但是法人、非法人组织有过错的，可以判决其承担相应的赔偿责任。相对人已尽到合理审查义务，构成表见代表的，人民法院应当依据《民法典》第504条的规定处理。

提示：《民法典》第504条规定为："法人的法定代表人或者非法人组织的负责人超越权限订立的合同，除相对人知道或者应当知道其超越权限外，该代表行为有效，订立的合同对法人或者非法人组织发生效力。"

2.公司的侵权行为能力

（1）构成要件。

①主体是公司、公司法定代表人、代理人或公司的工作人员。

②行为是职务行为。

③具备一般侵权行为的构成要件。

（2）法律责任。

①被认定为公司侵权行为的，由公司向受害人承担赔偿责任。

②行为人（工作人员）不直接对受害人承担民事赔偿责任，但是会承担其他责任，如刑事责任、行政责任和对公司的民事赔偿责任。

| 典例研习·13-1   2021年单项选择题

甲公司在宁海社区完成一项防水工程后，将剩余的防水材料卖给了宁海社区的乙物业管理公司。经查，甲公司营业执照上核准登记的经营范围并不包括销售防水材料。根据《民法典》及相关规定，甲与乙之间防水材料买卖合同（　　）。

A.无效　　　　B.可撤销　　　　C.有效　　　　D.效力待定

斯尔解析　本题考查公司超越公司经营范围订立合同的效力。选项C当选，公司不得超越经营范围进行活动。如果当事人超越经营范围订立合同，为了保护善意相对人的利益，人民法院不因此认定合同无效。

本题答案　C

三、公司章程

公司章程是公司依法制定的规定公司名称、住所、经营范围、经营管理制度等重大事项的基本文件，是公司组织和活动的基本准则，常被称作"公司的宪法"。

四、公司资本

在我国，公司资本通常指公司的注册资本，即公司成立时章程所确定的由股东出资构成的、在公司登记机关登记的公司财产，因而股东出资是公司资本形成的最基本途径。

（一）公司资本制度 变

公司资本制度是国家对企业设立和运营所需的最低资本进行规定和监管的制度，主要有法定资本制和授权资本制。

（1）法定资本制，是指公司设立时，必须在公司章程中明确记载公司的资本总额，由股东或者发起人全部认足并一次性缴足或者按约定期限缴足股款的一种公司资本制度。

（2）授权资本制，是指公司在设立时将公司资本总额记载于公司章程，但并不要求股东或者发起人全部认足并缴纳股款。未认购部分，授权董事会在公司成立后根据业务需要随时发行新股进行募集的一种公司资本制度。

（二）公司资本原则

项目	具体规定
资本确定原则	公司设立时，必须在章程中对公司的注册资本予以明确，并须由股东和发起人全部认足并缴足，否则公司不能成立
资本维持原则	公司在其存续过程中，应当经常保持与其注册资本相当的财产
资本不变原则	公司资本总额一旦确定，非经法定程序变更章程，不得改变

五、公司法人人格否认制度

（一）公司的独立法人资格

公司是企业法人，有独立的法人财产，享有法人财产权。公司的独立法人资格包括两层含义：

（1）公司法人财产制度。

公司财产独立于股东而存在，股东一经对公司出资或者购买公司股份，股东财产就转变为公司财产，为公司所有。

（2）股东有限责任制度。

公司以其拥有的全部财产为限对自己的债务承担责任，有限责任公司股东以其认缴的出资额、股份有限公司股东以其认购的股份为限对公司承担责任，公司债权人不可向股东追及。

（二）公司法人人格否认制度

1.实践中常见的人格否认的具体情形

（1）人格混同。

人格混同的主要表现是公司的财产与股东的财产是否混同且无法区分，具体如下：

①股东无偿使用公司资金或者财产，不作财务记载的。

②股东用公司的资金偿还股东的债务，或者将公司的资金供关联公司无偿使用，不作财务记载的。

③公司账簿与股东账簿不分，致使公司财产与股东财产无法区分的。

④股东自身收益与公司盈利不加区分，致使双方利益不清的。

⑤公司的财产记载于股东名下，由股东占有、使用的。

⑥人格混同的其他情形。

另外，在出现人格混同的情况下，往往同时出现以下混同：公司业务和股东业务混同。公司员工与股东员工混同，特别是财务人员混同；公司住所与股东住所混同。

（2）过度支配与控制。

公司控制股东对公司过度支配与控制，操纵公司的决策过程，使公司完全丧失独立性，沦为控制股东的工具或躯壳，严重损害公司债权人利益，应当否认公司人格，由滥用控制权的股东对公司债务承担连带责任。实践中常见的情形包括：

①母子公司之间或者子公司之间进行利益输送的。

②母子公司或者子公司之间进行交易，收益归一方，损失却由另一方承担的。

③先从原公司抽走资金，然后再成立经营目的相同或者类似的公司，逃避原公司债务的。

④先解散公司，再以原公司场所、设备、人员及相同或者相似的经营目的另设公司，逃避原公司债务的。

⑤过度支配与控制的其他情形。

2.责任承担

（1）连带责任。

①公司股东滥用公司法人独立地位和股东有限责任，逃避债务，严重损害公司债权人利益的，应当对公司债务承担连带责任。

②股东利用其控制的2个以上公司实施上述规定行为的，各公司应当对任一公司的债务承担连带责任。

③只有一个股东的公司，股东不能证明公司财产独立于股东自己的财产的，应当对公司债务承担连带责任。

（2）公司股东滥用股东权利给公司或者其他股东造成损失的，应当承担赔偿责任。

典例研习·13-2 **2020年多项选择题**

下列公司、股东的行为中，可以作为公司人格混同认定依据的有（　　）。

A.股东无偿使用公司资金，不作财务记载

B.股东用公司的资金偿还股东债务，不作财务记载

C.控制股东操纵公司决策过程

D.母子公司之间进行利益输送

E.不区分公司账簿与股东账簿，致使公司财产与股东财产无法区分

【斯尔解析】本题考查人格混同的认定。人格混同的主要表现是公司的财产与股东的财产是否混同且无法区分，具体包括：(1)股东无偿使用公司资金或者财产，不作财务记载的（选项A当选）。(2)股东用公司的资金偿还股东的债务，或者将公司的资金供关联公司无偿使用，不作财务记载的（选项B当选）。(3)公司账簿与股东账簿不分，致使公司财产与股东财产无法区分的（选项E当选）。(4)股东自身收益与公司盈利不加区分，致使双方利益不清的。(5)公司的财产记载于股东名下，由股东占有、使用的。选项CD不当选，"控制股东操纵公司决策过程"与"母子公司之间进行利益输送"属于过度支配与控制的情形。

【本题答案】ABE

第二节　公司设立

一、公司设立方式

公司设立方式包括发起设立与募集设立。

（一）发起设立

1.发起设立的概念

发起设立，是指由发起人认购设立公司时应发行的全部股份而设立公司。有限责任公司、股份有限公司均可发起设立。

2.发起人

（1）发起人为设立公司而签署公司章程、向公司认购出资或者股份并履行公司设立职责的人。有限责任公司设立时的股东均为发起人。

（2）自然人、法人、非法人组织以及中国人和外国人都可以成为发起人，但是，无民事行为能力人和限制民事行为能力人、国家公职人员、受到竞业禁止的人不宜成为发起人。

（二）募集设立

募集设立，是指由发起人认购设立公司时应发行股份的一部分，其余股份向特定对象募集或者向社会公开募集而设立公司。仅股份有限公司可采取募集设立。

二、公司设立条件（★★★）

1.股东或者发起人

项目	股东/发起人	有无住所要求
有限责任公司	1个以上50个以下股东出资设立	无
股份有限公司	1人以上200人以下为发起人 新	半数以上发起人在中国境内有住所

2.股东/发起人的义务

（1）有限责任公司设立时的股东可以签订设立协议，明确各自在公司设立过程中的权利和义务。

（2）股份有限公司发起人承担公司筹办事务。发起人应当签订发起人协议，明确各自在公司设立过程中的权利和义务。

3.公司章程

（1）设立有限责任公司，应当由股东共同制定公司章程。设立股份有限公司，应当由发起人共同制订公司章程。采取募集方式设立的股份有限公司，章程须经公司成立大会通过。成立大会对公司章程作出决议，应当经出席会议的认股人所持表决权过半数通过。 新

（2）公司章程的效力。

公司章程对公司、股东、董事、监事、高级管理人员具有约束力。公司章程作为公司的内部规章，效力仅及于公司和相关当事人，不具有普遍约束力。

4.公司注册资本

（1）公司注册资本。 新

分类	具体规定	具体要求
有限责任公司	公司登记机关登记的全体股东认缴的出资额	全体股东认缴的出资额由股东按照公司章程的规定自公司成立之日起**5年内**缴足
股份有限公司	在公司登记机关登记的**已发行股份的股本总额**	在发起人认购的股份缴足前，不得向他人募集股份。发起人应当在**公司成立前按照其认购的股份全额缴纳股款**

（2）对股份有限公司发起人出资的细化规定。

①以发起设立方式设立股份有限公司的，发起人应当认足公司章程规定的公司设立时应发行的股份。

②以募集设立方式设立股份有限公司的，发起人认购的股份不得少于公司章程规定的公司设立时**应发行股份总数的35%**；但是，法律、行政法规另有规定的，从其规定。

5.公司名称和住所

（1）公司应当有自己的名称。依照公司法设立的有限责任公司或者股份有限公司，应当在公司名称中标明"有限责任公司或者有限公司""股份有限公司或者股份公司"字样。

（2）公司应当有住所。公司以其主要办事机构所在地为住所。

6.募集设立中公司设立失败的处理

公司未设立的情形	股款返还	抽回股本
公司设立时应发行的股份未募足	认股人可以按照所缴股款并加算银行同期存款利息，要求发起人返还	左述三种情形，发起人、认股人可以抽回股本；其余情形不得抽回股本
发行股份的股款缴足后，发起人在30日内未召开成立大会的		
成立大会决议不设立公司	—	

典例研习·13-3 模拟单项选择题

下列有关公司设立规则的说法中，正确的是（　　）。

A.采取发起方式设立的股份有限公司，设立前发起人仅需要认足公司章程规定的公司设立时应发行的股份

B.有限责任公司全体股东认缴的出资额由股东自公司成立之日起3年内缴足

C.采取募集方式设立的，注册资本为在公司登记机关登记的已发行股份的股本总额

D.采取募集方式设立的股份有限公司，发起人为2~200人

斯尔解析 本题考查公司设立规则。选项A不当选，以发起设立方式设立股份有限公司的，发起人应当认足公司章程规定的公司设立时应发行的股份。发起人应当在公司成立前按照其认购的股份全额缴纳股款。选项B不当选，有限责任公司全体股东认缴的出资额由股东按照公司章程的规定自公司成立之日起5年内缴足。选项C当选，股份有限公司注册资本为在公司登记机关登记的已发行股份的股本总额。选项D不当选，无论发起设

立或募集设立的股份有限公司，发起人为1~200人，同时要求，半数以上的发起人在中国境内有住所。

> 本题答案 C

三、公司设立责任

公司设立责任是公司发起人在设立公司过程中应当承担的责任。

提示：此处的发起人，包括有限责任公司设立时股东，以及股份有限公司发起人。

（一）民事责任（★）

（1）公司设立时的股东为设立公司从事的民事活动，其法律后果由公司承受。

（2）设立时的股东为设立公司以自己的名义从事民事活动产生的民事责任，第三人有权选择请求公司或者公司设立时的股东承担。设立时的股东因履行公司设立职责造成他人损害的，公司或者无过错的股东承担赔偿责任后，可以向有过错的股东追偿。

（二）未设立责任

公司未成立的，其法律后果由公司设立时的股东承受；设立时的股东为2人以上的，享有连带债权，承担连带债务。

第三节　股东出资与股东资格

一、股东出资

（一）出资财产（★★）

1.基本规定

情形		具体规定
能用于出资	货币	股东或发起人以货币出资的，应当将货币出资足额存入公司在银行开设的账户
	非货币财产 具体形式	实物、知识产权、土地使用权、股权、债权等可用货币估价的资产并可以依法转让的财产作价出资，但法律、行政法规规定不得作为出资的财产除外
	非货币财产 是否估价	对作为出资的非货币财产应当评估作价，核实财产，不得高估或者低估作价。法律、行政法规对评估作价有规定的，从其规定
	非货币财产 转移手续	以非货币财产出资的，应当依法办理其财产权的转移手续
不能用于出资		不得以劳务、信用、自然人姓名或者设定担保的财产等作价出资

339

> **精准答疑**
>
> 问题："特许经营权"与"知识产权"有何不同？
> 解答："知识产权"一般仅包括专利权、商标权和著作权。根据相关法律法规，这三类权利中的财产权利均可由当事人自由转让，所以适于出资。
> "特许经营权"往往由政府授予。《市政公用事业特许经营管理办法》规定："城市供水、供气、供热、公共交通、污水处理、垃圾处理等行业，依法实施特许经营的，适用本办法。"这种权利虽具有经济价值，但法律禁止权利人擅自转让，权利人当然也无法用其出资。

2.股权出资的具体要求

（1）股权出资条件。

①出资的股权由出资人合法持有并依法可以转让。

②出资的股权无权利瑕疵或者权利负担。

③出资人已履行股权转让的法定手续。

④出资的股权已依法进行了价值评估。

（2）不可用于出资的股权。

①已被设立质权。

②股权所在公司章程约定不得转让。

③法律、行政法规或者国务院决定规定，股权所在公司股东转让股权应当报经批准而未经批准。

④法律、行政法规或者国务院决定规定不得转让的其他情形。

（二）出资责任与出资制度 新

1.赔偿责任

股东未按期足额缴纳出资的，除应当向公司<u>足额缴纳外</u>，还应当对<u>给公司造成的损失</u>承担赔偿责任。

2.公司设立时股东/发起人的连带责任

公司设立时，股东未按照公司章程规定实际缴纳出资或者发起人不按照其认购的股份缴纳股款、股东实际出资的非货币财产的实际价额显著低于所认缴的出资额或者发起人作为出资的非货币财产的实际价额显著低于所认购的股份的，设立时的其他股东、其他发起人与该股东、该发起人在出资不足的范围内承担连带责任。

3.董事会责任

公司成立后，董事会应当对股东的出资情况进行核查，发现股东未按期足额缴纳公司章程规定的出资的，应当由公司向该股东发出书面催缴书，催缴出资。未及时履行上述义务，给公司造成损失的，负有责任的董事应当承担赔偿责任。

4.催缴与失权

（1）催缴。

股东未按照公司章程规定的出资日期缴纳出资，公司依法发出书面催缴书催缴出资的，可以载明缴纳出资的宽限期；宽限期自公司发出催缴书之日起，不得少于60日。

（2）失权。

①宽限期届满，股东仍未履行出资义务的，公司经董事会决议可以向该股东发出失权通知，通知应当以书面形式发出。自通知发出之日起，该股东丧失其未缴纳出资的股权。

②股东丧失的股权应当依法转让，或者相应减少注册资本并注销该股权；6个月内未转让或者注销的，由公司其他股东按照其出资比例足额缴纳相应出资。

（3）救济。

股东对失权有异议的，应当自接到失权通知之日起30日内，向人民法院提起诉讼。

5.有限责任公司股东出资与转让的衔接

（1）转让已认缴出资但未届出资期限的股权。

有限责任公司的股东转让已认缴出资但未届出资期限的股权的，由受让人承担缴纳该出资的义务；受让人未按期足额缴纳出资的，转让人对受让人未按期缴纳的出资承担补充责任。

（2）未履行出资义务即转让股权。

有限责任公司的股东未按照公司章程规定的出资日期缴纳出资或者作为出资的非货币财产的实际价额显著低于所认缴的出资额的股东转让股权的，转让人与受让人在出资不足的范围内承担连带责任；受让人不知道且不应当知道存在上述情形的，由转让人承担责任。

6.出资加速到期

有限责任公司不能清偿到期债务的，公司或者已到期债权的债权人有权要求已认缴出资但未届出资期限的股东提前缴纳出资。

（三）抽逃出资

1.抽逃出资的认定

公司成立后，相关股东的行为符合下列情形之一且损害公司权益的，为股东抽逃出资：

（1）制作虚假财务会计报表虚增利润进行分配。

（2）通过虚构债权债务关系将其出资转出。

（3）利用关联交易将出资转出。

（4）其他未经法定程序将出资抽回的行为。

2.抽逃出资的责任 新

公司成立后，股东不得抽逃出资。

（1）股东抽逃出资的，应当返还抽逃的出资。

（2）给公司造成损失的，负有责任的董事、监事、高级管理人员应当与该股东承担连带赔偿责任。

二、股东资格

(一) 股东资格取得

分类	概念	细化分类	概念/细化规定
原始取得	通过向公司出资取得股东资格	设立取得	设立取得股东资格必须同时满足实际缴纳出资和公司依法设立两个要件
		增资取得	通过向公司增加出资、认购公司发行的新股或者实现债转股等方式取得股东资格
继受取得	通过转让、赠与、继承、公司合并等途径取得股东资格		—

(二) 股东资格证明

当事人依法履行出资义务或者依法继受取得股权或者股份后，公司应当签发由法定代表人签名并公司盖章的出资证明书、记载于股东名册并办理公司变更登记。

(三) 名义股东与实际出资人（★★）

1.关系

（1）名义股东，是登记于规定名册、公司登记文件，但事实上并没有向公司出资的人。名义股东是公司股东，需承担一定股东义务，但这种义务主要是保护善意交易第三人。

（2）实际出资人，是公司真实出资人，实际出资并享有股东收益，但其姓名、名称并未记载于公司股东名册、登记机关登记文件的人。

2.代持股协议的效力

如无法律规定的无效情形，实际出资人与名义股东签订的合同均为有效合同。

3.权利主体

实际出资人实际履行了出资义务，可向名义股东主张权利；名义股东不能以公司股东名册记载、公司登记机关登记为由否认实际出资人权利。

4.名义股东处分股权

（1）名义股东将登记于其名下的股权转让、质押或者以其他方式处分的，实际出资人可以其对股权享有实际权利为由请求认定处分股权行为无效，法院可以参照善意取得的规定处理。

（2）名义股东处分股权造成实际出资人损失的，应当承担赔偿责任。

(四) 股东资格丧失（★★）

法定原因出现或者履行一定法定程序情形下，股东会丧失股东资格，并继而退出公司。

出现法定原因包括：

（1）公司法人资格消灭，如解散、破产、被合并。

（2）自然人股东死亡或法人股东终止。

第四节 公司组织机构

一、公司组织机构职权对比（★★）

（一）股东会、董事会 变

项目	股东会（权力机构）	董事会（执行机构）
机构联系	（1）审议批准董事会的报告。 （2）审议批准监事会的报告	（1）召集股东会会议，并向股东会报告工作。 （2）执行股东会的决议
人事关系	选举和更换董事、监事，决定有关董事、监事的报酬事项。 提示：股份有限公司股东会选举董事、监事，可以依照公司章程的规定或者股东会的决议，实行累积投票制	（1）决定聘任或者解聘公司经理及其报酬事项。 （2）根据经理的提名决定聘任或者解聘公司副经理、财务负责人及其报酬事项
公司财务	（1）审议批准公司的利润分配方案和弥补亏损方案。 （2）对公司增加或者减少注册资本作出决议。 （3）对发行公司债券作出决议	（1）制订公司的利润分配方案和弥补亏损方案。 （2）制订公司增加或者减少注册资本的方案。 （3）制订公司发行公司债券的方案
	股东会可以授权董事会对发行公司债券作出决议	
公司大事	对公司合并、分立、解散、清算或者变更公司形式作出决议	制订公司合并、分立、解散或者变更公司形式的方案
公司经营	—	决定公司的经营计划和投资方案
公司制度	修改公司章程	（1）制定公司的基本管理制度。 （2）决定公司内部管理机构的设置
"兜底"	公司章程规定的其他职权	公司章程规定或者股东会授予的其他职权。 提示：公司章程对董事会职权的限制不得对抗善意相对人

提示：只有一个股东的公司不设股东会。股东依法行使上述职权作出决定时，应当采用书面形式，并由股东签名或者盖章后置备于公司。

> **原理详解**
>
> 从备考角度出发，同学们一般只需要知道累积投票制的应用场景（股东会选举董事、监事）即可。如果对于累积投票制的效果比较好奇，可以看一下这个例子。
>
> 假设某股份公司要选5名董事，公司股份共1 000股，股东共10人，其中1名大股东持有510股，即拥有公司51%股份；其他9名股东共计持有490股，合计拥有公司49%的股份。
>
> （1）情况一：不采取累积投票制。
>
> 每一股份对应的表决权针对"每个"董事席位均等行使，则在"每个"董事席位的表决中，其他9名股东最多投出490票，第一大股东则最多投出510票。假设他们都充分行使票决权，则在"每个"董事席位的表决中，第一大股东都可以"获胜"。
>
> （2）情况二：采取累积投票制。
>
> 每一股份对应的表决权可以"集中"行使，并按所得同意票数多少的排序确定当选的5名董事（注意这后半句话）。
>
> 假设9名股东把所持的所有票数"孤注一掷"，全部投给1名董事候选人，则该董事候选人得2 450票。第一大股东所持的表决权总数2 550并不能分割出5个大于2 450的数字，则董事会中至少有一个席位属于其他9名股东。
>
> 一种可能的表决结果是：甲得票2 451（均来自第一大股东）、乙得票2 450（均来自其他9名股东）、丙丁戊分别得票33（均来自第一大股东）。
>
> 因此，累积投票制有助于避免大股东在选董事、监事时"一言堂"，从而保护中小股东利益。

（二）监事会

（1）监事会行使下列职权：

记忆提示	具体规定
检查监督	①检查公司财务。 ②对董事、高级管理人员执行公司职务的行为进行监督，对违反法律、行政法规、公司章程或者股东会决议的董事、高级管理人员提出解任的建议。 ③当董事、高级管理人员的行为损害公司的利益时，要求董事、高级管理人员予以纠正。 ④依照《公司法》的规定，对董事、高级管理人员提起诉讼
开会提案	①提议召开临时股东会会议，在董事会不履行规定的召集和主持股东会会议职责时召集和主持股东会会议。 ②向股东会会议提出提案
"兜底"	公司章程规定的其他职权

（2）监事可以列席董事会会议，并对董事会决议事项提出质询或者建议。

（3）监事会行使职权所必需的费用由公司承担。监事会发现公司经营情况异常，可以进行调查；必要时，可以聘请会计师事务所等协助其工作，费用由公司承担。

（4）监事会可以要求董事、高级管理人员提交执行职务的报告。董事、高级管理人员应当如实向监事会提供有关情况和资料，不得妨碍监事会或者监事行使职权。

二、股东会

（一）股东会会议的召集、主持与召开

1.有限责任公司股东会

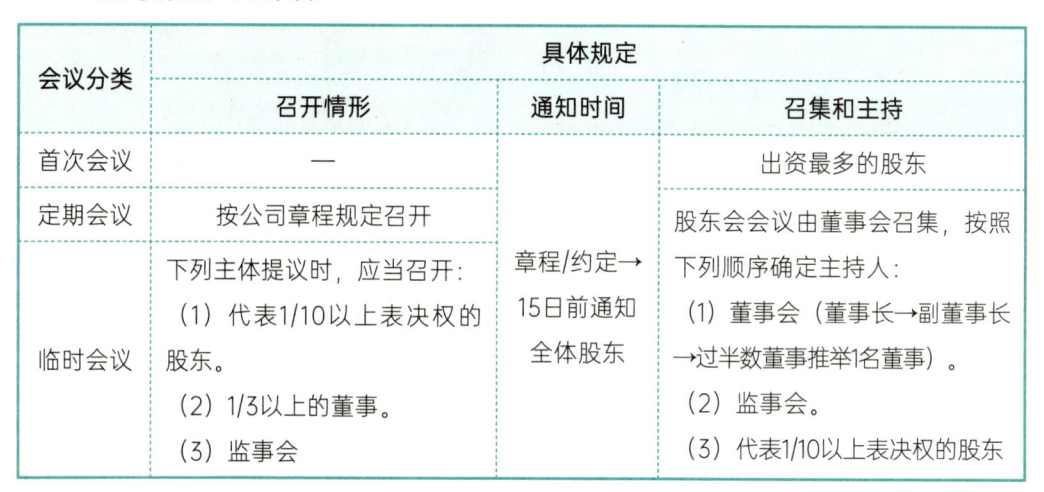

会议分类	具体规定		
	召开情形	通知时间	召集和主持
首次会议	—		出资最多的股东
定期会议	按公司章程规定召开	章程/约定→15日前通知全体股东	股东会会议由董事会召集，按照下列顺序确定主持人： （1）董事会（董事长→副董事长→过半数董事推举1名董事）。 （2）监事会。 （3）代表1/10以上表决权的股东
临时会议	下列主体提议时，应当召开： （1）代表1/10以上表决权的股东。 （2）1/3以上的董事。 （3）监事会		

2.股份有限公司股东会

（1）会议分类及基本规定。

会议分类	召开情形	通知时间	召集程序
年会	每年召开1次年会	会议召开20日前通知各股东	股东会会议由董事会召集，按照下列顺序确定主持人： ①董事会（董事长→副董事长→半数以上董事推举一名董事）。 ②监事会。 ③股东（连续90天+持股10%以上）
临时会议（2个月内召开）	①董事人数不足《公司法》规定人数或者公司章程所定人数的2/3时。 ②公司未弥补亏损达股本总额1/3时。 ③单独或者合计持有公司10%以上股份股东请求时。（注） ④董事会认为必要时。 ⑤监事会提议召开时。 ⑥公司章程规定的其他情形	会议召开15日前通知各股东	

注：单独或者合计持有公司10%以上股份的股东请求召开临时股东会会议的，董事会、监事会应当在收到请求之日起10日内作出是否召开临时股东会会议的决定，并书面答复股东。

（2）股份公司股东的临时提案权。

①单独或者合计持有公司1%以上股份的股东，可以在股东会会议召开10日前提出临时提案并书面提交董事会。临时提案应当有明确议题和具体决议事项。

②董事会应当在收到提案后2日内通知其他股东,并将该临时提案提交股东会审议;但临时提案违反法律、行政法规或者公司章程的规定,或者不属于股东会职权范围的除外。

③公司不得提高提出临时提案股东的持股比例。

(二)股东会决议

项目	有限责任公司	股份有限公司
表决权行使	股东按出资比例行使表决权;但是,公司章程另有规定除外	(1)股东出席股东会会议,所持每一股份有一表决权,类别股股东除外。但公司持有的本公司股份没有表决权。 (2)股东可以委托代理人出席股东会会议,代理人在授权范围内行使表决权
议事方式和表决程序	除《公司法》有规定的外,由公司章程规定	—
普通决议 新	经代表过半数表决权的股东通过	经出席会议的股东所持表决权过半数通过
特别决议 决议事项	(1)增加或者减少注册资本(增减资)。 (2)公司合并、分立、解散(合分散)。 (3)修改公司章程(修章程)。 (4)变更公司形式(变形式)	
特别决议 通过标准	应当经代表2/3以上表决权的股东通过	应当经出席会议的股东所持表决权的2/3以上通过
会议记录	股东会应当事项的决定作成会议记录	
	出席会议的股东应当在会议记录上签名	主持人、出席会议的董事应当在会议记录上签名

原理详解

有限责任公司股东会和股份有限公司股东会在计算表决权比例时的分母不同,前者看所有股东持有的所有表决权,后者看出席会议的股东所持表决权。

其原因在于,一些股份公司股东人数多,股权分散,如果把所有股东持有的全部表决权作为分母,万一小股东们都很懒,每次出席会议的股东持有的表决权都不到全部表决权的2/3,则这家公司永远无法对特别决议事项作出决议,可能在实质上影响公司经营。就以上规则,可以简单记为"有限看全体、股份看出席"。

三、董事会（★★★）

（一）基本规定

项目		有限责任公司董事会	股份有限公司董事会
设置		设董事会，规模较小或者股东人数较少的公司，可以不设董事会，设1名董事，行使《公司法》规定的董事会职权。该董事可以兼任公司经理	
人数		3人以上	
职工代表		可以有职工代表。职工人数300人以上的公司，除依法设监事会并有公司职工代表的外，其董事会成员中应当有公司职工代表。 提示：董事会中的职工代表由公司职工通过职工代表大会、职工大会或者其他形式民主选举产生	
（副）董事长	设置	董事会设董事长1人，可以设副董事长	
	产生办法	由公司章程规定	由董事会以全体董事的过半数选举产生
任职		（1）董事任期由公司章程规定，但每届任期不得超过3年（≤3）。 （2）董事任期届满，连选可以连任。 （3）董事任期届满未及时改选，或者董事在任期内辞职导致董事会成员低于法定人数的，在改选出的董事就任前，原董事仍应当依照法律、行政法规和公司章程的规定，履行董事职务	
辞任		董事辞任的，应当以书面形式通知公司，公司收到通知之日辞任生效，但存在上述情形的，董事应当继续履行职务	
解任		股东会可以决议解任董事，决议作出之日解任生效。无正当理由，在任期届满前解任董事的，该董事可以要求公司予以赔偿	

（二）董事会会议的召开

项目		有限责任公司董事会	股份有限公司董事会
会议分类	定期	一	每年度至少召开2次会议，每次会议应当于召开10日前通知全体董事和监事
	临时		下列主体提议召开临时董事会会议，董事长应当自接到提议后10日内，召集和主持董事会会议： （1）代表1/10以上表决权的股东。 （2）1/3以上董事。 （3）监事会

续表

项目	有限责任公司董事会	股份有限公司董事会
召集程序	（1）董事会会议由董事长召集和主持。 （2）董事长不能履行职务或者不履行职务的，由副董事长召集和主持。 （3）副董事长不能履行职务或者不履行职务的，由过半数的董事共同推举1名董事召集和主持	

（三）董事会决议

项目	有限责任公司董事会	股份有限公司董事会
出席	董事会会议应有过半数的董事出席方可举行 新	（1）董事会会议应有过半数的董事出席方可举行。 （2）董事会会议应当董事本人出席。董事因故不能出席，可以书面委托其他董事代为出席
表决	董事会的议事方式和表决程序，除《公司法》有规定的外，由公司章程规定。 （1）董事会决议的表决，应当一人一票。 （2）董事会作出决议，应当经全体董事的过半数通过	（1）董事会决议的表决，应当一人一票。 （2）董事会作出决议，应当经全体董事的过半数通过
责任	—	董事会的决议违反法律、行政法规或者公司章程、股东会决议，给公司遭受严重损失的，参与决议的董事对公司负赔偿责任；经证明在表决时曾表明异议并记载于会议记录的，该董事可以免除责任
会议记录	董事会应当对所议事项的决定作成会议记录，出席会议的董事应当在会议记录上签名	

原理详解

假设某有限责任公司/股份有限公司有10名董事，涉及董事会召开，则有如下规定：

（1）至少要有6名董事出席才能召开董事会会议。

（2）开会时，6名董事参加。就某事项，假设参会的6名董事中有4名同意，则该事项无法通过。董事会决议通过的法定标准为"全体董事过半数"，仅有4名董事通过，则同意该事项的表决权比例为4/10，未达到"过半数"的标准。因此，该决议未通过。请各位同学一定注意，对于董事会决议的通过标准，看"全体董事的人数"，而非"出席会议的人数"。

| 典例研习·13-4 模拟多项选择题

下列关于有限责任公司董事会召开会议的说法中，符合法律规定的有（ ）。
A.应当在会议记录上签名的董事仅限于出席会议并投赞成票的董事
B.董事会应当对所议事项的决定作成会议记录
C.董事会会议议事方式一律由法律规定
D.董事会决议的表决实行一人一票
E.董事会会议表决程序一律由公司章程规定

斯尔解析 本题考查有限责任公司公司董事会会议。选项A不当选，选项B当选，董事会应当对所议事项的决定作成会议记录，无论投了赞成票或反对票的董事，只要出席董事会，均应当在会议记录签名。选项CE不当选，有限责任公司董事会的议事方式和表决程序，除《公司法》规定的外，由公司章程规定。选项D当选，有限责任公司董事会作决议时，董事一人一票，经全体董事过半数通过。

本题答案 BD

（四）审计委员会 新

有限责任公司与股份有限公司均可以按照公司章程的规定在董事会中设置审计委员会，行使《公司法》规定的监事会的职权，不设监事会或者监事。公司董事会成员中的职工代表可以成为审计委员会成员。

新《公司法》就股份有限公司的审计委员会进行详尽规定，以下重点介绍：

项目		具体规定
成员	人数	审计委员会成员为3名以上
	限制（同时符合）	过半数成员不得在公司担任除董事以外的其他职务
		不得与公司存在任何可能影响其独立客观判断的关系
表决与决议		（1）审计委员会的议事方式和表决程序，除《公司法》有规定的外，由公司章程规定。 （2）审计委员会决议的表决，应当一人一票。 （3）审计委员会作出决议，应当经审计委员会成员的过半数通过

（五）公司对外投资和公司担保的决议

对外投资、对外担保事关重大，尤其是公司为股东、实际控制人提供的担保，可能构成对公司利益的侵占。因此，《公司法》对于该等事项的表决作出特别规定。

1.对外投资

公司可以向其他企业投资。法律规定公司不得成为对所投资企业的债务承担连带责任的出资人的，从其规定。 新公司向其他企业投资时：

项目	具体规定
决定主体	依照公司章程的规定，由董事会或者股东会决议
限额之内	公司章程对投资总额及单项投资或者有限额规定的，不得超过规定的限额

2. 公司担保

被担保的主体		程序
对外担保	他人	按照公司章程的规定，由董事会或者股东会决议
对内担保	股东或者实际控制人	（1）应当经股东会决议。 （2）回避：接受公司担保的股东或者受接受担保的实际控制人支配的股东，不得参加对该担保事项的表决。 （3）通过标准：由出席会议的其他股东所持表决权的过半数通过

提示：公司章程担保的总额及单项担保的数额有限额规定的，不得超过规定的限额。

典例研习·13-5（模拟单项选择题）

根据《公司法》规定，下列关于公司提供担保的说法中，正确的是（ ）。

A. 公司不得为公司实际控制人提供担保
B. 公司为他人提供担保，由董事长决定
C. 公司可以为股东提供担保，担保数额由董事会决定
D. 公司为股东提供担保，须经出席股东会议的其他股东所持表决权的过半数通过

斯尔解析 本题考查公司担保的规定。选项AC不当选，选项D当选，公司可以为股东及实际控制人提供担保，为公司股东或者实际控制人提供担保的，应当经股东会决议。接受担保的股东或者受接受担保的实际控制人支配的股东，不得参加该事项的表决。该项表决由出席会议的其他股东所持表决权的过半数通过。选项B不当选，公司为他人提供担保，应当按照公司章程的规定由董事会、股东会作出决议。

本题答案 D

（六）公司决议效力

公司决议效力分为4种：有效、无效、可撤销、不成立。公司决议效力的讨论对象仅是股东会、董事会的决议，一般不包括监事会的决议。

1. 决议有效

公司股东会的决议，属于股东会职权范围，符合《公司法》规定的会议召集程序和表决方式，不违反法律、行政法规或者公司章程规定的，有效。

2.决议无效

公司股东会的决议内容违反法律、行政法规的,无效。

3.决议可撤销

(1)公司股东会的会议召集程序、表决方式违反法律、行政法规或者公司章程,或者决议内容违反公司章程的,为可撤销决议。

解题高手

命题角度:区分决议无效和决议可撤销的情形。

决议	违反法律、行政法规	违反公司章程
决议内容	无效	撤销
召集程序、表决方式	撤销	撤销

(2)决议撤销之诉。

①股东自决议作出之日起60日内,可以请求人民法院撤销。未被通知参加股东会会议的股东自知道或者应当知道股东会决议作出之日起60日内,可以请求人民法院撤销;自决议作出之日起1年内没有行使撤销权的,撤销权消灭。

②股东会、董事会的会议召集程序或者表决方式仅有轻微瑕疵,且对决议未产生实质影响的,股东请求撤销该决议的,人民法院不予支持。

4.决议不成立

记忆提示	具体规定
未开会	未召开股东会、董事会会议作出决议。 提示:在有限责任公司中,股东以书面形式一致表示同意的,可以不召开股东会会议,直接作出决定,并由全体股东在决定文件上签名或者盖章。此情形下,并不会导致决议不成立
未表决	股东会、董事会会议未对决议事项进行表决
人不够	出席会议的人数或者所持表决权数未达到《公司法》或者公司章程规定的人数或者所持表决权数
未通过	同意决议事项的人数或者所持表决权数未达到《公司法》或者公司章程规定的人数或者所持表决权数

提示:

(1)公司股东会决议被人民法院宣告无效、撤销或者确认不成立的,公司应当向公司登记机关申请撤销根据该决议已办理的登记。

(2)股东会决议被人民法院宣告无效、撤销或者确认不成立的,公司根据该决议与善意相对人形成的民事法律关系不受影响。

四、经理（★）

（1）设置与兼任。

项目	有限责任公司	股份有限公司
是否设置	可以设经理	设经理
由谁决定	由董事会决定聘任或者解聘	
能否兼任	—	公司董事会可以决定由董事会成员兼任公司经理

（2）经理对董事会负责，根据公司章程的规定或者董事会的授权行使职权。经理列席董事会会议。

五、监事会（★★）

（一）监事会的设置 新

（1）基本原则。

有限责任公司、股份有限公司设监事会。

（2）例外规定（不设置监事会或监事的情形）。

项目	有限责任公司	股份有限公司
审委会代监事会	公司可以按照公司章程的规定在董事会中设置由董事组成的审计委员会，行使《公司法》规定的监事会的职权，不设监事会或者监事。	
降本增效不设置	规模较小或者股东人数较少的公司，可以不设监事会，设1名监事，行使《公司法》规定的监事会的职权	
	经有限责任公司全体股东一致同意，也可以不设监事	—

（二）监事会组成与任期

项目	有限责任公司监事会	股份有限公司监事会
人数	3人以上（≥3人）	
人员	监事会成员应当包括股东代表和适当比例的公司职工代表，其中职工代表的比例不得低于1/3，具体比例由公司章程规定。 提示：监事会中的职工代表由公司职工通过职工代表大会、职工大会或者其他形式民主选举产生	
任期	（1）监事的任期每届为3年。监事任期届满，连选可以连任。 （2）监事任期届满未及时改选，或者监事在任期内辞任导致监事会成员低于法定人数的，在改选出的监事就任前，原监事仍应当依照法律、行政法规和公司章程的规定，履行监事职务	

续表

项目	有限责任公司监事会	股份有限公司监事会
领导	监事会设主席1人	监事会设主席1人，可以设副主席
	由全体监事过半数选举产生	
兼任	董事、高级管理人员不得兼任监事	

（三）监事会会议的召集、主持及议事规则

1.召集和主持

项目	有限责任公司监事会	股份有限公司监事会
第一步	监事会主席召集和主持监事会会议	
第二步	—	监事会主席不能履行或不履行职务的，由监事会副主席召集和主持
第三步	监事会主席不能履行或不履行职务的，由过半数监事共同推举1名监事召集和主持监事会会议	监事会副主席不能履行或不履行职务的，由过半数监事共同推举1名监事召集和主持监事会会议

2.议事规则

项目		有限责任公司监事会	股份有限公司监事会
会议召开	开会频率	每年度至少召开1次会议	每6个月至少召开1次会议
	临时会议	监事可以提议召开临时监事会会议	
议事方式、表决程序		监事会的议事方式和表决程序，除《公司法》有规定的外，由公司章程规定	
决议通过标准		监事会决议的表决，应当一人一票。监事会决议应当经全体监事的过半数通过	
会议记录签名		监事会应当对所议事项的决定作成会议记录，出席会议的监事应当在会议记录上签名	

解题高手

命题角度：股东会、董事会、监事会会议记录与签名规则。

股东会应当对所议事项的决定作成会议记录：

原则上，谁出席上述会议，谁签名。但股份有限公司股东会召开会议时，主持人和出席会议的董事签名，出席会议的股东不签名。

六、国家出资公司（★★）

（一）概述 新

1.概念

国家出资公司，是指国家出资的国有独资公司、国有资本控股公司，包括国家出资的有限责任公司、股份有限公司。

2.履行出资人职责的机构

（1）国家出资公司，由国务院或者地方人民政府分别代表国家依法履行出资人职责，享有出资人权益。

（2）国务院或者地方人民政府可以授权国有资产监督管理机构或者其他部门、机构代表本级人民政府对国家出资公司履行出资人职责。代表本级人民政府履行出资人职责的机构、部门，统称为履行出资人职责的机构。

（二）国有独资公司组织机构的特别规定 变

1.组织机构

（1）股东会。

①国有独资公司不设股东会，由履行出资人职责的机构行使股东会职权。

②履行出资人职责的机构可以授权公司董事会行使股东会的部分职权，但公司章程的制定和修改，公司的合并、分立、解散、申请破产，增加或者减少注册资本，分配利润，应当由履行出资人职责的机构决定。

（2）董事会。

项目		具体规定
是否设置		设置，依《公司法》的规定行使职权；经履行出资人职责的机构授权行使股东会的部分职权
成员构成	一般成员 过半数为外部董事	非职工代表：由履行出资人职责的机构委派
		职工代表：董事会成员中应当有由公司职工代表大会选举产生的职工代表
	"官"	①设董事长1人，可以设副董事长。 ②董事长、副董事长由履行出资人职责的机构从董事会成员中指定

（3）经理。

国有独资公司的经理由董事会聘任或者解聘。

（4）监事会。

国有独资公司在董事会中设置由董事组成的审计委员会行使《公司法》规定的监事会职权的，不设监事会或者监事。

2.董事、高级管理人员的兼职

（1）内部兼职。

经履行出资人职责的机构同意，董事会成员可以兼任经理。

（2）外部兼职。

国有独资公司的董事、高级管理人员，未经履行出资人职责的机构同意，不得在其他有限责任公司、股份有限公司或者其他经济组织兼职。

（三）公司章程

国有独资公司章程由履行出资人职责的机构制定。

七、上市公司组织机构特殊规定

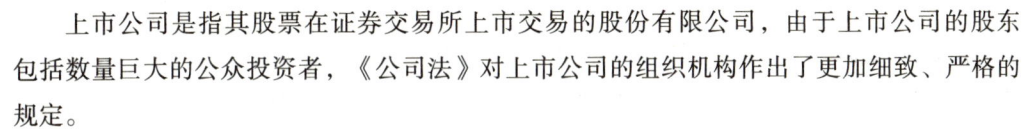

上市公司是指其股票在证券交易所上市交易的股份有限公司，由于上市公司的股东包括数量巨大的公众投资者，《公司法》对上市公司的组织机构作出了更加细致、严格的规定。

（一）上市公司股东会特别决议事项

上市公司在1年内购买、出售重大资产或者向他人提供担保的金额超过公司资产总额30%的，应当由股东会作出决议，并经出席会议的股东所持表决权的2/3以上通过。

提示：除上述规定外，股份有限公司股东会的特别决议事项也适用于上市公司。

（二）上市公司董事会及成员的特殊要求

1.董事会秘书

上市公司设董事会秘书，负责公司股东会和董事会会议的筹备、文件保管以及公司股东资料的管理，办理信息披露事务等事宜。

2.独立董事

上市公司设独立董事，具体管理办法由国务院证券监督管理机构规定。

3.审计委员会

上市公司在董事会中设置审计委员会的，董事会对下列事项作出决议前应当经审计委员会全体成员过半数通过：

（1）聘用、解聘承办公司审计业务的会计师事务所。

（2）聘任、解聘财务负责人。

（3）披露财务会计报告。

（4）国务院证券监督管理机构规定的其他事项。

4.关联关系董事的表决权排除制度

上市公司董事与董事会会议决议事项所涉及的企业或者个人有关联关系的，该董事应当及时向董事会书面报告。有关联关系的董事不得对该项决议行使表决权，也不得代理其他董事行使表决权。

在上市公司董事会对关联交易事项的表决中，适用如下规则：

（1）该董事会会议由过半数的无关联关系董事出席即可举行，董事会会议所作决议须经无关联关系董事过半数通过。

（2）出席董事会会议的无关联关系董事人数不足3人的，应将该事项提交上市公司股东会审议。

八、公司董事、监事、高级管理人员

公司高级管理人员,是指公司的经理、副经理、财务负责人、上市公司董事会秘书和公司章程规定的其他人员。

(一)任职资格(★)

1.任职禁入

有下列情形之一的,不得担任公司的董事、监事、高级管理人员:

(1)无民事行为能力或限制民事行为能力。

(2)因贪污、贿赂、侵占财产、挪用财产或破坏社会主义市场经济秩序,被判处刑罚,或者因犯罪被剥夺政治权利,执行期满未逾5年,被宣告缓刑的,自缓刑考验期满之日起未逾2年。

(3)担任破产清算的公司、企业的董事或者厂长、经理,对该公司、企业的破产负有个人责任的,自该公司、企业破产清算完结之日起未逾3年。

(4)担任因违法被吊销营业执照、责令关闭的公司、企业的法定代表人,并负有个人责任的,自该公司、企业被吊销营业执照、责令关闭之日起未逾3年。

(5)个人因所负数额较大债务到期未清偿被人民法院列为失信被执行人。

2.不适格

(1)违反前款规定选举、委派董事、监事或者聘任高级管理人员的,该选举、委派或者聘任无效。

(2)董事、监事、高级管理人员在任职期间出现上述情形的,公司应当解除其职务。

(二)法定义务(★)

1.概述

(1)董事、监事、高级管理人员应当遵守法律、行政法规和公司章程,对公司负有忠实义务和勤勉义务。

提示:公司的控股股东、实际控制人不担任公司董事但实际执行公司事务的,适用上述规定。

(2)股东会要求董事、监事、高级管理人员列席会议的,董事、监事、高级管理人员应当列席并接受股东的质询。

(3)董事、监事、高级管理人员执行职务违反法律、行政法规或者公司章程的规定,给公司造成损失的,应当承担赔偿责任。

(4)股份有限公司应当定期向股东披露董事、监事、高级管理人员从公司获得报酬的情况。

2.具体事项

（1）绝对禁止。

董事、监事、高级管理人员不得有下列行为：

记忆提示	具体规定	违反后果
据为己有	①侵占公司财产、挪用公司资金。 ②将公司资金以其个人名义或者以其他个人名义开立账户存储。 ③利用职权贿赂或者收受其他非法收入。 ④接受他人与公司交易的佣金归为己有	所得收入应当归公司所有
泄露秘密	擅自披露公司秘密	
"兜底"	违反对公司忠实义务的其他行为	

（2）相对禁止。

记忆提示	事项	程序	决议要求	违反后果
交易	董事、监事、高级管理人员直接或者间接与本公司订立合同或者进行交易（注）	向董事会或者股东会报告，并按照公司章程的规定经董事会或者股东会决议通过	①关联董事不得参与表决，其表决权不计入表决权总数。 ②出席董事会会议的无关联关系董事人数不足3人的，应当将该事项提交股东会审议	所得收入归公司所有
竞争	董事、监事、高级管理人员不得自营或者为他人经营与其任职公司同类的业务	向董事会或者股东会报告，并按照公司章程的规定经董事会或者股东会决议通过		
"抢饭碗"	董事、监事、高级管理人员，不得利用职务便利为自己或者他人谋取属于公司的商业机会	有下列情形之一的除外： ①向董事会或者股东会报告，并按照公司章程的规定经董事会或者股东会决议通过。 ②根据法律、行政法规或者公司章程的规定，公司不能利用该商业机会		

注：董事、监事、高级管理人员的近亲属，董事、监事、高级管理人员或者其近亲属直接或者间接控制的企业，以及与董事、监事、高级管理人员有其他关联关系的关联人，与公司订立合同或者进行交易，也适用此规定。

第五节 股东权利与股东诉讼

一、股东权利

(一) 财产权 (★★)

股东享有的财产权包括利润分配权、优先认购权、转让权、优先购买权、剩余财产分配权、继承权等,以下择要介绍。

1.利润分配权

(1) 有限责任公司按照股东实缴的出资比例分配利润,全体股东约定不按照出资比例分配利润的除外。

(2) 股份有限公司按照股东所持有的股份比例分配利润,公司章程另有规定的除外。

提示:公司持有的本公司股份不得分配利润。

2.优先认购权

(1) 有限责任公司增加注册资本时,股东在同等条件下有权优先按照实缴的出资比例认缴出资。但是,全体股东约定不按照出资比例优先认缴出资的除外。

(2) 股份有限公司为增加注册资本发行新股时,股东不享有优先认购权,公司章程另有规定或者会决议决定股东享有优先认购权的除外。

(二) 参与决策权 (★)

股东享有的参与决策权包括出席股东会议权、决议事项表决权、委托表决权、提议召开临时会议权、召集和主持股东会议权、临时提案权。上述股东权利在前文已经介绍,故此处不再赘述。

(三) 知情权 (★★)

股东享有的知情权包括股东会议知情权、查阅复制公司重要文件权、查阅会计账簿权、报酬知情权,以下择要介绍。

1.查阅、复制的范围 变

项目	有限责任公司	股份有限公司
查阅、复制	公司章程、股东名册、股东会会议记录、董事会会议决议、监事会会议决议、财务会计报告	
查阅	公司会计账簿、会计凭证	

2.有权查阅公司会计账簿、会计凭证的主体 变

(1) 有限责任公司:任一股东。

(2) 股份有限公司:连续180日以上单独或者合计持有公司3%以上股份的股东。

提示:股份有限公司章程对持股比例有较低规定的,从其规定。

3.查阅公司会计账簿、会计凭证的程序

（1）股东书面请求：股东查阅公司会计账簿、会计凭证的，应当向公司提出书面请求，说明目的。

（2）公司书面拒绝：

①公司有合理根据认为股东查阅会计账簿、会计凭证有不正当目的，可能损害公司合法利益的，可以拒绝提供查阅，并应当自股东提出书面请求之日起15日内书面答复股东并说明理由。

②公司有证据证明股东存在下列情形之一的，人民法院应当认定股东有"不正当目的"：

a.股东自营或者为他人经营与公司主营业务有实质性竞争关系业务的，但公司章程另有规定或者全体股东另有约定的除外。

b.股东为了向他人通报有关信息查阅公司会计账簿，可能损害公司合法利益的。

c.股东在向公司提出查阅请求之日前的3年内，曾通过查阅公司会计账簿，向他人通报有关信息损害公司合法利益的。

d.股东有不正当目的的其他情形。

③公司章程、股东之间的协议等实质性剥夺股东查阅或者复制公司文件材料权利的，公司不能以此为由拒绝股东查阅或者复制。

（3）提起诉讼：公司拒绝提供查阅的，股东可以向人民法院提起诉讼。

（4）辅助人员：股东及其委托的会计师事务所、律师事务所等中介机构查阅、复制有关材料，应当遵守有关保护国家秘密、商业秘密、个人隐私、个人信息等法律、行政法规的规定。

提示：公司股东要求查阅、复制公司全资子公司相关材料的，适用上述规定。

原理详解

股东有权查阅权对应的文件资料，一般为财务或经营管理信息，而在实践中，很多自然人股东缺乏必要的会计、法律等专业知识，在没有会计师、律师等人员辅助的情况下，股东知情权很难有效行使，因此，法律允许第三人辅助股东行使查阅权。但上述文件资料往往涉及公司商业秘密，如果不加以限制，可能对公司经营造成不利影响，因此，公司法规定，将辅助查阅的人员，限定为负有法定保密义务的中介机构执业人员。

（四）请求权

1.请求收购股权（股份）权

（1）情形。

①一般情形。

公司存在下列情形之一的，对股东会决议投反对票的股东可以请求公司按照合理的价格收购其股权：

记忆窍门	有限责任公司	股份有限公司（公开发行股份公司除外）
5年盈利不分红	公司连续5年不向股东分配利润，而公司该5年连续盈利，并且符合《公司法》规定的分配利润条件	
合并分立转财产	公司合并、分立、转让主要财产	公司转让主要财产
"该死不死"继续干	公司章程规定的营业期限届满或者章程规定的其他解散事由出现，股东会通过决议修改章程使公司存续	

提示：自股东会决议通过之日起60日内，股东与公司不能达成股权收购协议的，股东可以自股东会决议通过之日起90日内向人民法院提起诉讼。

②有限责任公司特殊规定。

有限责任公司的控股股东滥用股东权利，严重损害公司或者其他股东利益的，其他股东有权请求公司按照合理的价格收购其股权。

（2）收购后处理。

收购后，公司应当在6个月内依法转让或者注销。

2.解散权

（1）提起解散之诉的主体。

公司经营管理发生严重困难，继续存续会使股东利益受到重大损失，通过其他途径不能解决的，持有公司10%以上表决权的股份有限公司的股东，可以请求人民法院解散公司。

（2）具体情形。

项目		具体规定	
能提起	股东	持续2年以上无法召开股东会	公司经营管理发生严重困难
		股东表决时无法达到法定或者公司章程规定的比例，持续2年以上不能作出有效的股东会决议	
	董事	董事长期冲突，且无法通过股东会解决	
	其他	经营管理发生其他严重困难，公司继续存续会使股东利益受到重大损失的情形	
不能提起	股东以下列情形为由，提起解散公司之诉的，人民法院不予受理： ①知情权、利润分配请求权等权益受到损害。 ②公司亏损、财产不足以偿还全部债务。 ③公司被吊销企业法人营业执照未进行清算		

提示：股东提起解散公司诉讼，同时又申请人民法院对公司进行清算的，人民法院对其提出的清算申请不予受理。

典例研习·13-6 （模拟多项选择题）

根据《公司法》有关司法解释的规定，对股东因下列理由提起解散公司的诉讼，法院依法不予受理的有（　　）。

A.股东利润分配请求权受到损害

B.公司持续2年以上无法召开股东会，经营管理发生严重困难，继续存续会使股东利益受到重大损失，通过其他途径不能解决

C.公司财产不足以偿还全部债务

D.公司被市场监督管理局吊销企业法人营业执照后，未依法成立清算组进行清算

E.公司董事之间长期冲突，且无法通过股东会解决，经营管理发生严重困难，继续存续会使股东利益受到重大损失，通过其他途径不能解决

斯尔解析 本题考查解散公司之诉。有下列情形之一的，单独或合计持有公司表决权10%以上的股东可以提起公司解散之诉：

（1）公司持续2年以上无法召开股东会，公司经营管理发生严重困难的（选项B不当选）。

（2）股东表决时无法达到法定或者公司章程规定的比例，持续2年以上不能作出有效的股东会决议，公司经营管理发生严重困难的。

（3）公司董事长期冲突，且无法通过股东会解决，公司经营管理发生严重困难的（选项E不当选）。

（4）经营管理发生其他严重困难，公司继续存续会使股东利益受到重大损失的情形。

股东以知情权、利润分配请求权等权益受到损害（选项A当选），或者公司亏损、财产不足以偿还全部债务（选项C当选），以及公司被吊销企业法人营业执照未进行清算等为由（选项D当选），提起解散公司诉讼的，人民法院不予受理。

本题答案 ACD

二、股东诉讼

（一）股东对公司董事、监事或经理等高管的诉讼（★★）

1.股东直接诉讼——个别股东利益受损

董事、高级管理人员违反法律、行政法规或者公司章程的规定，损害股东利益的，股东可以向人民法院提起诉讼。

2.股东代表诉讼——侵犯公司合法权益

项目		具体规定	
主体	有限责任公司	任一股东	
	股份有限公司	连续180日以上单独或合计持有公司1%以上股份的股东	
程序	第一步： 定损失，找对象	公司或者全资子公司的董事、高级管理人员执行职务违反法律、行政法规或者公司章程的规定，给公司造成损失的	书面请求公司或者全资子公司的监事会向法院起诉
		公司或者全资子公司的监事执行职务违反法律、行政法规或者公司章程的规定，给公司造成损失的	书面请求公司或者全资子公司的董事会向法院起诉
程序	第二步： 没结果，自己来	有下列情况之一的，股东可以自己的名义自己直接向法院起诉： （1）公司或者全资子公司的监事会/董事会收到股东的书面请求后拒绝提起诉讼。 （2）公司或者全资子公司的监事会/董事会自收到请求之日起30日内未提起诉讼。 （3）情况紧急、不立即提起诉讼将会使公司或者全资子公司的利益受到难以弥补的损害的	

（二）股东对侵害公司利益第三人的诉讼 新

他人侵犯公司或者全资子公司合法权益，给公司或者全资子公司造成损失的，上述股东可以书面请求公司或全资子公司的董事会或者监事会提起诉讼。具体程序适用上文中"2.股东代表诉讼——侵犯公司合法权益"的规定。

第六节 股权（股份）转让、股份回购与股份发行

一、有限责任公司股权转让（★★）

（一）对内转让

有限责任公司的股东之间可以相互转让其全部或者部分股权。

（二）对外转让 变

1.自愿转让

（1）股东向股东以外的人转让股权的，无须经其他股东同意，只需按规定将股权转让的数量、价格、支付方式和期限等事项书面通知其他股东，其他股东在同等条件下有优先购买权。

（2）股东自接到书面通知之日起30日内未答复的，视为放弃优先购买权。

（3）两个以上股东行使优先购买权的，协商确定各自的购买比例；协商不成，按照转让时各自的出资比例行使优先购买权。

提示：公司章程对股权（对内或对外）转让另有规定的，从其规定。

> **原理详解**
>
> 关于"同等条件"，法律要求"老股东"开出的条件至少要与"新股东"一致，当然，如果能优于"新股东"的条件，那就更好了！对于等值的财产，有限责任公司"老股东"以实物支付，"新股东"以现金支付，则并不能视为同等条件。在支付方式上，以现金支付优于实物！但如果"老股东"以现金支付，"新股东"以实物支付，则符合"同等条件"的要求，"老股东"即可以行使优先购买权。

2.人民法院依法强制执行

（1）人民法院依照法律规定的强制执行程序转让股东的股权时，应当通知公司及全体股东，其他股东在同等条件下有优先购买权。

（2）其他股东自人民法院通知之日起满20日不行使优先购买权的，视为放弃优先购买权。

3.继承转让

自然人股东死亡后，其合法继承人可以继承股东资格，从而取得股权。公司章程另有规定的除外。

（三）股权转让要求 新

有限责任公司股东转让股权后，股东与公司应当实施下列事项：

1.股东应当实施的事项

（1）股东转让股权的，应当书面通知公司，请求变更股东名册；需要办理变更登记的，并请求公司向公司登记机关办理变更登记。公司拒绝或者在合理期限内不予答复的，转让人、受让人可以依法向人民法院提起诉讼。

（2）股权转让的，受让人自记载于股东名册时起可以向公司主张行使股东权利。

2.公司应当实施的事项

有限责任公司股东向外转让股权或者人民法院依照法律规定的强制执行程序转让股东的股权后，应当：

（1）注销原股东的出资证明书。

（2）向新股东签发出资证明书。

（3）相应修改公司章程和股东名册中有关股东及其出资额的记载。

提示：对公司章程的该项修改不需再由股东会表决。

二、股份有限公司股份转让

股份有限公司的股东持有的股份可以向其他股东转让，也可以向股东以外的人转让；公司章程对股份转让有限制的，其转让按照公司章程的规定进行。

（一）转让方式及场所（★）

1.转让方式

股票的转让，由股东以背书方式或者法律、行政法规规定的其他方式进行；转让后由公司将受让人的姓名或者名称及住所记载于股东名册。

2.转让场所

股东转让其股份，应当在依法设立的证券交易场所进行或者按照国务院规定的其他方式进行。

（二）转让股份的限制（★★）

1.特殊主体

情形	具体规定	例外
原始股	公司公开发行股份前已发行的股份，自公司股票在证券交易所上市交易之日起1年内不得转让	法律、行政法规或者国务院证券监督管理机构对上市公司的股东、实际控制人转让其所持有的本公司股份另有规定的，从其规定
董监高	（1）所持本公司股份自公司股票上市交易之日起1年内不得转让。 （2）在就任时确定的任职期间每年转让的股份不得超过其所持有本公司股份总数的25%。 （3）离职后半年内，不得转让其所持有的本公司股份。 （4）公司章程可以对公司董事、监事、高级管理人员转让其所持有的本公司股份作出其他限制性规定	—

2.特殊情形

股份在法律、行政法规规定的限制转让期限内出质的，质权人不得在限制转让期限内行使质权。

三、股份回购与质押（★★）

1.回购的例外规定

公司不得收购本公司的股份。但是，有下列情形之一的除外：

情形	程序	要求
减少公司注册资本	经股东会决议	自收购之日起10日内注销
与持有本公司股份的其他公司合并		
股东因对股东会作出的公司合并、分立决议持异议，要求公司收购其股份	—	在6个月内转让或者注销

续表

情形	程序	要求
将股份用于员工持股计划或者股权激励	可以依照公司章程的规定或者股东会的授权，经2/3以上董事出席的董事会会议决议	（1）合计持有的本公司股份数不得超过本公司已发行股份总额的10%。 （2）在3年内转让或者注销。 （3）上市公司收购本公司股份，应当通过公开的集中交易方式进行
股份用于转换公司发行的可转换为股票的公司债券		
上市公司为维护公司价值及股东权益所必需		

2.质押

公司不得接受本公司的股份作为质权的标的。

四、股东资格的继承

自然人股东死亡后，其合法继承人可以继承股东资格；但是，股份转让受限的股份有限公司的章程另有规定的除外。

| 典例研习·13-7　2020年单项选择题

根据《公司法》规定，股份有限公司可以收购本公司股份的情形中，应当自收购之日起10日内注销所收购股份的是（　　）。

A.上市公司为维护公司价值所必需

B.与持有本公司股份的其他公司合并

C.减少公司注册资本

D.将股份用于员工持股计划或者股权激励

斯尔解析　本题考查股份回购。选项AD不当选，上市公司为维护公司价值所必需、将股份用于员工持股计划或者股权激励而回购本公司股份的，应当在3年内转让或注销。选项B不当选，因与持有本公司股份的其他公司合并、股东要求公司回购其股份的，应当在6个月内转让或注销。选项C当选，因减少公司注册资本而回购本公司股份的，公司应当在10日内注销。

本题答案　C

五、股份发行

（一）基本概念

1.股份与股票

（1）股份是对公司资本的划分，采取股票的形式。

（2）股票是公司签发的证明股东所持股份的凭证。公司发行的股票，应当为记名股票。发起人股票采用纸面形式的，应当标明发起人股票字样。

2.股份的分类 新

（1）面额股与无面额股。

①公司的全部股份，可以分为面额股或者无面额股。采用面额股的，每一股的金额相等。采用无面额股的，应当将发行股份所得股款的1/2以上计入注册资本。

②公司可以根据公司章程的规定择一采用面额股或者无面额股，将已发行的面额股全部转换为无面额股或者将无面额股全部转换为面额股。

（2）普通股与类别股。

公司可以按照公司章程的规定发行下列与普通股权利不同的类别股：

类别股的类型	特殊规定
优先或者劣后分配利润或者剩余财产的股份	—
每一股的表决权数多于或者少于普通股的股份	①公开发行股份的公司不得发行此种类别股，公开发行前已发行的除外。②对于监事或者审计委员会成员的选举和更换，类别股与普通股每一股的表决权数相同
转让须经公司同意等转让受限的股份	公开发行股份的公司不得发行此种类别股，公开发行前已发行的除外
国务院规定的其他类别股	—

提示：发行类别股的公司，有修改公司章程、增加或者减少注册资本，以及公司合并、分立、解散或者变更公司形式等事项可能影响类别股股东权利的，除应当经出席会议的股东所持表决权的2/3以上通过外，还应当经出席类别股股东会议的股东所持表决权的2/3以上通过。

（二）股份发行 变

股份发行是指股份有限公司为筹集资本而进行的出售和分配股份的法律行为。股份发行分为设立发行和新股发行两种。设立发行，是指设立公司过程中为筹集资本而发行股份的行为。新股发行，是指公司成立后在注册资本基础上再发行股份的行为。

1.股份发行原则

（1）股份的发行，实行公平、公正的原则，同类别的每一股份应当具有同等权利。

（2）同次发行的同类别股份，每股的发行条件和价格应当相同；认购人所认购的股份，每股应当支付相同价额。

（3）面额股股票的发行价格可以按票面金额，也可以超过票面金额，但不得低于票面金额。

2.新股发行决议主体

（1）一般规定——股东会决议。

公司发行新股，股东会应当对下列事项作出决议：

①新股种类及数额。

②新股发行价格。
③新股发行的起止日期。
④向原有股东发行新股的种类及数额。
⑤发行无面额股的，新股发行所得股款计入注册资本的金额。
（2）授权董事会决议。 !新

项目	具体规定
数量、出资限制	公司章程或者股东会可以授权董事会在3年内决定发行不超过已发行股份50%的股份，以非货币财产作价出资的应当经股东会决议
通过标准	公司章程或者股东会授权董事会决定发行新股的，董事会决议应当经全体董事2/3以上通过
章程修改	董事会依照上述规定决定发行股份导致公司注册资本、已发行股份数发生变化的，对公司章程该项记载事项的修改不需再由股东会表决

3.股份公开募集的要求

（1）公司向社会公开募集股份，应当经国务院证券监督管理机构注册，公告招股说明书。公司设立时发行股份的，还应当载明发起人认购的股份数。

（2）公司向社会公开募集股份，应当由依法设立的证券公司承销，签订承销协议。公司向社会公开募集股份，应当同银行签订代收股款协议。

精程答疑

问题：在《公司法》中，适用"半数以上（≥1/2）""过半数（>1/2）""2/3以上（≥2/3）"的情形分别包括哪些？

解答：(1) 半数以上（≥1/2）：
股份有限公司应当有半数以上发起人在中国境内有住所。
(2) 过半数（>1/2）：
①成立大会通过公司章程应由出席会议认股人所持表决权过半数通过。
②有限责任公司、股份有限公司股东会决议：
基本原则：有限看全体，股份看出席；普通决议均为"过半数"通过。即有限责任公司普通决议应当经代表过半数表决权的股东通过。股份有限公司的普通决议应由经出席会议的股东所持表决权过半数通过。
③有限责任公司、股份有限公司董事会：
a.在"会议召开、作决议"的层面，均须由全体董事过半数通过。股份有限公司在选举（副）董事长也须由全体董事过半数通过。

b.在上市公司中，董事与董事会会议决议事项所涉及的企业有关联关系的，不得对该项决议行使表决权，也不得代理其他董事行使表决权。该董事会会议由过半数的无关联关系董事出席即可举行，董事会会议所作决议须经无关联关系董事过半数通过。

c.履行职责：董事长不能履行职务或者不履行职务的，由副董事长履行职务；副董事长不能履行职务或者不履行职务的，由过半数的董事共同推举1名董事主持/履行职务。

④国有独资公司的董事会成员中，应当过半数为外部董事，并应当有公司职工代表。

⑤股份有限公司审计委员会：

a.成员为3名以上，过半数成员不得在公司担任除董事以外的其他职务，且不得与公司存在任何可能影响其独立客观判断的关系。

b.审计委员会作出决议，应当经审计委员会成员的过半数通过。

⑥有限责任公司、股份有限公司监事会：

选举监事会（副）主席、作决议由全体监事过半数选举产生/通过。

⑦有限责任公司、股份有限公司为股东或实际控制人提供担保：

a.必须经股东会决议，接受担保的股东或者受接受担保的实际控制人支配的股东不得参加表决。

b.出席会议的其他股东所持表决权的过半数通过。

(3) 2/3以上：

①有限责任公司、股份有限公司股东会决议：

a.特别决议事项的通过标准：有限看全体，股份看出席；特别决议均为"2/3以上表决权"通过。即有限责任公司特别决议事项必须经代表2/3以上表决权的股东通过。股份有限公司特别决议事项应当经出席会议的股东所持表决权的2/3以上通过。

b.上市公司在1年内购买、出售重大资产或者向他人提供担保的金额超过公司资产总额30%的，应当由股东会作出决议，并经出席会议的股东所持表决权的2/3以上通过。

c.发行类别股的公司，特别决议等可能影响类别股股东权利的事项，除应当经出席会议的股东所持表决权的2/3以上通过外，还应当经出席类别股股东会议的股东所持表决权的2/3以上通过。

②在股份有限公司回购股份的情形中，涉及"职工股权激励""可转换债转股""上市公司维护股东价值必需"三种情形时，可以依照公司章程的规定或者股东会的授权，经2/3以上董事出席的董事会会议决议。

③股份有限公司临时股东会召开情形之一：

董事人数不足《公司法》规定人数或者公司章程所定人数的2/3（此处仅涉及2/3，但不属于2/3以上的事项）。

④股份有限公司章程或者股东会授权董事会决定发行新股的，董事会决议应当经全体董事2/3以上通过。

第七节　公司财务会计

一、财务会计报告（★）

公司应当依照法律、行政法规和国务院财政部门的规定建立本公司的财务、会计制度。

1.账簿、资金

（1）公司除法定的会计账簿外，不得另立会计账簿。

（2）对公司资金，不得以任何个人名义开立账户存储。

2.编报、审计

（1）公司应当在每一会计年度终了时编制财务会计报告，并依法经会计师事务所审计。

（2）有限责任公司应当按照公司章程规定的期限将财务会计报告送交各股东。股份有限公司的财务会计报告应当在召开股东会年会的20日前置备于本公司，供股东查阅；公开发行股票的股份有限公司应当公告其财务会计报告。

二、公司的公积金（★）

（一）公积金的种类

1.根据公积金的来源划分

（1）盈余公积金。

盈余公积金，是指企业依法或者依企业章程从企业利润中提取的公积金。

（2）资本公积金。

①资本公积金，是指直接由资本资产或者收益所形成的公积金。

②股份有限公司以超过股票票面金额的发行价格发行股份所得的溢价款、发行无面额股所得股款未计入注册资本的金额以及国务院财政部门规定列入资本公积金的其他收入，应当列为公司资本公积金。 变

2.根据公积金的提留是否为法律上的强制性规定划分

（1）法定公积金。

①法定公积金，又称强制公积金，是指根据法律的强制性规定而提取的公积金。公司分配当年税后利润时，应当提取利润的10%列入公司法定公积金。公司法定公积金累计额为公司注册资本的50%的，可以不再提取。

②企业章程和股东会对其提留条件和方式不得予以变更。

（2）任意公积金。

①任意公积金，又称任意盈余公积金，是指根据公司章程或股东会决议在法定公积金外自由提取的公积金。

②公司从税后利润中提取法定公积金后，经股东会决议，还可以从税后利润中提取任意公积金。

（二）公积金的用途

公司的公积金应当按照规定的用途使用。公司的公积金主要有以下用途：

（1）弥补公司亏损。

①法定公积金不足以弥补公司以前年度亏损的，在依照规定提取法定公积金之前，应当先用当年利润弥补。

②公积金足够弥补公司以前年度亏损的，应当先使用任意公积金和法定公积金；仍不能弥补的，可以按照规定使用资本公积金。 **变**

（2）扩大公司生产经营。

（3）转增公司资本。

法定公积金转为增加注册资本时，所留存的该项公积金不得少于转增前公司注册资本的25%。

三、收益分配（★）

1.利润分配顺序

公司当年税后利润分配的法定顺序是：

（1）弥补亏损：在公司已有的法定公积金不足以弥补上一年度亏损时，先用当年利润弥补亏损。

（2）提取法定公积金。

（3）提取任意公积金。

（4）支付股利。

2.利润分配的时间 **新**

股东会作出分配利润的决议的，董事会应当在股东会决议作出之日起6个月内进行分配。

3.违反利润分配顺序的处理

公司违反公司法规定向股东分配利润的，股东应当将违反规定分配的利润退还公司；给公司造成损失的，股东及负有责任的董事、监事、高级管理人员应当承担赔偿责任。

第八节 公司变更、解散与清算

一、公司变更

（一）公司合并（★）

1.公司合并方式

（1）吸收合并。

吸收合并，也称兼并，是指两家或两家以上的公司合并成一家公司，其中一家公司吸收其他公司，并以自己的名义继续经营，而被吸收的公司解散。

（2）新设合并。

新设合并，也称创立合并，是指两个以上公司协议合并组成一个新的公司，合并各方解散，由新公司经营。

2.公司合并决议程序 新

（1）公司合并为股东会特别决议事项，但有下列情形之一的，可以不经股东会决议，而应当经董事会决议：

①公司与其持股90%以上的公司合并，被合并的公司不需经股东会决议，但应当通知其他股东，其他股东有权请求公司按照合理的价格收购其股权或者股份。

②公司合并支付的价款不超过本公司净资产10%的，可以不经股东会决议；但是，公司章程另有规定的除外。

（2）公司应当自作出合并决议之日起10日内通知债权人，并于30日内在报纸上或者国家企业信用信息公示系统公告。债权人自接到通知之日起30日内，未接到通知的自公告之日起45日内，可以要求公司清偿债务或者提供相应的担保。

3.公司合并的法律后果

公司合并时，合并各方的债权、债务，应当由合并后存续的公司或者新设的公司承继。

（二）公司分立（★）

1.公司分立方式

（1）新设分立。

新设分立，是指原公司解散，原公司分为两个以上新的公司法人。

（2）派生分立。

派生分立，是指原公司继续存在，由其中分离出来的部分形成新的公司法人。

2.公司分立程序

（1）股东会决议。

公司分立，由股东会作出批准与否的决议，其财产作相应的分割，编制资产负债表和财产清单。

（2）通知和公告。

公司应当自作出分立决议之日起10日内通知债权人，并30日内在报纸上或者国家企业信用信息公示系统公告。

3.公司分立的法律后果

（1）公司分立前的债务由分立后的公司承担连带责任。但是，公司在分立前与债权人就债务清偿达成的书面协议另有约定的除外。

（2）因分立而存续的公司，其登记事项发生变化的，应当申请变更登记；因分立而解散的公司，应当申请注销登记；因分立而新设立的公司，应当申请设立登记。

| 典例研习·13-8 | 【2019年多项选择题】

下列有关公司合并、分立规则的说法中，正确的有（　　）。

A.有限责任公司分立应由股东会作出决议
B.公司合并时，合并各方的债权、债务由合并后存续的公司或者新设的公司承继
C.股份有限公司合并的决议，需经该公司代表2/3以上表决权的股东通过
D.公司分立，应当编制资产负债表及财产清单
E.公司分立时，通知债权人和公告是必经程序

【斯尔解析】本题考查公司合并、分立。选项A当选，选项C不当选，公司合并、分立属于股东会的特别决议事项，有限责任公司股东会作出合并、分立决议，经该公司代表2/3以上表决权的股东通过；股份有限公司股东会作出公司合并、分立的决议，须经出席会议的股东所持表决权2/3以上通过，但在公司合并中，请注意由董事会决议的特殊情形。选项B当选，公司合并时，合并各方的债权、债务由合并后存续的公司或者新设的公司承继。选项D当选，公司分立，由股东会作出批准与否的决议，其财产作相应的分割，编制资产负债表和财产清单。选项E当选，公司分立时，应当自作出分立决议之日起10日内通知债权人，并30日内在报纸上或者国家企业信用信息公示系统公告。

本题答案 ABDE

（三）公司增资与减资（★）

1.增资

公司增资，是公司为扩大经营规模、拓宽业务、提高资信程度而依法增加注册资本的行为。

（1）公司增资方式。

公司增资方式包括增加票面价值、增加出资、发行新股、债转股。

（2）公司增资程序。

公司增资应当由董事会制订增资方案，股东会作出决议。

2.减资

（1）公司减资程序。

①公司应当自股东会作出减少注册资本决议之日起10日内通知债权人，并于30日内在报纸上或者国家企业信用信息公示系统公告。

②债权人自接到通知书之日起30日内，未接到通知书的自公告之日起45日内，有权要求公司清偿债务或者提供相应的担保。

（2）减资补亏的处理。

①公司依法弥补亏损后，仍有亏损的，可以减少注册资本弥补亏损。减少注册资本弥补亏损的，公司不得向股东分配，也不得免除股东缴纳出资或者股款的义务。

②此情形下公司减资后，在法定公积金和任意公积金累计额达到公司注册资本50%前，不得分配利润。

③在程序上，公司应当自股东会作出减少注册资本决议之日起30日内在报纸上或者国家企业信用信息公示系统公告。

二、公司解散（★）

（一）公司解散原因

公司因下列原因解散，应当在10日内将解散事由通过国家企业信用信息公示系统予以公示：

维度	具体规定	是否需要清算	注意
自愿解散	公司章程规定的营业期限届满	√	应当经过股东会决议
	或者公司章程规定的其他解散事由出现	√	
	股东会决议解散	√	
	因公司合并或者分立需要解散	×	
强制解散	依法被吊销营业执照、责令关闭或者被撤销	√	—
	人民法院依法予以解散	√	

（二）公司免予解散

公司存在"公司章程规定的营业期限届满或者公司章程规定的其他解散事由出现、股东会决议解散"两种情形，且尚未向股东分配财产的，可以通过修改公司章程或者经股东会决议而存续，该项决议为特别决议事项。

（三）公司解散法律后果

（1）公司解散的直接法律后果就是公司清算，但公司合并、分立豁免清算。

（2）解散的公司，其法人资格仍然存在，但公司的权利能力仅限于清算活动必要的范围内。

（3）公司清算完毕，由注册登记机关办理注销登记后，公司法律人格消失。

三、公司清算（★）

（一）清算组的成立

1.自行成立清算组

（1）董事为公司清算义务人，应当在解散事由出现之日起15日内组成清算组进行清算。清算组由董事组成，但是公司章程另有规定或者股东会决议另选他人的除外。

（2）清算义务人未及时履行清算义务，给公司或者债权人造成损失的，应当承担赔偿责任。

2.法院指定清算组

（1）公司应当清算，但逾期不成立清算组进行清算或者成立清算组后不清算的，利害关系人可以申请人民法院指定有关人员组成清算组进行清算。人民法院应当受理该申请，并及时组织清算组进行清算。

（2）公司因依法被吊销营业执照、责令关闭或者被撤销情形解散的，作出吊销营业执照、责令关闭或者撤销决定的部门或者公司登记机关，可以申请人民法院指定有关人员组成清算组进行清算。

（二）清算组的职权、义务与责任

1.清算组的职权

（1）清理公司财产，分别编制资产负债表和财产清单。

（2）通知、公告债权人。

清算组应当自成立之日起10日内通知债权人，并于60日内在报纸上或者国家企业信用信息公示系统公告。债权人应当自接到通知之日起30日内，未接到通知的自公告之日起45日内，向清算组申报其债权。在申报债权期间，清算组不得对债权人进行清偿。

（3）处理与清算有关的公司未了结的业务。

（4）清缴所欠税款以及清算过程中产生的税款。

（5）清理债权、债务。

（6）分配公司清偿债务后的剩余财产。

公司财产在分别支付清算费用、职工的工资、社会保险费用和法定补偿金，缴纳所欠税款，清偿公司债务后的剩余财产，有限责任公司按照股东的出资比例分配，股份有限公司按照股东持有的股份比例分配。

（7）代表公司参与民事诉讼活动。

2.清算要求

（1）清算期间，公司存续，但不得开展与清算无关的经营活动。

（2）清算组成员履行清算职责，负有忠实义务和勤勉义务。清算组成员怠于履行职责，给公司造成损失的，应当承担赔偿责任；因故意或者重大过失给债权人造成损失的，应当承担赔偿责任。

第九节　公司登记

一、设立登记

1.设立申请

设立公司，应当依法向公司登记机关申请设立登记。法律、行政法规规定设立公司必须报经批准的，应当在公司登记前依法办理批准手续。

2.营业执照

依法设立的公司，由公司登记机关发给公司营业执照。公司营业执照签发日期为公司成立日期。

（1）公司登记机关可以发给电子营业执照。电子营业执照与纸质营业执照具有同等法律效力。

（2）公司设立分公司，应当向公司登记机关申请登记，领取营业执照。

二、变更登记

（1）公司登记事项发生变更的，应当依法办理变更登记（如公司变更法定代表人、增加或减少注册资本等事项）。

（2）公司登记事项未经登记或者未经变更登记，不得对抗善意相对人。

三、注销登记

公司因解散、被宣告破产或者其他法定事由需要终止的，应当依法向公司登记机关申请注销登记，由公司登记机关公告公司终止。

1.简易注销 新

（1）公司在存续期间未产生债务，或者已清偿全部债务的，经全体股东承诺，可以按照规定通过简易程序注销公司登记。股东对规定的内容承诺不实的，应当对注销登记前的债务承担连带责任。

（2）通过简易程序注销公司登记，应当通过国家企业信用信息公示系统予以公告，公告期限不少于20日。公告期限届满后，未有异议的，公司可以在20日内向公司登记机关申请注销公司登记。

2.强制注销 新

公司被吊销营业执照、责令关闭或者被撤销，满3年未向公司登记机关申请注销公司登记的，公司登记机关可以通过国家企业信用信息公示系统予以公告，公告期限不少于60日。公告期限届满后，未有异议的，公司登记机关可以注销公司登记，原公司股东、清算义务人的责任不受影响。

典例研习在线题库 →

至此，涉税服务相关法律的学习已经进行了79%，继续加油呀！

79%

第十四章 破产法

学习提要

重要程度：重点章节

平均分值：5~12分

考核题型：单项选择题、多项选择题、综合分析题

本章提示：本章脉络清晰。讲解整个破产程序，从申请、受理，到整个破产程序终结。同时，还涉及两个使债务人"起死回生"的制度——重整与和解。但本章细节较多，需要同学们在学习过程中不断辨析与把握

第一节 破产法基础

破产法，是指关于债务人不能清偿到期债务时，对其宣告破产，并在法院的主持下对其全部财产进行清理分配或进行重整、和解等程序的法律规范的总称。在我国，破产法律制度由破产清算制度、破产重整制度、破产和解制度三大制度构成。该法适用于所有类型的企业法人，合伙、个人独资等非法人组织的破产清算也可参照适用，但不适用于个体工商户、农村承包经营户、具有商事主体资格的自然人。

一、破产原因（★）

（一）破产原因概述

破产原因，也称破产界限，是指债务人不能清偿到期债务，并且资产不足以清偿全部债务或者明显缺乏清偿能力。

据此，判断债务人是否存在破产原因有两个并列的标准：

（1）"不能清偿到期债务"且"资不抵债"。

债务人不能清偿到期债务，并且资产不足以清偿全部债务，主要适用于**债务人自己提出**破产申请且其资不抵债状况通过形式审查即可判断的案件。

（2）"不能清偿到期债务"且"明显缺乏清偿能力"。

债务人不能清偿到期债务，并且明显缺乏清偿能力，主要适用于**债权人提出破产申请**和**债务人提出破产申请但其资不抵债状况通过形式审查不易判断**的案件。债权人向法院提出申请时，**只要证明债务人不能清偿其到期债务**即可，无须考虑资不抵债的问题。

（二）具体规定

1.不能清偿到期债务的认定

认定不能清偿到期债务应当同时具备以下要件：

（1）债权债务关系依法成立。

（2）债务履行期限已经届满。

（3）债务人未完全清偿债务。

2.资产不足以清偿全部债务的认定

（1）资产不足以清偿全部债务，是指债务人的实有资产不足以清偿全部债务，又称"资不抵债"或"债务超过"。

（2）债务人的资产负债表，或者审计报告、资产评估报告等显示其全部资产不足以偿付全部负债的，人民法院应当认定债务人资产不足以清偿全部债务，但有相反证据足以证明债务人资产能够偿付全部负债的除外。

（3）考察债务人的偿还能力仅以 实有财产 为限，不考虑信用、能力等可能影响债务人清偿能力的因素。

3.明显缺乏清偿能力的认定

债务人账面资产虽大于负债，但存在下列情形之一的，人民法院应当认定其明显缺乏清偿能力：

（1）因资金严重不足或者财产不能变现等原因，无法清偿债务。
（2）法定代表人下落不明且无其他人员负责管理财产，无法清偿债务。
（3）经人民法院强制执行，无法清偿债务。
（4）长期亏损且经营扭亏困难，无法清偿债务。
（5）导致债务人丧失清偿能力的其他情形。

二、破产案件的管辖（★）

（一）管辖法院

破产案件由 债务人住所地 人民法院管辖，申请人可以在 人民法院受理破产申请前 请求撤回申请。

（二）受理后其他案件的管辖

（1）人民法院受理破产申请后，当事人提起的有关债务人的民事诉讼案件，应当由受理破产申请的人民法院管辖。
（2）有关债务人的行政诉讼或者刑事诉讼的管辖问题，不受破产程序的影响。

第二节　破产程序

一、破产申请（★★）

破产申请人包括债务人、债权人、依法对债务人负有清算责任的人以及国务院金融监督管理机构。

1.债务人申请

债务人出现破产原因，可以向人民法院提出重整、和解或破产清算申请。

2.债权人申请

债务人 不能清偿到期债务，债权人可以向人民法院提出对债务人进行重整或者破产清算的申请，但不能提出和解申请。

提示：和解申请只能由债务人一方提出。

3.依法对债务人负有清算责任的人申请

企业法人已解散但未清算或者未清算完毕，资产不足以清偿债务的，依法负有清算责任的人应当向人民法院申请破产清算。

4.国务院金融监督管理机构申请

商业银行、证券公司、保险公司等金融机构有破产原因的，**国务院金融监督管理机构**可以向人民法院提出对该金融机构进行**重整或破产清算**的申请。

> **典例研习·14-1** 【2019年单项选择题】
>
> 当债务人不能清偿到期债务，并且资产不足以清偿全部债务时，可以向人民法院提出和解申请的是（　）。
>
> A.管理人　　　　B.债权人　　　　C.清算组　　　　D.债务人
>
> 斯尔解析　本题考查破产申请人。选项D当选，破产申请的提出主体包括债权人、债务人、依法对债务人负有清算责任的人以及国务院金融监督管理机构，不包括管理人，且和解申请只能由债务人一方提出。
>
> 本题答案　D

二、破产申请的受理

破产申请的受理，是指法院收到破产申请后，经审查认为破产申请符合法定条件而予以接受并开始破产程序的司法行为。法院受理破产申请是破产程序开始的标志。

（一）受理时限

1.债权人提出破产申请

（1）债权人提出破产申请的，人民法院应当自收到申请之日起5日内通知债务人。债务人对申请有异议的，应当自收到人民法院通知之日起7日内向人民法院提出。人民法院应当自异议期满之日起10日内裁定是否受理；债务人对债权人的申请未在法定期限内向人民法院提出异议或者异议不成立的，人民法院应当依法裁定受理破产申请，并自裁定作出之日起5日内送达债务人。

（2）债务人自裁定送达之日起15日内，向人民法院提交财产状况说明、债务清册、债权清册、有关财务会计报告以及职工工资的支付和社会保险费用的缴纳情况。债务人拒不提交的，人民法院可以对债务人的直接责任人员采取罚款等强制措施。

2.债务人或对债务人企业负有清算责任的人提出破产申请（略）

（二）受理后的工作（★）

1.指定管理人

人民法院受理破产申请后，应同时指定管理人，管理人负责接管债务人的财产。

除重整、和解程序中债务人经人民法院许可自行管理财产和营业事务外，管理人成为债务人财产的实际控制者，依法管理和处分债务人财产。

2.发出破产申请受理的通知和公告

人民法院裁定受理破产申请后，应当自裁定受理破产申请之日起25日内通知已知债权人，并予以公告。

（三）不予受理或驳回申请

申请人对人民法院裁定不予受理或驳回申请可以上诉，应当自裁定送达之日起10日内向上一级人民法院提起。

不予受理、驳回申请的具体事由如下：

项目	具体规定
不予受理	（1）债务人有隐匿、转移财产等行为，为了逃避债务而申请破产的。 （2）债权人借破产申请毁损债务人商业信誉，意图损害公平竞争的
驳回申请	人民法院受理破产申请后，经审查发现债务人没有达到破产界限的

（四）破产申请受理的法律后果（★★）

1.相关人员的义务

（1）债务人有关人员的义务。

债务人的有关人员（**法定代表人**、财务管理人员和经理、监事等其他管理人员）自人民法院受理破产申请的裁定送达债务人之日起至破产程序终结之日承担下列义务：

①妥善保管其占有和管理的财产、印章和账簿、文书等资料。

②根据人民法院、管理人的要求进行工作，并如实回答询问。

③列席债权人会议并如实回答债权人的询问。

④未经人民法院许可，不得离开住所地。

⑤不得新任其他企业的董事、监事、高级管理人员。

（2）债务人的债务人或者财产持有人的义务。

①人民法院受理破产申请后，债务人的债务人或者财产持有人应当向**管理人**清偿债务或者交付财产。

②债务人的债务人或者财产持有人故意违反规定向债务人清偿债务或者交付财产，使债权人受到损失的，不免除其清偿债务或者交付财产的义务。

2.个别清偿的效力

（1）人民法院受理破产申请后，债务人对个别债权人的债务清偿无效。

（2）债务人以其财产向债权人提供物权担保的，其在担保物市场价值内向债权人所做的债务清偿，不受上述规定限制。

3.双方均未履行完毕合同的处理

（1）管理人的权利。

人民法院受理破产申请后，管理人对破产申请受理前成立而债务人和对方当事人均未履行完毕的合同有权决定解除或者继续履行，并通知对方当事人。

（2）管理人的义务。

记忆提示	具体规定
通知对方	管理人自破产申请受理之日起2个月内未通知对方当事人，或者自收到对方当事人催告之日起30日内未答复的，视为解除合同

续表

记忆提示	具体规定
提供担保	管理人决定继续履行合同的，对方当事人应当履行；但是，对方当事人有权要求管理人提供担保。管理人不提供担保的，视为解除合同

4.保全措施与执行程序的处理

人民法院受理破产申请后，有关债务人财产的保全措施应当解除，执行程序应当中止。

5.民事诉讼或者仲裁的处理

（1）破产申请受理前的诉讼。

①尚未审结——中止审理。

破产申请受理前，债权人就债务人财产提起下列诉讼，破产申请受理时案件尚未审结的，人民法院应当中止审理。

②已作判决——中止执行。

破产申请受理前，债权人就债务人财产向人民法院提起的民事诉讼，人民法院已经作出生效民事判决书或者调解书但尚未执行完毕的，破产申请受理后，相关执行行为应当中止，债权人应当依法向管理人申报相关债权。

（2）破产申请受理后的诉讼。

破产申请受理后，债权人就债务人财产向人民法院提起民事诉讼的，人民法院不予受理。

第三节　管理人制度

管理人是指在破产程序中根据法院指定，全面接管债务人企业并负责其财产的保管、清理、估价、处分、分配等清算事务的专门机构。

管理人是管理破产财产的人。管理破产财产，管理人必须具有独立的法律地位。

一、管理人的种类（★★）

1.可以担任管理人的主体

（1）清算组：由有关部门、机构的人员组成。

提示：清算组为管理人的，人民法院可以从政府有关部门、编入管理人名册的社会中介机构、金融资产管理公司中指定清算组成员。

（2）社会中介机构：律师事务所、会计师事务所、破产清算事务所等。

（3）专业人员：社会中介机构中具备相关专业知识并取得执业资格的人员。

提示：事实清楚、债权债务关系简单、债务人财产相对集中的企业破产案件，可以指定管理人名册中的个人为管理人。个人担任管理人的，应当参加职业责任保险。

2.不得担任管理人的情形

（1）因故意犯罪受过刑事处罚。

（2）曾被吊销相关专业执业证书。

（3）与本案有利害关系。

项目	社会中介机构、清算组成员	社会中介机构、清算组成员中的派出人员、个人管理人
相同规定	①与债务人、债权人有未了结的债权债务关系。 ②在人民法院受理破产申请前3年内，曾为债务人提供相对固定的中介服务。 ③现在是或者在人民法院受理破产申请前3年内曾经是债务人、债权人的控股股东或者实际控制人。 ④现在担任或者在人民法院受理破产申请前3年内曾经担任债务人、债权人的财务顾问、法律顾问。 ⑤人民法院认为可能影响其忠实履行管理人职责的其他情形	
特有规定	—	①现在担任或者在人民法院受理破产申请前3年内曾经担任债务人、债权人的董事、监事、高级管理人员。 ②与债权人或者债务人的控股股东、董事、监事、高级管理人员存在夫妻、直系血亲、三代以内旁系血亲或者近姻亲关系

（4）人民法院认为不宜担任管理人的其他情形。

社会中介机构及个人具有下列情形之一的，属于人民法院认为不宜担任管理人的其他情形：

记忆提示	具体规定
不乖	因不适当履行职务或者拒绝接受人民法院指定等原因，被人民法院从管理人名册除名之日起未逾3年
违法	因执业、经营中故意或者重大过失行为，受到行政机关、监管机构或者行业自律组织行政处罚或者纪律处分之日起未逾3年
	因涉嫌违法行为正被相关部门调查
无能力	缺乏担任管理人所应具备的专业能力
	缺乏承担民事责任的能力
兜底	人民法院认为可能影响履行管理人职责的其他情形

二、管理人的指定（★）

1.管理人的指定要求

（1）管理人由人民法院在裁定受理破产申请的同时指定，对人民法院负责。向人民法院报告工作，并接受债权人会议和债权人委员会的监督。

（2）没有正当理由，管理人一般不得辞去职务；需要辞去职务，应当经人民法院许可。

2.管理人的指定方式

人民法院指定管理人的方式主要有三种：随机方式、竞争方式、推荐方式。

3.管理人的更换

债权人会议认为管理人不能依法、公正执行职务或有其他不能胜任职务情形的，可以申请人民法院予以更换。在特定情形下，人民法院可以根据债权人会议的申请或者依职权径行决定更换管理人。

三、管理人的职责（★★）

1.基本职责

（1）接管债务人的财产、印章和账簿、文书等资料。

（2）调查债务人财产状况，制作财产状况报告。

（3）决定债务人的内部管理事务。

（4）决定债务人的日常开支和其他必要开支。

（5）在第一次债权人会议召开之前，决定继续或者停止债务人的营业（应经人民法院许可）。

（6）管理和处分债务人的财产。

（7）代表债务人参加诉讼、仲裁或者其他法律程序。

（8）提议召开债权人会议。

（9）人民法院认为管理人应当履行的其他职责。

2.特定职责

（1）对破产申请受理前成立而债务人和对方当事人均未履行完毕的合同，有权决定是否解除或者继续履行。

（2）自人民法院裁定债务人重整之日起6个月内，向人民法院和债权人会议提交重整计划草案。

（3）拟订破产财产变价方案。

（4）拟订破产财产分配方案。

3.履职要求

（1）一般规定。

①管理人依法执行职务，向人民法院报告工作。

②管理人应当列席债权人会议，向债权人会议报告职务执行情况，接受债权人会议和债权人委员会的监督，并回答询问。

（2）重大财产处分。

①在第一次债权人会议召开之前，管理人决定继续或者停止债务人的营业或者有《中华人民共和国企业破产法》（以下简称《企业破产法》）第69条规定行为之一的，应当经人民法院许可。

②管理人处分《企业破产法》第69条规定的债务人重大财产的，应当事先制作财产管理或者变价方案并提交债权人会议进行表决，债权人会议表决未通过的，管理人不得处分。

③管理人拟通过清偿债务或者提供担保取回质物、留置物，或者与质权人、留置权人协议以质物、留置物折价清偿债务等方式，进行对债权人利益有重大影响的财产处分行为的，应当及时报告债权人委员会。未设立债权人委员会的，管理人应当及时报告人民法院。

提示：

《企业破产法》第69条规定涉及债务人重大财产的情形包括：a.涉及土地、房屋等不动产权益的转让；b.探矿权、采矿权、知识产权等财产权的转让；c.全部库存或者营业的转让；d.借款；e.设定财产担保；f.债权和有价证券的转让；g.履行债务人和对方当事人均未履行完毕的合同；h.放弃权利；i.担保物的取回；j.对债权人利益有重大影响的其他财产处分行为。

四、管理人的报酬（★）

（1）管理人报酬由审理企业破产案件的人民法院确定；债权人会议对管理人的报酬有异议的，应当向人民法院书面提出具体的请求和理由，并附有相应的债权人会议决议。

（2）管理人的报酬应列入破产财产分配方案，从债务人财产中优先支付。在和解、重整程序中，管理人报酬方案内容应列入和解协议草案或重整计划草案报债权人会议审查通过。

第四节　破产债权

人民法院受理破产申请时，债权人对债务人享有的债权称为破产债权。

一、债权申报规则

（1）未到期的债权：在破产申请受理时视为到期。

（2）附利息的债权：自破产申请受理时起停止计息。

（3）附条件、附期限的债权和诉讼、仲裁未决的债权可以申报。

（4）连带债权债务：

①连带债权人可以由其中一人代表全体连带债权人申报债权，也可以共同申报债权。

②连带债务人数人被裁定适用法律规定的程序的，其债权人有权就全部债权分别在各破产案件中申报债权。

（5）管理人或者债务人依照法律规定解除合同的，对方当事人以合同解除所产生的损害赔偿请求权申报债权。

（6）人民法院裁定受理破产申请前债务人尚未支付的案件受理费、执行申请费，可以作为破产债权申报。但破产申请受理后，债务人欠缴款项产生的滞纳金，包括债务人未履行生效法律文书应当加倍支付的迟延利息和劳动保险金的滞纳金，债权人不能作为破产债权申报。

（7）职工债权不必申报。

职工债权包括债务人所欠职工的工资和医疗、伤残补助、抚恤费用，所欠的应当划入职工个人账户的基本养老保险、基本医疗保险费用，以及法律、行政法规规定应当支付给职工的补偿金。

提示：管理人调查职工债权后列出清单并予以公示。职工对清单记载有异议的，可以要求管理人更正；管理人不予更正的，职工可以向人民法院提起债权确认诉讼。

二、破产债权申报期限（★）

1.债权申报期限的确定

债权申报期限自人民法院发布受理破产申请公告之日起计算，最短不得少于30日，最长不得超过3个月。

2.未在规定期限申报债权的处理

债权人应当在人民法院确定的债权申报期限内向管理人申报债权，未在上述规定期限申报债权的处理方式如下：

（1）债权人可以在破产财产最后分配前补充申报，已经进行的分配不再对其补充分配。

（2）为审查和确认补充申报债权的费用，由补充申报人承担。

三、债权登记与确认

1.流程

步骤	具体规定
第一步：债权人申报	—
第二步：管理人登记	管理人收到债权申报材料后，应当依法对所申报的债权进行登记造册，详尽记载申报人的姓名、单位、代理人、申报债权额、担保情况、证据、联系方式等事项，形成债权申报登记册
第三步：管理人审查	（1）管理人应当依法对申报的债权性质、数额、担保财产、是否超过诉讼时效期间、是否超过强制执行期间等情况进行审查，编制债权表并提交第一次债权人会议核查。 （2）已经生效法律文书确定的债权，管理人应当予以确认
第四步：第一次债权人会议核查	—
第五步：人民法院确认	债务人、债权人对债权表记载的债权无异议的，由人民法院裁定确认

2.对债权异议的处理

（1）债务人、债权人对债权表记载的债权有异议的，应当说明理由和法律依据。

（2）经管理人解释或调整后，异议人仍然不服，或者管理人不予解释或调整的，异议人应当在债权人会议核查结束后15日内向人民法院提起债权确认的诉讼。

（3）异议债权诉讼当事人。

情形	被告	原告
债务人对债权表记载的债权有异议	被异议债权人	债务人
债权人对债权表记载的他人债权有异议		债权人
债权人对债权表记载的本人债权有异议	债务人	

第五节 债权人会议与债权人委员会

一、债权人会议（★★）

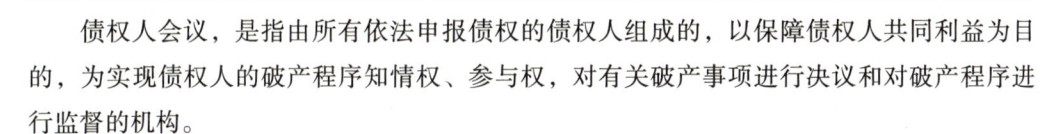

债权人会议，是指由所有依法申报债权的债权人组成的，以保障债权人共同利益为目的，为实现债权人的破产程序知情权、参与权，对有关破产事项进行决议和对破产程序进行监督的机构。

（一）债权人会议的职权

记忆提示	具体规定
审核	核查债权
换人	（1）申请人民法院更换管理人，审查管理人的费用和报酬。 （2）监督管理人。 （3）选任和更换债权人委员会成员
过方案	（1）通过重整计划、和解协议。 （2）通过债务人财产的管理方案、破产财产的变价及分配方案
"定营业"	决定继续或者停止债务人的营业

（二）债权人会议的召开

会议类型	具体规定	
第一次会议	第一次会议由人民法院召集，自债权申报期限届满之日起15日内召开	
非首次会议	召开情形	（1）人民法院认为必要时。 （2）管理人、债权人委员会、占债权总额1/4以上的债权人向债权人会议主席提议时
	主持	（1）债权人会议主席负责主持。 （2）债权人会议设主席1人，由人民法院在有表决权的债权人中指定

（三）债权人会议的表决

（1）表决权的享有和行使。

①享有表决权的前提：申报债权。

凡是申报债权者均有权参加第一次债权人会议，有权参加对其债权的核查、确认活动。

②行使表决权的前提：债权被确认。

债权得到确认的债权人才能行使表决权；债权尚未确定的债权人，除人民法院能够为其行使表决权而临时确定债权额的以外，不得行使表决权。

③特殊主体的表决权。

a.对债务人的特定财产享有担保权的债权人，也属于债权人会议成员，享有法定的表决权，但对于通过和解协议和通过破产财产的分配方案不享有表决权。

b.债务人的职工和工会的代表有权参加债权人会议，但不享有表决权，只能对有关事项发表意见。

（2）表决形式。

债权人会议的表决可以现场表决；也可以采取通信、网络投票等非现场方式进行表决。

（四）债权人会议的决议

（1）债权人会议的决议，对全体债权人均有约束力。

（2）债权人会议的决议，由出席会议的有表决权的债权人过半数通过，并且其所代表的债权额占无财产担保债权总额的1/2以上，但《企业破产法》另有规定的除外。

二、债权人委员会（★）

债权人委员会为破产程序中的选任机关，是对破产程序进行监督的常设机构，也称破产监督人。债权人委员会是否设置，由债权人会议根据案件具体情况决定。

（一）组成

债权人会议决定设立债权人委员会的，债权人委员会由债权人会议选任的债权人代表和1名债务人的职工代表或者工会代表组成，不得超过9人，由人民法院以书面决定认可。

（二）职权

记忆提示	具体规定
监督财产	（1）监督债务人财产的管理和处分。 （2）监督破产财产分配
提议会议	提议召开债权人会议
接受委托	债权人会议委托的其他职权

（三）决议

债权人委员会决定所议事项应获得全体成员过半数通过，并作成议事记录。

解题高手

命题角度： 管理人、债权人会议职权对比。

管理人的职权主要是"干活"，在涉及与债权人会议类似职权中，则有如下对比：

职权	管理人	债权人会议
审核	对破产申请受理前成立而债务人和对方当事人均未履行完毕的合同，有权决定是否解除或者继续履行	核查债权
换人	—	（1）申请人民法院更换管理人，审查管理人的费用和报酬。 （2）监督管理人。 （3）选任和更换债权人委员会成员
过方案	（1）拟订破产财产变价方案、分配方案。 （2）自人民法院裁定债务人重整之日起6个月内，向人民法院和债权人会议提交重整计划草案。由债务人提出重整计划草案的，管理人需监督债务人对财产的管理和营业事务以及重整计划的执行	（1）通过重整计划、和解协议。 （2）通过债务人财产的管理方案、破产财产的变价及分配方案
定营业	在第一次债权人会议召开之前，决定继续或者停止债务人的营业	决定继续或者停止债务人的营业

第六节　债务人财产

一、债务人财产的认定与处分

债务人财产包括破产申请受理时属于债务人的全部财产，以及破产申请受理后至破产程序终结前债务人取得的财产。

（一）债务人财产的认定（★★★）

1.应当认定为债务人财产

（1）债务人所有的货币、实物以及依法享有的可以用货币估价并可以依法转让的债权、股权、知识产权、用益物权等财产和财产权益。

（2）债务人已依法设定担保物权的特定财产。

（3）债务人对按份享有所有权的共有财产的相关份额，或者共同享有所有权的共有财产的相应财产权利，以及依法分割共有财产所得部分。

（4）破产申请受理后，依法执行回转的财产。

2.不应认定为债务人财产

（1）债务人基于仓储、保管、承揽、代销、借用、寄存、租赁等合同或者其他法律关系占有、使用的他人财产。

（2）债务人在所有权保留买卖中尚未取得所有权的财产。

（3）所有权专属于国家且不得转让的财产。

（4）其他依照法律、行政法规不属于债务人的财产。

（二）债务人财产的处分（★）

（1）管理人处分债务人重大财产的，应当事先制作财产管理或者变价方案并提交债权人会议进行表决，债权人会议表决未通过的，管理人不得处分。

（2）管理人实施处分前，应当提前10日书面报告债权人委员会或者人民法院。

典例研习·14-2 *2017年单项选择题*

根据《企业破产法》及相关规定，下列关于债务人财产认定的说法中，正确的是（　　）。

A.所有权专属于国家且不得转让的财产，法院不应认定为债务人财产

B.债务人基于租赁合同占有、使用的他人财产，法院应认定为债务人财产

C.债务人已依法设定担保物权的特定财产，法院不应认定为债务人财产

D.债务人在所有权保留买卖中尚未取得所有权的财产，法院应认定为债务人财产

斯尔解析　本题考查债务人财产的认定。以下财产不应认定为债务人财产：（1）债务人基于仓储、保管、承揽、代销、借用、寄存、租赁等合同或者其他法律关系占有、使用的他人财产（选项B不当选）；（2）债务人在所有权保留买卖中尚未取得所有权的财产（选项D不当选）；（3）所有权专属于国家且不得转让的财产（选项A当选）。选项C不当选，债务人已依法设定担保物权的特定财产，人民法院应当认定为债务人财产。

本题答案　A

二、涉及债务人财产的撤销与无效

（一）破产撤销权（★★）

原理详解

破产程序的目的是实现公平清偿，而当债务人陷于破产境地后，其仍掌握着财产处分权利，往往会在破产案件受理前竭力转移财产、逃避债务，或对个别债权人进行偏袒性清偿，使破产法公平、有序清偿之目的无法实现。

由于破产程序启动后，债务人财产被管理人接管，债务人丧失财产控制权，所以上述违法行为集中发生在破产案件受理前夕、债务人仍控制其财产的期间内。因此破产法设置了撤销权，以实现破产财产在全体债权人间的公平分配。

1.可撤销的情形

（1）人民法院受理破产申请前1年内，涉及债务人财产的下列行为，管理人有权请求人民法院依法予以撤销：

①放弃债权的。

②无偿转让财产的。

③以明显不合理的价格进行交易的。

人民法院根据管理人的请求撤销涉及债务人财产的以明显不合理价格进行的交易的，买卖双方应当依法返还从对方获取的财产或者价款。因撤销该交易，对于债务人应返还受让人已支付价款所产生的债务，受让人请求作为共益债务清偿的，人民法院应予支持。

④对没有财产担保的债务提供财产担保的。

⑤对未到期的债务提前清偿的。

例外情形：破产申请受理前1年内债务人提前清偿的未到期债务，在破产申请受理前已经到期，管理人请求撤销该清偿行为的，人民法院不予支持。

（2）个别清偿。

人民法院受理破产申请前6个月内，债务人有不能清偿到期债务，并且资产不足以清偿全部债务或者明显缺乏清偿能力的情形，仍对个别债权人进行清偿的，管理人有权请求人民法院予以撤销。但个别清偿使债务人财产受益的除外。

2.不得撤销的情形

为保障债权人在破产程序中的公平清偿，一般来说个别清偿均可被撤销，但下列个别清偿不得撤销：

（1）债务人对以自有财产设定担保物权的债权进行的个别清偿，管理人请求撤销的，人民法院不予支持，但是，债务清偿时担保财产的价值低于债权额的除外。

（2）债务人经诉讼、仲裁、执行程序对债权人进行的个别清偿，管理人请求撤销的，人民法院不予支持，但是，债务人与债权人恶意串通损害其他债权人利益的除外。

（3）债务人对债权人进行的以下个别清偿，管理人请求撤销的，人民法院不予支持：
①债务人为维系基本生产需要而支付水费、电费等的。
②债务人支付劳动报酬、人身损害赔偿金的。
③使债务人财产受益的其他个别清偿。

3.撤销权的行使主体
（1）撤销权原则上应由管理人统一行使。
（2）破产申请受理后，管理人未请求撤销债务人"无偿转让财产、以明显不合理价格交易、放弃债权"行为的，债权人提起诉讼，请求撤销债务人上述行为并将因此追回的财产归入债务人财产的，人民法院应予受理。相对人以债权人行使撤销权的范围超出债权人的债权抗辩的，人民法院不予支持。

| 典例研习 · 14-3　　2016年多项选择题

根据《企业破产法》及司法解释规定，针对债务人处理财产的有关行为，在人民法院受理破产申请前6个月，债务人出现破产原因后所做个别清偿，管理人提出请求撤销而法院不予支持的情形有（　　）。

A.债务人支付劳动报酬

B.债务人经执行程序对债权人进行个别清偿

C.债务人因经营失误而支付赔偿金

D.债务人为维系基本生产需要而支付水、电费

E.债务人支付人身损害赔偿金

🔍**斯尔解析**　本题考查破产撤销权。债务人对债权人进行的以下个别清偿，管理人请求撤销的，人民法院不予支持：（1）为维系基本生产需要而支付水费、电费等（选项D当选）；（2）支付劳动报酬、人身损害赔偿金的（选项AE当选）；（3）使债务人财产受益的其他个别清偿。选项B不当选，债务人经诉讼、仲裁、执行程序对债权人进行的个别清偿，管理人请求撤销的，人民法院不予支持，但是，债务人与债权人恶意串通损害其他债权人利益的除外。选项C不当选，债务人因经营失误而支付赔偿金不属于不可撤销的情形。

▲**本题答案**　ADE

（二）涉及债务人财产无效的情形（★★）

涉及债务人财产的下列行为无效：
（1）为逃避债务而隐匿、转移财产的。
（2）虚构债务或者承认不真实的债务的。

三、追回权（★★）

追回权，是指破产程序中，债务人的某项行为被撤销或者宣告无效后，管理人依法对

被非法转移或者处分的财产予以追回的权利。管理人在下列情形中可以行使追回权：

（1）对因《企业破产法》规定的可撤销行为和无效行为而取得的债务人的财产，管理人有权追回。

债务人有《企业破产法》规定的可撤销行为和无效行为，损害债权人利益的，债务人的法定代表人和其他直接责任人员依法承担赔偿责任。

（2）债务人的董事、监事和高级管理人员利用职权从企业获取的非正常收入的财产，管理人应当追回，具体而言：

收入类型	追回后清偿方式	
绩效奖金	普通破产债权	
普遍拖欠职工工资情况下获取的工资性收入	按照该企业职工平均工资计算的部分	职工工资
	高出该企业职工平均工资计算的部分	普通破产债权
其他非正常收入	普通破产债权	

（3）债务人出资人的出资。

①债务人的出资人尚未完全履行出资义务的，应当按照管理人的要求缴纳所认缴的出资，该出资不受出资期限的限制。

②管理人代表债务人提起诉讼，主张出资人向债务人依法缴付未履行的出资或者返还抽逃的出资本息，出资人以认缴出资尚未届至公司章程规定的缴纳期限或者违反出资义务已经超过诉讼时效为由抗辩的，人民法院不予支持。

（4）担保物的取回。

人民法院受理破产申请后，管理人拟通过清偿债务或者提供担保取回质物、留置物，或者与质权人、留置权人协议以质物、留置物折价清偿债务等方式，进行对债权人利益有重大影响的财产处分行为的，应当及时报告债权人委员会。未设立债权人委员会的，管理人应当及时报告人民法院。

四、取回权

取回权，是指破产企业中属于他人的财产，其所有人或其他权利人享有不依照破产程序，通过管理人将该财产予以取回的权利。这些财产不属于破产财产的范围。

（一）一般取回权（★★）

1.一般取回权的含义

（1）人民法院受理破产申请后，债务人占有的不属于债务人的财产，该财产的权利人可以通过管理人取回。但是，法律另有规定的除外。

（2）债务人重整期间，权利人要求取回债务人合法占有的权利人的财产，不符合双方事先约定条件的，人民法院不予支持。但是，因管理人或者自行管理的债务人违反约定，可能导致取回物被转让、毁损、灭失或者价值明显减少的除外。

2.取回权行使要求

（1）权利人须通过管理人取回其财产。

（2）支付相应的费用：

①在取回定作物、保管物等财产时，权利人存在对待给付义务的，应向管理人交付相应费用。

②权利人行使取回权时未依法向管理人支付相关的加工费、保管费、托运费、委托费、代销费等费用，管理人拒绝其取回相关财产的，人民法院应予支持。

（3）权利人依法向管理人主张取回相关财产，管理人不予认可，权利人有权以债务人为被告向人民法院提起诉讼请求行使取回权。在无争议时，无须通过诉讼程序。

3.取回权行使时间

（1）权利人行使取回权，应当在破产财产变价方案或者和解协议、重整计划草案提交债权人会议表决前向管理人提出。

（2）权利人在上述期限后主张取回相关财产的，应当承担延迟行使取回权增加的相关费用。

（二）他人财产被违法转让

通常情况下，权利人取回权的行使仅限于原物。如原物被违法转让：

项目	破产申请受理前	破产申请受理后
第三人善意取得，权利人无法取回，对权利人损失的处理	按照普通破产债权清偿	按照共益债务清偿
第三人支付对价但未善意取得，原权利人取回财产，对第三人已支付对价的处理		

（三）出卖人对在途货物的取回（★★）

1.行使取回权的前提

货物尚在运输途中。人民法院受理破产申请时，出卖人已将买卖标的物向作为买受人的债务人发运。

2.取回权的行使

（1）可以行使。

同时符合下列条件，出卖人可以行使取回权：

记忆提示	具体规定
未付清	债务人尚未收到且未付清全部价款
已主张	出卖人主张行使取回权，其行使方式如下： ①通过通知承运人或者实际占有人中止运输、返还货物、变更到达地，或者将货物交给其他收货人等方式，对在运途中标的物主张了取回权但未能实现。 ②在货物未达管理人前已向管理人主张取回在运途中标的物。在买卖标的物到达管理人后，出卖人仍可向管理人主张取回

（2）不得取回的情形。

记忆提示	具体规定
未主张	出卖人对在运途中标的物未及时行使取回权，在买卖标的物到达管理人后向管理人行使在运途中标的物取回权的，管理人不应准许
已付清	管理人可以支付全部价款，请求出卖人交付标的物

（四）所有权保留买卖合同的处理

所有权保留买卖合同，是指当事人可以在买卖合同中约定买受人未履行支付价款或者其他义务的，标的物所有权属于出卖人的买卖合同。

所有权保留买卖合同属于双方均未履行完毕的合同，管理人有权决定解除或继续履行。在出卖人或买受人破产的情形下，有不同的处理：

破产方	管理人决定	处理方式
出卖人	继续履行	（1）买受人应当按照原买卖合同的约定支付价款或者履行完毕其他义务。 （2）买受人未依约支付价款或者履行完毕其他义务，或者将标的物出卖、出质或者作出其他不当处分，给出卖人造成损害，出卖人管理人有权依法主张取回标的物。但是，买受人已经支付标的物总价款75%以上或者第三人善意取得标的物所有权或者其他物权的除外
出卖人	解除	（1）有权依法要求买受人向其交付买卖标的物。 （2）买受人依法履行合同义务并依法将买卖标的物交付出卖人管理人后，买受人已支付价款损失形成的债权作为共益债务清偿。但是，买受人违反合同约定，出卖人管理人有权主张上述债权作为普通破产债权清偿
买受人	继续履行	（1）买受人管理人应当及时向出卖人支付价款或者履行其他义务（未到期债务视为到期）。 （2）买受人管理人无正当理由未及时支付价款或者履行完毕其他义务，或者将标的物出卖、出质或者作出其他不当处分，给出卖人造成损害，出卖人有权主张取回标的物。但是，买受人已支付标的物总价款75%以上或者第三人善意取得标的物所有权或者其他物权的除外。 （3）对因买受人未支付价款或者未履行完毕其他义务，以及买受人管理人将标的物出卖、出质或者作出其他不当处分导致出卖人损害产生的债务，出卖人有权主张作为共益债务清偿
买受人	解除	（1）出卖人有权依法主张取回买卖标的物。 （2）出卖人取回买卖标的物，买受人管理人有权主张出卖人返还已支付价款

五、抵销权（★）

抵销权，是指债权人在破产申请受理前对债务人负有债务，无论其债权与所负债务种类是否相同，也不论该债权债务是否附有期限或者条件，均可用该债权抵销其对债务人所负债务的权利。

1.基本规定

（1）行使前提：债权人**破产申请受理前**对债务人负有债务。

（2）提出人：债权人向管理人提出行使，管理人不得主动主张抵销，但抵销使债务人财产受益的除外。

2.禁止抵销权的情形

种类	具体规定	
债权人	债务人的债务人在破产申请受理后取得他人对债务人的债权的	
	债权人已知债务人有不能清偿到期债务或者破产申请的事实，对债务人负担债务的	债权人或债务人的债务人因为法律规定或者有破产申请1年前所发生的原因而负担债务或取得债权的除外
	债务人的债务人已知债务人有不能清偿到期债务或者破产申请的事实，对债务人取得债权的	
债务人股东	债务人股东因欠缴债务人的出资或者抽逃出资对债务人所负的债务	
	债务人股东滥用股东权利或者关联关系损害公司利益对债务人所负的债务	

原理详解

通常破产债权只能得到一部分清偿，甚至得不到清偿，其实际价值大大低于名义金额。如果允许股东将其破产债权与欠缴的注册资本抵销，实际上是允许股东以其名不符实的破产债权不足额地缴纳法律和公司章程中规定其应当全额缴纳的出资额。

典例研习·14-4 2013年单项选择题

根据《企业破产法》的规定，法院受理破产申请后，下列涉及债务人财产的说法中，正确的是（　　）。

A.债务人的债务人已知债务人有不能清偿到期债务或者破产申请的事实，对债务人取得债权的，可以向管理人主张抵销

B.债务人的高级管理人员利用职权从债务人获取的非正常收入，管理人应当追回

C.债务人占有的不属于债务人的财产，该财产的权利人可以向债务人取回

D.债务人的债务人在破产申请受理后取得他人对债务人的债权的，可以向管理人主张抵销

·396·

> 🅢斯尔解析 本题考查债务人财产。选项AD不当选,债务人的债务人在破产申请受理后取得他人对债务人的债权的,以及债务人的债务人已知债务人有不能清偿到期债务或者破产申请的事实,对债务人取得债权的,不得抵销。选项B当选,债务人的"董监高"利用职权从债务人获取的非正常收入,管理人应当追回。选项C不当选,人民法院受理破产申请后,债务人占有的不属于债务人的财产,该财产的权利人可以通过管理人取回。
>
> 🔺本题答案 B

六、破产费用与共益债务（★★）

（一）破产费用

破产费用,是指在破产程序进行中为全体债权人的共同利益而耗费的,需在破产程序进行中支出,从债务人财产中拨付的费用。破产费用的目的在于保障破产程序顺利进行,具体包括:

（1）人民法院受理破产申请后发生的破产费用:
①破产案件的诉讼费用。
②管理、变价和分配债务人财产的费用。
③管理人执行职务的费用、报酬和聘用工作人员的费用。

（2）人民法院裁定受理破产申请的,此前债务人尚未支付的公司强制清算费用、未终结的执行程序中产生的评估费、公告费、保管费等执行费用,可以参照破产费用的规定,由债务人财产随时清偿。

（二）共益债务

共益债务,是指人民法院受理破产申请后,为了全体债权人的共同利益以及破产程序顺利进行而发生的应由债务人财产负担的债务总称。包括:

记忆提示	具体规定
无因	债务人财产受无因管理所产生的债务
不当	因债务人不当得利所产生的债务
未履行	因管理人或债务人请求对方当事人履行双方均未履行完毕的合同所产生的债务
营业劳保	为债务人继续营业而应支付的劳动报酬和社会保险费用以及由此产生的其他债务
致损害	(1) 管理人或者相关人员执行职务致人损害所产生的债务。 (2) 债务人财产致人损害所产生的债务

（三）破产费用与共益债务的清偿（★★）

1.优先清偿

破产费用和共益债务的清偿顺位劣于对债务人认定财产享有担保权的权利人,但优先于其他债权,由债务人财产随时清偿。

2.清偿顺位

（1）债务人财产不足以清偿所有破产费用和共益债务的，先行清偿破产费用。

（2）债务人财产不足以清偿所有破产费用或者共益债务的，按照比例清偿。

（3）债务人财产不足以清偿破产费用的，管理人应当提请人民法院终结破产程序。人民法院应当自收到请求之日起15日内裁定终结破产程序，并予以公告。

（4）债务人财产不足以支付所有破产费用，但破产案件的债权人、管理人、债务人的出资人或者其他利害关系人愿意垫付相关费用的，经人民法院同意，破产程序可以继续进行。

典例研习·14-5 【2016年多项选择题】

法院受理破产申请后，为全体债权人共同利益而支出的费用为破产费用，包括（　　）。

A.为债务人继续营业而支付的劳动报酬和社会保险费用
B.管理人员执行职务的费用
C.破产案件诉讼费用
D.债务人财产变价费用
E.债务人财产致人损害所产生的费用

【斯尔解析】本题考查破产费用。人民法院受理破产申请后发生的破产费用：（1）破产案件的诉讼费用（选项C当选）；（2）管理、变价和分配债务人财产的费用（选项D当选）；（3）管理人执行职务的费用、报酬和聘用工作人员的费用（选项B当选）。此外，人民法院裁定受理破产申请的，此前债务人尚未支付的公司强制清算费用、未终结的执行程序中产生的评估费、公告费、保管费等执行费用，可以参照破产费用的规定，由债务人财产随时清偿。选项AE不当选，为债务人继续营业而支付的劳动报酬和社保费以及债务人财产致人损害所产生的费用属于共益债务。

【本题答案】BCD

第七节　重整与和解

一、重整（★★★）

重整，是指经利害关系人申请，对可能或已经发生破产原因但又有挽救希望的法人企业，在法院主持下，通过对各方利害关系人的利益协调，借助法律强制进行营业重组与债务清理，以挽救企业、避免破产的法律制度。

（一）重整申请的主体

申请	具体规定
直接申请	（1）债务人：出现破产原因。 （2）债权人：债务人不能清偿对债权人的到期债务时，债权人可以向人民法院申请对债务人进行重整
间接申请	（1）前提：债权人申请对债务人进行破产清算的。 （2）时间：人民法院受理破产申请后、宣告债务人破产前。 （3）申请人：债务人、出资额占债务人注册资本1/10以上的出资人、债权人

（二）重整期间

1.重整期间

自人民法院裁定债务人重整之日起至重整程序终止，为重整期间（不包括重整计划得到批准后的执行期间）。

2.重整期间事务的管理

（1）债务人自行管理：

①重整期间，经债务人申请，人民法院批准，债务人可以在管理人的监督下自行管理财产和营业事务。

②依照规定已接管债务人财产和营业事务的管理人应当向债务人移交财产和营业事务，其职权由债务人行使。

（2）管理人管理：

管理人负责管理财产和营业事务的，可以聘任债务人的经营管理人员负责营业事务。

3.重整期间的担保与借款

（1）重整期间，对债务人的特定财产享有的担保权暂停行使。但是，担保物有损坏或者价值明显减少的可能，足以危害担保权人权利的，担保权人可以向人民法院请求恢复行使担保权。

（2）重整期间，债务人或者管理人为继续营业而借款的，可以为该借款设定担保。

4.重整期间投资收益的分配和股权转让

重整期间，债务人的出资人不得请求投资收益分配；债务人的董事、监事、高级管理人员不得向第三人转让其持有的债务人的股权。但是，经人民法院同意的除外。

（三）重整计划

1.重整计划草案的制定

（1）制定主体。

①债务人自行管理财产和营业事务的，由债务人制作重整计划草案。

②管理人负责管理财产和营业事务的，由管理人制作重整计划草案。

（2）提交期限。

重整计划草案应当自人民法院裁定债务人重整之日起6个月内，由债务人或者管理人同时向人民法院和债权人会议提交，有正当理由经申请上述期限可延长3个月。

（3）未按期提交的后果。

债务人或者管理人未按期提出重整计划草案，人民法院应当裁定终止重整程序，并宣告债务人破产。

2.重整计划的表决

（1）第一步：召开债权人会议。

法院自收到重整计划草案之日起30日内，召开债权人会议，对重整计划草案进行表决。

（2）第二步：债权人分组讨论。

①有担保债权：对债务人的特定财产享有担保权的债权。

②职工债权：债务人所欠职工的工资和医疗、伤残补助、抚恤费用，所欠的应当划入职工个人账户的基本养老保险、基本医疗保险费用，以及法律、行政法规规定应当支付给职工的补偿金。

③税款：债务人所欠税款。

提示：重整计划不得规定减免债务人欠缴的划入职工账户以外的社会保险费用；该项费用的债权人不参加重整计划草案的表决。

④普通债权：必要时，人民法院可以决定在普通债权组中设小额债权组对重整计划草案进行表决。

⑤出资人组：若草案涉及对出资人权益调整事项的，应当设出资人组对该事项进行表决；不设出资人组的，债务人的出资人代表可以列席讨论。

（3）第三步：组内表决。

除"出资人组"外，出席会议的同一表决组的债权人过半数同意重整计划草案，并且其所代表的债权额占该组债权总额的2/3以上的，即该组通过重整计划草案。

（4）第四步：通过重整计划。

各表决组均通过重整计划草案时，重整计划草案即为通过。

提示：部分表决组未通过重整计划草案的，债务人或者管理人可以同未通过重整计划草案的表决组协商。该表决组可以在协商后再表决一次。但双方协商的结果不得损害其他表决组的利益。

（5）第五步：法院批准重整。

①自重整计划通过之日起10日内，债务人或者管理人应当向人民法院提出批准重整计划的申请，人民法院经审查认为符合规定的，应当自收到申请之日起30日内裁定批准，终止重整程序，并予以公告。

②重整计划草案未获得通过且未获得强制批准的，或者已通过的重整计划未获得批准的，人民法院应当裁定终止重整程序，并宣告债务人破产。

提示：上述情形为最"简洁"通过重整计划草案的情形，教材中也提及了其他情形下的处理，但考试中基本不涉及此部分，故此处不赘述。

3.重整计划的执行

项目	具体规定
执行主体	重整计划由债务人负责执行，人民法院裁定批准重整计划后，已接管财产和营业事务的管理人应当向债务人移交财产和营业事务
监督主体	自人民法院裁定批准重整计划之日起，管理人在重整计划规定的监督期内，负责监督重整计划的执行

4.重整计划的效力

（1）重整计划经人民法院裁定批准后，对债务人和全体债权人均有约束力。
（2）按照重整计划减免的债务，自重整计划执行完毕时起，债务人不再承担清偿责任。
（3）债权人对债务人的保证人和其他连带债务人所享有的权利，不受重整计划的影响。

5.重整计划终止

> **原理详解**
>
> 重整，通俗的来讲，是为了确定债务人是否有挽救希望与可能，重整期间，是为了拿出各方都认可的，挽救债务人企业的方案，即重整计划草案。只要有了结论，重整程序即终止。也就是说，确定了重整计划草案，并经人民法院批准，重整程序终止；或者在制定重整计划草案的过程中，只要有一个环节出了问题，也会导致重整程序终止。
>
> 重整计划的终止与重整程序终止不同。执行重整计划的前提是重整计划草案已经被人民法院批准，重整程序已经终止。在重整计划不被执行/未能执行下去或者损害债权人利益的，此时经申请，重整计划终止。

（1）情形。

记忆提示	具体规定
不利于	重整计划的利害关系人发现债务人在重整计划执行期间有不利于债权人的行为，严重损害债权人利益的，可以申请人民法院裁定终止重整计划的执行，同时宣告债务人破产
不执行	债务人不能执行或者不执行重整计划的，人民法院经管理人或者利害关系人请求，应当裁定终止重整计划的执行，并宣告债务人破产

（2）法律效果。

记忆提示	具体规定
承诺失效	人民法院裁定终止重整计划执行的，债权人在重整计划中作出的债权调整的承诺失去效力

续表

记忆提示	具体规定
清偿有效	债权人因执行重整计划所受的清偿仍然有效，债权未受清偿的部分只能作为破产债权，在其他同顺位债权人同自己所受的清偿达到同一比例时，才能继续接受分配

（四）重整程序终止

1.债务人相关

（1）在重整期间，债务人的经营状况和财产状况继续恶化，缺乏挽救的可能性。

（2）债务人有欺诈、恶意减少债务人财产或者其他显著不利于债权人的行为。

（3）由于债务人的行为致使管理人无法执行职务的，经管理人或者利害关系人请求，人民法院审理确认后，应当裁定终止重整程序，并宣告债务人破产。

2.重整计划相关

记忆提示	具体规定
未提出	债务人或者管理人未按期提出重整计划草案的，人民法院应当裁定终止重整程序，并宣告债务人破产
未批准	重整计划草案未获得通过且未获批准，或者已通过的重整计划未获得批准的，人民法院应当裁定终止重整程序，并宣告债务人破产
已批准	人民法院裁定批准重整计划草案的，应当裁定终止重整程序，并予以公告
不合规	人民法院经审查认为表决通过的重整计划不符合有关规定的，应当裁定不予批准并终止重整程序

二、和解（★）

（一）和解申请

债务人可以直接向人民法院申请和解，也可以在人民法院受理破产申请后、宣告债务人破产前，向人民法院申请和解。

（二）和解协议

1.和解协议的效力

经人民法院裁定认可的和解协议，对债务人和全体和解债权人（人民法院受理破产申请时对债务人享有无财产担保债权的人）均有约束力；但是，债权人对债务人的保证人和其他连带债务人所享有的权利，不受影响。

2.和解协议的执行

（1）和解协议生效后，债务人应当按照和解协议规定的条件清偿债务。

（2）按照和解协议减免的债务，自和解协议执行完毕时起，债务人不再承担清偿责任。除依法不能免除的或者和解协议有特别规定的以外。

3.和解协议的终止

和解可以终止后的法律后果如下:

记忆提示	具体规定
承诺失效	人民法院裁定终止和解协议执行的,和解债权人在和解协议中作出的债权调整的承诺失去效力
清偿有效	和解债权人因执行和解协议所受的清偿仍然有效,和解债权未受清偿的部分可以作为破产债权,但只有在其他债权人同自己所受的清偿达到同一比例时,才能继续接受分配
担保有效	为和解协议的执行提供的担保继续有效

(三)和解程序的终止

(1)经债权人会议通过和解协议的,由人民法院裁定认可,终止和解程序,并予以公告。

(2)和解协议草案经债权人会议表决未获得通过,或者已经债权人会议通过的和解协议未获得人民法院认可的,人民法院应当裁定终止和解程序,并宣告债务人破产。

第八节 破产清算

债权人或者债务人向人民法院提出破产申请,并不一定必然引起破产宣告,只有在人民法院认为债务人已具备破产宣告条件时,才依法宣告其破产。人民法院裁定宣告企业破产后,进入破产清算程序。

一、债务清偿顺序

破产财产在优先清偿破产费用和共益债务后,依照下列顺序清偿:

(1)职工债权:破产人所欠职工的工资和医疗、伤残补助、抚恤费用,所欠的应当划入职工个人账户的基本养老保险、基本医疗保险费用,以及法律、行政法规规定应当支付给职工的补偿金。

(2)社会保险:破产人欠缴的除前项以外的社会保险费用。

(3)欠缴税款:破产人所欠税款。

(4)普通破产债权。

提示:破产财产不足以清偿同一顺序的清偿要求的,按照比例分配。

二、别除权(★)

别除权,是指债权人因债权设有担保物,而就破产人(债务人被宣告破产后的称谓)特定担保财产在破产程序中享有的优先受偿权利。

1.别除权的效力

别除权人享有不受破产与和解程序限制,可以随时单独就担保物优先受偿的权利;但在重整程序中,别除权人的优先受偿权受到限制。

2.别除权的行使

(1)对破产人的特定财产享有担保权的权利人,对该特定财产享有优先受偿的权利。

(2)别除权人可以依照破产清算程序行使权利的情形:

①别除权人行使优先受偿权利未能完全受偿的,其未受偿的债权作为普通债权。

②别除权人放弃优先受偿权利的,其债权作为普通债权。

| 典例研习·14-6 2019年单项选择题

在破产程序中,对破产财产中已经设定担保物权的财产,债权人可以行使的权利是( )。

A.别除权　　　　B.追回权　　　　C.抵销权　　　　D.取回权

斯尔解析 本题考查别除权的概念。选项A当选,别除权是指债权人因债权设有担保物,而就破产人的担保财产在破产程序中享有的优先受偿权利。

本题答案 A

典例研习在线题库

至此,涉税服务相关法律的学习已经进行了85%,继续加油呀!

85%

第十五章 电子商务法

学习提要

重要程度：次重点章节

平均分值：1~5分

考核题型：单项选择题、多项选择题、个别年份考查综合分析题

本章提示：本章是"与时俱进"的一章，但专业性名词较多，请同学们在了解专业名词的基础上结合生活，将会起到很好的学习效果

第一节 电子商务法基础

一、电子商务相关概念

（1）电子商务，是指通过互联网等信息网络销售商品或者提供服务的经营活动。

（2）电子商务法，是指调整电子商务活动中形成的各种法律关系、规范电子商务活动的法律规范的总和。

二、电子商务法

1.调整的法律关系

（1）电子商务法调整电子商务法律关系。

①涉及平等主体之间的是民商事法律关系，它包括电子商务经营者与消费者之间的关系、电子商务经营者之间的关系、电子商务经营者与线下经营者之间的关系。

②涉及行政机关与相关主体的是行政法律关系，主要是指行政机关在对电子商务的监管过程中与电子商务经营者形成的行政法律关系，它包括市场监管关系、税收法律关系、行政许可法律关系等。

（2）电子商务法具有如下特征：①国际性；②技术性；③开放性；④复合性。

2.《电子商务法》的适用

（1）中华人民共和国境内的电子商务活动适用《电子商务法》。

电子商务活动的境内外属性不以主体的国籍为判断标准，而以行为所在地划分境内和境外的界限。

（2）不适用的情形。

对特殊类型的商品和服务虽然符合法律关于电子商务的定义，本质上属于电子商务活动，但是基于其活动内容的特殊性和对国家安全的考虑，被排除适用《电子商务法》。具体的类型有：

①金融类产品和服务（比如支付宝、借贷宝、理财产品）。

②利用信息网络提供新闻信息、音视频节目、出版以及文化产品等内容方面的服务。

3.电子商务法的基本原则

电子商务法基本原则包括：

（1）鼓励创新原则，是指电子商务法的监管政策首先是鼓励发展电子商务新业态，新模式和新技术。

（2）线上线下一致原则，是指电子商务主体不仅与其他电子商务主体的法律地位平等，而且电子商务主体与其他民商事主体的之间法律地位同样平等，应当平等对待线上和线下商务活动。

（3）自愿、平等、公平、诚实信用原则，是指电子商务经营者从事电子商务活动时，应当按照自己的意思设立、变更、终止电子商务关系，平等对待交易相对方，合理确定各方的权利和义务，秉持诚实，恪守承诺。

（4）规范监管原则，是指明确不同部门的法律职责和分工，建立有序的网络交易市场监督管理制度和体系。

（5）协同治理原则，是指由电子商务活动中的多方主体共同参与电子商务活动的管理，而不是由单一类型的主体进行监督。

第二节　电子商务经营者

电子商务经营者（亦称电商主体），是指通过互联网等信息网络从事销售商品或者提供服务经营活动的自然人、法人或者非法人组织。

一、电子商务经营者的特征

（1）电子商务经营者是从事经营活动的市场主体。
（2）电子商务经营者是通过互联网等信息网络从事经营活动的市场主体。
（3）电子商务经营者从事的经营行为包括销售商品和提供服务。
（4）电子商务经营者的存在形态包括自然人、法人和非法人组织。

二、电子商务经营者的种类（★）

电子商务经营者有三种类型，分别为电子商务平台经营者、平台内经营者、自建网站经营者以及通过其他网络服务销售商品或提供服务的电子商务经营者。

1.电子商务平台经营者

（1）电子商务平台经营者，是指在电子商务中为交易双方或者多方提供网络经营场所、交易撮合、信息发布等服务，供交易双方或者多方独立开展交易活动的法人或者非法人组织。现实中通常被称为"电商平台"。

（2）只有法人或者非法人组织才可以注册成为电商平台，自然人不能成为电子商务平台经营者。

2.平台内经营者

（1）平台内经营者，是指通过电子商务平台销售商品或者提供服务的电子商务经营者。通常被称为"商家"或"网店"。

（2）商家并非都须具备法人或非法人组织资格，自然人同样可以成为商家。

3.自建网站经营者

（1）自建网站经营者，是指自己搭建网站，然后在自建网站上销售商品或者提供服务。此类电子商务经营者也被称为"其他电商经营者"。

（2）许多以微信等软件进行电子商务活动的经营者被统称为"微商"。"微商"不属于平台内经营者，而属于通过网络服务销售商品或提供服务的经营者。

三、电子商务经营者的市场准入和登记（★）

（一）电子商务经营者的准入

（1）电子商务经营者的准入，是指符合法定条件的经营者依法取得进入市场的资格。

（2）电子商务经营者准入制度包括行政许可和市场登记：

①一般经营事项，电子商务经营者无须获得行政许可，其通过登记制度获得市场主体资格即可开展经营活动。线下经营者获得的经营行政许可，原则上可以延伸到线上经营，除法律特别有规定的除外。

②对于法律规定的特定经营事项，如生产食品、出版书籍等事项，电子商务经营者不仅需要完成市场登记，还需要获得行政许可才可以从事相关经营活动。

③对于非经营性互联网信息服务，我国目前实行备案制度。

（二）电子商务经营者登记

（1）电子商务经营者应当依法办理市场主体登记。电子商务经营者只要进行了通常的市场主体登记，其从事电子商务，无须另行办理电子商务市场主体登记。

（2）若有关主体决定开始从事电子商务，但此前没有办理过任何市场主体登记的，则此时需要办理市场主体登记。

原理详解

法人登记设立，是取得法人主体资格的登记，称为主体设立登记，已经存在的主体，准备从事线上经营，还要进行市场准入登记，此处的市场准入登记指的是要在市场监督管理部门进行登记。

（3）电子商务经营者登记的内容和效力。

电子商务经营者无须对所有经营事项进行登记。法人和非法人组织已经进行了主体设立登记的无须再进行电子商务经营者的登记。

（4）法律对不需要办理电子商务经营者登记的例外是：

①个人销售自产农副产品、家庭手工业产品。

②个人利用自己的技能从事依法无须取得许可的便民劳务活动和零星小额交易活动。

③依照法律、行政法规不需要进行登记的。

（三）电子商务经营者的义务 新

《电子商务法》规定了电子商务经营中应该遵守的行政许可、税务登记、纳税申报、安全保障、环境保护、信息公示等义务。

1.行政许可

电子商务行政许可的情形一般包括：

（1）从事药品批发零售的行政许可。

（2）从事食品销售的行政许可。

2.税务登记

电子商务经营者除依法不需登记的，均应办理市场主体登记，这使得税务管理部门可以依照市场主体的登记信息对不同交易模式的电子商务交易进行税收征管。

3.安全保障义务

所有电子商务经营者应当承担安全保障义务。

电子商务经营安全保障的具体内容包括：

（1）安全商品和安全服务提供义务。

（2）危险防范义务。电子商务经营者的危险防范义务包括提供可靠和维护交易系统，以及信息安全保护义务。

（3）危险排除义务。在接到交易对方遭受危险或者损失的报告后，电子商务经营者应及时采取有效措施排除已知的、范围确定的危险。

（4）止损协助义务。在已经或者可能导致交易对方损失的情形下，电子商务经营者应当积极采取措施避免损失扩大。

4.环境保护义务

电子商务经营的环境保护要求电子商务经营者销售的商品或者提供的服务应当符合环境保护要求。

5.信息公示义务

企业形态经营的电子商务经营者不仅需要按照企业信息公示制度的要求，通过企业信用信息公示系统在规定的期限内报送年度报告，对依法需要公示的信息在一定时间内予以公示。

第三节　电子商务平台经营者

电子商务平台，是指通过信息网络技术方式为买卖双方撮合、达成交易并提供相关服务的信息平台。

一、电子商务平台经营者的义务 新

电子商务平台经营者除应当履行电子商务经营者的一般义务外，根据《电子商务法》规定，电子商务平台经营者义务还应当履行如下义务：

（1）对平台内经营者的核验、登记义务。

电子商务平台经营者应当核实平台内经营者身份，配合市场监督管理部门、税务部门办理平台内经营者的工商登记以及税务登记。

（2）维护网络安全的义务。

电商平台应当采取技术措施和其他必要措施保证其网络安全，防范网络违法犯罪活动，并应当制定网络安全事件应急预案；在发生网络安全事件时，应当立即启动应急预案，采取相应的补救措施，并向有关主管部门报告。

（3）对交易信息的保存以及交易规则的公示义务。

①对平台交易信息应予以记录、保存，并且保存时间不少于3年。

②履行信息公示义务，制定平台服务协议和交易规则，并且以显著位置公示，修改协议或者规则应当公开征求意见。

（4）确保平台内公平交易的义务。

电商平台有义务确保平台内的公平交易，以维护消费者合法权益。具体而言，电商平台应当遵守的规定包括：

①不得对平台交易进行不合理限制、附带不合理条件，或者向平台内经营者收取不合理费用。

②对于自营业务，应当以显著方式做区分标记，不得误导消费者。

③建立健全信用评价制度，并公示信用评价规则，不得删除消费者评价。

④对于搜索服务，应当以价格、销量、信用等以多种方式向消费者显示搜索结果；对于竞价排名的商品或者服务，应当显著标明"广告"。

（5）保护知识产权义务。

电子商务平台经营者应当及时转送侵权通知及声明，并采取相关必要措施。

二、电子商务平台经营者的责任

（1）电子商务平台经营者知道或者应当知道平台内经营者销售的商品或者提供的服务不符合保障人身、财产安全的要求，或者有其他侵害消费者合法权益行为，未采取必要措施的，依法与该平台内经营者承担连带责任。

（2）对关系消费者生命健康的商品或者服务，电子商务平台经营者对平台内经营者资质资格未尽到审核义务，或者对消费者未尽到安全保障义务，造成消费者损害的，依法承担相应的责任。

第四节　电子商务合同

一、电子商务合同的概述

（1）电子商务合同，是指双方或者多方当事人之间通过电子信息网络以电子的形式达成的设立、变更、终止财产性民事权利义务关系的协议。

· 410 ·

（2）电子商务合同的特征有：

①电子合同是一种民事法律行为。当事人订立和履行电子合同，适用《民法典》《电子签名法》等法律的规定。

②交易主体的虚拟和广泛。电子合同的交易主体可以是任何自然人、法人或者其他组织。

③合同订立方式的技术化、标准化。电子合同有别于传统的合同订立方式，电子合同的整个交易过程都需要以一系列的国际和国内技术标准予以规范，如电子签名、电子认证等。这些具体的标准是电子合同存在的基础。

④合同订立方式的电子化。电子合同中的要约和承诺均可以以电子的形式完成，它主要通过输入相关的信息符合预先设定的程序，计算机就可以自动作出相应的意思表示。

⑤合同中的意思表示电子化。意思表示电子化，是指在合同订立的过程中通过相关的电子方式表达合同主体意愿的一种行为。这种行为的表现方式是通过电子化形式实现的，一般将电子化的意思表示称为"数据电文"。

二、电子商务合同的订立和成立

1.电子商务合同的订立

电子商务合同的订立，是指电子商务当事人为促成交易而进行协商、达成合意的过程。

（1）要约承诺。

①要约。

涉及商业信息的网页是否构成法律意义上的要约问题，需要看其是否符合《民法典》有关要约的定义和构成要件。

②电子商务合同中的承诺，是指当事人选择相应商品或者服务并提交订单成功。

③合同成立。

电子商务经营者发布的商品或者服务信息符合要约条件的，用户选择该商品或者服务并提交订单成功，合同成立。法律对合同订立中数据电文的发出和接收时间分别作了规定，数据电文二代接收时间就是生效时间。

④数据电文有下列情形之一的，视为发件人发送：a.经发件人授权发送的；b.发件人的信息系统自动发送的；c.收件人按照发件人认可的方法对数据电文进行验证后结果相符的。

提示：当事人对前述规定的事项另有约定的，从其约定。

⑤数据电文的发送时间。

法律、行政法规规定或者当事人约定数据电文需要确认收讫的，应当确认收讫。发件人收到收件人的收讫确认时，数据电文视为已经收到。数据电文进入发件人控制之外的某个信息系统的时间，视为该数据电文的发送时间。

⑥数据电文的接收时间。

收件人指定特定系统接收数据电文的，数据电文进入该特定系统的时间，视为该数据电文的接收时间；未指定特定系统的，数据电文进入收件人的任何系统的首次时间，视为该数据电文的接收时间。当事人对数据电文的发送时间、接收时间另有约定的，从其约定。

⑦数据电文的接收地点。

发件人的主营业地为数据电文的发送地点，收件人的主营业地为数据电文的接收地点。没有主营业地的，其经常居住地为发送或者接收地点。当事人对数据电文的发送地点、接收地点另有约定的，从其约定。

（2）合同当事人的民事行为能力。

在电子商务中推定当事人具有相应的民事行为能力。但是，有相反证据足以推翻的除外。

（3）电子合同主体的确认。

电子合同的主体是数据电文的发出者及其代理人；使用电子自动信息系统发出数据电文的，电子合同的主体是发出者。

（4）电子商务经营者订立合同时的义务。

①告知及保障阅读下载的义务。电子商务经营者不仅应当就合同的内容履行清晰、全面、明确的告知义务，还应当告知用户订立合同的步骤和下载方法。

②保证更正输入错误的义务。输入错误，是指当事人在操作电子系统时基于自己输入错误信息而产生的错误。电子商务经营者应当保证用户提交订单前可以更正输入错误。

2.电子商务合同成立

（1）电子商务经营者发布的商品或者服务信息符合要约条件的，用户选择该商品或者服务并提交订单成功，合同成立。当事人另有约定的，从其约定。

（2）电子商务经营者不得以格式条款等方式约定消费者支付价款后合同不成立；格式条款等含有该内容的，其内容无效。 新

三、电子商务合同的履行

1.合同标的交付时间和方式

电子商务合同标的交付时间决定了合同义务的履行。

合同标的	交付时间
交付商品并采用快递物流方式交付	收货人签收时间为交付时间
提供服务	（1）生成的电子凭证或者实物凭证中载明的时间为交付时间。 （2）没有载明时间或者载明时间与实际提供服务时间不一致的，实际提供服务的时间为交付时间
采用在线传输方式交付	合同标的进入对方当事人指定的特定系统并且能够检索识别的时间为交付时间

2.快递物流提供者的义务

电子商务合同约定使用快递物流方式交付商品时，快递物流提供者应当履行的法律义务和可以提供的服务包括：

（1）依法提供快递物流服务义务。

（2）公示服务承诺事项义务。

快递服务提供者应当在其经营场所，或者以互联网等其他方式公示服务承诺事项，这是保护消费者知情权、选择权的基本措施。

（3）提示查验义务。

快递物流服务提供者有义务提示收货人当面查验快递包裹内件，收货人有权要求查验之后再签收快递包裹。

（4）征求收货人同意的义务。

交由他人代收的，应当经收货人同意。使用智能快件箱、驿站等非合同约定的方式递送的，快递物流服务提供者都应当事先征得收件人的同意，否则将构成违约。

（5）提供绿色快递物流包装义务。

快递物流服务提供者应当按照规定使用环保包装材料，实现包装材料的减量化和再利用。

（6）代收货款服务。

快递物流服务提供者在提供快递物流服务的同时，可以接受电子商务经营者的委托提供代收货款服务。

第五节　电子签名和电子认证

一、电子签名

1.电子签名的概念

电子签名，是指数据电文中以电子形式所含、所附用于识别签名人身份并表明签名人认可其中内容的数据。

电子签名具有以下特征：

（1）电子签名是以电子形式出现的数据。

（2）电子签名是附着于数据电文的。

（3）电子签名必须能够识别签名人身份并表明签名人认可与电子签名相联系的数据电文的内容。

2.电子签名的形式

形式	具体规定
电子化签名	将手写签名与数字化技术相结合，使用者在特别设计的感应板上用笔手写输入其亲自签写的名字，由计算机程序加以识别，并做出反应后再经密码化处理，然后将该签名资料与其所要签署的文件相结合，以达成原先以纸面为媒介物的情况下亲手签名所要完成的签署及证明动作

续表

形式	具体规定
密码签名	包括静态的密码签名和动态的密码签名，这种签名形式银行普遍采用
生物特征签名	包括指纹或者眼虹膜透视辨别法等
数字签名	只有信息的发送者才能产生的别人无法伪造的一段数字串，这段数字串同时也是对信息的发送者发送信息真实性的一个有效证明

3.电子签名的法律效力

（1）除法律法规规定明确不适用电子文书的情形外，我国全面认可了民商事活动中产生的各类电子签名、数据电文的法律效力。可靠的电子签名与手写签名或者盖章具有同等的法律效力。

提示：人身关系（婚姻、收养、继承等）、公共事业服务（供水、供电、供热等），不适用电子文书。

（2）当事人约定使用电子签名、数据电文的文书，不得仅因为其采用电子签名、数据电文的形式而否定其法律效力。

二、电子认证

1.电子认证的概念

广义的电子认证是使用者以电子形式向信息系统核实其身份并建立信任。一般可采用三种方式：（1）使用者所知的资料；（2）使用者拥有的凭证；（3）使用者的特征和行为。

2.电子认证的规则

主张电子签名有效的一方当事人为了证明"可靠的电子签名"，一般会向法院提交电子认证服务提供者出具的相关证明材料。在我国，电子签名需要第三方认证的，由依法设立的电子认证服务提供者提供认证服务。

第六节　电子支付

一、电子支付的概念与特征

电子支付，是指消费者、商家和金融机构之间使用安全电子手段把支付信息通过信息网络安全地传送到银行或相应的处理机构，用来实现货币支付或资金流转的行为。

（1）电子支付的类型。

电子支付的类型按照电子支付指令发起方式分为网上支付、电话支付、移动支付、销售点终端交易、自动柜员机交易和其他电子支付。

（2）电子支付具有以下特征：
①电子支付都是通过数字化的方式进行款项支付的。
②电子支付以互联网为基础。
③电子支付需要使用先进的通信手段。
④电子支付具有便利、快捷、高效、经济的优点。

二、电子支付法律关系

1.电子支付法律关系主体

（1）发端人：电子支付中的付款人。
（2）受益人：电子支付中的收款人。
（3）银行（发端人银行、受益人银行和中间银行）：是电子支付中承担支付中介和结算中介的金融信用机构。
（4）认证机构：是指在网上为参与电子商务各方提供各种认证要求、证书服务、确认用户身份而建立的一种权威的、可信赖的、公正的第三方机构。

2.电子支付法律关系的客体

电子支付法律关系的客体，是指电子支付行为。

3.电子支付法律关系的内容

电子支付法律关系的内容涉及多种合同关系，一般包括发端人与受益人的商务合同；发端人、受益人与银行之间的金融服务合同；认证机构与用户之间的认证服务合同。

三、电子支付服务提供者的义务和责任

电子支付服务提供者为电子商务提供电子支付服务有下列的义务和责任：

（1）应当依法依规告知用户电子支付服务的功能、使用方法、注意事项、相关风险和收费标准等事项，不得附加不合理交易条件。
（2）应当确保电子支付指令的完整性、一致性、可跟踪稽核和不可篡改。
（3）应当向用户免费提供对账服务以及最近3年的交易记录。
（4）因提供电子支付服务不符合国家有关支付安全管理要求，造成用户损失的，应当承担赔偿责任。
（5）对支付指令发生错误的，电子支付服务提供者应当及时查找原因，并采取相关措施予以纠正。造成用户损失应当承担赔偿责任（但能够证明支付错误非自身原因造成的除外）。
（6）完成电子支付后，应当及时准确地向用户提供符合约定方式的确认支付的信息。
（7）未经授权的支付造成的损失，由电子支付服务提供者承担（电子支付服务提供者能够证明未经授权的支付是因用户的过错造成的，不承担责任）。
（8）电子支付服务提供者发现支付指令未经授权，或者收到用户支付指令未经授权的通知时，应当立即采取措施防止损失扩大。未及时采取措施导致损失扩大的，对损失扩大部分承担责任。

第七节 电子商务税收法律

一、电子商务经营者依法纳税与办理纳税登记

电子商务经营者应当依法履行纳税义务，并依法享受税收优惠。依法不需要办理市场主体登记的电子商务经营者在首次纳税义务发生后，应当依照税收征收管理法律、行政法规的规定申请办理税务登记，并如实申报纳税。

二、电子商务经营者应依法出具发票

电子商务经营者销售商品或者提供服务应当依法出具纸质发票或者电子发票等购货凭证或者服务单据。这是经营者的从给付义务，既是合同义务，也是法定义务。电子发票与纸质发票具有同等法律效力，任何人和机构不得以发票的形式否定发票的效力。

三、平台经营者税收协助义务

电子商务平台经营者应当按照规定向市场监督管理部门报送平台内经营者的身份信息，提示未办理市场主体登记的经营者依法办理登记，并配合市场监督管理部门，针对电子商务的特点，为应当办理市场主体登记的经营者办理登记提供便利。电子商务平台经营者应当依照税收征收管理法律、行政法规的规定，向税务部门报送平台内经营者的身份信息和与纳税有关的信息；依法不需要办理市场主体登记的电子商务经营者在首次纳税义务发生后，应当依法申请办理税务登记。

四、对电子商务征税的一般税收原则

（1）中性原则。
（2）公平效率原则。
（3）税收法定原则。
（4）灵活原则。

典例研习在线题库

至此，涉税服务相关法律的学习已经进行了86%，继续加油呀！

第十六章 社会保险法

学习提要

重要程度：次重点章节

平均分值：0~2分

考核题型：单项选择题、多项选择题

本章提示：本章内容不多、不难，考试时以文字类题目为主，基本不涉及综合分析题

第一节　社会保险法基本理论

一、社会保险法的概念与特征

（一）概念
社会保险法，是指调整社会保险法律关系的法律规范总和。

（二）特征
社会保险法的特征：
（1）其是国家干预法。
（2）具有调整主体的多元性。
（3）具有人道性。
（4）具有实体法和程序法的统一性。
（5）具有特定的立法技术。

（三）社会保险法的功能

分类	具体规定
经济功能	社会保险是对社会分配的参与，通过其分配机制的特有功能，缓解社会分配不公平所造成的影响，为社会成员提供基本生活保障
社会功能	社会保险对稳定社会秩序发挥着重要作用。它为社会成员在遭受各种风险时提供必要的生存保障，并具有激励自足的功能

二、社会保险法的基本原则

分类	含义
普遍保障性原则	对公民实行普遍的社会保障
基本保障原则	国家和社会给予公民的保障首先是满足基本生活需要和提供基本生存条件的保障
多层次原则	社会保险除基本保险之外，还可以建立补充保险。如补充养老保险（企业年金和职业年金）、补充医疗保险等
合理性原则	社会保险水平应当与经济社会发展水平相适应

续表

分类	含义
社会化原则	社会保险资金来源的社会化、社会保险管理的社会化和社会保险责任的社会化
国家承担最终责任原则	国家不仅是社会保险制度的发起者和监督者,还是社会保险制度的资助者和保证者,是最终责任的承担者

三、社会保险费的征缴

(一)社会保险费缴纳的基本要求

(1)职工基本养老保险、职工基本医疗保险、失业保险的缴费义务由用人单位与职工共同承担。

(2)工伤保险、生育保险的缴费义务全部由用人单位承担。

(3)无雇工的个体工商户、未在用人单位参加社会保险的非全日制从业人员以及其他灵活就业人员可以参加基本养老保险、基本医疗保险,由个人缴纳基本养老保险和基本医疗保险费用。

(4)农村居民参加新型农村社会养老保险、新型农村合作医疗,要承担个人(或家庭)缴费义务。

(二)社会保险费的征收主体

从2019年1月1日起,将基本养老保险费基本医疗保险费、失业保险费等各项社会保险费交由税务部门统一征收。

第二节 基本养老保险

基本养老保险制度由以下部分组成:职工基本养老保险制度、公务员和参公管理工作人员养老保险、新型农村社会养老保险制度、城镇居民社会养老保险制度。以下重点介绍职工基本养老保险。

一、职工基本养老保险适用范围

职工基本养老保险适用于各类企业及其职工、事业单位及其工作人员、灵活就业人员、中国境内就业的外国人。

提示:公务员和参公管理工作人员养老保险适用对象有:(1)公务员。(2)参照《中华人民共和国公务员法》(以下简称《公务员法》)管理的工作人员。

二、基本养老保险基金组成

基本养老保险基金由以下五部分组成：
（1）用人单位和个人缴费。
（2）基本养老保险费利息和其他收益。
（3）财政补贴。
（4）滞纳金。
（5）其他可以纳入基本养老保险基金的资金。

三、职工基本养老保险的缴纳

（1）职工基本养老保险由用人单位和个人缴费。
（2）个人缴纳的基本养老保险费计入个人账户，退休之前个人不得提前支取，作为退休后养老金的一部分，补充退休养老费用。

四、职工基本养老保险待遇的给付条件

（1）给付条件：
①达到国家规定的退休年龄并办理相关手续。
②基本养老保险费累计缴费年限满15年。
（2）个人跨统筹地区就业的，其基本养老保险关系随本人转移，缴费年限累计计算。

第三节　医疗保险

一、基本概念

医疗保险，是指为了补偿劳动者因疾病风险造成的经济损失而建立的一项社会保险制度。包括：城镇职工基本医疗保险、新型农村合作医疗、城镇居民医疗保险。

二、城镇职工基本医疗保险

（一）对象

（1）职工应当参加职工基本医疗保险，由用人单位和职工按照国家规定共同缴纳基本医疗保险费。
（2）无雇工的个体工商户、未在用人单位参加职工基本医疗保险的非全日制从业人员以及其他灵活就业人员可以参加职工基本医疗保险，由个人按照国家规定缴纳基本医疗保险费。

提示：个人跨统筹地区就业的，其基本医疗保险关系随本人转移，缴费年限累计计算。

（二）城镇职工基本医疗保险基金的筹集

（1）城镇职工基本医疗保险基金是通过相关单位和人员的医疗保险缴费形成的。

（2）职工个人缴纳的基本医疗保险费，全部计入个人账户。

（3）用人单位缴纳的基本医疗保险费分为两部分：一部分用于建立统筹基金；一部分划入个人账户。

（三）城镇职工基本医疗保险基金的结算与支付

1.结算

城镇职工基本医疗保险基金实行社会统筹和个人账户相结合，其中的统筹基金主要支付大额医疗费或住院费。统筹基金和个人账户分开管理，分别核算。

2.基本医疗保险基金的排除支付

（1）应当从工伤保险基金中支付的。

（2）应当由第三人负担的。

（3）应当由公共卫生负担的。

（4）在境外就医的。

提示：医疗费用依法应当由第三人负担，第三人不支付或者无法确定第三人的，由基本医疗保险基金先行支付，基本医疗保险基金先行支付后，有权向第三人追偿。

第四节 工伤保险

一、工伤保险的基本理论

1.概念

工伤保险，是指劳动者在工作中或在规定的特殊情况下，遭受意外伤害或患职业病导致暂时或永久丧失劳动能力以及死亡时，劳动者或其遗属从国家和社会获得物质帮助的一种社会保险制度。

提示：用人单位应当按时缴纳工伤保险费。职工个人不缴纳工伤保险费。

2.工伤保险基本原则

（1）无过错雇主责任原则。

（2）严格区别工伤与非工伤原则。

（3）工伤补偿与预防、康复相结合原则。

（4）严格科学的工伤认定与鉴定标准原则。

二、工伤保险的基本规则

(一) 适用范围

工伤保险的适用范围包括中华人民共和国境内的企业、事业单位、社会团体、民办非企业单位、基金会、律师事务所、会计师事务所等组织和有雇工的个体工商户。

提示：公务员和参照《公务员法》管理的事业单位、社会团体的工作人员因工作遭受事故伤害或者患职业病的，由所在单位支付费用，具体办法由国务院社会保险行政部门会同国务院财政部门规定。

(二) 工伤认定

1.典型工伤

（1）在工作时间和工作场所内，因工作原因受到事故伤害的。

（2）工作时间前后在工作场所内，从事与工作有关的预备性或者收尾性工作受到事故伤害的。

（3）在工作时间和工作场所内，因履行工作职责受到暴力等意外伤害的。

（4）患职业病的。

（5）因工外出期间，由于工作原因受到伤害或者发生事故下落不明的。

（6）在上下班途中，受到非本人主要责任的交通事故或者城市轨道交通、客运轮渡、火车事故伤害的。

（7）法律、行政法规规定应当认定为工伤的其他情形。

2.视同工伤

（1）在工作时间和工作岗位，突发疾病死亡或者在48小时之内经抢救无效死亡的。

（2）在抢险救灾等维护国家利益、公共利益活动中受到伤害的。

（3）职工原在军队服役，因战、因公负伤致残，已取得革命伤残军人证，到用人单位后旧伤复发的。

3.不得认定为工伤或者视同工伤

（1）因故意犯罪受到伤害的。

（2）因醉酒或者吸毒受到伤害的。

（3）自残或者自杀的。

（4）法律、行政法规规定的其他情形。

(三) 工伤保险待遇

由工伤保险基金负担的工伤保险待遇包括：工伤医疗康复待遇、辅助器具配置待遇、伤残待遇和死亡待遇。

第五节　失业保险

一、失业保险基本理论

失业保险，是指国家通过立法强制实行的，由用人单位、职工个人缴费及国家财政补贴等渠道筹集资金建立失业保险基金，对因失业而暂时中断生活来源的劳动者提供物质帮助以保障其基本生活，并通过专业训练、职业介绍等手段为其再就业创造条件的制度。

（1）所有企业的职工都应当参加失业保险。

（2）用人单位和职工按照国家规定共同缴纳失业保险费。

二、失业保险的基本规则

（一）失业保险待遇给付项目

失业保险待遇给付项目包括：

（1）失业保险金。

（2）领取失业保险金期间的医疗补助金。

（3）领取失业保险金期间死亡的失业人员的丧葬补助金和其供养的配偶、直系亲属的抚恤金。

（4）领取失业保险金期间接受职业培训、职业介绍的补贴，补贴的办法和标准由省、自治区、直辖市人民政府规定。

（5）国务院规定或者批准的与失业保险有关的其他费用。

（二）享受失业保险待遇的条件

从失业保险基金中领取失业保险金的条件（同时满足）：

（1）失业前用人单位和本人已经缴纳失业保险费满1年的。

（2）非因本人意愿中断就业的。

（3）已经进行失业登记，并有求职要求的。

（三）停止领取失业保险待遇的情形

（1）重新就业的。

（2）应征服兵役的。

（3）移居境外的。

（4）享受基本养老保险待遇的。

（5）无正当理由，拒不接受当地人民政府指定部门或机构介绍的适当工作或提供的培训的。

第六节　生育保险

我国生育保险待遇主要包括两项：一是生育津贴，二是生育医疗待遇。职工应当参加生育保险，由用人单位按照国家规定缴纳生育保险费，职工不缴纳生育保险费。

典例研习在线题库

至此，涉税服务相关法律的学习已经进行了87%，继续加油呀！

87%

第十七章 民事诉讼法

学习提要

重要程度： 次重点章节

平均分值： 1.5~5.5分

考核题型： 单项选择题、多项选择题。在个别年份与合同、电商法律制度一并考查综合分析题

本章提示： 本章分值不高，但难度不小。为提高学习效率，建议同学们务必掌握真题以及真题所覆盖知识点。对于尚未考查的部分，根据具体学习的时间确定

第一节 民事诉讼法基础

一、民事诉讼基本概念及受案范围

（一）基本概念

民事诉讼，是指法院在双方当事人和其他诉讼参与人参加下，审理和解决民事案件的活动，以及因这些活动而产生的诉讼法律关系的总和。

（二）受案范围

（1）平等主体之间发生的财产权和人身权纠纷。具体包括：

①民法调整的财产关系以及与财产关系相联系的人身关系所引起的争议纠纷。

②商法调整的商事关系引起的纠纷。

③其他因经济关系所发生的纠纷。

（2）因劳动关系引起的纠纷。

（3）其他法律调整的社会关系引起的纠纷，如选民资格案件、宣告失踪或者宣告失踪人死亡案件、认定公民无民事行为能力或限制民事行为能力案件、认定财产无主案件等。

二、民事诉讼法的基本原则

民事诉讼法的基本原则是反映了民事诉讼的特点和规律，根据民事诉讼的特殊要求所确立的基本原则，主要包括：

1.当事人诉讼权利平等原则

（1）双方当事人的诉讼地位、诉讼权利义务平等。

（2）人民法院应当保障和便利当事人能够平等地行使诉讼权利。

提示：当事人诉讼权利平等不意味着当事人诉讼权利相同。

2.辩论原则

（1）辩论权的行使贯穿于诉讼的整个过程中，并不限于开庭审理阶段。

（2）辩论的内容包括程序事项和实体争议。

（3）辩论的形式可以多样，既可以是口头的，也可以是书面的。

（4）人民法院应当保障当事人充分行使辩论权。

3.诚实信用原则

诚实信用原则，是指法院、当事人以及其他诉讼参与人在审理民事案件和进行民事诉讼时必须公正、诚实、善意。诚实信用原则不仅适用于当事人之间，也适用于法院与当事人之间。

4.处分原则

当事人有权在法律规定的范围内处分自己的民事权利和诉讼权利。

（1）处分权是双方当事人都享有的权利。

（2）当事人在整个诉讼过程中都可依法行使处分权。

（3）处分权的对象是当事人所享有的民事实体权利和民事诉讼权利。

①实体权利。

原告可以自由确定诉讼请求的范围以及诉讼请求的实体法律关系的性质；原告在诉讼中有权变更、增加或者放弃诉讼请求，被告可以反驳、全部或者部分承认诉讼请求，也可以决定是否提出反诉。

②诉讼权利。

对诉讼权利的处分主要表现为：当事人对程序的开始（如原告起诉）、进行（如上诉人的上诉）、结束（如当事人撤诉）有选择权；当事人可以决定诉讼权利如何行使。

（4）当事人对自己权利的处分应符合法律规定。

5.法院调解原则

法院审理民事案件，应当根据自愿和合法的原则进行调解；调解不成的，应当及时判决。

（1）法院调解活动贯穿审判程序整个过程。

（2）法院调解要在自愿和合法的基础上进行。

（3）对调解不成的案件法院应当及时判决。

6.民事检察监督原则

检察院有权对民事诉讼实行法律监督。

三、民事审判基本制度（★）

（一）公开审判制度

公开审判制度是依照法律规定，法院审理民事案件，除合议庭评议外，应当公开进行的制度。

1.公开审判的内容

（1）审判主体和情况的公开。

审判主体的公开，是指审理案件的审判人员及记录人员应当向当事人和社会公开，同时，对于公开审理的案件，法院应当在开庭前将审理案件的情况、时间、地点予以公告。

（2）向当事人和社会公开。

向当事人公开，是指法院审判活动应在当事人参与下进行。社会公开，是指允许群众旁听开庭审理和判决宣告。

（3）审判阶段的公开。

审判阶段的公开，是指除合议庭评议阶段以外的审判其他过程都应当公开。

（4）审判公开。

审判公开包括形式公开和实质公开。形式公开指公开开庭、允许旁听等。实质公开指要求法院依法公开审理案件，案件事实未经法庭公开调查不能认定。

2.公开审判制度的例外

法院不公开审理的特殊案件：

（1）不能公开审理的案件：**涉及国家秘密的案件、涉及个人隐私**的案件或者法律另有规定不公开审理的案件。

（2）可以不公开审理的案件（依当事人申请不公开审理）：离婚案件、涉及商业秘密的案件。

（3）法院调解解决民事纠纷不公开进行。

（二）合议制度

（1）合议制度，是指由三名以上审判人员组成审判组织，代表法院对民事案件进行集体审理和裁判的制度。

（2）与合议制相对的为"独任制"，即由一名审判人员独立对案件审理并作出裁判的制度。

提示：基层法院适用简易程序、小额诉讼程序审理的民事纠纷适用独任制。

（三）回避制度

（1）对象：**审判人员；法官助理、书记员、司法技术人员、翻译人员、鉴定人、勘验人；检察人员**（从事民事检察活动时遇有法定情形）。 新

（2）回避的法定事由：

①是本案当事人或者当事人、诉讼代理人近亲属的。

②与本案有利害关系的。

③与本案当事人、诉讼代理人有其他关系，可能影响对案件公正审理的。

④审判人员接受当事人、诉讼代理人请客送礼，或者违反规定会见当事人、诉讼代理人的。

（四）两审终审制度

两审终审制度，是指民事纠纷经过两级法院审判后即告终结的制度。

（1）大多数案件都是允许上诉的案件，在一审裁判作出以后，当事人不服一审裁判提出上诉，只要符合法定的上诉条件，二审法院都应当受理。

（2）一审终审的案件：

①最高人民法院作为一审法院所作的裁判。

②小额诉讼程序、特别程序、督促程序以及公示催告程序审理的案件。

第二节 民事诉讼受案范围和管辖

一、受案范围

法院受理公民之间、法人之间、其他组织之间以及他们相互之间因财产关系和人身关系提起的民事诉讼。我国法院受案范围如下：

（1）平等主体之间发生的财产权和人身权纠纷，具体包括：
①民法调整的财产关系以及与财产关系相联系的人身关系所引起的争议纠纷。
②商法调整的商事关系引起的纠纷。
③其他因经济关系所发生的纠纷。
（2）因劳动关系引起的纠纷，法律明文规定依照民事诉讼程序审理的案件。
（3）其他法律调整的社会关系引起的纠纷，包括法律明文规定应依照民事诉讼程序审理的案件，如选民资格案件、宣告失踪或者宣告失踪人死亡案件、认定公民无民事行为能力或限制民事行为能力案件、认定财产无主案件等。

二、民事诉讼管辖（★）

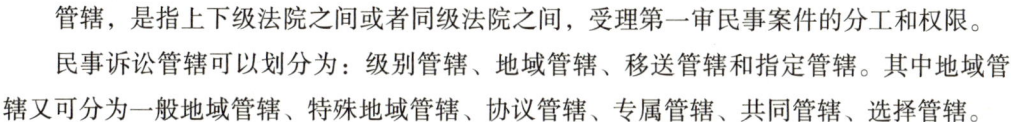

管辖，是指上下级法院之间或者同级法院之间，受理第一审民事案件的分工和权限。

民事诉讼管辖可以划分为：级别管辖、地域管辖、移送管辖和指定管辖。其中地域管辖又可分为一般地域管辖、特殊地域管辖、协议管辖、专属管辖、共同管辖、选择管辖。

（一）级别管辖

级别管辖是划分上下级法院之间受理第一审民事案件的分工和权限。

1.我国的四级法院

分类	管辖案件
基层人民法院	第一审民事案件
中级人民法院	（1）重大涉外案件。 （2）在本辖区有重大影响的案件。 （3）最高人民法院确定由中级人民法院管辖的案件
高级人民法院	在本辖区有重大影响的第一审民事案件
最高人民法院	（1）在全国有重大影响的第一审民事案件。 （2）最高人民法院认为应由自己审理的案件

2.其他法院

专门法院，即军事法院、海事法院、知识产权法院、金融法院等。

（1）专利纠纷案件由知识产权法院、最高人民法院确定的中级人民法院和基层人民法院管辖。

（2）海事、海商案件由海事法院管辖。

（二）地域管辖

1.一般地域管辖（普通管辖）

一般地域管辖（普通管辖），是指以当事人的住所地与法院辖区的隶属关系来确定的管辖。

（1）对公民提起的民事诉讼。
①一般规定："原告就被告"。

对公民提起的民事诉讼，由被告住所地法院管辖；被告住所地与经常居住地不一致的，由经常居住地法院管辖。

（2）对法人或者其他组织提起的民事诉讼："原告就被告"。

对法人或者其他组织提起的民事诉讼，由被告住所地法院管辖。法人或者其他组织的住所地是指法人或者其他组织的主要办事机构所在地。

2.特殊地域管辖（特别管辖）

特殊地域管辖，是指以当事人住所地、诉讼标的、诉讼标的物所在地，或者引起法律关系发生、变更或者消灭的法律事实所在地为标准确定的管辖。属于特殊管辖的情况，均由法律明确规定。

提示：公司纠纷包括因公司设立、确认股东资格、分配利润、解散、股东名册记载、请求变更公司登记、股东知情权、公司决议、公司合并、公司分立、公司减资、公司增资等纠纷。

3.协议管辖

协议管辖，是指当事人在争议发生之前或发生之后，用书面协议的方式，选择管辖法院。

适用情形	合同纠纷或者其他财产权益纠纷
协议时限	纠纷发生前或纠纷发生后
协议形式	书面协议
管辖法院	被告住所地、合同履行地、合同签订地、原告住所地、标的物所在地等与争议有实际联系的地点的人民法院管辖。 提示：协议管辖不得违反《中华人民共和国民事诉讼法》（以下简称《民事诉讼法》）对级别管辖和专属管辖的规定

4.专属管辖

专属管辖，是指基于法律规定，某些案件必须由特定的法院管辖，其他法院无权管辖，也不准许当事人协议变更管辖。专属管辖具有强制性和排他性。

纠纷类型	管辖法院
不动产纠纷	不动产所在地法院
港口作业纠纷	港口所在地法院
继承遗产纠纷	被继承人死亡时住所地或者主要遗产所在地法院

5.共同管辖与选择管辖

共同管辖与选择管辖是一个问题的两个方面。共同管辖，是指依法律规定，就同一诉讼，两个或两个以上法院都有管辖权。选择管辖，是指依照法律规定，对同一案件两个以上法院都有管辖权时，当事人（原告）可以选择其中一个法院起诉。

（三）移送管辖

移送管辖，是指法院受理案件后，发现无管辖权时，将案件移送给有管辖权的法院审理。

（四）指定管辖（★）

指定管辖，是指上级法院依照法律规定，指定其辖区内下级法院对某一具体案件行使管辖权。

（1）有管辖权的法院由于特殊原因，不能行使管辖权时，由上级法院指定管辖。

（2）法院之间因管辖权发生争议，经协商不能解决时，由共同的上级法院指定管辖。

（五）涉外民事案件的管辖 新

1.一般的涉外民事纠纷

纠纷类型	对在我国领域内没有住所的被告提起除身份关系以外的诉讼
管辖法院	合同签订地、合同履行地、诉讼标的物所在地、可供扣押财产所在地、侵权行为地、代表机构住所地（若上述地点位于我国境内，则由当地法院管辖）

提示：除上述规定外，涉外民事纠纷与我国存在其他适当联系的，可以由法院管辖。

2.专属管辖案件

下列民事案件，由我国法院专属管辖：

（1）因在我国领域内设立的法人或者其他组织的设立、解散、清算，以及该法人或者其他组织作出的决议的效力等纠纷提起的诉讼。

（2）因与在我国领域内审查授予的知识产权的有效性有关的纠纷提起的诉讼。

（3）因在我国领域内履行中外合资经营企业合同、中外合作经营企业合同、中外合作勘探开发自然资源合同发生纠纷提起的诉讼。

3.协议管辖

（1）涉外民事纠纷的当事人书面协议选择我国法院管辖的，可以由我国法院管辖。当事人未提出管辖异议，并应诉答辩或者提出反诉的，视为我国法院有管辖权。

（2）当事人订立排他性管辖协议选择外国法院管辖且不违反《民事诉讼法》对专属管辖的规定，不涉及我国主权、安全或者社会公共利益的，我国法院可以裁定不予受理；已经受理的，裁定驳回起诉。

4.共同管辖

当事人之间的同一纠纷，一方当事人向外国法院起诉，另一方当事人向我国法院起诉，或者一方当事人既向外国法院起诉，又向我国法院起诉，我国法院依照《民事诉讼法》有管辖权的，可以受理。

| 典例研习·17-1 **2019年多项选择题改编**

下列有关民事诉讼法管辖类型的说法中，正确的有（　　）。
A.两个法院依法对同一诉讼都有管辖权的管辖是共同管辖
B.以当事人的住所地与法院辖区的联系确定的管辖是普通管辖
C.上级法院指定其辖区内下级法院管辖的是级别管辖
D.依法必须由特定法院管辖的管辖是专属管辖
E.以引起法律关系发生、变更或者消灭的法律事实所在地为标准确定的管辖是特别管辖

斯尔解析 本题考查民事诉讼管辖的类型。选项A当选，共同管辖，是指依法律规定，就同一诉讼，两个或两个以上法院都有管辖权。选项B当选，一般地域管辖（普通管辖），是指以当事人的住所地与法院辖区的隶属关系来确定的管辖。选项C不当选，指定管辖是指上级法院依照法律规定，指定其辖区内下级法院对某一具体案件行使管辖权。选项D当选，专属管辖，是指基于法律规定，某些案件必须由特定的法院管辖。选项E当选，特殊地域管辖（特别管辖），是指以当事人住所地、诉讼标的、诉讼标的物所在地，或者引起法律关系发生、变更或者消灭的法律事实所在地为标准确定的管辖。

本题答案 ABDE

第三节　民事诉讼参加人

一、民事诉讼当事人（★★）

民事诉讼中的当事人，是指因民事权利义务发生争议，以自己的名义进行诉讼，要求人民法院行使民事裁判权的人及其相对人。当事人是民事诉讼主体。

1.诉讼权利能力

诉讼权利能力，又称当事人能力，是指能够享有民事诉讼权利和承担民事诉讼义务的能力。具有这种能力，即享有民事诉讼当事人的法律资格。

（1）起终点：
①公民的诉讼权利能力始于出生，终于死亡。
②法人和其他组织的诉讼权利能力始于依法成立，终于解散或撤销。

（2）具有民事诉讼权利的人包括：
①自然人。

根据司法解释的规定，自然人作为诉讼当事人的情形还有：

a.以经营者身份作为当事人。

b.以接受劳务一方作为当事人。

c.以直接责任人员作为当事人。

d.《民法典》规定的遗产继承中享有的民事权利能力的胎儿。

②法人。

③其他组织。

2.诉讼行为能力

诉讼行为能力，又称诉讼能力，是指以自己的行为行使诉讼权利、履行诉讼义务的能力，也就是亲自进行诉讼活动的能力。

（1）公民的诉讼行为能力，始于成年，终于死亡或宣告无行为能力。

自然人的诉讼行为能力，可能与诉讼权利能力一致，也可能不一致。在一般情况下，具有诉讼权利能力的人同时具有诉讼行为能力。在特殊情况下，如未成年人、精神病人等，虽有诉讼权利能力，却没有诉讼行为能力，只能由其法定代理人代理其诉讼。

（2）法人和其他组织的诉讼行为能力一样，始于依法成立，终于解散或撤销。

法人的诉讼行为能力，通过其法定代表人的诉讼行为来实现。其他组织的诉讼行为能力，通过其主要负责人的诉讼行为来实现。

二、共同诉讼（★）

共同诉讼，是指当事人一方或双方为2人以上，其诉讼标的是共同的或是同类的，因而合并审理的诉讼。

（一）当事人

在共同诉讼中，原告为2人以上的，称为共同原告。被告为2人以上的，称为共同被告。共同原告或者共同被告，即为共同诉讼人。

（二）共同诉讼的种类

共同诉讼分为必要的共同诉讼和普通的共同诉讼。

1.必要的共同诉讼

必要的共同诉讼，是指当事人一方或双方为2人以上，其诉讼标的是共同的，法院认为必须合并审理，并作出同一判决的诉讼。必要共同诉讼中，共同诉讼人必须一同起诉或者一同应诉，彼此有连带关系，其中一人的行为经其他共同诉讼人承认，对其他共同诉讼人发生效力。

构成必要的共同诉讼的情形有：

记忆提示	情形	具体规定
劳务派遣	在劳务派遣期间，被派遣的工作人员因执行工作任务造成他人损害的	以接受劳务派遣的用工单位为当事人。当事人主张劳务派遣单位承担责任的，该劳务派遣单位为共同被告

续表

记忆提示	情形	具体规定
营业执照	营业执照上登记的经营者与实际经营者不一致的	以登记的经营者和实际经营者为共同诉讼人
法人分立	企业法人分立的，因分立前的民事活动发生的纠纷	以分立后的企业为共同诉讼人
"借用相关"	借用业务介绍信、合同专用章、盖章的空白合同书或者银行账户的	出借单位和借用人为共同诉讼人
保证合同	因保证合同纠纷提起的诉讼，债权人向保证人和被保证人一并主张权利的	法院应当将保证人和被保证人列为共同被告
代理关系	原告起诉被代理人和代理人，要求承担连带责任的	被代理人和代理人为共同被告
"无限人"	无民事行为能力人、限制民事行为能力人造成他人损害的	无民事行为能力人、限制民事行为能力人和其监护人为共同被告

2.普通的共同诉讼

普通的共同诉讼，是指诉讼标的属于同一种类，法院认为可以合并审理并经当事人同意的诉讼。

普通的共同诉讼必须同时具备以下四个条件：

（1）诉讼标的属同一种类。
（2）几个诉讼必须属于同一法院管辖。
（3）几个诉讼必须适用同一种诉讼程序。
（4）合并审理能达到简化诉讼程序、节省时间和费用的目的。

提示：普通的共同诉讼当事人之间没有共同的权利义务，因而，其中1人的行为，对其他共同诉讼人不发生效力。

三、代表人诉讼

（1）在共同诉讼中，当事人一方人数众多（10人以上）时，可以由当事人推选代表人（2~5人）进行诉讼，这一诉讼形式被称为代表人诉讼。每位代表人可以委托1~2人作为诉讼代理人。

（2）以代表人身份参加诉讼的人被称为诉讼代表人。

提示：民事诉讼代表人诉讼的规定同行政诉讼。

四、民事公益诉讼（★）

公益诉讼，是指为保护社会公共利益为目的的诉讼。对污染环境、侵害众多消费者合法权益等损害社会公共利益的行为，法律规定的机关和有关组织可以向法院提起诉讼。

（一）民事公益诉讼的原告

情形	具体规定	原告资格
环境公益诉讼	对污染环境、侵害众多消费者合法权益等损害社会公共利益的行为	法律规定的机关和有关组织
	破坏生态环境和资源保护、食品药品安全领域侵害众多消费者合法权益等损害社会公共利益的行为	检察院在法律规定的机关和有关组织不提起诉讼的情况下
消费者公益诉讼	侵害众多消费者合法权益	法律规定机关和有关组织

（二）民事公益诉讼的其他规定

1.管辖

（1）公益诉讼案件一般由侵权行为地或者被告住所地中级人民法院管辖。

（2）因污染海洋环境提起的公益诉讼，由污染发生地、损害结果地或者采取预防污染措施地海事法院管辖。

（3）对同一侵权行为分别向两个以上法院提起公益诉讼的，由最先立案的法院管辖，必要时由它们的共同上级法院指定管辖。

2.程序

（1）法院受理公益诉讼案件后，应当在10日内书面告知相关行政主管部门。

（2）依法可以提起诉讼的其他机关和有关组织，可以在开庭前向法院申请参加诉讼。法院准许参加诉讼的，列为共同原告。

（3）法院受理公益诉讼案件，不影响同一侵权行为的受害人根据《民事诉讼法》规定的起诉条件提起诉讼。

（4）对公益诉讼案件，当事人可以和解，法院可以调解。当事人达成和解或者调解协议后，法院应当将和解或者调解协议进行公告。公告期间不得少于30日。

五、诉讼代理人

根据法律规定或当事人的授权为一方当事人进行诉讼的人，称为诉讼代理人。

（一）诉讼代理人的特征

（1）诉讼代理人必须以被代理人的名义进行诉讼。

（2）诉讼代理人是有诉讼行为能力的人。

（3）同一诉讼代理人只能代理一方当事人，不能同时代理双方当事人。

（4）在代理权限内实施诉讼行为。

（5）代理诉讼行为所产生的法律后果直接由被代理人承担。

（二）诉讼代理人的分类（★★）

诉讼代理人分为法定诉讼代理人和委托诉讼代理人。

1.法定诉讼代理人

法定诉讼代理人，是指根据法律的规定直接代理无诉讼行为能力的当事人实施民事诉讼行为的人。

> **原理详解**
>
> 法定代理是法律为没有诉讼行为能力的人专门设立的一种诉讼代理制度。法定代理人的代理权,是根据民法等实体法上规定的亲权(父母对未成年子女在人身和财产方面的管教和保护的权利和义务)和监护权而产生的。

(1)法定代理人代为诉讼,**不需要向法院提交授权委托书**,只需要提交身份证明即可。

(2)对法定代理人也不需要规定代理权限,**法定代理就是全权代理**。

2.委托诉讼代理人

根据代理人和被代理人之间的委托协议成立的代理,称为委托代理。接受当事人、法定代理人、法定代表人的委托,代为进行诉讼行为的人,称为委托诉讼代理人。

(1)委托数量。

当事人、法定代理人可以委托1~2人作为诉讼代理人。

(2)委托对象。

律师、基层法律服务工作者,当事人的近亲属或者工作人员,当事人所在社区、单位以及有关社会团体推荐的公民可以被委托为诉讼代理人。

(3)委托诉讼代理权的消灭。

①诉讼终结。

②委托代理人死亡或丧失诉讼行为能力。

③委托代理人辞却或解除委托。

提示:辞却或解除委托,当事人必须**书面告知**法院,并由法院通知对方当事人,否则,不发生辞却或解除的效力。

| 典例研习·17-2 〔2016年单项选择题改编〕

下列关于民事诉讼委托代理的说法中,正确的是( )。

A.同一诉讼代理人可以同时代理双方当事人

B.解除委托诉讼代理关系,应当书面告知人民法院,否则不发生解除效力

C.委托诉讼代理权于委托人死亡时消灭

D.未成年人可以委托其父母作为诉讼代理人参加民事诉讼

斯尔解析 本题考查民事诉讼委托代理。选项A不当选,同一诉讼代理人只能代理一方当事人,不能同时代理双方当事人。选项B当选,委托代理人辞却或当事人解除委托,当事人必须书面告知法院,并由法院通知对方当事人,否则,不发生辞却或解除的效力。选项C不当选,委托代理人死亡时,委托代理权消灭。选项D不当选,未成年人的父母是其法定代理人,不是委托代理人。

本题答案 B

第四节 民事诉讼证据和证明

一、民事诉讼证据（★）

（一）概念与特征

民事诉讼证据，是指能够证明民事案件真实情况的一切事实，其特征为客观性、关联性、合法性。

（二）证据法定种类

1.当事人陈述

当事人在诉讼中向法院所作的关于案件事实的叙述，称为当事人陈述。

2.书证

凡是用文字、符号、图画在某一物体上表达人的思想，其内容可以证明待证事实的部分或全部的，称为书证。

3.物证

凡是用物品的外形、特征、质量等证明待证事实的一部分或全部的，称为物证。

4.视听资料

凡是利用录像、录音磁带反映出的图像和音像，或以计算机储存的资料来证明待证事实的证据，称为视听资料。视听资料包括录音资料和影像资料。

5.电子数据

电子数据，是指通过电子邮件、电子数据交换、网上聊天记录、博客、微博客、手机短信、电子签名、域名等形成或者存储在电子介质中的信息。

电子数据包括下列信息、电子文件：

（1）网页、博客、微博客等网络平台发布的信息。

（2）手机短信、电子邮件、即时通信、通讯群组等网络应用服务的通信信息。

（3）用户注册信息、身份认证信息、电子交易记录、通信记录、登录日志等信息。

（4）文档、图片、音频、视频、数字证书、计算机程序等电子文件。

（5）其他以数字化形式存储、处理、传输的能够证明案件事实的信息。

6.证人证言

诉讼参加人以外的其他人知道本案的有关情况，应由法院传唤，到庭所作的陈述，或者向法院提交的书面陈述，称为证人证言。

（1）双方当事人同意证人以其他方式作证并经法院准许的，证人可以不出庭作证。无正当理由未出庭的证人以书面等方式提供的证言，不得作为认定案件事实的根据。

（2）不能正确表达意思的人，不能作为证人。

（3）待证事实与其年龄、智力状况或者精神健康状况相适应的无民事行为能力人和限制民事行为能力人，可以作为证人。

7.鉴定意见

法院审理民事案件，对某些专门性问题，指定具有专业知识的人进行鉴定，从而作出科学的分析，提出结论性的意见，称为鉴定意见。

8.勘验笔录

法院审判人员为了查明案情，对与争议有关的现场或者物品，亲自进行勘查检验，进行拍照、测量，将勘验情况和结果制成笔录，称为勘验笔录。

二、民事诉讼证明

民事诉讼证明，是指法院和当事人运用证据，查明或者确定案件的诉讼活动。证明主体是法院和民事诉讼当事人。

（一）证明对象及范围

证明的对象，是指需要由证明主体依法借助证据查明的案件事实，也称待证事实。

1.证明对象范围

民事诉讼中证明对象范围：

（1）当事人主张的民事实体权益所根据的事实。

（2）当事人主张的具有程序性质的法律事实。

（3）证据性事实。

（4）外国法律和地方性法规、习惯。

2.法律规定免于证明的事实

（1）当事人在诉讼中自认的事实。

在诉讼过程中，一方当事人陈述的于己不利的事实，或者对于己不利的事实明确表示承认的，另一方当事人无须举证证明。一方当事人对上述事实既不承认也不否认，经审判人员说明并询问后，其仍然不明确表示肯定或者否定的，视为对该事实的承认。

（2）其他情况。

其他免于证明的事实	例外
自然规律以及定理、定律	—
众所周知的事实	当事人有相反证据足以反驳的除外
根据法律规定推定的事实	
根据已知事实和日常生活经验法则推定出的另一事实	
已为仲裁机构的生效裁决所确认的事实	
已为法院发生法律效力的裁判所确认的基本事实	当事人有相反证据足以推翻的除外
已为有效公证文书所证明的事实	

（二）证明责任（★）

证明责任，是指案件审理终结时若事实仍处于真伪不明状态，由提出事实主张的当事人承担不利后果的责任。

（1）当事人对自己提出的主张，有责任提供证据。
（2）原告向法院起诉或者被告提出反诉，应当提供符合起诉条件的相应的证据。

（三）证明程序

证明程序中包括当事人举证，证据交换，质证、认证。

> **原理详解**
>
> 当事人应当在法定期限内提出证据，证明自己的主张，这就是当事人举证。法院对受理的案件需要开庭审理的，通过要求当事人交换证据方式，明确争议焦点，这是证据交换。同时，当事人、诉讼代理人在法庭的主持下，对所提供的证据进行宣读、展示、辨认、质疑、说明、辩驳等活动，此为质证。认证是对证据的审核认定，是指法庭对经过质证的各种证据材料作出判断和决定，确认其能否作为认定案件事实的根据。

1.不能单独作为认定案件事实根据的证据

（1）当事人的陈述。
（2）无民事行为能力人或者限制民事行为能力人所作的与其年龄、智力状况或者精神健康状况不相当的证言。
（3）与一方当事人或者其代理人有利害关系的证人陈述的证言。
（4）存有疑点的视听资料、电子数据。
（5）无法与原件、原物核对的复制件、复制品。

2.推定

一方当事人控制证据无正当理由拒不提交，对待证事实负有举证责任的当事人主张该证据的内容不利于控制人的，法院可以认定该主张成立。

第五节　民事诉讼程序

一、民事诉讼的起诉和受理

（一）起诉（★★）

1.起诉条件

起诉必须符合以下条件：

记忆提示	条件内容
"原告有关系"	原告是与本案有直接利害关系的公民、法人或其他组织

续表

记忆提示	条件内容	
"被告很明确"	有明确的被告	起诉状列写被告信息不足以认定明确的被告的，法院可以告知原告补正
		原告补正后仍不能确定明确的被告的，法院裁定不予受理
"诉请也具体"	有具体的诉讼请求和事实、理由	
"法院能管辖"	属于法院受理民事诉讼的范围和受诉法院管辖	

2.起诉状的形式及内容

起诉应当向人民法院递交起诉状，并按照被告人数提出副本。书写起诉状确有困难的，可以口头起诉。

（二）受理（★）

受理，是指法院对原告的起诉进行审查，认为符合起诉的条件，决定立案审理的诉讼行为。

法院受理案件包括两个阶段：审查起诉和立案。

1.审查起诉

法院在收到当事人的起诉状后，先要对当事人的起诉进行审查，查看当事人的起诉是否符合法律规定的条件。

2.立案

法院对符合起诉条件的案件，必须受理。当事人起诉到法院的民事纠纷，适宜调解的，先行调解，但当事人拒绝调解的除外。

3.法院受理案件的法律效果

法院决定受理案件会产生两方面的法律效果：

（1）在程序上，双方当事人分别获得了原告和被告的诉讼地位；同时，排除了其他法院对案件行使审判权的可能性。

（2）在实体上，诉讼时效因当事人提起诉讼而中断。法院受理当事人起诉的，诉讼时效重新计算；法院裁定不予受理或驳回起诉的，不发生诉讼时效中断。

| 典例研习·17-3　2018年单项选择题

下列关于民事诉讼起诉和受理的说法中，正确的是（　　）。
A.诉讼时效因当事人起诉而中止
B.起诉应有明确的被告
C.起诉状列写被告信息不明确的，法院可以判决驳回起诉
D.当事人起诉到法院的民事纠纷，审理前必须先行调解

> **斯尔解析** 本题考查民事诉讼的起诉与受理。选项A不当选，诉讼时效因当事人提起诉讼而中断。法院受理当事人起诉的，诉讼时效重新计算；法院裁定不予受理或驳回起诉的，不发生诉讼时效中断。选项B当选，选项C不当选，起诉应有明确的被告，起诉状列写被告信息不足以认定明确的被告的，法院可以告知原告补正；原告补正后仍不能确定明确的被告的，法院裁定不予受理。选项D不当选，当事人起诉到法院的民事纠纷，适宜调解的，先行调解，但当事人拒绝调解的除外。
>
> ▲本题答案 B

二、一审普通程序

（一）审理前的准备

审理前的准备，是指法院在受理案件后、开庭审理前所应进行的准备工作。

（1）在法定期限内送达诉讼文书。

法院应当在立案之日起5日内将起诉状副本发送被告，原告口头起诉的，也应当在5日内将记录口头起诉的笔录抄件发送被告。被告应当在收到之日起15日内提出答辩状。

（2）告知原告和被告所享有的诉讼权利、所承担的诉讼义务。

（3）审阅诉讼材料和调查收集证据。

（4）通知追加当事人。

应当参加诉讼的当事人没有参加诉讼的，法院应当通知其参加诉讼，或者由当事人向法院申请追加。

（5）程序分流。

程序分流，是指法院对受理后的民事案件，根据案件的不同情况决定所适用的具体程序。

（6）召集庭前会议。

（二）开庭审理

开庭审理，是指法院组成审判庭，在当事人和其他诉讼参与人参加下，查明案情，确认责任，对案件进行实体审理的诉讼活动。

1.开庭审理的形式

开庭审理有公开审理和不公开审理两种方式。

分类	含义	适用
公开审理	开庭审理时向群众和社会公开，允许群众旁听，允许新闻媒体对案件审理的情况进行采访报道，将案情公之于众	大多数案件

续表

分类	含义	适用	
不公开审理	庭审过程不向社会公开，禁止群众旁听和新闻媒体采访报道	法定不公开	法院审理民事案件，除涉及国家秘密、个人隐私或者法律另有规定的以外，应当公开进行
		申请不公开	离婚案件，涉及商业秘密的案件，当事人申请不公开审理的，可以不公开审理

2.开庭审理的程序

开庭审理必须严格依照法定程序进行。普通程序中的开庭审理包括庭审准备、法庭调查、法庭辩论、合议庭评议和宣告判决五个诉讼阶段。不论案件是否公开审理，宣告判决结果一律公开进行。

3.审理期限

审理期限，是指某一案件从法院立案受理至作出裁判的法定期间。

（1）适用普通程序审理的案件，应当在立案之日起**6个月内**审结。

（2）有特殊情况需要延长的，报请院长批准，批准延长的期限，最长不超过6个月。

（三）案件在审理中几种特殊情况的处理

1.撤诉

撤诉，是指在法院受理案件后、宣告判决前的诉讼程序中，原告或者上诉人取消已向法院提出的诉讼。撤诉包括申请撤诉和按撤诉处理两类。

（1）申请撤诉的条件。

①必须是原告提出申请。

②向受诉法院提出。

③必须在诉讼程序开始之后，法院宣告判决之前提出。

④申请撤诉是否准许由法院裁定。

（2）按撤诉处理。

原告（包括无民事行为能力的当事人的法定代理人）**经传票传唤，无正当理由拒不到庭**的，或者未经法庭许可中途退庭的，可以**按撤诉**处理。

2.缺席判决

缺席判决，是指法院在一方当事人无正当理由拒不参加法庭审理的情况下，依法作出判决，旨在维持法庭秩序，保障参加法庭审理的一方当事人的合法权益及法庭审理的正常进行。

解题高手

命题角度：民事诉讼中的拘传。

（1）人民法院对必须到庭的被告，经<u>两次传票传唤</u>，无正当理由拒不到庭的，可以拘传。

提示：上述必须到庭的被告，是指负有赡养、抚育、扶养义务和不到庭就无法查清案情的被告。

（2）人民法院对必须到庭才能查清案件基本事实的原告，经<u>两次传票</u>传唤，无正当理由拒不到庭的，可以拘传。

（3）无民事行为能力的当事人的法定代理人，经传票传唤无正当理由拒不到庭，属于原告方的，按撤诉处理；属于被告方的，缺席判决。必要时，人民法院可以拘传其到庭。

3.延期审理

延期审理，是指法院在开庭审理后，由于发生法律规定的特殊原因，使开庭审理无法进行时，而推迟审理的时间。

4.诉讼中止

诉讼中止，是指在诉讼进行中，由于发生法律规定的特殊原因，而由法院裁定暂时停止诉讼程序。

5.诉讼终结

诉讼终结，是指在诉讼过程中，由于发生法律规定的特殊原因，使诉讼程序继续进行已无必要或不可能继续进行，从而结束诉讼程序。

三、一审简易程序（★★）

简易程序是相对普通程序而言，是指基层法院和它的派出法庭，在审理简单的第一审民事案件时所适用的程序。

（一）简易程序的适用

1.适用简易程序的法院

只有<u>基层法院</u>及其派出法庭可以适用简易程序审理第一审案件。除此以外，中级人民法院、高级法院、最高人民法院审理第一审民事案件均不得适用简易程序。

2.适用简易程序案件的范围

简易程序适用于事实清楚、权利义务关系明确、争议不大的简单的民事案件。

下列案件，不适用简易程序：

（1）起诉时被告下落不明的。

（2）发回重审的。

（3）当事人一方人数众多的。

（4）适用审判监督程序的。

（5）涉及国家利益、社会公共利益的。

（6）第三人起诉请求改变或者撤销生效判决、裁定、调解书的。

（7）其他不宜适用简易程序的。

（二）简易程序的具体适用

1.起诉与答辩

（1）原告可通过书面或口头方式起诉。

（2）被告有权选择答辩的方式。

①双方当事人到庭后，被告同意口头答辩的，法院可以当即开庭审理。

②被告要求书面答辩的，法院应当将提交答辩状的期限和开庭的具体日期通知各方当事人。

2.举证期限

适用简易程序案件的举证期限由法院确定，也可以由当事人协商一致并经法院准许，但不得超过15日。

3.宣判

（1）适用简易程序审理的民事案件，判决结案的，应当公开宣判。

（2）宣判的方式有当庭宣判和定期宣判两种。除法院认为不宜当庭宣判的以外，应当当庭宣判。

4.审限

法院适用简易程序审理案件，应当在立案之日起3个月内审结，由本院院长批准，可以延长审理期限，但延长后的审理期限累计不超过6个月。

（三）普通程序与简易程序的转换

1.简易转普通

法院在审理过程中，发现案件不宜适用简易程序的，裁定转为普通程序。

2.普通转简易

已经按照普通程序审理的案件，在开庭后不得转为简易程序审理。

四、民事诉讼第二审程序

第二审程序，是指民事诉讼当事人，不服地方各级法院未生效的第一审裁判，在法定期限内向上一级法院提起上诉，上一级法院对案件进行审理所适用的程序。

（一）上诉人上诉（★）

1.上诉条件

提起诉讼必须具备以下条件：

（1）必须由有权提起上诉的当事人提起。

（2）必须就法律规定允许上诉的判决或裁定而提起。

（3）必须在法律规定的上诉期内提起上诉：

①对第一审法院判决的上诉期为15天。

②对第一审法院裁定的上诉期为10天。

提示：民事诉讼上诉期限同行政诉讼。

（4）必须提交上诉状。

提示：起诉时可以书面，也可以口头。

2.上诉状提出

上诉状应当通过原审法院提出。

（二）上诉案件的审理（★）

第二审法院审理案件，应当对上诉请求的有关事实和适用法律进行审查。应当围绕当事人的上诉请求进行审理。

1.审理方式

上诉案件的审理应当组成合议庭。对没有提出新的事实、证据或者理由，认为不需要开庭审理的，可以不开庭审理。

第二审法院对下列上诉案件，可以不开庭审理：

（1）不服不予受理、管辖权异议和驳回起诉裁定的。

（2）当事人提出的上诉请求明显不能成立的。

（3）原判决、裁定认定事实清楚，但适用法律错误的。

（4）原判决严重违反法定程序，需要发回重审的。

2.上诉案件的审理期限

（1）对判决的上诉案件，应在第二审立案之日起3个月内审结，有特殊情况需延长的，由本院院长批准。

（2）对裁定的上诉案件，应在第二审立案之日起30日内作出终审裁定。

3.上诉案件的处理

（1）第二审法院对上诉案件，经过审理，按照下列情形分别处理：

原判决、裁定	二审处理
原判决、裁定认定事实清楚，适用法律正确的	以判决、裁定方式驳回上诉，维持原判决、裁定
原判决、裁定认定事实错误或者适用法律错误的	以判决、裁定方式依法改判、撤销或者变更
原判决认定基本事实不清的	裁定撤销原判决，发回原审法院重审，或者查清事实后改判
原判决遗漏当事人或者违法缺席判决等严重违反法定程序的	裁定撤销原判决，发回原审法院重审

提示：原审法院对发回重审的案件作出判决后，当事人提起上诉的，第二审法院不得再次发回重审。

（2）审理上诉案件，可以进行调解。

命题角度：民事诉讼与行政诉讼的对比。

项目	民事诉讼		行政诉讼	
起诉方式	可书面、可口头			
起诉期限	—		主观起算6个月，客观起算"520"	
审理期限	"3"	（1）一审简易程序：立案后3个月内审结。（2）对判决的上诉案件，应在第二审立案之日起3个月内审结	"3"	二审审限：收到上诉状3个月内审结
	"30"	对裁定的上诉案件，应在第二审立案之日起30日内作出终审裁定	"45"	一审简易程序：立案后45天内审结
	"6"	一审普通程序：在立案之日起6个月内审结	"6"	一审普通程序：立案之日起6个月内审结
上诉期限	判决15日/裁定10日			
证据形式	法定8种证据形式			
	—		现场笔录是行政诉讼特有的证据形式	
调解	人民法院审理民事案件，应当根据自愿和合法的原则进行调解		"赔偿补偿、自由裁量"的案件可以调解，其他案件不调解	
审理	"法定不公开""申请不公开"的案件基本一致，但行政诉讼中不涉及"离婚案件"			
宣判	不论案件是否公开审理，宣告判决结果一律公开进行			
诉讼代表人	当事人一方为10人以上		同案原告为10人以上	
	由推选产生的2~5名当事人作为诉讼代表人参加诉讼			

五、民事诉讼审判监督程序

审判监督程序又称再审程序,是指法院对已经发生法律效力的判决、裁定、调解书,发现确有错误,依法再次进行审判的程序。

提示:审判监督程序并不是每一个案件的必经程序,它只是法院依法纠正确有错误裁判的一种补救程序。

典例研习在线题库 →

至此,涉税服务相关法律的学习已经进行了91%,继续加油呀!

91%

第十八章　刑　法

学习提要

重要程度：重点章节

平均分值：9~20分

考核题型：单项选择题、多项选择题、综合分析题

本章提示：本章为重点章节，每年必以案例形式考查综合分析题。知识成体系，结构很清晰。第1~4节为刑法总则部分，主要讲解犯罪与刑罚，第5~6节为刑法分则部分，主要讲解涉税犯罪与涉税职务犯罪。综合分析题常以涉税犯罪与涉税职务犯罪为依托，结合刑罚的适用考查

第一节 刑法基础

刑法是国家制定的关于犯罪及其刑罚的法律规范。

一、刑法的分类

刑法有狭义和广义之分。

分类	具体规定
狭义的刑法	国家立法机关制定的系统完整、具有统一体例的规定犯罪及其刑罚的法律
广义的刑法	泛指一切有关犯罪、刑事责任和刑罚的法律规范的总称,包括刑法典、刑法修正案、单行刑法和附属刑法	单行刑法,是指国家以决定、规定、补充规定、条例等名称颁布的,规定某一类犯罪及其后果或者某一事项的专门规定
		附属刑法,是指在民事、经济、行政及其他部门法律中附带规定的罪刑条款

二、刑法基本原则(★★)

原则	具体内容
罪刑法定原则	什么行为是犯罪、各种犯罪的构成要件和应惩处的刑罚,以及各个刑种如何具体适用等,都必须由刑法明文规定,也就是: (1)法无明文规定不为罪,法无明文规定不处罚。 (2)禁止不利于行为人的溯及既往和类推适用
平等适用刑法原则	(1)对于一切人的犯罪都应当平等地适用刑法,依法追究刑事责任,不允许有任何超越法律的特权。 (2)对于一切人的合法权益都要平等地加以保护,不允许有任何歧视
罪刑相当原则 (罪刑相适应原则、罪刑均衡原则)	(1)根据罪行危害性的大小决定处刑的轻重。 (2)确定与罪行轻重和刑事责任程度相适应的刑罚。重罪重罚,轻罪轻罚,罪刑相当,罚当其罪

三、追诉时效(★★)

追诉时效,是指对犯罪分子追究刑事责任的法定有效期限。超过这个期限,一般不再追究犯罪分子的刑事责任。

(一)适用前提

追诉时效的适用前提是"未被发现",若存在下列情形,则不受追诉时效的限制:

(1)在人民检察院、公安机关、国家安全机关立案侦查或者在人民法院受理案件以后,逃避侦查或者审判的,不受追诉期限的限制。

(2)被害人在追诉期限内提出控告,人民法院、人民检察院、公安机关应当立案而不予立案的,不受追诉期限的限制。

(二)追诉时效的计算

法定最高刑(X)	追诉期限	起算点
$X<5$年	5年	(1)一般犯罪,从犯罪之日起算。 (2)犯罪行为有连续或者继续状态的,从犯罪行为终了之日起计算
5年≤$X<10$年	10年	
$X≥10$年	15年	
无期徒刑、死刑	20年 (20年以后认为必须追诉的,须报请最高人民检察院核准)	

(三)追诉时效的中断

1.概念

追诉时效的中断,是指在时效进行期间,因发生法律规定事由,而使以前所经过的时效期间归于无效,法律规定事由终了之时,时效重新开始计算。

2.适用

在追诉期限以内又犯罪的,前罪追诉的期限从犯后罪之日起计算。

第二节 犯罪构成

一、犯罪(★)

犯罪,是《中华人民共和国刑法》(以下简称《刑法》)规定应当受到刑罚处罚的严重危害社会的行为,具有严重的社会危害性、刑事违法性和应受刑罚处罚性三个特征。

二、犯罪构成

任何犯罪的成立都必须具备四个方面的构成要件,即犯罪客体、犯罪客观方面、犯罪主体、犯罪主观方面。

(一)犯罪客体(★)

犯罪客体,是指《刑法》所保护的而为犯罪行为所侵害的社会主义社会关系。

（二）犯罪客观方面（★）

犯罪客观方面，是指犯罪行为和由这种行为所造成的危害结果。危害行为、危害结果以及危害行为与危害结果之间的因果关系，是犯罪客观方面的必备要件。

1.危害行为

危害行为，是指表现人的意识或意志的危害社会的行为，包括作为和不作为。

（1）作为与不作为的辨析。

分类	记忆提示	含义
作为	不应为而为之	行为人用积极的身体活动实施《刑法》所禁止的危害社会的行为
不作为	即应为而不为	行为人有义务实施并且能够实施某种积极行为而消极地不实施，从而造成危害社会结果的行为

（2）构成《刑法》中的不作为必须具备以下条件：

①行为人负有实施某种积极行为的特定义务。这是构成犯罪不作为的前提。

提示：

特定义务的来源主要有三个方面：

a.法律明文规定的特定义务。

b.职务上或者业务上要求履行的义务。

c.行为人的先前行为产生的义务。

②行为人能够履行特定义务。

③行为人不履行特定义务。

2.危害结果

危害结果，是指危害行为对《刑法》所保护的具体社会关系所造成的损害。

3.危害行为与危害结果之间的因果关系

危害行为与危害结果之间存在的引起与被引起、决定与被决定的关系。

因果关系只解决对行为人的行为追究刑事责任的客观基础，行为人是否负刑事责任，还要取决于行为人对自己行为及所造成的结果的心理状态。

（三）犯罪主体（★★★）

犯罪主体，是指实施危害社会的行为依法应当承担刑事责任的个人或者单位。分为自然人犯罪主体和单位犯罪主体两类。

1.自然人犯罪主体

（1）刑事责任年龄。

刑事责任年龄，是指《刑法》规定的，行为人实施《刑法》所禁止的犯罪行为所必须达到的年龄。

年龄（X）	刑事责任	
X≥16周岁	应当负刑事责任	
14周岁≤X＜16周岁	犯故意杀人、故意伤害致人重伤或死亡、强奸、抢劫、贩卖毒品、放火、爆炸、投放危险物质罪	应当负刑事责任
	其他犯罪	不负刑事责任
12周岁≤X＜14周岁	犯故意杀人、故意伤害罪，致人死亡或以特别残忍手段致人重伤造成严重残疾，情节恶劣	经最高人民检察院核准追诉，应当负刑事责任
	其他犯罪	不负刑事责任

（2）刑事责任能力。

刑事责任能力是指行为人所具备的辨认和控制自己行为的能力。决定和影响自然人刑事责任能力的因素，有年龄、精神状态、醉酒以及生理疾病等。

	情形	是否负刑事责任	处罚原则
精神病人	不能辨认或控制自己行为时造成危害结果	经法定程序鉴定确认的，不负刑事责任	—
	尚未完全丧失辨认或控制自己行为能力的人犯罪	应当负刑事责任	可以从轻或者减轻处罚
	间歇性精神病人在精神正常时犯罪		—
	醉酒的人犯罪		—
	又聋又哑的人或者盲人犯罪		可以从轻、减轻或免除处罚

（3）对未成年人和老年人的从宽处理：

①对未成年犯罪的处理：

a.已满14周岁不满18周岁的人犯罪，应当从轻或者减轻处罚。

b.因不满16周岁不予刑事处罚的，责令其父母或者监护人加以管教；在必要的时候，依法进行专门的矫治教育。

②对未成年与老年人的对比：

项目	未成年人（不满18周岁）	老年人（已满75周岁）
量刑	应当从轻或者减轻处罚	a.故意犯罪的，可以从轻或者减轻处罚。b.过失犯罪的，应当从轻或者减轻处罚

续表

项目	未成年人（不满18周岁）		老年人（已满75周岁）
死刑	犯罪时，不满18周岁的人	不适用死刑	审判时已满75周岁的人不适用死刑，但以特别残忍手段致人死亡的除外
累犯		不作为累犯	—
前科		被判处5年有期徒刑以下刑罚的，免除其前科报告义务	—
缓刑		符合缓刑条件的，应当予以缓刑	

| 典例研习·18-1   2017年多项选择题

下列关于刑事责任能力的说法中，正确的有（　　）。
A.盲人犯罪的，可以从轻、减轻或免除处罚
B.醉酒的人犯罪的，应当负刑事责任
C.尚未完全丧失控制自己行为能力的精神病人犯罪的，应当负刑事责任
D.间歇性的精神病人在精神正常时犯罪，应当负刑事责任
E.年满75周岁的人犯罪的，不负刑事责任

斯尔解析 本题考查自然人的刑事责任能力。选项A当选，又聋又哑的人或者盲人犯罪的，可以从轻、减轻或免除处罚。选项B当选，醉酒的人犯罪的，应当负刑事责任。选项C当选，尚未完全丧失控制自己行为能力的精神病人犯罪的，应当负刑事责任，但可以从轻或减轻处罚。选项D当选，间歇性的精神病人在精神正常时犯罪，应当负刑事责任。选项E不当选，已满75周岁的人犯罪也应当负刑事责任。故意犯罪的，可以从轻或者减轻处罚；过失犯罪的，应当从轻或者减轻处罚。

本题答案 ABCD

2.单位犯罪主体

（1）单位犯罪的特征。

特征	具体规定		不属于单位犯罪的情形
主体	公司、企业、事业单位、机关、团体	单位本身犯罪，而不是单位各个成员犯罪之和	①个人为进行违法犯罪活动而设立公司、企业实施犯罪的，或者公司、企业设立后，以实施犯罪为主要活动的。②个人盗用单位名义实施犯罪，违法所得由实施犯罪的个人私分的，不属于单位犯罪，依照《刑法》有关自然人犯罪的规定定罪处罚

续表

特征	具体规定	不属于单位犯罪的情形
主观方面	为本单位谋取非法利益的故意	由单位集体或者其负责人作出犯罪决定,并通过直接责任人员加以实施	①单位一般成员实施的犯罪,不属于单位犯罪。②与单位的经营管理活动没有任何关系的犯罪,不可能成为单位犯罪。③仅仅为单位个别或少数成员谋取非法利益,也不是单位犯罪
特别规定	《刑法》分则特别规定可以由单位实施的犯罪,才能认定为单位犯罪	《刑法》分则和其他法律未规定追究单位刑事责任的,即使符合前两个条件,也不能认定是单位犯罪

（2）单位犯罪的处罚原则：两罚制。

对单位判处罚金，并对其直接负责的主管人员和其他直接责任人员判处刑罚。

（四）犯罪主观方面（★）

犯罪主观方面，是指行为人对自己的危害行为及其危害结果所持的心理态度，包括犯罪故意和犯罪过失。

1.犯罪故意和犯罪过失

犯罪主观方面		含义
犯罪故意	直接故意	明知自己的行为会发生危害社会的结果，并且希望这种结果发生
	间接故意	明知自己的行为可能会发生危害社会的结果，并且放任这种结果发生
犯罪过失	疏忽大意的过失	应当预见自己的行为可能会发生危害社会的结果，因疏忽大意而没有预见，以致发生这种结果
	过于自信的过失	已经预见到自己的行为可能会发生危害社会的结果，但轻信能够避免，以致发生这种结果

原理详解

试比较如下四个案例，来理解犯罪主观方面：

案例一：张三想毒死他的妻子，于是给妻子榨了水果汁，并且在里面下了毒，看着妻子喝了下去。该案例中，张三的心理状态就是直接故意，明知喝了毒果汁会中毒，且希望这种结果发生。

案例二：假设张三对李四恨之入骨，某天，张三在楼上看到李四和王五二人在楼下聊天，于是拿起一块砖头朝楼下的李四扔去，结果砸伤了王五。该案例中，张三对砸伤王五所持有的心理状态就是间接故意，明知道李四和王五在一起聊天，砸李四的时候很可能会伤到王五，但是张三却仍然放任这种结果的发生。

案例三：某天，护林员张三在山林里烧烤，当天气候特别干燥，烧烤过程中，因为防护不当，引起了森林火灾。该案例中，张三的心理状态为疏忽大意的过失，作为护林员，张三应当预料到气候干燥时在山林烧烤容易引发火灾，但其却没有预见到，以致发生了火灾。

案例四：张三去朋友聚会时喝了很多酒，本不该驾车回家，但张三觉得自己是个老司机了，而且酒量也好，这点小酒算不了什么，于是自行驾车回家，结果因为酒太"上头"，造成了交通事故。该案例中，张三的心理状态就是过于自信的过失，轻信酒量好的老司机可以避免酒后交通事故的发生。

2.犯罪目的和犯罪动机（只存在于直接故意犯罪中）

分类	具体概念
犯罪目的	行为人希望通过实施犯罪行为达到某种危害社会的结果
犯罪动机	刺激行为人实施犯罪行为以达到犯罪目的的内心冲动或者起因

第三节　刑罚种类

一、主刑（★★）

主刑，是指对犯罪分子适用的主要刑罚方法，包括管制、拘役、有期徒刑、无期徒刑和死刑五种。

1.主刑的种类

种类	概念	执行机关	期限（一罪）	期限（数罪并罚）
管制	对犯罪分子不予关押，但限制其一定人身自由，依法由社区进行矫正	司法行政机关指导管理的社区矫正机构	3个月以上2年以下	不超过3年
拘役	短期剥夺犯罪分子的人身自由，就近实行教育改造	公安机关就近执行	1个月以上6个月以下	不超过1年
有期徒刑	剥夺犯罪分子一定期限的人身自由，强制劳动和教育改造	监狱或其他执行场所	6个月以上15年以下	（1）总和刑期不满35年的，最高不能超过20年。（2）总和刑期在35年以上的，最高不能超过25年

· 456 ·

续表

种类	概念	执行机关	期限 （一罪）	期限 （数罪并罚）
无期徒刑	剥夺犯罪分子终身自由。实行强制劳动和教育改造；须与附加刑中的剥夺政治权利同时适用	监狱或其他执行场所	无具体期限	
死刑	剥夺犯罪分子生命，包括死刑立即执行和死刑缓期2年执行	—	—	

2.管制的禁止令

对被判处管制的犯罪分子，可以根据犯罪情况，同时宣布禁止令，禁止其在执行期间从事特定活动，进入特定区域、场所，接触特定的人。

（1）禁止令的执行期限，从管制执行之日起计算，既可以与管制执行期限相同，也可以短于管制执行的期限，但不得少于3个月。

（2）禁止令由司法行政机关指导管理的社区矫正机构负责执行；人民检察院对社区矫正机构执行禁止令的活动实行监督。

3.死刑与死刑缓期执行

（1）死刑的适用。

死刑适用于罪行极其严重的犯罪分子。只有《刑法》规定了死刑的犯罪，才可能判处死刑：

①对犯罪时不满18周岁的人和审判时怀孕的妇女，即使罪行极其严重，也不适用死刑。

②审判的时候已满75周岁的人，不适用死刑，但以特别残忍手段致人死亡的除外。

（2）死刑缓期执行。

①死刑缓期执行，又称死缓，不是独立刑种，而是死刑适用制度。

②判处死刑缓期执行的，在死刑缓期执行期间，如果没有故意犯罪，2年期满以后，减为无期徒刑；如果确有重大立功表现，2年期满以后，减为25年有期徒刑；如果故意犯罪，情节恶劣的，报请最高人民法院核准后执行死刑。

（3）死刑的判处。

①死刑案件由中级以上人民法院进行一审，基层人民法院不得判处被告人死刑。

②死刑除依法由最高人民法院判决的以外，都应当报请最高人民法院核准。

③死刑缓期执行的，可以由高级人民法院判决或者核准。

二、附加刑（★）

附加刑，又称从刑，是指补充主刑适用的刑罚方法，包括罚金、剥夺政治权利、没收财产和驱逐出境四种。其中，对犯罪的外国人，可以独立适用或者附加适用驱逐出境。

（一）罚金

罚金，是指判处犯罪分子或者犯罪的单位向国家缴纳一定数额金钱的刑罚方法。罚金属于财产刑，主要适用于破坏社会主义市场秩序罪、侵犯财产罪、妨害社会管理秩序罪、贪污贿赂罪。

（1）罚金由一审人民法院执行。犯罪分子的财产在异地的，一审人民法院可以委托财产所在地人民法院代为执行。

（2）罚金在判决指定的期限内一次或者分期缴纳。期满不缴纳的，强制缴纳。对于不能全部缴纳罚金的，人民法院在任何时候发现被执行人有可以执行的财产，应当随时追缴。

（二）剥夺政治权利

剥夺政治权利，是指剥夺犯罪分子参加管理国家和政治活动的权利的刑罚方法。

1.剥夺的权利范围

剥夺政治权利是剥夺下列权利：

（1）选举权和被选举权。

（2）言论、出版、集会、结社、游行、示威自由的权利。

（3）担任国家机关职务的权利。

（4）担任国有公司、企业、事业单位和人民团体领导职务的权利。

2.适用

剥夺政治权利可以独立适用，也可以附加适用。具体而言：

分类	记忆提示	具体规定
应当剥夺	"国安应剥夺"	对于危害国家安全的犯罪分子，应当附加剥夺政治权利
应当剥夺	"无死夺终身"	对于被判处死刑、无期徒刑的犯罪分子，应当剥夺政治权利终身
可以剥夺	"重罪可剥夺"	对于故意杀人、强奸、放火、爆炸、投毒、抢劫等严重破坏社会秩序的犯罪分子，可以附加剥夺政治权利

3.刑期计算

（1）附加剥夺政治权利的刑期，从徒刑、拘役执行完毕之日或者从假释之日起计算。

（2）剥夺政治权利的效力当然施用于主刑执行期间。

（三）没收财产

没收财产，是指将犯罪分子个人所有财产的一部分或者全部强制无偿地收归国有的一种刑罚方法。没收财产属于财产刑，主要适用于危害国家安全罪和破坏社会主义市场经济秩序罪、侵犯财产罪、妨害社会管理秩序罪以及贪污贿赂罪等情节严重的犯罪。

（1）没收财产是没收犯罪分子合法所有并没有用于犯罪的财产。

在没收财产时，不得以追缴犯罪所得、没收违禁品和供犯罪所用的本人财物来代替或者折抵。

（2）没收全部财产的，应当对犯罪分子及其扶养的家属保留必需的生活费用。在判处没收财产时，不得没收属于犯罪分子家属所有或者应有的财产。

（3）没收财产以前犯罪分子所负的正当债务，即犯罪分子在判决生效前所负他人的合法债务，需要以没收的财产偿还的，经债权人请求，应当偿还。

（四）驱逐出境

驱逐出境，是指强迫犯罪的外国人离开中国国（边）境的一种刑罚方法。驱逐出境是一种特殊的附加刑，既可以独立适用，也可以附加适用。

三、主刑和附加刑的适用（★）

（1）主刑只能独立适用，不能附加适用。附加刑既可以独立适用，也可以附加适用。

（2）对一个犯罪只能适用一个主刑，不能同时适用两个或两个以上的主刑。附加适用时，对一个犯罪可以适用两个或两个以上的附加刑。

第四节　刑罚适用

一、累犯（★★）

累犯，是指因犯罪受过一定刑罚处罚的犯罪分子，在刑罚执行完毕或者赦免以后，在法定期限内又犯一定之罪的情况。累犯包括一般累犯和特别累犯两种。

（一）累犯的分类

1. 一般累犯

一般累犯，是指被判处有期徒刑以上刑罚的犯罪分子，刑罚执行完毕或者赦免以后，在5年以内再犯应当判处有期徒刑以上刑罚之罪的情况。

一般累犯的成立条件	不成立累犯
前罪和后罪都必须是故意犯罪	如果前后两罪或者一罪是过失犯罪，则不成立累犯
前后罪应当判处的刑罚都必须是有期徒刑以上的刑罚	如果前罪或者后罪中有被判处拘役、管制或者单处附加刑的情况，则不成立累犯
后罪必须发生在前罪刑罚执行完毕或者赦免以后的5年之内	—
—	累犯不适用于不满18周岁的人犯罪

提示：刑罚执行完毕，是指主刑执行完毕，附加刑是否执行完毕不影响累犯的成立。对于被假释的犯罪分子，规定的5年期限，从假释期满之日起计算。

2.特别累犯

特别累犯，是指危害国家安全犯罪、恐怖活动犯罪、黑社会性质的组织犯罪的犯罪分子，在刑罚执行完毕或者赦免以后的任何时候，再犯上述任一类罪的情况。

特别累犯的成立条件：

（1）前罪和后罪都必须是危害国家安全犯罪、恐怖活动犯罪、黑社会性质的组织犯罪。

（2）后罪必须发生在前罪刑罚<u>执行完毕或者赦免以后</u>。

解题高手

命题角度：一般累犯与特别累犯的区别。

项目	一般累犯	特别累犯
罪名限制	不限制，故意犯罪即可	有限制，罪名必须为"国恐黑"
时间限制	前罪执行期满或赦免后5年之内	无
刑罚类型	前后罪均为徒刑以上刑罚	—

（二）对累犯的处罚

对累犯，应当从重处罚。

典例研习·18-2 【2014年单项选择题】

根据《刑法》以及相关规定，下列关于累犯的适用情形和量刑的说法中，正确的是（　　）。

A.前罪被判处拘役，后罪被判处8年有期徒刑适用累犯

B.前罪被判处6年有期徒刑，后罪被判处拘役适用累犯

C.对累犯应当从重处罚

D.对累犯可以从重处罚

【斯尔解析】本题考查累犯。选项AB不当选，成立一般累犯必须前罪和后罪均判处有期徒刑以上的刑罚，前后罪中有一罪被判处的是有期徒刑以下的刑罚则不能构成累犯。选项C当选，选项D不当选，对累犯，应当从重处罚。

【本题答案】C

二、自首

（一）一般自首

一般自首，是指犯罪以后<u>自动投案，如实供述</u>自己罪行的行为。

1.自动投案

自动投案,是指犯罪事实或者犯罪嫌疑人未被司法机关发觉,或者虽被发觉,但犯罪嫌疑人尚未受到讯问、未被采取强制措施时,主动、直接向公安机关、人民检察院或人民法院投案,从而将自己置于司法机关的合法控制下,接受司法机关的审查、裁判的行为。

下列情形应当视为自动投案:

(1)犯罪嫌疑人向其所在单位、城乡基层组织或其他有关负责人员投案的。

(2)犯罪嫌疑人因病、伤或为了减轻犯罪后果,委托他人先代为投案,或先以信电投案的。

(3)罪行未被司法机关发觉,仅因形迹可疑被有关组织或司法机关盘问、教育后,主动交代自己的罪行的。

(4)犯罪后逃跑,在被通缉、追捕过程中,主动投案的。

(5)经查实确已准备去投案,或正在投案途中,被公安机关捕获的。

(6)并非出于犯罪嫌疑人主动,而是经亲友规劝、陪同投案的。

(7)公安机关通知犯罪嫌疑人的亲友,或亲友主动报案后,将犯罪嫌疑人送去投案的。

提示:犯罪嫌疑人自动投案后又逃跑的,不能认定为自首。

(8)犯罪后主动报案,虽未表明自己是作案人,但没有逃离现场,在司法机关询问时交代自己罪行的。

(9)明知他人报案而在现场等待,抓捕时无拒捕行为,供认犯罪事实的。

(10)在司法机关未确定犯罪嫌疑人,尚在一般性排查询问时主动交代自己罪行的。

(11)因特定违法行为被采取行政拘留、司法拘留、强制隔离戒毒等行政、司法强制措施期间,主动向执行机关交代尚未被掌握的犯罪行为的。

2.如实供述

如实供述自己的罪行,是指犯罪嫌疑人自动投案后,如实交代自己的主要犯罪事实。

(1)如实供述的时点。

①犯罪嫌疑人自动投案时虽然没有交代自己的主要犯罪事实,但在司法机关掌握其主要犯罪事实之前主动交代的,应认定为如实供述自己的罪行。

②犯罪嫌疑人自动投案并如实供述自己的罪行后又翻供的,不能认定为自首,但在一审判决前又能如实供述的,应当认定为自首。

(2)一人犯数罪。

犯有数罪的犯罪嫌疑人仅如实供述所犯数罪中部分犯罪的,只对如实供述部分犯罪的行为,认定为自首。

(3)共同犯罪如实供述的标准。

共同犯罪案件中的犯罪嫌疑人,除如实供述自己的罪行,还应当供述所知的同案犯,主犯则应当供述所知其他同案的共同犯罪事实,才能认定为自首。

（二）特别自首

特别自首，是指被采取强制措施的犯罪嫌疑人、被告人和正在服刑的罪犯，如实供述司法机关尚未掌握的本人其他罪行的行为。

提示：其他罪行，是指供述的罪行在犯罪性质或罪名上与司法机关已掌握的或者判决确定的罪行不同。

（三）量刑

1.一般自首

（1）对于自首的犯罪分子，可以从轻或者减轻处罚。犯罪较轻的，可以免除处罚。

（2）共同犯罪案件的犯罪分子到案后，揭发同案犯共同犯罪事实的，可以酌情予以从轻处罚。

2.特别自首

对被采取强制措施的犯罪嫌疑人、被告人和已宣判的罪犯，如实供述司法机关尚未掌握的罪行，与司法机关已掌握的或者判决确定的罪行属同种罪行的，可以酌情从轻处罚；如实供述的同种罪行较重的，一般应当从轻处罚。

3.坦白（仅如实供述）

犯罪嫌疑人虽不具有刑法规定的自首情节，但是如实供述自己罪行的，可以从轻处罚；因其如实供述自己罪行，避免特别严重后果发生的，可以减轻处罚。

三、立功（★）

立功，是指犯罪分子揭发他人犯罪行为，查证属实，或者提供重要案件线索，从而得以侦破其他案件的行为。

立功分为一般立功与重大立功。

（一）立功的主要表现

记忆提示	一般立功	重大立功
揭发	犯罪分子到案后有检举、揭发他人犯罪行为/重大犯罪行为	
提供	提供侦破其他案件/重大案件的重要线索，经查证属实	
阻止	阻止他人犯罪/重大犯罪活动	
协助	协助司法机关抓捕其他犯罪/重大犯罪嫌疑人（包括同案犯）	
表现	具有其他有利于国家和社会的突出表现	对国家和社会有其他重大贡献等表现

（二）立功的处理原则

（1）有一般立功表现的，可以从轻或者减轻处罚。

（2）有重大立功表现的，可以减轻或者免除处罚。

解题高手

命题角度：关于坦白、自首与立功量刑情节的对比。

情形	免除处罚	从轻处罚	减轻处罚
坦白	—	可以	避免特别严重后果发生的，可以
一般自首	犯罪较轻，可以免除	可以	可以
特别自首	—	可以酌情从轻；若罪名较重，一般应当从轻（同种罪行）	—
一般立功	—	可以	可以
重大立功	可以	—	可以

四、数罪并罚（★）

数罪并罚，是指人民法院对犯罪分子在法定期间内所犯数罪分别定罪量刑，并根据法定原则和方法，决定应当执行的刑罚的制度。

（一）数罪并罚的情形

（1）判决宣告以前一人犯数罪。

（2）判决宣告后，刑罚执行完毕以前，发现被判刑的犯罪分子在判决宣告以前还有其他罪没有判决的（"知漏罪"）。

（3）判决宣告后，刑罚执行完毕以前，被判刑的犯罪分子又犯罪的（"犯新罪"）。

（4）被宣告缓刑或者假释的犯罪分子在缓刑或者假释考验期内又犯罪或发现漏罪的。

原理详解

数罪并罚的"适用场景"为刑罚尚未执行完毕。无论"犯新罪"或是"知漏罪"，只要刑罚尚未执行完毕，都可以将数罪合并处理。

（1）刑罚执行完毕以后又犯罪的（"犯新罪"），考虑是否构成累犯，而不是数罪并罚。

（2）刑罚执行完毕以后发现被判刑的犯罪分子在判决宣告以前还有其他罪没有判决的（"知漏罪"），如果没有超过追诉时效，应依法定罪量刑，这既不是数罪并罚问题，也不是累犯问题。

（二）数罪并罚的原则

数罪并罚原则，是指对一人犯数罪合并处罚所依据的原则。

1.分类

分类	含义
并科原则	数罪分别宣告刑罚，然后数刑简单相加，合并执行
吸收原则	对数罪分别宣告刑罚后，选择其中最重的刑罚作为应当执行的刑罚，其余的刑罚被最重的刑罚吸收不再执行
限制加重原则	对数罪分别宣告刑罚后，以其中最重的刑罚为基础，再加重一定的刑罚作为应当执行的刑罚，其余的刑罚不再执行
折中原则	兼有并科原则、吸收原则和限制加重原则，使之适用于不同的刑种的并罚，据以决定应当执行的刑罚

2.具体表现

根据《刑法》第69条的规定，对数罪并罚采取折中原则，即以限制加重原则为主，以并科原则和吸收原则为辅。具体表现为：

刑种	适用原则	具体方式
其一为死刑或无期徒刑	吸收原则	只执行死刑或者无期徒刑，不执行其他刑罚
均为有期徒刑、拘役或者管制的	限制加重原则	在数刑中最高刑期以上、总和刑期以下，酌情决定应当执行的刑期
涉及附加刑	并科原则	附加刑与主刑分别执行，其中附加刑种类相同的，合并执行，种类不同的，分别执行

3.数罪并罚的适用

情形	含义	适用
"犯数罪"	判决宣告以前一人犯数罪	除判处死刑和无期徒刑的以外，应当在总和刑期以下、数刑中最高刑期以上，酌情决定执行的刑期
"知漏罪"	判决宣告后，刑罚执行完毕以前发现被判刑的犯罪分子在判决宣告以前还有其他罪没有判决	"先并后减"： （1）应当对新发现的罪作出判决。 （2）把前后两个判决所判处的刑罚，依照《刑法》第69条的规定，决定执行的刑罚。 （3）已经执行的刑罚应当计算在新判决决定的刑期以内
	被宣告缓刑或假释的犯罪分子在缓刑或假释考验期内发现漏罪	

续表

情形	含义	适用
"犯新罪"	判决宣告后,刑罚执行完毕以前,被判刑的犯罪分子又犯罪	"先减后并": (1)应当对新发现的罪作出判决。 (2)把前罪没有执行完毕的刑罚和后罪所判处的刑罚,依照《刑法》第69条的规定,决定执行的刑罚
	被宣告缓刑或假释的犯罪分子在缓刑或假释考验期内又犯罪	

原理详解

案例一:张三因盗窃被判处有期徒刑6年,执行3年后,又发现张三曾伙同李四实施过抢劫,抢劫罪被判处有期徒刑8年,此种情形为"知漏罪"。

在数罪并罚时,应当"先并后减":

(1)"并":6+8=14年。

(2)"选":人民法院在"有期徒刑8~14年",酌情决定应当执行的刑期。

(3)"减":若法院决定合并执行12年有期徒刑,对张三已经执行3年有期徒刑,则还需执行9年有期徒刑。

案例二:假设张三因盗窃被判处有期徒刑6年,执行3年后,在监狱与狱友李四打架,将李四打成重伤,因故意伤害罪被法院判处有期徒刑8年,此种情形为"犯新罪"。

在数罪并罚时,应当"先减后并":

(1)"减":对张三已经执行3年有期徒刑,应当从盗窃罪有期徒刑刑期中扣减已经执行的3年。扣减后,剩余3年(6−3)。

(2)"并":将剩余刑期3年与故意伤害罪刑期8年进行合并,合并后共计11年(3+8)。

(3)"选":人民法院在"有期徒刑8~11年",酌情决定应当执行的刑期。由此,法院可决定对张三执行10年有期徒刑。

五、缓刑

缓刑,是指附条件地不执行所判刑罚的一种刑罚执行制度。缓刑的特点是:判处一定刑罚,暂不执行,但在一定期间保留执行的可能性。

(一)缓刑的适用(★★)

1.适用条件

(1)犯罪情节较轻。

(2)有悔罪表现。

(3)没有再犯罪的危险。

(4)宣告缓刑对所居住社区没有重大不良影响。

2.适用对象

项目	具体规定
可以缓刑	缓刑适用于被判处**拘役**或者**3年以下有期徒刑的犯罪分子**，符合上述适用条件的	—
应当缓刑		**不满18周岁的人、怀孕的妇女和已满75周岁的人**
不得缓刑	**累犯**和犯罪集团的**首要分子**不适用缓刑

提示：被判处拘役或者3年以下有期徒刑，是指宣告刑，而不是法定刑。

3.禁止令

根据犯罪情况，对判处宣告缓刑的犯罪分子，确有必要禁止其在缓刑考验期内从事特定活动，进入特定区域、场所，接触特定人的，**可以同时依法宣告禁止令**。

4.附加刑的执行

被宣告缓刑的犯罪分子，如果被判处附加刑，附加刑仍须执行。

（二）缓刑考验期限及禁止令的期限（★）

1.缓刑考验期限

缓刑考验期限，是指对被宣告缓刑的犯罪分子进行考察的一定期间。

刑罚种类	缓刑考验期	
拘役	原判刑期以上1年以下，但不能少于2个月	从判决确定之日起计算
有期徒刑	原判刑期以上5年以下，但不能少于1年	

2.禁止令的期限

禁止令的期限，从缓刑执行之日起计算，可以与缓刑考验的期限相同，也可以短于缓刑考验的期限，但**不得少于2个月**。

（三）缓刑的执行（★）

（1）对宣告缓刑的犯罪分子，在缓刑考验期限内，依法实行社区矫正。

（2）缓刑考验期内，如果没有撤销缓刑的法定情形，缓刑考验期满，原判刑罚就不再执行，并公开予以宣告。

（3）同时宣告禁止令的，禁止令由司法行政机关指导管理的社区矫正机构负责执行，人民检察院对社区矫正机构执行禁止令的活动实行监督。

解题高手

命题角度：管制、缓刑禁止令的对比。

项目	管制禁止令	缓刑禁止令
适用情形	对被判处管制的犯罪分子，可以根据犯罪情况，同时宣布禁止令	对判处宣告缓刑的犯罪分子，确有必要禁止的，可以同时依法宣告禁止令

续表

项目	管制禁止令	缓刑禁止令
起算点	从管制执行之日起计算	缓刑执行之日起算
期限	不得少于3个月	不得少于2个月
	既可以与管制执行期限/缓刑考验期限相同,也可以短于管制执行/缓刑考验的期限	
执行	司法行政机关指导管理的社区矫正机构	
监督	人民检察院	

(四) 缓刑的撤销

1.发现漏罪

被宣告缓刑的犯罪分子,在缓刑考验期限内犯新罪或发现判决宣告以前还有其他罪没有判决的,应当撤销缓刑,对新犯的罪或新发现的罪作出判决,依法实行数罪并罚。

2.违反规定

被宣告缓刑的犯罪分子,在缓刑考验期限内,违反法律、行政法规或者国务院有关部门关于缓刑的监管规定,或违反人民法院判决中的禁止令,情节严重的,应当撤销缓刑,执行原判刑罚(此时,不存在数罪并罚的问题)。

典例研习·18-3 【2020年单项选择题】

根据《刑法》规定,下列有关缓刑的说法中,正确的是( )。
A.对犯罪时已满70周岁的人应当适用缓刑
B.累犯不适用缓刑
C.被宣告缓刑的犯罪分子,附加刑不需要执行
D.缓刑适用于法定刑为拘役或者5年以下有期徒刑的犯罪

斯尔解析 本题考查缓刑。选项A不当选,已满75周岁的人,符合缓刑条件的,应当宣告缓刑。选项B当选,累犯和犯罪集团的首要分子不适用缓刑。选项C不当选,被宣告缓刑的犯罪分子,如果被判处附加刑,附加刑仍须执行。选项D不当选,缓刑适用于被判处拘役或者3年以下有期徒刑的犯罪分子。

本题答案 B

六、减刑(★)

减刑,是指对于被判处管制、拘役、有期徒刑或者无期徒刑的犯罪分子,由于其在刑罚执行期间认真遵守监规,接受教育改造,确有悔改或者立功表现,依法适当减轻其原判刑罚的刑罚执行制度。

（一）减刑的适用 !变

项目	具体规定		
适用对象	被判处管制、拘役、有期徒刑或无期徒刑的犯罪分子		
适用方法	可以减刑	在刑罚执行期间，认真遵守监规，接受教育改造，确有悔改、立功或重大立功表现	
	应当减刑	有下列重大立功表现之一的，应当减刑： （1）阻止他人重大犯罪活动的。 （2）检举监狱内外重大犯罪活动，经查证属实的。 （3）有发明创造或者重大技术革新的。 （4）在日常生产、生活中舍己救人的。 （5）在抗御自然灾害或者排除重大事故中，有突出表现的。 （6）对国家和社会有其他重大贡献的	

（二）减刑后实际执行的刑期

减刑以后实际执行的刑期不能少于下列期限：

刑罚种类		实际执行刑期
管制		不能少于原判刑期的1/2，从判决执行之日起计算
拘役		
有期徒刑		
无期徒刑		不能少于13年，自无期徒刑判决确定之日起计算
死刑	死缓	不得少于15年，死刑缓期执行期间不包括在内
	死缓限制减刑	—

提示：判决执行之日，即罪犯实际送交刑罚执行机关之日。

（三）减刑的要求

（1）涉及缓刑。

被判处拘役或者3年以下有期徒刑，并宣告缓刑的罪犯，一般不适用减刑。若罪犯在缓刑考验期内有重大立功表现的，可以依法予以减刑，同时缩减其缓刑考验期。

（2）对被判处死刑缓期执行的累犯以及因故意杀人、强奸、抢劫、绑架、放火、爆炸、投放危险物质或者有组织的暴力性犯罪被判处死刑缓期执行的犯罪分子，人民法院根据犯罪情节等情况，可以同时决定对其限制减刑。

七、假释（★★）

假释，是指对被判处有期徒刑或者无期徒刑的犯罪分子，在执行一定刑期后，如果确有悔改表现，不致再危害社会，附条件地予以提前释放的刑罚执行制度。

（一）假释的适用

项目	具体规定	
适用对象	被判处有期徒刑或无期徒刑的犯罪分子	
适用条件	被判处有期徒刑的犯罪分子	执行原判刑期1/2以上
	被判处无期徒刑的犯罪分子	实际执行13年以上
	认真遵守监规，接受教育改造，确有悔改表现，没有再犯罪的危险	
不得假释	（1）累犯。 （2）因故意杀人、强奸、抢劫、绑架、放火、爆炸、投放危险物质或有组织的暴力性犯罪被判处10年以上有期徒刑、无期徒刑的犯罪分子	

（二）假释考验期限

（1）有期徒刑的假释考验期限，为没有执行完毕的刑期。
（2）无期徒刑的假释考验期限为10年。
（3）对假释的犯罪分子，在假释考验期限内，依法实行社区矫正。

（三）假释的撤销

（1）假释撤销的情形

记忆提示	具体规定
"犯新罪"	假释考验期限内，如果被假释的犯罪分子，没有遵守一定条件，再犯新罪，应当撤销假释，依法实行数罪并罚
"知漏罪"	发现被假释的犯罪分子在判决宣告以前还有其他罪没有判决的，应当撤销假释，依法实行数罪并罚
"违规定"	被假释的犯罪分子，在假释考验期内有违反法律、法规或有关假释的监管规定的行为，尚未构成新的犯罪的，应当依照法定程序撤销假释，收监执行未执行完毕的刑罚

（2）被撤销假释的罪犯，一般不得再假释。

解题高手

命题角度：关于缓刑、假释、减刑中"应当适用、可以适用、不得适用"的刑罚适用项目对比。

项目	缓刑		假释	减刑	
应当适用	被判处拘役、3年（宣告刑）以下有期徒刑，且符合缓刑条件	（1）不满18周岁的人。（2）怀孕的妇女。（3）已满75周岁的人	—	被判处管制、拘役、有期徒刑或无期徒刑的犯罪分子	有重大立功表现的
可以适用	被判处拘役、3年（宣告刑）以下有期徒刑，且符合缓刑条件	—	被判处有期徒刑或无期徒刑的犯罪分子	被判处管制、拘役、有期徒刑或无期徒刑的犯罪分子	犯罪分子确有悔改或立功表现的
不得适用	（1）累犯。（2）犯罪集团的首要分子		（1）累犯。（2）因"严重犯罪"被判处10年以上有期徒刑、无期徒刑的犯罪分子	—	

第五节　涉税犯罪

涉税犯罪，是学理上的概念，指依照《刑法》规定应受刑罚处罚的与国家税收有关的犯罪行为的统称。在《刑法》中，主要指危害税收征管罪。

一、危害税收征管罪（★★）

危害税收征管罪，是指违反国家税收征收管理法律、法规，采取各种方式、方法，逃避缴纳税款、逃避缴纳欠税、骗取出口退税、抗税以及虚开、出售发票，破坏国家税收征管制度，扰乱市场经济秩序，情节严重的一类犯罪的总称。

（一）危害税收征管犯罪的罪名列举

1.税款相关

（1）逃税罪。

（2）抗税罪。

（3）逃避追缴欠税罪。

（4）骗取出口退税罪。

2.发票相关

项目	增值税专用发票	退抵票	其他发票
虚开	虚开增值税专用发票罪	虚开用于骗取出口退税、抵扣税款发票罪	虚开发票罪
伪造、出售伪造	伪造、出售伪造的增值税专用发票罪	—	—
非法制造	—	非法制造、出售非法制造的用于骗取出口退税、抵扣税款发票罪	非法制造、出售非法制造的发票罪
非法出售	非法出售增值税专用发票罪	非法出售用于骗取出口退税、抵扣税款发票罪	非法出售发票罪
购买	非法购买增值税专用发票、购买伪造的增值税专用发票罪	—	—
持有	持有伪造的发票罪		

（二）危害税收征管罪的构成要件

犯罪构成	具体规定
客体	国家的税收征管制度
客观方面	行为人采取各种方式、方法，逃避缴纳税款、逃避缴纳欠税、骗取出口退税、抗税以及虚开、出售发票，情节严重的行为
主体	一般主体或特殊主体，既包括单位，也包括个人
主观方面	故意，过失不构成危害税收征管罪

| 典例研习·18-4 2019年单项选择题

危害税收征管罪是《刑法》规定的破坏国家税收征管制度的一类犯罪。下列罪名中，不属于危害税收征管罪的是（　　）。
A.持有伪造的发票罪　　　　　　B.非法出售发票罪
C.徇私舞弊不征、少征税款罪　　D.虚开发票罪

斯尔解析　本题考查危害税收征管犯罪的种类。选项C当选，徇私舞弊不征、少征税款罪属于涉税职务犯罪中的渎职犯罪，不属于危害税收征管犯罪。选项ABD不当选，其所述情形均属于危害税收征管犯罪。

本题答案　C

二、逃税罪（★★★）

逃税罪，是指纳税人采取欺骗、隐瞒手段进行虚假纳税申报或者不申报，逃避缴纳税款，使国家税收受到侵害，数额较大的一种犯罪。

（一）构成要件

犯罪构成		具体规定
客体		我国税收征收管理制度，犯罪对象为应纳税款
客观方面	纳税人	（1）采取欺骗、隐瞒手段进行虚假纳税申报或不申报，逃避缴纳税款，数额在10万元以上并且占各税种应纳税总额10%以上，经税务机关依法下达追缴通知后，不补缴应纳税款、不缴纳滞纳金或不接受行政处罚的。（注） （2）5年内因逃避缴纳税款受过刑事处罚或被税务机关给予2次以上行政处罚，又逃避缴纳税款，数额在10万元以上并且占各税种应纳税总额10%以上的。 提示：纳税人在公安机关立案后再补缴应纳税款、缴纳滞纳金或者接受行政处罚的，不影响刑事责任的追究
	扣缴义务人	扣缴义务人采取欺骗、隐瞒手段，不缴或少缴已扣、已收税款，数额在10万元以上的
主体		逃税罪犯罪主体为特殊主体，既可以是个人，也可以是单位，包括纳税人和扣缴义务人。 提示：不负有纳税义务和扣缴义务的单位和个人，不能独立成为逃税罪主体，但可以成为逃税罪的共犯
主观方面		直接故意，对于确因疏忽而没有纳税申报，属于漏税，依法补缴即可，其行为不构成犯罪

注：

纳税人进行虚假纳税申报，具有下列情形之一的，应当认定为此处"欺骗、隐瞒手段"：

（1）伪造、变造、转移、隐匿、擅自销毁账簿、记账凭证或者其他涉税资料的。

（2）以签订"阴阳合同"等形式隐匿或者以他人名义分解收入、财产的。

（3）虚列支出、虚抵进项税额或者虚报专项附加扣除的。

（4）提供虚假材料，骗取税收优惠的。

（5）编造虚假计税依据的。

（6）为不缴、少缴税款而采取的其他欺骗、隐瞒手段。

具有下列情形之一的，应当认定为此处"不申报"：

（1）依法在登记机关办理设立登记的纳税人，发生应税行为而不申报纳税的。

（2）依法不需要在登记机关办理设立登记或者未依法办理设立登记的纳税人，发生应税行为，经税务机关依法通知其申报而不申报纳税的。

（3）其他明知应当依法申报纳税而不申报纳税的。

（二）认定逃税罪应当注意的问题

1.罪与非罪的界限

以下情形不构成逃税罪，属于一般税收违法行为：

（1）逃税额未同时满足"10万元+10%"的。

（2）5年内因逃避缴纳税款而被税务机关处2次以下行政处罚。

（3）虽经2次税务行政处罚但再未逃税。

（4）2次处罚后又逃税，但逃税额未达到10万元的。

2.对逃税罪的处罚

（1）对多次实施上述行为，未经处理的，按照累计数额计算。

（2）在公安机关立案前，经税务机关依法下达追缴通知后，在规定的期限或者批准延缓、分期缴纳的期限内足额补缴应纳税款，缴纳滞纳金，并全部履行税务机关作出的行政处罚决定的，不予追究刑事责任。但是，5年内因逃避缴纳税款受过刑事处罚或者被税务机关给予2次以上行政处罚的除外。纳税人有逃避缴纳税款行为，税务机关没有依法下达追缴通知的，依法不予追究刑事责任。

典例研习·18-5 2019年单项选择题改编

王某5年内因逃税被税务机关给予3次行政处罚后，又采取欺骗手段进行虚假纳税申报。逃税20万元，占各税种应纳税总额8%，下列有关是否追究王某刑事责任的做法中，正确的是（　　）。

A. 按逃税罪追究王某刑事责任
B. 对王某不予追究刑事责任
C. 按诈骗罪追究王某刑事责任
D. 按逃避追缴欠税罪追究王某刑事责任

斯尔解析 本题考查逃税罪。选项B当选，纳税人5年内因逃避缴纳税款受过刑事处罚或者被税务机关给予2次以上行政处罚，又逃避缴纳税款，数额在10万元以上并且占各税种应纳税总额10%以上的，应予立案追诉；逃税额超过10万元但不足应纳税总额10%的，属于一般税收违法行为，本题中王某被给予3次行政处罚后，再次逃税的金额虽超过10万元，但占各税种应纳税总额的比例未达到10%，不属于逃税罪，只是一般的税收违法行为，不应追究刑事责任。

本题答案 B

三、抗税罪（★★）

（一）构成要件

犯罪构成	具体规定
客体	复杂客体，既侵犯了国家税收征管制度，妨害了税务机关依法征税活动，又侵犯了依法执行征税职务活动的税务人员的人身权利
客观方面 以暴力、威胁方法拒不缴纳税款的行为	（1）造成税务工作人员轻微伤以上的。 （2）以给税务工作人员及其亲友的生命、健康、财产等造成损害为威胁，抗拒缴纳税款的。 （3）聚众抗拒缴纳税款的。 （4）以其他暴力、威胁方法拒不缴纳税款的
主体	（1）纳税人或扣缴义务人，且应为自然人（单位不能成为抗税罪的主体）。 （2）其他人不能独立成为本罪客体，但可以成为共犯。若单独实施以暴力威胁方法阻碍税务人员依法执行公务的行为，应当按妨碍公务罪定罪处罚
主观方面	直接故意

精准答疑

问题：如何理解复杂客体？

解答：犯罪的客体可以分为简单客体和复杂客体，一个罪只侵犯一种社会关系的，属于简单客体，如前述逃税罪，只侵犯了我国税收征收管理制度一种社会关系；一个罪侵犯两种以上社会关系的，属于复杂客体，如前述抗税罪，既侵犯了国家税收征管制度，又侵犯了税务人员的人身权利。

（二）细节规定

1.抗税罪与税收争议

（1）若纳税人出于对税收法律政策不清楚或者曲解，在应纳税所得额、税率等纳税问题上与征税人发生歧义，并不具有抗税的故意，即使出现一些暴力或者威胁行为，也不宜认定为抗税罪。如果造成伤害，可考虑按伤害罪论处。

（2）构成抗税罪的前提是行为人应当缴纳税款，因税务人员疏忽或者不熟悉税法等原因搞错征税对象、征税项目和应税数额，造成税额计算错误、多征或者重复征税等情况引起纳税人拒缴税款，这种情况下，不应以抗税罪论处，如果造成税务人员伤亡的，应以伤害罪或者杀人罪追究其刑事责任。

2.抗税罪与妨害公务罪

维度	抗税罪	妨害公务罪
客观方面	以暴力、威胁方法	
主观方面	故意	
主体要件	特殊主体	一般主体
主观目的	逃避缴纳税款非法获利	使国家工作人员不能依法执行职务
犯罪对象	执行税收征管任务的税务人员	执行职务的国家工作人员
侵犯客体	国家税收征管制度	国家机关的公务活动

3.抗税罪伤害标准

（1）按抗税罪处的暴力最大限度只能是造成轻伤害，如果超过这一限度致人重伤或者死亡，应当按故意伤害罪、故意杀人罪定罪处罚，并处罚金。

（2）实施抗税行为致人重伤死亡的，则一个行为既构成了抗税罪，又构成了故意伤害罪、故意杀人罪，应按照刑罚较重的罪名定罪处罚。

四、逃避追缴欠税罪（★★）

逃避追缴欠税罪的犯罪构成要件为：

犯罪构成	具体规定
客体	国家税收征管制度和国家财产所有权

续表

犯罪构成		具体规定
客观方面	欠缴应纳税款情况下，纳税人采取转移或者隐匿财产手段，致使税务机关无法追缴欠缴的税款，数额在1万元以上的行为	(1) 有欠税事实的存在，即行为人没有按照规定的期限纳税。 (2) 行为人为了不缴纳欠缴的税款，实施了转移或隐匿财产的行为，如放弃到期债权、无偿转让财产、以明显不合理的价格进行交易、隐匿财产、不履行税收义务并脱离税务机关监管、以其他手段转移或者隐匿财产等。 (3) 行为人转移或隐匿财产的行为致使税务机关无法追缴到其欠缴的税款。 (4) 税务机关无法追缴的欠缴税款数额必须在1万元以上
主体	纳税人，扣缴义务人不构成逃避追缴欠税罪主体	
主观方面	直接故意	因财力不足，客观无力缴纳税款，致使税务机关无从收缴欠缴税款，或者对纳税期限不清楚，过失引起欠税款的，则不构成本罪

五、骗取出口退税罪（★★）

（一）构成要件

犯罪构成		具体规定
客体		复杂客体，即国家出口退税管理制度和公共财产所有权
客观方面	利用国家出口退税制度，以假报出口或者其他欺骗手段，骗取国家出口退税款，数额在10万元以上的行为	"假报出口或者其他欺骗手段"： (1) 使用虚开、非法购买或者以其他非法手段取得的增值税专用发票或者其他可以用于出口退税的发票申报出口退税的。 (2) 将未负税或者免税的出口业务申报为已税的出口业务的。 (3) 冒用他人出口业务申报出口退税的。 (4) 虽有出口，但虚构应退税出口业务的品名、数量、单价等要素，以虚增出口退税额申报出口退税的。 (5) 伪造、签订虚假的销售合同，或者以伪造、变造等非法手段取得出口报关单、运输单据等出口业务相关单据、凭证，虚构出口事实申报出口退税的。 (6) 在货物出口后，又转入境内或者将境外同种货物转入境内循环进出口并申报出口退税的。 (7) 虚报出口产品的功能、用途等，将不享受退税政策的产品申报为退税产品的。 (8) 以其他欺骗手段骗取出口退税款的 新

续表

犯罪构成	具体规定
主体	一般主体： （1）既可以是纳税人，也可以是非纳税人。 （2）既可以是个人，也可以是单位，且单位不限于是否具有进出口经营权
主观方面	出于故意，且具有骗取国家出口退税款的目的

（二）细节规定

1.辨析本罪与善意取得虚开增值税专用发票的关系

（1）构成善意取得虚开增值税专用发票，需要具备三个条件：

①发票记载事项与客观实际完全相符。

②购货方不知道发票为虚开，且没有能力知道发票为虚开。

③发票经过税务机关认证为真发票。

（2）如果没有证据表明购货方知道销货方提供的专用发票是以非法手段获得的，则对购货方不以骗取出口退税罪论处。

2.本罪与逃税罪

纳税人缴纳税款后，采取上述欺骗方法，骗取所缴税款的，按逃税罪处罚；骗取税款超过所缴纳的税款部分，以骗取出口退税罪论处。

3.本罪与提供虚假证明文件罪 新

从事货物运输代理、报关、会计、税务、外贸综合服务等中介组织及其人员违反国家有关进出口经营规定，为他人提供虚假证明文件，致使他人骗取国家出口退税款，情节严重的，依照提供虚假证明文件罪追究刑事责任。

解题高手

命题角度：涉及税款犯罪对比总结：

项目	犯罪主体	立案追诉标准
逃税罪	纳税人、扣缴义务人	（1）"二十三不"："10万+10%""不税不滞不行罚"。 （2）"521，10+10"："5年2行政/1刑罚""10万+10%"
抗税罪	纳税人、扣缴义务人，且为自然人	无
逃避追缴欠税罪	纳税人	1万元
骗取出口退税罪	一般主体	10万元

六、虚开增值税专用发票或虚开用于骗取出口退税、抵扣税款发票罪（★★）

违反发票管理法规，在没有真实交易情况下故意虚开增值税专用发票或者虚开用于骗取出口退税、抵扣税款的其他发票的一种犯罪。本罪包括虚开增值税专用发票、用于骗取出口退税发票和抵扣税款发票三类情形。犯罪人只虚开了其中一类发票，则定罪时根据相应的罪名作出选择确定。如只虚开增值税专用发票，应认定为虚开增值税专用发票罪；虚开农产品收购发票，应认定为虚开抵扣税款发票罪。

（一）构成要件

1.客观方面

（1）实施了虚开增值税专用发票或者虚开用于骗取出口退税、抵扣税款的其他发票的行为，且虚开的税款数额在10万元以上的行为或者造成国家税款损失数额在5万元以上。

（2）虚开增值税专用发票包括为他人虚开、为自己虚开、让他人为自己虚开、介绍他人虚开增值税专用发票行为之一的。具有下列情形之一的，应当认定为"虚开增值税专用发票或者虚开用于骗取出口退税、抵扣税款的其他发票"：

①没有实际业务，开具增值税专用发票、用于骗取出口退税、抵扣税款的其他发票的。

②有实际应抵扣业务，但开具超过实际应抵扣业务对应税款的增值税专用发票、用于骗取出口退税、抵扣税款的其他发票的。

③对依法不能抵扣税款的业务，通过虚构交易主体开具增值税专用发票、用于骗取出口退税、抵扣税款的其他发票的。

④非法篡改增值税专用发票或者用于骗取出口退税、抵扣税款的其他发票相关电子信息的。

⑤违反规定以其他手段虚开的。

提示：这里的"骗取出口退税、抵扣税款的其他发票"，是指除增值税专用发票以外的，具有出口退税、抵扣税款功能的收付款凭证或者完税凭证，如海关完税凭证、农产品收购凭证（含农业生产者开具的普通发票）等。

2.主体

犯罪主体是一般主体；单位（须具有一般纳税人资格）和个人均可构成。

3.主观方面

（1）虚开增值税专用发票或者虚开用于骗取出口退税、抵扣税款发票罪主观方面表现为故意，而且一般都具有牟利的目的。

（2）司法实践中：

①为他人虚开增值税专用发票或者虚开用于骗取出口退税、抵扣税款的其他发票的单位和个人，一般都是以收取手续费为目的。

②为自己虚开、让他人为自己虚开的单位和个人，一般都以骗取出口退税款、抵扣税款为目的。

③介绍他人虚开的单位和个人，一般是以收取中介费、信息费为目的。

478

(二)虚开与骗取

1.虚开与骗取出口退税

(1)对于虚开发票又骗取出口退税的犯罪人,如果骗取出口退税已完成,通常以骗取出口退税罪定罪。

(2)如果骗取出口退税未遂,或者虚开发票数额特别巨大,给国家造成特别重大损失的,应认定为虚开增值税专用发票或者虚开用于骗取出口退税、抵扣税款发票罪。

2.一般涉税违法行为与以骗取国家税款为目的的涉税犯罪的界限

对于有实际生产经营活动的企业为虚增业绩、融资、贷款等不以骗抵税款为目的,没有因抵扣造成税款被骗损失的,不以虚开增值税专用发票或者虚开用于骗取出口退税、抵扣税款发票罪定性处理,构成其他犯罪的,依法以其他犯罪追究刑事责任。依法作出不起诉决定的,移送税务机关给予行政处罚。

(三)需注意的其他问题

(1)虚开增值税专用发票或者虚开用于骗取出口退税、抵扣税款发票罪不仅应当追究开票人的刑事责任,受票人和介绍人也可构成本罪,应依法追究刑事责任。以单位名义实施,但属于个人行为,且违法所得归个人所有,应认定为自然人犯罪而非单位犯罪。

(2)以同一购销业务名义,既虚开进项增值税专用发票、用于骗取出口退税、抵扣税款的其他发票,又虚开销项的,以其中较大的数额计算。

(3)以伪造的增值税专用发票进行虚开,达到《刑法》第205条规定标准的,应当以虚开增值税专用发票罪追究刑事责任。

七、虚开发票罪(★★★)

虚开发票罪,是指为了牟取非法经济利益,违反国家发票管理规定,虚开增值税专用发票和用于骗取出口退税、抵扣税款发票以外的其他发票,情节严重的一种犯罪。

(一)犯罪构成

犯罪构成	具体规定
客体	国家普通发票管理制度,犯罪对象是增值税专用发票和用于骗取出口退税、抵扣税款发票以外的其他发票
客观方面	虚开增值税专用发票和用于骗取出口退税、抵扣税款发票以外的其他发票,情节严重的行为。 具有下列情形之一的,应当认定为"虚开增值税专用发票和用于骗取出口退税、抵扣税款发票以外的其他发票": (1)没有实际业务而为他人、为自己、让他人为自己、介绍他人开具发票的。 (2)有实际业务,但为他人、为自己、让他人为自己、介绍他人开具与实际业务的货物品名、服务名称、货物数量、金额等不符的发票的。 (3)非法篡改发票相关电子信息的。 (4)违反规定以其他手段虚开的 新

续表

犯罪构成	具体规定
主体	一般主体，即自然人和单位都可以构成虚开发票罪的主体。 提示：对于介绍他人虚开发票的行为人，可以将其作为虚开发票罪的共犯处罚
主观方面	直接故意，间接故意和过失均不构成本罪

（二）立案追诉标准

虚开增值税专用发票和用于骗取出口退税、抵扣税款发票以外的其他发票，涉嫌下列情形之一的，应予立案追诉：

（1）虚开发票金额累计在50万元以上的。

（2）虚开发票100份以上且票面金额在30万元以上的。

（3）5年内因虚开发票受过刑事处罚或者2次以上行政处罚，又虚开发票，数额达到上述第（1）（2）项标准60%以上的。

（三）细节规定

1.虚开发票罪与虚开增值税专用发票罪

虚开普通发票罪与虚开增值税专用发票罪主要区别是犯罪对象不同，前者是普通发票，后者是增值税专用发票。

2.虚开发票罪与逃税罪

（1）利用虚开普通发票的手段逃税的，包括两个犯罪行为，即虚开发票的犯罪行为和虚列成本偷逃税款的犯罪行为，而且这两个行为之间没有包容关系，即逃税罪不必然是通过虚开发票的行为才能实现，也可以通过少列收入等形式来实现；而虚开发票不必然是为了逃税的目的，虚开发票还可以用于贪污公款等其他非法目的。

（2）该行为不实行数罪并罚，而是"择一重罪从重处罚"按照其触犯的数罪中处罚较重的罪名所规定的刑罚从重处罚。

3.虚开发票罪与伪造发票 新

以伪造的发票进行虚开，达到虚开发票罪规定的标准的，应当以虚开发票罪追究刑事责任。

八、伪造、出售伪造的增值税专用发票罪（★）

伪造、出售伪造的增值税专用发票罪，是指个人或者单位以营利为目的，非法印制或者出售非法印制的增值税专用发票的一种犯罪。

（一）构成要件

犯罪构成	具体规定
客体	国家对增值税专用发票的管理规定和国家税收征管秩序，犯罪对象是伪造的增值税专用发票

续表

犯罪构成	具体规定
客观方面	行为人违反增值税专用发票管理规定，伪造增值税专用发票，或者明知自己所持有的是伪造的增值税专用发票，而仍然出售
主体	一般主体；任何单位和个人均可
主观方面	直接故意，且具有营利目的

（二）立案追诉标准

伪造或者出售伪造的增值税专用发票，涉嫌下列情形之一的，应予立案追诉：

（1）票面税额累计在10万元以上的。

（2）伪造或者出售伪造的增值税专用发票10份以上且票面税额在6万元以上的。

（3）非法获利数额在1万元以上的。

（三）细节规定

（1）伪造并出售同一增值税专用发票的，以伪造、出售伪造的增值税专用发票罪论处，数量不重复计算。

（2）变造增值税专用发票的，按照伪造增值税专用发票论处。

九、非法制造、出售非法制造的用于骗取出口退税、抵扣税款发票罪（★★）

非法制造、出售非法制造的用于骗取出口退税、抵扣税款发票罪，是指单位或者个人违反国家发票管理规定，伪造、擅自制造或者出售伪造、擅自制造的可以用于骗取出口退税、抵扣税款的非增值税专用发票的一种犯罪。该等发票包括海关代征的增值税专用缴款书、农产品收购发票。

（一）犯罪构成

犯罪构成	具体规定
客体	国家发票管理制度和国家税收征管秩序
客观方面	行为人伪造、擅自制造或者出售伪造、擅自制造的可以用于骗取出口退税、抵扣税款的非增值税专用发票
主体	任何单位或者个人
主观方面	直接故意，且以营利为目的，间接故意和过失均不构成本罪

提示：伪造，是指没有印制权的单位或者个人印制足以使一般人误认为是可以用于出口退税、抵扣税款的发票；擅自制造，是指发票印制的指定企业，超出税务机关批准的范围私自印制上述发票。

（二）立案追诉标准

伪造、擅自制造或者出售伪造、擅自制造的用于骗取出口退税、抵扣税款的其他发票，涉嫌下列情形之一的，应予立案追诉：

·481·

（1）票面可以退税、抵扣税额累计在10万元以上的。

（2）伪造、擅自制造或者出售伪造、擅自制造的发票10份以上且票面可以退税、抵扣税额在6万元以上的。

（3）非法获利数额在1万元以上的。

十、非法制造、出售非法制造的发票罪（★★）

非法制造、出售非法制造的发票罪，是指违反国家发票管理规定，伪造、擅自制造或者出售伪造、擅自制造的不具有骗取出口退税、抵扣税款功能的普通发票的一种犯罪。

（一）犯罪构成

犯罪构成	具体规定
客体	国家发票管理制度和国家税收征管秩序；犯罪对象是普通发票
客观方面	行为人为达到营利目的，非法制造或者出售非法制造的不具有骗取出口退税、抵扣税款功能的普通发票
主体	任何单位或者个人
主观方面	直接故意，且以营利为目的，间接故意和过失均不构成本罪

提示："非法制造"，包括伪造及擅自制造两方面。

（二）立案追诉标准

伪造、擅自制造或者出售伪造、擅自制造的不具有骗取出口退税、抵扣税款功能的其他发票，涉嫌下列情形之一的，应予立案追诉：

（1）伪造、擅自制造或者出售伪造、擅自制造的不具有骗取出口退税、抵扣税款功能的其他发票100份以上且票面金额累计在30万元以上的。

（2）票面金额累计在50万元以上的。

（3）非法获利数额在1万元以上的。

十一、非法出售增值税专用发票罪（★★）

非法出售增值税专用发票罪，是指无权出售增值税专用发票的单位或者个人，违反国家发票管理法规，将增值税专用发票非法出售给他人的一种犯罪。

（一）构成要件

犯罪构成	具体规定
客体	国家对增值税专用发票的管理制度和国家税收征管秩序。犯罪对象必须是增值税专用发票
客观方面	行为人违反增值税专用发票管理规定，无权出售增值税专用发票而非法出售，或者有权出售增值税专用发票的税务人员，违法出售增值税专用发票

续表

犯罪构成	具体规定
主体	（1）持有增值税专用发票的单位或者个人。 （2）出售增值税专用发票的税务机关工作人员，也可以成为非法出售增值税专用发票罪主体
主观方面	直接故意，且以营利为目的

（二）立案追诉标准

非法出售增值税专用发票，涉嫌下列情形之一的，应予立案追诉：

（1）票面税额累计在10万元以上的行为。

（2）非法出售增值税专用发票10份以上且票面税额在6万元以上的。

（3）非法获利数额在1万元以上的。

（三）细节规定

（1）出售的专用发票，必须是真发票，否则构成出售伪造的增值税专用发票罪。

（2）出售的专用发票，必须是空白发票，如果出售填好的专用发票，则应按虚开增值税专用发票罪论处。

十二、非法出售用于骗取出口退税、抵扣税款发票罪（★★）

非法出售用于骗取出口退税、抵扣税款发票罪，是指违反国家发票管理规定，非法出售经税务机关监制的具有出口退税、抵扣税款功能的非增值税专用发票，用于骗取出口退税、抵扣税款的一种犯罪。

提示："出口退税、抵扣税款的其他发票"，是指除增值税专用发票以外的，具有出口退税、抵扣税款功能的收付款凭证或者完税凭证。

（一）犯罪构成

犯罪构成	具体规定
客体	国家发票管理制度和国家税收征管秩序
客观方面	行为人为达到营利目的，非法出售用于骗取出口退税、抵扣税款的经税务机关监制的具有出口退税、抵扣税款功能的非增值税专用发票
主体	任何单位或者个人
主观方面	直接故意，且以营利为目的，间接故意和过失均不构成本罪

（二）立案追诉标准

非法出售可以用于骗取出口退税、抵扣税款的其他发票，涉嫌下列情形之一的，应予立案追诉：

（1）票面可以退税、抵扣税额累计在10万元以上的。

（2）非法出售用于骗取出口退税、抵扣税款的其他发票10份以上且票面可以退税、抵扣税额在6万元以上的。

（3）非法获利数额在1万元以上的。

十三、非法出售发票罪（★★）

非法出售发票罪，是指违反国家发票管理规定，非法出售税务机关监制的、增值税专用发票、用于骗取出口退税、抵扣税款的其他发票以外的发票的一种犯罪。

（一）犯罪构成

犯罪构成	具体规定
客体	国家发票管理制度和国家税收征管秩序
客观方面	行为人为达到营利目的，非法出售普通发票的行为
主体	任何单位或者个人。 提示：除税务机关外，任何单位或者个人出售自己具有的真发票的行为都是非法的
主观方面	直接故意，且以营利为目的，间接故意和过失均不构成本罪

（二）立案追诉标准

非法出售增值税专用发票、用于骗取出口退税、抵扣税款的其他发票以外的发票，涉嫌下列情形之一的，应予立案追诉：

（1）非法出售增值税专用发票、用于骗取出口退税、抵扣税款的其他发票以外的发票100份以上且票面金额累计在30万元以上的。

（2）票面金额累计在50万元以上的。

（3）非法获利数额在1万元以上的。

十四、非法购买增值税专用发票或者购买伪造的增值税专用发票罪（★★）

非法购买增值税专用发票或者购买伪造的增值税专用发票罪，是指单位或者个人通过非法方式购买增值税专用发票，或者明知是伪造的增值税专用发票而购买的一种犯罪。

（一）构成要件

犯罪构成	具体规定
客体	国家对增值税专用发票的管理制度和国家税收征管秩序。犯罪对象必须是增值税专用发票
客观方面	行为人违反增值税专用发票管理规定，从合法或者非法拥有真增值税专用发票的单位或者个人手中购买增值税专用发票或者购买伪造的增值税专用发票。 提示：对增值税专用发票实施严格管理是保障国家税收收入的重要手段。我国有关法规对增值税专用发票的领购、使用主体、程序等作了明确规定。只有增值税一般纳税人可以领购、使用增值税专用发票，非增值税纳税人和增值税小规模纳税人不得领购、使用 新

续表

犯罪构成	具体规定
主体	任何单位或者个人
主观方面	故意，且以营利为目的

（二）立案追诉标准

非法购买增值税专用发票或者购买伪造的增值税专用发票，涉嫌下列情形之一的，应予立案追诉：

（1）非法购买增值税专用发票或者购买伪造的增值税专用发票20份以上且票面税额在10万元以上的行为。

（2）票面税额累计在20万元以上的。

（三）细节规定

（1）购买伪造的增值税专用发票又出售的，以出售伪造的增值税专用发票罪定罪处罚。!新

（2）非法购买增值税专用发票用于骗取抵扣税款或者骗取出口退税款，同时构成非法购买增值税专用发票罪与虚开增值税专用发票罪、骗取出口退税罪的，依照处罚较重的规定定罪处罚。!新

（3）非法购买真、伪两种增值税专用发票的，数量累计计算，不实行数罪并罚。

十五、持有伪造的发票罪（★★）

持有伪造的发票罪，是指违反国家发票管理规定，明知是伪造的发票而持有，数量较大，依法应受刑法处罚的一种犯罪。

提示：此处的"发票"，指所有发票，包括增值税专用发票，用于骗取出口退税、抵扣税款的其他发票以及除上述两种以外的其他发票。

（一）犯罪构成

犯罪构成	具体规定
客体	国家税收征管制度
客观方面	明知是伪造的发票而持有，数量较大的行为
主体	一般主体，即行为人明知是伪造的发票而持有。自然人和单位都可以成为持有伪造的发票罪的主体
主观方面	直接故意，间接故意和过失均不构成本罪

提示：持有伪造的发票罪中伪造的发票，不仅包括伪造的普通发票，而且还包括伪造的增值税专用发票和其他具有出口退税、抵扣税款功能的收付款凭证或者完税凭证。

（二）立案追诉标准

明知是伪造的发票而持有，涉嫌下列情形之一的，应予立案追诉：

发票类型	同时满足	
	发票税额累计要求	发票数量要求
增值税专用发票或者可以用于骗取出口退税、抵扣税款的其他发票	25万元以上	50份以上
	50万元以上	—
增值税专用发票或者可以用于骗取出口退税、抵扣税款的其他发票以外的其他发票	50万元以上	100份以上
	100万元以上	—

解题高手

命题角度1：发票相关罪名的分辨。

分辨要点	具体方式
发票类型	（1）专票：罪名为"×××增值税专用发票罪"。 （2）"退抵票"：罪名为"×××用于骗取出口退税、抵扣税款发票罪"。 （3）普票：罪名为"×××发票罪"
空票还是填好的票	（1）出售填好的票，罪名为"虚开×××罪"。 如：出售填好的增值税专用发票，罪名为"虚开增值税专用发票罪" （2）出售空白的增值税专用发票，罪名为"非法出售×××罪"。 如：出售空白的增值税专用发票，罪名为"非法出售增值税专用发票罪"
真票还是假票	如票为假票，则罪名中会有"伪造"或"非法制造"字样。 如：出售假的增值税专用发票，罪名为"出售伪造的增值税专用发票罪"；出售假的退抵票，罪名为"出售非法制造的用于骗取出口退税、抵扣税款发票罪"
行为类型	（1）虚开：罪名为"虚开×××罪"。 （2）出售：罪名为"非法出售×××罪"。 提示：税务机关才有权出售发票，其他单位或个人出售即为非法出售。 （3）购买：刑法中仅明确规定"非法购买增值税专用发票或者购买伪造的增值税专用发票罪"

解题高手

命题角度2：涉税犯罪的罪名与立案追诉标准。

分类	罪名		立案追诉起点			
			税额/金额	数量	获利要求	损失
税款相关	抗税罪		无起点要求	—	—	—
	逃税罪	纳税人	10万元+10%	—	—	—
			5年内，刑事处罚或2次以上行政处罚，又逃税，数额达到上述标准的			
		扣缴义务人	10万元	—	—	—
	骗取出口退税罪		10万元	—	—	—
	逃避追缴欠税罪		1万元	—	—	—
虚开	虚开增值税专用发票罪或者虚开用于骗取出口退税、抵扣税款发票罪		10万元	—	—	—
			—	—	—	5万元
			50万元以上			
	虚开发票罪		30万元以上	100份以上		
			5年内，刑事处罚或2次以上行政处罚，又虚开，数额达到上述标准60%以上			
专票	（1）伪造、出售伪造的增值税专用发票罪。		10万元以上	—	—	—
			6万元以上	10份以上	—	—
	（2）非法出售增值税专用发票罪		—	—	1万元以上	—
	（1）非法购买增值税专用发票。		10万元以上	20份以上	—	—
	（2）购买伪造的增值税专用发票罪		20万元以上	—	—	—
退抵票	（1）非法制造、出售非法制造的用于骗取出口退税、抵扣税款发票罪。		10万元以上	—	—	—
			6万元以上	10份以上	—	—
	（2）非法出售用于骗取出口退税、抵扣税款发票罪		—	—	1万元以上	—

续表

分类	罪名	立案追诉起点			
		税额/金额	数量	获利要求	损失
普票	（1）非法制造、出售非法制造的发票罪。	50万元以上	—	—	—
		30万元以上	100份以上	—	—
	（2）非法出售发票罪	—	—	1万元以上	—
持有伪造的发票罪		具体内容见上文表格总结			

第六节　涉税职务犯罪

一、徇私舞弊不征、少征税款罪

（一）构成要件（★★）

1.主体

主体是税务机关的工作人员，即指在各级税务局、税务分局和税务所从事税收征收管理工作的人员。

2.主观方面

主观上是故意，具体表现为行为人明知纳税人应当缴纳税款，却为徇私情私利而故意不征或者少征税款。

提示：在税务机关采用定期定额征收方式导致少征税款或者纳税人提供虚假材料骗取减免税出现的不征或者少征税款以及因税务人员业务素质原因造成的少征税款等情况下，因税务人员没有徇私舞弊的主观故意，不能认定为有罪。

3.客观方面

客观方面表现为行为人违反税收法规徇私舞弊，不征或者少征税款，致使国家税收遭受重大损失行为。

涉嫌下列情形之一，应予立案：

（1）徇私舞弊不征、少征应征税款，致使国家税收损失累计达10万元以上的。

（2）上级主管部门工作人员指使税务机关工作人员徇私舞弊不征、少征应征税款，致使国家税收损失累计达10万元以上的。

（3）徇私舞弊不征、少征应征税款不满10万元，但具有索取或者收受贿赂或者其他恶劣情节的。

（4）其他致使国家税收遭受重大损失的情形。

4.客体

侵犯的客体是国家税务机关正常的税收征管秩序。

（二）与其他犯罪的区分

1.徇私舞弊不征、少征税款罪与玩忽职守罪

（1）主观上的故意或者过失是区别徇私舞弊不征、少征税款罪和玩忽职守罪的标志。

（2）税务人员在税收工作中严重不负责任，不征或者少征税款，致使国家税收遭受重大损失的，对责任人员应追究玩忽职守罪。

2.徇私舞弊不征、少征税款罪与滥用职权罪

（1）主体是否是税务人员是区别徇私舞弊不征、少征税款罪与滥用职权罪的标志。

（2）非税务人员超越职权，擅自作出减免税决定，造成不征或者少征税款的，应该追究责任人员滥用职权罪的法律责任。

3.徇私舞弊不征、少征税款罪与逃税罪

（1）逃税罪的主体是纳税人、扣缴义务人.徇私舞弊不征、少征税款罪的主体是税务机关工作人员。

（2）税务机关的工作人员，如果与逃税人相互勾结，故意不履行其依法征税的职责，不征或少征应征税款的，应该将其作为逃税罪的共犯来论处。

（3）如果行为人知道了某人在逃税，出于某种私利而佯装不知，对逃税行为采取放任态度，因此不征或少征应征税款，致使国家税收遭受重大损失的，则只能认定构成徇私舞弊不征、少征税款罪。

二、徇私舞弊发售发票、抵扣税款、出口退税罪

（一）构成要件（★★）

1.犯罪构成

犯罪构成	具体规定
客体	税务机关的税收征管秩序
主体	税务机关的工作人员
主观方面	故意，过失不构成本罪
客观方面	徇私舞弊发售发票、抵扣税款、出口退税罪客观方面表现为违反法律、行政法规的规定，在办理发售发票、抵扣税款、出口退税工作中徇私舞弊，致使国家利益遭受重大损失的行为

2.立案标准

涉嫌下列情形之一的，应予立案：

（1）徇私舞弊，致使国家税收损失累计达10万元以上的。

（2）徇私舞弊，致使国家税收损失累计不满10万元，但发售增值税专用发票25份以上或者其他发票50份以上或者增值税专用发票与其他发票合计50份以上，或者具有索取、收受贿赂或者其他恶劣情节的。

（3）其他致使国家利益遭受重大损失的情形。

提示：如果仅有徇私舞弊的行为，违法办理了发售发票、抵扣税款、出口退税，但被及时发现，没有造成国家利益的实际损失，或者虽然造成了损失，但没有达到重大损失的程度，只是一般的违法行为，应由有关主管部门依法追究其行政责任，而不能以本罪论处。

（二）与其他犯罪的辨析

（1）徇私舞弊发售发票、抵扣税款、出口退税罪与徇私舞弊不征、少征税款罪税务人员发售的发票造成不征或者少征税款的，构成徇私舞弊不征、少征税款罪；如果违法办理发售发票抵扣税款或者出口退税的，则应定为徇私舞弊发售发票、抵扣税款、出口退税罪。

（2）徇私舞弊发售发票、抵扣税款、出口退税罪与诈骗罪、骗取出口退税罪、非法出售增值税专用发票罪等。

a.行为人主观上是否与这些犯罪分子具有共同的犯罪故意。如果查明行为人与其他犯罪分子有欺骗的共同犯罪故意，在办理抵扣税款、出口退税工作中帮助骗取抵扣税款或者出口退税的，可构成诈骗罪或者骗取出口退税罪的共犯，按照共同犯罪定罪处罚。

b.若主观上无共同犯罪的故意，达到本罪立案标准。则涉嫌构成本罪。

三、徇私舞弊不移交刑事案件罪

（一）构成要件（★★）

1.犯罪构成

犯罪构成	具体规定
客体	行政机关的行政执法活动秩序和司法机关正常的刑事司法活动秩序
主体	行政执法人员，在工商、税务、监察等依法具有行政执法权的行政机关中承担执法工作的公务人员
主观方面	故意，即行为人明知应当移交司法机关追究刑事责任，因出于私情、私利而故意不移交
客观方面	行政执法人员利用职务之便，徇私情私利、伪造材料、隐瞒情况、弄虚作假，对依法应当移交司法机关追究刑事责任的案件不移交，情节严重的行为

2.立案标准

涉嫌下列情形之一的，应予立案：

（1）对依法可能判处3年以上有期徒刑、无期徒刑、死刑的犯罪案件不移交的。

（2）不移交刑事案件涉及3人次以上的。

（3）司法机关提出意见后，无正当理由仍然不予移交的。

（4）以罚代刑，放纵犯罪嫌疑人，致使犯罪嫌疑人继续进行违法犯罪活动的。

（5）行政执法部门主管领导阻止移交的。

（6）隐瞒、毁灭证据，伪造材料，改变刑事案件性质的。

（7）直接负责的主管人员和其他直接责任人员为谋取本单位私利而不移交刑事案件，情节严重的。

（8）其他情节严重的情形。

（二）徇私舞弊不移交刑事案件罪与其他犯罪的界限

1.徇私舞弊不移交刑事案件罪与徇私枉法罪

（1）相同点。

①主观上都出于故意且为徇私情私利。

②客观上都可能对明知是有罪的人而故意包庇不使其受刑事追诉。

（2）不同点。

维度	徇私舞弊不移交刑事案件罪	徇私枉法罪
犯罪主体	行政执法人员 对犯罪行为没有侦查、检察、审判等司法权	司法工作人员 对犯罪行为具有侦查、检察、审判等职责
犯罪客观方面	为徇私情、私利，故意把应当移交司法机关追究刑事责任的案件不移交	①对明知是无罪的人使他受追诉。 ②对明知是有罪的人故意包庇不使他受追诉。 ③故意违背事实和法律作枉法裁判
情节	情节严重的才构成犯罪	没有"情节严重"的要求

2.徇私舞弊不移交刑事案件罪与放纵走私罪、放纵制售伪劣商品犯罪行为罪

（1）相同点。

①犯罪主体都是从事执法活动的人员。

②犯罪主观方面都是故意犯罪，都出于徇私动机。

③犯罪客观方面都表现为不严格依法追究不法分子的有关责任。

（2）不同点。

维度	徇私舞弊不移交刑事案件罪	放纵走私罪	放纵制售伪劣商品犯罪行为罪
主体	一般行政执法人员	海关工作人员	对生产、销售伪劣商品负有追究职责的国家机关工作人员
发生领域	一切行政执法过程中	海关执法过程中	有关产品质量管理的行政执法过程中
情节	行政执法人员已经介入对违法案件的查处	行为人明知有走私行为、制售伪劣商品犯罪行为，应当查处而不查处	

四、违法提供出口退税凭证罪（★）

（一）构成要件

犯罪构成	具体规定
客体	税务机关的税收征管制度
主体	海关、外汇管理等国家机关工作人员
主观方面	故意，过失不构成本罪
客观方面	违法提供出口退税凭证罪客观方面表现为违反国家规定，在提供出口货物报关单、出口收汇核销单等出口退税凭证的工作中徇私舞弊，致使国家利益遭受重大损失的行为

（二）立案标准

涉嫌下列情形之一的，应予立案：

（1）徇私舞弊，致使国家税收损失累计达10万元以上的。

（2）徇私舞弊，致使国家税收损失累计不满10万元，但具有索取、收受贿赂或者其他恶劣情节的。

（3）其他致使国家利益遭受重大损失的情形。

解题高手

命题角度：各种渎职犯罪的构成要件。

罪名	犯罪主体	主观方面	数罪并罚
徇私舞弊不征、少征税款罪	税务工作人员	故意	有受贿行为再实施该等行为的，实行数罪并罚
徇私舞弊发售发票、抵扣税款、出口退税罪			
违法提供出口退税凭证罪	海关、外汇管理等国家机关工作人员		
徇私舞弊不移交刑事案件罪	一般行政执法人员		

典例研习在线题库

至此，涉税服务相关法律的学习已经进行了98%，继续加油呀！

98%

第十九章 刑事诉讼法

学习提要

重要程度：次重点章节

平均分值：3~5分

考核题型：单项选择题、多项选择题，个别年份与刑法结合考查综合分析题

本章提示：本章分值低，难度大，属于"性价比"相对较低的章节。学习本章时，以考过的真题为主，这是同学们需要掌握的最小范围

第一节 刑事诉讼法基础

一、刑事诉讼与刑事诉讼法

（一）刑事诉讼 新

我国刑事诉讼是指国家专门机关在当事人及其他诉讼参与人参加下，依照法定程序，追诉犯罪，解决被追诉者刑事责任问题的活动。其特征如下：

（1）刑事诉讼是由国家专门机关主持进行的国家司法活动。

国家专门机关	职权	性质	简称
人民法院	刑事审判权	司法机关	公安司法机关
人民检察院	公诉权、审查批准逮捕权、部分案件侦查权以及法律监督权		
公安机关	侦查权	国家行政机关	

（2）刑事诉讼是专门机关行使国家刑罚权的活动。

（3）刑事诉讼是严格依照法律规定的程序进行的活动。

（4）刑事诉讼是在当事人和其他诉讼参与人的参加下进行的活动。刑事诉讼的中心内容是解决犯罪嫌疑人、被告人刑事责任问题，因此任何刑事诉讼都必须有犯罪嫌疑人、被告人参加。

（二）刑事诉讼法 新

刑事诉讼法，是规范专门机关进行刑事诉讼，当事人和其他诉讼参与人参加刑事诉讼的法律。

二、刑事诉讼中的专门机关 新

刑事诉讼中的专门机关，是指依照法定职权进行刑事诉讼活动的国家机关。在刑事诉讼中，这些机关居于主导地位，分别行使侦查、检察、审判和执行职能。刑事诉讼中的专门机关分为基本专门机关与特定专门机关两类。

（一）基本专门机关

基本专门机关是指承担刑事诉讼基本职能的专门机关，主要包括人民法院、人民检察院和公安机关。

国家专门机关	基本职权
人民法院	人民法院的性质是国家的审判机关，代表国家独立行使审判权
人民检察院	（1）国家的侦查机关之一。 （2）是国家唯一的公诉机关。除自诉案件以外的所有刑事案件，均必须由人民检察院向人民法院提起公诉，并派检察官出庭支持公诉。 （3）是专门的诉讼监督机关。人民检察院对立案、侦查、审判和生效裁判的执行是否合法有效实行法律监督
公安机关	（1）大部分案件的侦查权。 （2）强制措施的执行权。对犯罪嫌疑人、被告人采取的取保候审、监视居住、拘留、逮捕都由公安机关负责执行。 （3）刑罚的执行权。公安机关担负着对判处拘役、剥夺政治权利刑罚的执行职责

除法律特别规定的以外，其他任何机关、团体和个人都无权行使这些权力。

（二）特定专门机关

特定专门机关是指只有根据法律规定在办理特定刑事案件时才承担刑事诉讼职能的国家机关。

（1）特定专门机关包括国家安全部门、军队保卫部门、中国海警局、监狱、海关所属的走私犯罪侦查机构。

（2）监察机关从法律界定上并非是侦查机关，但是承担了职务犯罪的主要侦查职能。各级监察委员会是行使国家监察职能的专责机关，依法对所有行使公权力的公职人员进行监察，调查职务违法和职务犯罪。

三、刑事诉讼参与人（★★）

刑事诉讼参与人是指在刑事诉讼中享有一定诉讼权利、负有一定诉讼义务的除国家专门机关工作人员以外的人。刑事诉讼参与人通过行使诉讼权利，承担诉讼义务，分为当事人和其他诉讼参与人两类。

（一）刑事诉讼参与人

（1）范围及概念。

分类	概念		具体规定
刑事诉讼当事人	与案件事实和诉讼结果有切身利害关系，在诉讼中处于控告或者被控告地位的诉讼参与人，是刑事诉讼的主要参加者	被害人	其合法权益遭受被指控的犯罪行为侵害的人，一般来说，《中华人民共和国刑事诉讼法》（以下简称《刑事诉讼法》）中所称的被害人仅指公诉案件的被害人
		附带民事诉讼的原告人和被告人	在刑事诉讼中，由于被告人的犯罪行为而遭受物质损失的被害人，有权提起附带民事诉讼，称为附带民事诉讼原告人
		自诉人	以个人名义直接向人民法院提起诉讼，要求追究被告人刑事责任的人。 通常情况下，自诉人是该案件的被害人，或者是被害人的法定代理人
		犯罪嫌疑人、被告人	对因涉嫌犯罪而受到刑事追诉的人在不同的刑事诉讼程序中的两种不同称谓。 ①在公诉案件中，公诉前，称为犯罪嫌疑人；公诉后，称为被告人；经法院审理后，被生效裁判确定有罪的，称为罪犯。 ②在自诉案件中，自诉人自行向人民法院提起诉讼，直接启动审判程序。案件一经人民法院受理，被自诉人控告的人即成为被告人
其他刑事诉讼参与人	刑事诉讼当事人以外的、根据法律规定和诉讼需要而参加刑事诉讼活动的人	法定代理人	依照法律规定对被代理人负有专门保护义务并代其进行诉讼的人，包括被代理人的父母、养父母、监护人和负有保护责任的机关、团体的代表
		诉讼代理人	公诉案件的被害人及其法定代理人或者近亲属、自诉案件的自诉人及其法定代理人委托代为参加诉讼的人和附带民事诉讼的当事人及其法定代理人委托代为参加诉讼的人
		辩护人	依法接受委托或指定，参加诉讼并为犯罪嫌疑人或被告人进行辩护的诉讼参与人
		证人	当事人以外的，就自己知道的案件情况向司法机关作证的人
		鉴定人	受司法机关的指派或者聘请，运用专门知识和技能，对案件中的专门性问题进行鉴别判断的诉讼参与人
		翻译人员	接受司法机关委托，在刑事诉讼中进行语言、文字翻译的诉讼参与人

提示：刑事诉讼中的"近亲属"，是指夫、妻、父、母、子、女、同胞兄弟姐妹。《民法典》规定的近亲属为父母、配偶、子女、祖父母、外祖父母、孙子女、外孙子女。

（2）侦查人员、公诉人员、审判人员**不属于**刑事诉讼参与人。

（二）权利、义务以及刑事诉讼中其他规定

1.犯罪嫌疑人、被告人的诉讼权利

记忆提示	具体规定
辩护	辩护及委托辩护的权利
更换	有权拒绝辩护人继续为其辩护，有权另行委托辩护人
帮助	在侦查期间，犯罪嫌疑人可以获得辩护律师为其提供的法律帮助，代理申诉、控告，申请变更强制措施，向侦查机关了解涉嫌的罪名和案件有关情况并提出意见
回避	有权要求具有法定应当回避情形的审判人员、检察人员、侦查人员回避
参加	被告人有权参加法庭调查和法庭辩论，就起诉书所指控的犯罪事实作出陈述和辩解
陈述	被告人有最后陈述权。即在审判长宣布法庭辩论结束后，被告人有权发表最后的意见
解除	对于公安司法机关采取强制措施超过法定期限的，犯罪嫌疑人、被告人有权要求解除
拒绝	在侦查中，对于侦查人员提出的与本案无关的问题，有权拒绝回答
上诉	对于地方各级人民法院所作的没有发生法律效力的第一审裁定或者判决，有权提出上诉
申诉	对于各级人民法院所作的已经发生法律效力的判决或者裁定，有权提出申诉
控告	有权对司法机关工作人员侵犯其诉讼权利或者人身侮辱的行为提出控告
反诉	在依法告诉才处理的和被害人有证据证明的轻微刑事案件中，作为自诉案件的被告人有权对自诉人提起反诉

2.法定代理人

法定代理人有独立的诉讼地位，享有一定的诉讼权利，负担一定的诉讼义务。法定代理人参加诉讼时，享有申请回避、提出上诉等独立的诉讼权利。

3.诉讼代理人

（1）公诉案件的被害人及其法定代理人或者近亲属，附带民事诉讼的当事人及其法定代理人，自案件移送审查起诉之日起，有权委托诉讼代理人。

（2）自诉案件的自诉人及其法定代理人，有权随时委托诉讼代理人。

4.辩护人

下列主体可以担任辩护人：

（1）律师。

（2）人民团体或犯罪嫌疑人、被告人所在单位推荐的人。

（3）犯罪嫌疑人、被告人的监护人、亲友。

5.证人

（1）证人不能更换和代替，并且只能是自然人，不能是法人。

（2）生理上、精神上有缺陷或者年幼，不能辨别是非、不能正确表达的人，不能作证人。

（3）证人没有正当理由不出庭作证的，人民法院可以强制其到庭，但是被告人的配偶、父母、子女除外。

6.鉴定人、翻译人员

（1）鉴定人、翻译人员不能同案件有利害关系。

（2）担任过本案的侦查人员、检察人员和审判人员，以及充当过证人、辩护人、诉讼代理人或者同案件有利害关系的，应当回避，不能担任本案的鉴定人。

典例研习·19-1 【2021年单项选择题】

根据《刑事诉讼法》规定，下列关于刑事诉讼参与人及其诉讼地位的说法中，正确的是（　　）。

A.证人可以是自然人，也可以是法人
B.人民团体推荐的人，可以担任刑事诉讼的辩护人
C.在刑事诉讼中，法定代理人不具有独立的诉讼地位
D.被害人本人能作为自诉人，但其法定代理人不能作为自诉人

斯尔解析 本题考查刑事诉讼参与人。选项A不当选，证人只能是自然人，不能是法人。选项B当选，刑事辩护的辩护人可以是律师、人民团体或者犯罪嫌疑人、被告人所在单位推荐的人，也可以是犯罪嫌疑人、被告人的监护人、亲友。选项C不当选，法定代理人有独立的诉讼地位，享有一定的诉讼权利，负担一定的诉讼义务。选项D不当选，通常情况下，自诉人是该案件的被害人，或者是被害人的法定代理人。

本题答案 B

第二节　刑事诉讼制度

一、刑事诉讼管辖种类 【新】

（一）立案管辖

立案管辖是指公安机关、人民检察院、人民法院在直接受理刑事案件上的分工。

（1）刑事案件的侦查由公安机关进行，法律另有规定的除外。

除外的情形（即案件不由公安机关侦查的情形）包括：

①人民法院直接受理的刑事案件。

②军人违反职责的犯罪和军队内部发生的刑事案件。
③罪犯在监狱内犯罪的刑事案件。
④其他依照法律和规定应当由其他机关管辖的案件。

(2) 人民检察院立案侦查国家工作人员利用职权实施的犯罪,包括:

①人民检察院在对刑诉活动实行法律监督中发现的司法工作人员利用职权实施的非法拘禁、刑讯逼供、非法搜查等侵犯公民权利、损害司法公正的犯罪。

②对于公安机关管辖的国家机关工作人员利用职权实施的重大犯罪案件,需要由人民检察院直接受理时,经省级以上人民检察院决定,可以由人民检察院立案侦查。

(3) 自诉案件由人民法院直接受理。

自诉案件指依法应由被害人本人或者近亲属自行向人民法院起诉的案件,包括:

①告诉才处理的案件。
②被害人有证据证明的轻微刑事案件。
③被害人有证据证明对被告人侵犯自己人身、财产权利的行为应当依法追究刑事责任,而公安机关或者人民检察院不予追究被告人刑事责任的案件,即公诉转自诉案件。

(二) 审判管辖

审判管辖是指人民法院审判第一审刑事案件的职权范围,包括各级人民法院之间、普通人民法院与专门人民法院之间,以及同级人民法院之间审判第一审刑事案件的权限划分。

1. 级别管辖

级别管辖是指各级人民法院之间审判第一审刑事案件的权限划分,即第一审刑事案件具体应当由哪一级人民法院进行审判。我国实行两审终审制。

级别	管辖案件
基层人民法院	管辖第一审普通刑事案件,但是依法由上级人民法院管辖的除外
中级人民法院	管辖下列第一审刑事案件: (1) 危害国家安全、恐怖活动案件。 (2) 可能判处无期徒刑、死刑的刑事案件。 (3) 适用违法所得没收程序的案件。 (4) 适用缺席审判程序审理的案件
高级人民法院	管辖的第一审刑事案件,是全省(自治区、直辖市)性的重大刑事案件
最高人民法院	管辖的第一审刑事案件,是全国性的重大刑事案件

2. 地域管辖

地域管辖是指同一级人民法院之间审判第一审刑事案件的权限划分,即在级别管辖基础上,进一步解决案件应当由哪一个地方人民法院管辖。

(1) 一般原则。

刑事案件由犯罪行为地的人民法院管辖,如果由被告人居住地的人民法院审判更为适宜的,可以由被告人居住地的人民法院管辖。

（2）对罪犯在服刑期间发现漏罪及又犯新罪的特殊情况。

①发现正在服刑的罪犯在判决宣告前还有其他犯罪没有受到审判的，由原审人民法院管辖，如果罪犯服刑地或者新发现罪的主要犯罪地人民法院管辖更为适宜的，由服刑地的人民法院管辖。

②正在服刑的罪犯在服刑期间又犯罪的，由服刑地人民法院管辖。

③正在服刑的罪犯在逃脱期间的犯罪，如果是在犯罪地捕获并发现的，由犯罪地人民法院管辖；如果是被缉捕押解回监狱后发现的，由罪犯服刑地的人民法院管辖。

3.专门管辖

专门管辖是指普通人民法院与专门人民法院之间、各专门人民法院之间审判第一审刑事案件的权限划分。只有军事法院具有刑事案件审判权。

4.指定管辖

指定管辖是指在特定情况（如管辖不明、管辖不宜、规避管辖等）下，上级人民法院指定下级人民法院管辖某一具体刑事案件。管辖权发生争议，由争议双方法院协商；协商不成的，分别层报共同上级法院指定管辖。

5.并案管辖

并案管辖是指将原本应由不同机关管辖的数个案件，合并由同一个机关管辖。

（1）一人犯数罪、共同犯罪和其他需要并案审理的案件，其中一人或者一罪属于上级人民法院管辖的，全案由上级人民法院管辖。

（2）人民法院发现被告人还有其他犯罪被起诉的，可以并案审理；涉及同种犯罪的，一般应当并案审理。

二、刑事诉讼回避 新

刑事诉讼中的回避，是指侦查人员、检察人员、审判人员等因与案件或者案件当事人具有某种利害关系或者其他特殊关系，可能影响刑事案件的公正处理，而不得参加办理该案的一项诉讼制度。

（一）回避的范围

以下人员在办理刑事案件中适用回避制度：

分类	回避的范围
审判人员	各级人民法院院长、副院长、审判委员会委员、庭长、副庭长、审判员、助理审判员、人民陪审员
检察人员	人民检察院检察长、副检察长、检察委员会委员、检察员和助理检察员
侦查人员	参加侦查、起诉、审判活动的公安司法人员及书记员、翻译人员

（二）回避的理由

1.身份不当

审判人员、检察人员、侦查人员有下列情形之一的，应当自行回避，当事人及其法定代理人也有权要求其回避：

（1）是本案的当事人或者当事人的近亲属的。
（2）本人或者其近亲属和本案有利害关系的。
（3）担任过本案的证人、鉴定人、辩护人、诉讼代理人的。
（4）与本案的辩护人、诉讼代理人有近亲属关系的。
（5）与本案当事人有其他关系，可能影响公正处理案件的。

2.涉嫌违法违规

审判人员具有下列情形之一的，当事人及其法定代理人有权申请其回避：
（1）违反规定会见本案当事人、辩护人、诉讼代理人的。
（2）为本案当事人推荐、介绍辩护人、诉讼代理人，或者为律师、其他人员介绍办理本案的。
（3）索取、接受本案当事人及其委托的人的财物或者其他利益的。
（4）接受本案当事人及其委托的人的宴请，或者参加由其支付费用的活动的。
（5）向本案当事人及其委托的人借用款物的。
（6）有其他不正当行为，可能影响公正审判的。

3.跨越诉讼阶段

参与过本案调查、侦查、审查起诉工作的监察、侦查、检查人员，调至人民法院工作的，不得担任本案的审判人员。

（三）回避的种类

种类	含义
自行回避	具有法定回避情形之一的有关办案人员自行要求回避
申请回避	应当回避的人员具有法定回避情形却没有自行回避时，当事人、法定代理人、辩护人、诉讼代理人有权向人民法院提出申请，要求他们回避
指令回避	审判人员、检察人员、侦查人员等遇有法定回避情形而没有自行回避，当事人及其法定代理人也没有申请其回避，公安司法机关等有关组织或行政负责人有权做出决定，令其退出诉讼活动

（四）回避的决定

（1）办案司法人员是否应当回避，由不同的上级领导决定。具体规定如下：

项目	一般人员	领导
侦查人员	公安机关负责人决定	院长的回避，由本院审判委员会决定
检察人员	检察长决定	检察长和公安机关负责人的回避，由同级人民检察院检察委员会决定
审判人员	院长决定	

（2）对驳回申请回避的决定，当事人及其法定代理人可以申请复议一次。

三、刑事诉讼代理 新

（一）概述

刑事诉讼代理是指接受一方当事人及其法定代理人委托，以该当事人的名义，在该当事人委托的权限范围内进行刑事诉讼或附带民事诉讼，由该代理人承担代理行为法律后果的一项法律活动。

（1）刑事诉讼中，受当事人委托为一定诉讼行为的权限，称为诉讼代理权。

（2）行使诉讼代理权的人，称为诉讼代理人；被代理的当事人，称为被代理人。

（3）诉讼代理人的代理权基于被害人及其法定代理人等的委托而产生，代理的权限和事项应由被代理人自行决定。

（二）代理的种类

案件类型	有权委托代理人的主体	委托代理人时间	告知委托代理人权利的主体及告知时间
公诉案件	被害人及其法定代理人或者近亲属	案件移送审查起诉之日	人民检察院自收到移送审查起诉的案件材料之日起3日内
自诉案件	自诉人及其法定代理人	随时	人民法院自决定受理自诉案件之日起3日内
刑事附带民事诉讼中的代理	当事人及其法定代理人	案件移送审查起诉之日	人民检察院自收到移送审查起诉的案件材料之日起3日内

（三）刑事诉讼代理人的范围

在刑事诉讼中，可以接受委托担任诉讼代理人的人包括：律师，人民团体或被代理人单位推荐的人，被代理人的监护人、亲友。但是，正在被执行刑罚或依法被剥夺、限制人身自由的人，不得担任诉讼代理人。

四、刑事诉讼辩护

刑事诉讼辩护，是指犯罪嫌疑人、被告人及其辩护人为反驳控诉，根据事实和法律，提出有利于被告人的证据和理由而进行的申辩活动。

辩护权是犯罪嫌疑人、被告人享有的最基础、核心的诉讼权利。

（一）辩护种类（★★）

刑事辩护一般分为自行辩护、委托辩护和指定辩护。

1.自行辩护

自行辩护，是指犯罪嫌疑人、被告人自己为自己进行的辩护。这种辩护贯穿于刑事诉讼整个过程，无论是在侦查阶段还是在审判阶段，被告人都可以为自己辩护。

2.委托辩护

委托辩护，是指犯罪嫌疑人、被告人依法委托律师或者其他具有法定资格的公民担任辩护人，出庭为自己被指控的罪名进行辩护，是现代刑事诉讼中最为主要的一种辩护方式。

项目	具体规定
委托主体	(1) 犯罪嫌疑人或被告人。 (2) 犯罪嫌疑人、被告人在押的，可以由其监护人、近亲属代为委托
委托限制	(1) 1名被告人可以委托1~2人作为辩护人。 (2) 1名辩护人不得为2名以上的同案被告人，或者未同案处理但犯罪事实存在关联的被告人辩护
委托时间	犯罪嫌疑人：(1) 自被侦查机关第一次讯问或采取强制措施之日起，有权委托辩护人。 (2) 侦查期间，只能委托律师作为辩护人 被告人：有权随时委托辩护人

3.指定辩护

指定辩护，是指遇有法律规定的特定情况时，司法机关通知依法承担法律援助义务的机构指派律师，为没有委托辩护人的被告人进行辩护。

分类	情形
可以指定	(1) 共同犯罪案件中，其他被告人已经委托辩护人。 (2) 有重大社会影响的案件。 (3) 人民检察院抗诉的案件。 (4) 被告人的行为可能不构成犯罪。 (5) 有必要指派律师提供辩护的其他情形
应当指定	(1) 盲、聋、哑人。 (2) 尚未完全丧失辨认或者控制自己行为能力的精神病人。 (3) 可能被判处无期徒刑、死刑的人

（二）辩护人的限制（★★）

1.辩护人的范围

（1）律师。

（2）人民团体或犯罪嫌疑人、被告人所在单位推荐的人。

（3）犯罪嫌疑人、被告人的监护人、亲友。

2.不得担任辩护人的一般情形

分类	情形
"绝对不能"	(1) 正在被执行刑罚或处于缓刑、假释考验期间的人。 (2) 依法被剥夺、限制人身自由的人。 (3) 无行为能力或限制行为能力的人

续表

分类	情形	
"相对不能"	（1）被开除公职和被吊销律师、公证员执业证书的人。 （2）人民法院、人民检察院、监察机关、公安机关、国家安全机关、监狱的现职人员。 （3）人民陪审员。 （4）与本案审理结果有利害关系的人。 （5）外国人或无国籍人	如果相关主体是犯罪嫌疑人、被告人的监护人、近亲属的，则可以担任辩护人，如果并不存在上述关系，则不得担任

3.辩护人的其他限制

主体	情形	限制	例外
审判人员和法院其他工作人员	从法院离任后2年内	不得以律师身份担任辩护人	—
	从法院离任后	不得担任原任职法院所审理案件的辩护人	作为被告人的监护人、近亲属进行辩护的除外
审判人员和人民法院其他工作人员的配偶、子女或者父母	—	不得担任审判人员和人民法院其他工作人员任职法院所审理案件的辩护人	

（三）辩护人的权利与义务（★★）

1.辩护人的权利

（1）辩护律师在侦查期间可以为犯罪嫌疑人提供法律帮助，代理申诉、控告，申请变更强制措施，向侦查机关了解犯罪嫌疑人涉嫌的罪名和案件有关情况。

（2）会见权。

①辩护律师可以同在押的或者被监视居住的犯罪嫌疑人、被告人会见和通信。其他辩护人经人民法院、人民检察院许可，也可以同在押的或者被监视居住的犯罪嫌疑人、被告人会见和通信。

②危害国家安全犯罪、恐怖活动犯罪案件，在侦查期间辩护律师会见在押的犯罪嫌疑人，应当经侦查机关许可。

③辩护律师会见犯罪嫌疑人、被告人时不被监听。

④辩护律师自案件移送审查起诉之日起，可以向犯罪嫌疑人、被告人核实有关证据。

（3）司法文书获取权。

自人民检察院对案件审查起诉之日起，辩护律师可以查阅、摘抄、复制案卷材料；其他辩护人经人民检察院、人民法院许可，也可查阅、摘抄、复制案卷材料。

（4）调查取证权。

①辩护律师经证人或其他有关单位和个人同意，可以向他们收集、调取与本案有关的材料。

·504·

②人民法院收集、调取证据材料时，辩护律师可以在场。

（5）申请调取证据权。

辩护人认为在调查、侦查、审查起诉期间监察机关、公安机关、人民检察院收集的证明犯罪嫌疑人、被告人无罪或者罪轻的证据材料未随案移送，申请人民检察院、人民法院、公安机关调取的，应当以书面形式提出，并提供相关线索或者材料。

（6）律师担任辩护人、诉讼代理人，经人民法院准许，可以带一名助理参加庭审。律师助理参加庭审的，可以从事辅助工作，但不得发表辩护、代理意见。

2.辩护人的义务

（1）辩护人收集的有关犯罪嫌疑人、被告人不在犯罪现场、未达到刑事责任年龄、属于依法不负刑事责任的精神病人的证据，应当及时告知公安机关、人民检察院、人民法院。

（2）在执业活动中知悉的委托人的有关情况和信息，有权予以保密。但是，辩护律师在执业活动中知悉委托人或者其他人员准备实施或者正在实施危害国家安全、公共安全以及严重危害他人人身安全的犯罪的，应当及时告知司法机关。

（3）未经人民法院许可，任何人不得对庭审活动进行录音录像，不得对庭审录音录像进行拍录、复制、删除和迁移。

五、认罪认罚从宽制度

认罪认罚从宽，是指犯罪嫌疑人、被告人自愿如实供述自己的犯罪，对指控的犯罪事实没有异议，同意检察机关的量刑意见并签署具结书的案件，可以依法在程序上从简、实体上从宽处理。

（一）认罪认罚从宽制度的适用（★★）

1.适用范围

认罪认罚从宽制度贯穿刑事诉讼全过程，适用于所有刑事案件的侦查、起诉、审判各个阶段，没有适用罪名和可能判处刑罚的限定。

（1）"认罪"的把握。

①认罪认罚从宽制度中的"认罪"，是指犯罪嫌疑人、被告人自愿如实供述自己的罪行，对指控的犯罪事实没有异议。

②承认指控的主要犯罪事实，仅对个别事实情节提出异议，或者虽然对行为性质提出辩解但表示接受司法机关认定意见的，不影响"认罪"的认定。

③犯罪嫌疑人、被告人犯数罪，仅如实供述其中一罪或部分罪名事实的，全案不作"认罪"认定，不适用认罪认罚从宽制度。但对如实供述的部分，人民检察院可以提出从宽处罚的建议，人民法院可以从宽处罚。

（2）"认罚"的把握。

①认罪认罚从宽制度中的"认罚"，是指犯罪嫌疑人、被告人真诚悔罪，愿意接受处罚。在审查起诉阶段表现为接受人民检察院拟作出的起诉或不起诉决定，认可人民检察院的量刑建议，签署认罪认罚具结书；在审判阶段表现为当庭确认自愿签署具结书，愿意接受刑罚处罚。

②犯罪嫌疑人、被告人虽然表示"认罚",却暗中串供、干扰证人作证、毁灭、伪造证据或者隐匿、转移财产,有赔偿能力而不赔偿损失,则不能适用认罪认罚从宽制度。

③犯罪嫌疑人、被告人享有程序选择权,不同意适用速裁程序、简易程序的,不影响"认罚"的认定。

2."从宽"的把握

(1)"可以从宽"不是一律从宽,对犯罪性质和危害后果特别严重、犯罪手段特别残忍、社会影响特别恶劣的犯罪嫌疑人、被告人,认罪认罚不足以从轻处罚的,依法不予从宽处罚。

(2)认罪认罚的从宽幅度一般应当大于仅有坦白,或者虽认罪但不认罚的从宽幅度。对犯罪嫌疑人、被告人具有自首、坦白情节,同时认罪认罚的,应当在法定刑幅度内给予相对更大的从宽幅度。认罪认罚与自首、坦白不作重复评价。

(二)权益的保障

1.犯罪嫌疑人、被告人的权益保障

(1)人民法院、人民检察院、公安机关办理认罪认罚案件,应当保障犯罪嫌疑人、被告人获得有效法律帮助,确保其了解认罪认罚的性质和法律后果,自愿认罪认罚。

(2)犯罪嫌疑人、被告人自愿认罪认罚,没有辩护人的,人民法院、人民检察院、公安机关(看守所)应当通知值班律师为其提供法律咨询、程序选择建议、申请变更强制措施等法律帮助。符合通知辩护条件的,应当依法通知法律援助机构指派律师为其提供辩护。

2.被害方的权益保障

(1)办理认罪认罚案件,应当听取被害人及其诉讼代理人的意见,并将犯罪嫌疑人、被告人是否与被害方达成和解协议、调解协议或者赔偿被害方损失,取得被害方谅解,作为从宽处罚的重要考虑因素。

(2)被害人及其诉讼代理人不同意对认罪认罚的犯罪嫌疑人、被告人从宽处理的,不影响认罪认罚从宽制度的适用。犯罪嫌疑人、被告人认罪认罚,但没有退赃退赔、赔偿损失,未能与被害方达成调解或者和解协议的,从宽时应当予以酌减。

(三)对反悔的处理

1.决定不起诉后的反悔

因犯罪嫌疑人认罪认罚,人民检察院作出不起诉决定后,犯罪嫌疑人否认指控的犯罪事实或者不积极履行赔礼道歉、退赃退赔、赔偿损失等义务的,人民检察院应当进行审查,区分下列情形依法作出处理:

(1)发现犯罪嫌疑人没有犯罪事实,或者符合《刑诉法》规定的"不追究刑事责任"情形之一的,应当撤销原不起诉决定,依法重新作出不起诉决定。

(2)认为犯罪嫌疑人仍属于犯罪情节轻微,依照《刑法》规定不需要判处刑罚或者免除刑罚的,可以维持原不起诉决定。

(3)排除认罪认罚因素后,符合起诉条件的,应当根据案件具体情况撤销原不起诉决定,依法提起公诉。

2.起诉前的反悔

犯罪嫌疑人认罪认罚,签署认罪认罚具结书,在人民检察院提起公诉前反悔的,具结书失效,人民检察院应当在全面审查事实证据的基础上,依法提起公诉。

3.审判阶段的反悔

案件审理过程中,被告人反悔不再认罪认罚的,人民法院应当根据审理查明的事实,依法作出裁判。

(四)适用的程序

对认罪认罚案件,应当根据案件情况,依法适用速裁程序、简易程序或者普通程序审理。

程序类型	适用情形
速裁程序	基层人民法院管辖的可能判处3年有期徒刑以下刑罚的案件,案件事实清楚、证据确实、充分,被告人认罪认罚并同意适用速裁程序的,可以适用速裁程序
简易程序	基层人民法院管辖的被告人认罪认罚案件,事实清楚、证据充分,被告人对适用简易程序没有异议的,可以适用简易程序审判
普通程序	适用普通程序办理认罪认罚案件,可以适当简化法庭调查、辩论程序

第三节 强制措施

强制措施,是指公安机关、人民检察院和人民法院为了保证刑事诉讼的顺利进行,依法对犯罪嫌疑人、被告人或者现行犯、重大犯罪嫌疑分子所采取的强制性限制其人身自由或者暂时剥夺其人身自由的各种法定强制方法。包括拘传、取保候审、监视居住、拘留和逮捕。

一、拘传(★)

拘传,是指公安机关、人民检察院和人民法院对未被逮捕、拘留的犯罪嫌疑人、被告人强制其到案接受讯问的一种强制措施。

(一)拘传的要求

项目	具体规定
实施	人民法院、人民检察院和公安机关都有权对犯罪嫌疑人、被告人实施拘传
审批	经人民法院、人民检察院、公安机关的负责人审批
执行	拘传时,应当有2人以上的执行人员;应当向被拘传人出示拘传证(票);对抗拒拘传可以使用戒具,强制到案
地点	拘传犯罪嫌疑人、被告人,应在其所在的市、县的地点进行

续表

项目	具体规定
次数	对犯罪嫌疑人、被告人的拘传次数，法律没有明确规定，但不得以连续拘传的方式变相拘禁犯罪嫌疑人、被告人
时间	(1) 拘传犯罪嫌疑人、被告人持续的期间不得超过12小时。 (2) 案情特别重大、复杂，需要采取逮捕措施的，拘传持续的时间不得超过24小时

（二）拘传之后的处理

（1）公安机关、人民检察院和人民法院将犯罪嫌疑人、被告人拘传到案后，应当立即讯问。

（2）讯问结束后，应当根据案件的情况作出不同的处理：

①认为依法应当限制或剥夺其人身自由的，可以采用其他相应的强制措施。

②在拘传期间决定不采取其他强制措施的，拘传期限届满，应当结束拘传。

二、取保候审（★★）

取保候审，是指在刑事诉讼中，公安机关、人民检察院和人民法院对未被逮捕或逮捕后需要变更强制措施的犯罪嫌疑人、被告人，为防止其逃避侦查、起诉和审判，责令其提出保证人或者交纳保证金，并出具保证书，保证随传随到，对其不予羁押或暂时解除其羁押的一种强制措施。

（一）取保候审的情形

情形		具体规定
可以取保候审		可能判处管制、拘役或者独立适用附加刑的
		羁押期限届满，案件尚未办结
	采取取保候审不致发生社会危险性	可能判处有期徒刑以上刑罚
		患有严重疾病、生活不能自理
		怀孕或者正在哺乳自己婴儿的妇女
不得取保候审	公安机关	(1) 累犯。 (2) 犯罪集团的主犯。 (3) 以自伤、自残办法逃避侦查的犯罪嫌疑人。 (4) 严重暴力犯罪以及其他严重犯罪的犯罪嫌疑人
不得取保候审	人民检察院	严重危害社会治安的犯罪嫌疑人
		其他犯罪性质恶劣、情节严重的犯罪嫌疑人

（二）取保候审的要求

项目	具体规定
申请	被羁押、监视居住以及被逮捕后的犯罪嫌疑人、被告人及其法定代理人、近亲属或辩护人可以申请
方式	提出保证人或者交纳保证金（不得同时适用）。 提示：提供保证金的人应当将保证金一次性存入公安机关指定银行的专门账户
决定	公安机关、人民检察院和人民法院
执行	公安机关
期限	最长不得超过12个月，取保候审期间不得中断对案件的侦查、起诉和审理

三、监视居住（★★）

监视居住，是指人民法院、人民检察院、公安机关在刑事诉讼中限令犯罪嫌疑人、被告人在规定的期限内不得离开住处或者指定的居所，并对其行为加以监视、限制其人身自由的一种强制措施。

（一）监视居住适用情形

情形	具体规定
符合逮捕条件	患有严重疾病、生活不能自理的
	怀孕或者正在哺乳自己婴儿的妇女
	系生活不能自理的人的唯一扶养人
	案件的特殊情况或者办理案件的需要，采取监视居住措施更为适宜的
	羁押期限届满，案件尚未办结的
符合取保候审条件	犯罪嫌疑人、被告人不能提出保证人，也不交纳保证金的

（二）监视居住的实施

1.决定与执行

项目	具体规定
决定	公安机关、人民检察院和人民法院
执行	公安机关
期限	最长不得超过6个月，监视居住期间不得中断对案件的侦查、起诉和审理
地点	（1）监视居住应当在犯罪嫌疑人、被告人的住处执行。无固定住处的，可以在指定的居所执行。 （2）不得指定在羁押场所、专门的办案场所执行

2.刑期折抵

指定居所监视居住的期限应当折抵刑期。

（1）被判处管制的，监视居住1日折抵刑期1日。

（2）被判处拘役、有期徒刑的，监视居住2日折抵刑期1日。

四、拘留（★）

拘留，是指公安机关、检察机关在特定情况下，对现行犯或者重大嫌疑分子采取的临时限制其人身自由的一种强制措施。

（一）拘留的情形

实施机关	具体规定	
公安机关	现行犯或者重大嫌疑分子	正在预备犯罪、实行犯罪或者在犯罪后即时被发觉的
		被害人或者在场亲眼看见的人指认他犯罪的
		在身边或者住处发现有犯罪证据的
		犯罪后企图自杀、逃跑或者在逃的
		有毁灭、伪造证据或者串供可能的
		不讲真实姓名、住址，身份不明的
		有流窜作案、多次作案、结伙作案重大嫌疑
检察机关	犯罪后企图自杀、逃跑或者在逃和有毁灭、伪造证据或者串供可能的	

（二）拘留的要求

1.决定与执行

项目	具体规定
决定	公安机关、人民检察院
执行	公安机关执行；必要时，人民检察院可以协助公安机关执行

2.程序

（1）公安机关应当立即将被拘留人送看守所羁押，至迟不得超过24小时。

（2）除无法通知或者涉嫌危害国家安全犯罪、恐怖活动犯罪通知可能有碍侦查的情形以外，应当在拘留后24小时以内，通知被拘留人的家属。

（3）对被拘留的犯罪嫌疑人，应当在拘留后的24小时以内进行讯问。发现不应当拘留的应当立即释放，发给释放证明。

（4）人民检察院直接受理侦查的案件，拘留犯罪嫌疑人的羁押期限为14日，特殊情况下可以延长1～3日。

五、逮捕（★）

逮捕，是指司法机关依法对犯罪嫌疑人、被告人实行羁押，暂时剥夺人身自由的一种强制措施。

项目	具体规定
决定	(1) 人民检察院和人民法院有权决定逮捕。 (2) 人民检察院审查批准逮捕犯罪嫌疑人由检察长决定
执行	对于批准逮捕的决定，公安机关应当立即执行
期限	(1) 逮捕后，应当立即将被逮捕人送看守所羁押。 (2) 除无法通知的以外，应当在逮捕后24小时以内，通知被逮捕人的家属。 (3) 对逮捕的犯罪嫌疑人，必须在逮捕后的24小时以内进行讯问

解题高手

命题角度1：刑事强制措施的决定机关和执行机关。

种类	拘传	拘留	逮捕	取保候审	监视居住
决定	公检法	公检	法检	公检法	
执行			公安机关		

命题角度2：刑事强制措施时间归纳。

种类	拘传	拘留	逮捕	取保候审	监视居住
时间	12小时/24小时	24小时 人民检察院：14日，延长1~3日	—	最长1年	最长6个月

典例研习·19-2　【2017年单项选择题】

根据《刑事诉讼法》规定，逮捕的执行机关是（　　）。

A. 司法行政机关　　　　　　B. 公安机关
C. 人民检察院　　　　　　　D. 人民法院

斯尔解析 本题考查逮捕的执行机关。选项B当选，逮捕由人民检察院、人民法院决定，公安机关执行。

本题答案 B

第四节 刑事诉讼程序

刑事诉讼,是指侦查机关、检察机关、审判机关在当事人以及诉讼参与人的参加下,依照法定程序解决被追诉者刑事责任问题的诉讼活动,主要包括立案、侦查、起诉、审判、执行五个阶段。

一、立案

(一)立案概述

刑事诉讼中的立案是指公安司法机关及其他行政执法机关对于报案、控告、举报、自首以及自诉人起诉等材料,按照各自的管辖范围进行审查后,认为有犯罪事实发生并需要追究刑事责任时,决定将其作为刑事案件进行侦查或者审判的一种诉讼活动。立案作为刑事案件开始的标志,是每一个刑事案件都必须经的法定阶段。作为一个独立的诉讼阶段,立案具有以下特征:

(1)立案是刑事诉讼的起始程序。

(2)立案是刑事诉讼的必经程序。只有经过立案,其他诉讼阶段才能依次进行,公安司法机关进行侦查起诉和审判活动才有法律依据,才能产生法律效力。

(3)立案是法定机关的专门活动。刑事案件的立案,是法律赋予公安司法机关或者其他行政执法机关的一种职权,其他任何单位和个人都无权立案。

(二)立案的条件

立案的条件是指立案必须具备的基本条件,也就是决定刑事案件成立、开始进行刑事追究所必须具备的法定条件。

1.立案前审查

人民法院、人民检察院或者公安机关对于报案、控告、举报和自首的材料,应当按照管辖范围,迅速进行审查。

2.立案与否

(1)立案的情形。

①在公诉案件中,需要同时满足2个条件:有犯罪事实,需要追究刑事责任。

②在自诉案件中,除了应当具备公诉案件的2个立案条件,还应当具备下列条件:属于法定的自诉案件的范围,属于该人民法院管辖,被害人告诉的,有明确的被告人、具体的诉讼请求和证明被告人犯罪事实的证据。

(2)不立案的情形。

没有犯罪事实或者犯罪事实显著轻微,不需要追究刑事责任时不予立案,并将不立案的原因通知控告人。

根据《刑诉法》第16条规定,有下列情形之一的,不追究刑事责任;已经追究的,应当撤销案件,或者不起诉,或者终止审理,或者宣告无罪:

①情节显著轻微、危害不大,不认为是犯罪的。

②犯罪已过追诉时效期限的。
③经特赦令免除刑罚的。
④依照《刑法》告诉才处理的犯罪，没有告诉或者撤回告诉的。
⑤犯罪嫌疑人、被告人死亡的。
⑥其他法律规定免予追究刑事责任的。

二、侦查

侦查，是指公安机关、人民检察院对于刑事案件，依照法律进行的收集证据、查明案情的工作和有关措施。

（一）侦查措施（★★）

侦查措施，是指为了查明案情，收集证据，查获犯罪嫌疑人，依据法律规定而进行的各种专门调查工作。侦查措施包括讯问犯罪嫌疑人，询问证人、被害人，勘验、检查，搜查，查封、扣押物证、书证，鉴定，技术侦查措施，通缉。

1.讯问犯罪嫌疑人

讯问犯罪嫌疑人，是指侦查人员为了查明案件事实和其他有关情况，依照法律程序，以言词方式对犯罪嫌疑人进行审问的一种侦查措施。

（1）讯问相关。

项目	具体规定
主体	讯问犯罪嫌疑人必须由公安机关的侦查人员或人民检察院的检察人员负责，且讯问时，侦查人员或者检察人员不得少于2人
要求	讯问同案的犯罪嫌疑人，应当个别进行
时间	传唤持续时间不得超过12小时，案情特别重大、复杂，需要采取拘留、逮捕措施的，不得超过24小时。两次传唤间隔的时间一般不得少于12小时
场所	①犯罪嫌疑人被送交看守所羁押后，对其进行讯问，应当在看守所讯问室进行。 ②对不需要逮捕、拘留的犯罪嫌疑人，可以传唤到犯罪嫌疑人所在市、县内的指定地点或者到他的住处进行讯问。 ③对在现场发现的犯罪嫌疑人，经出示工作证件，可以口头传唤

（2）录音录像的规定。
①讯问犯罪嫌疑人时，可以对讯问过程进行录音或录像。
②对于可能判处无期徒刑、死刑的案件或其他重大犯罪案件，应当对讯问过程进行录音或录像。

2.询问证人、被害人

询问证人、被害人，是指侦查人员依照法定程序，以言词的方式对证人和被害人进行查询并录取证词的一种侦查措施。

项目	具体规定
要求	询问证人、被害人应当个别进行
场所	（1）可以在现场进行。 （2）可以在证人/被害人所在单位、住处或证人/被害人提出的地点。 （3）必要时，可以通知证人/被害人到人民检察院或公安机关提供证言

3.勘验、检查

勘验、检查，是指侦查人员、检察人员对与犯罪有关的场所、物品、尸体、人身进行勘测、检验和检查，以发现和固定犯罪活动所遗留的各种痕迹和物品的一种侦查措施。

项目		具体规定
对象	勘验	与犯罪有关的场所、物品和尸体
	检查	活人的人身
见证		勘验时，应当邀请2名与案件无关的见证人在场
人身		可以对被害人、犯罪嫌疑人进行人身检查，必要时，可以强制检查
侦查实验		为了查明案情，必要时，经公安机关、检察机关负责人批准，可以进行侦查实验

4.搜查

搜查，是指为了收集犯罪证据、查获犯罪人，侦查人员、检察人员依法对犯罪嫌疑人以及可能藏匿罪犯或者犯罪证据的人的身体、物品、住处和其他有关地方进行搜索、检查的一种侦查措施。

项目		具体规定
对象	"人"	既可以是犯罪嫌疑人，也可以是其他可能隐藏罪犯或犯罪证据的人
	"人身"/场所	既可以对人身进行，也可以对被搜查人的住处、物品、工作地点和其他有关场所进行
证件		搜查时，应向被搜查人或他的家属出示搜查证。遇有紧急情况，可以直接进行搜查
见证		搜查时，应当有被搜查人或其家属、邻居或者其他见证人在场
笔录		搜查的情况应当写成笔录，由侦查人员和被搜查人或其家属、邻居或者其他见证人签名或者盖章。如果被搜查人或者他的家属在逃或者拒绝签名、盖章，应当在笔录上注明

5.调取、查封、扣押、查询、冻结

（1）调取。

检察人员可以向有关单位和个人调取能够证明犯罪嫌疑人有罪或无罪以及犯罪情节轻重的证据材料，并且可以根据需要拍照、录像、复印和复制。

（2）查封、扣押。

①侦查人员在侦查活动中发现可用以证明犯罪嫌疑人**有罪、无罪或犯罪情节轻重**的各种财物、文件的，**应当查封或扣押**。

②不能立即查明是否与案件有关的可疑的财物和文件，**也可以**查封或扣押，但应当及时审查。

③与案件无关的，不得查封或扣押。

（3）冻结。

人民检察院、公安机关根据侦查需要，可以依照规定查询、冻结犯罪嫌疑人的存款、汇款、债券、股票、基金份额等财产，有关单位和个人应当配合。

犯罪嫌疑人的存款、汇款、债券、股票、基金份额等财产已被冻结的，**不得重复冻结**，但可以轮候冻结。

6.鉴定

鉴定，是指侦查机关指派或聘请具有专门知识的人，就案件中某些专门性问题进行科学鉴别和判断并作出鉴定结论的一种侦查措施。

7.技术侦查措施

技术侦查措施，是指侦查机关为了侦破特定犯罪行为的需要，根据国家有关规定，经过严格审批采取的一种特定技术手段。通常包括电子侦听、电话监听、电子监控、秘密拍照、录像、进行邮件检查等秘密的专门技术手段等。

（1）技术侦查措施适用范围：

①危害国家安全犯罪、恐怖活动犯罪、黑社会性质的组织犯罪、重大毒品犯罪或其他严重危害社会的犯罪案件（"国恐黑毒"）。

②利用职权实施的严重侵犯公民人身权利的重大犯罪案件。

③追捕被通缉或批准、决定逮捕的在逃的犯罪嫌疑人、被告人的案件。

（2）期限。

侦查机关应当根据侦查犯罪的需要，确定采取技术侦查措施的种类和适用对象，按照有关规定报请批准，批准决定自签发之日起**3个月**以内有效。期限届满仍有必要继续采取技术侦查措施的，经过原批准机关批准后，技术侦查措施期限可以延长，但每次不得超过3个月。

（3）采取技术侦查措施获取的证据、线索及其他有关材料，在刑事诉讼中可以作为证据使用。

8.通缉

通缉，是指侦查机关通令缉拿应当逮捕而在逃的犯罪嫌疑人归案的一种侦查措施。

（1）侦查机关对依法应当逮捕而在逃的或者已被逮捕又脱逃的犯罪嫌疑人有权决定通缉。其他任何机关、团体、单位、组织和个人都无权决定通缉。

（2）检察机关决定通缉的，应当将通缉通知书和通缉对象的照片、身份、特征、案情简况送达公安机关，由公安机关发布通缉令，追捕归案。

（二）侦查期限

1.起算

对犯罪嫌疑人逮捕后的侦查羁押期限不得超过2个月。

2.延长

（1）案情复杂期限届满不能终结的案件，可以经上一级人民检察院批准延长1个月。

（2）下列案件在规定的期限届满不能侦查终结的，经省、自治区、直辖市人民检察院批准或者决定，可以延长2个月：

①交通十分不便的边远地区的重大复杂案件。

②重大的犯罪集团案件。

③流窜作案的重大复杂案件。

④犯罪涉及面广，取证困难的重大复杂案件。

（3）对犯罪嫌疑人可能判处10年有期徒刑以上刑罚，依法延长期限届满，仍不能侦查终结的，经省、自治区、直辖市人民检察院批准或者决定，可以再延长2个月。

三、刑事审判

刑事审判是人民法院在控辩双方和其他诉讼参与人参加下，依照法定程序，对提交审判的刑事案件进行审理并作出裁决的活动。

（一）第一审程序（★）

第一审程序，是指人民法院根据审判管辖的规定，对人民检察院提起公诉和自诉人提起自诉的案件进行初次审判的程序。

1.各程序对比

在公诉案件中，第一审程序包括公诉案件程序、简易程序与速裁程序。

项目	公诉案件程序	简易程序	速裁程序
适用情形	公诉案件程序又称普通程序，是人民法院审判公诉案件适用的基本程序	基层人民法院受理公诉案件后，经审理认为案件符合下列条件的，可以适用简易程序审判： （1）案件事实清楚、证据充分的。 （2）被告人承认自己所犯罪行，对指控的犯罪事实没有异议的。 （3）被告人对适用简易程序没有异议的	基层人民法院管辖的可能判处3年有期徒刑以下刑罚的案件，案件事实清楚，证据确实、充分，被告人认罪认罚并同意适用速裁程序的，可以适用速裁程序
审理方式	—	（1）可能判处3年有期徒刑以下刑罚：组成合议庭进行审判或审判员一人独任审判。 （2）可能判处的有期徒刑超过3年：应当组成合议庭进行审判	审判员一人独任审判

续表

项目	公诉案件程序	简易程序	速裁程序
审理期限	受理后2个月以内宣判,至迟不得超过3个月。特殊情况下可以延长	人民法院应当在受理后20日以内审结。对可能判处的有期徒刑超过3年的,可以延长至一个半月	受理后10日以内审结;对可能判处的有期徒刑超过1年的,可以延至15日

2.不适用简易程序与速裁程序的情形

记忆提示		简易程序	速裁程序
相同	盲聋哑	被告人是盲、聋、哑人的	
	影响大	案件有重大社会影响的	
	有异议	共同犯罪案件中部分被告人不认罪/对指控的犯罪事实、罪名、量刑建议或者对适用简易程序/速裁程序有异议的	
	精神病	被告人是尚未完全丧失辨认或者控制自己行为能力的精神病人的	
	无罪辩	辩护人作无罪辩护的	
	兜个底	其他不宜适用简易/速裁程序的情形	
不同		被告人认罪,但经审查认为可能不构成犯罪的	(1)被告人是未成年人的。(2)被告人与被害人或者其法定代理人没有就附带民事诉讼赔偿等事项达成调解或者和解协议的

(二)第二审程序(★)

1.提起

项目	主体	方式	期限
上诉	(1)被告人、自诉人及其法定代理人有权提出上诉。(2)被告人的辩护人和近亲属,经被告人同意,也可以提出上诉。(3)附带民事诉讼的当事人及其法定代理人,可以对判决、裁定中的附带民事诉讼部分,提出上诉	书状或口头	(1)不服判决的上诉和抗诉的期限为10日,不服裁定的上诉和抗诉的期限为5日。(2)从接到判决书、裁定书的次日起算
抗诉	(1)地方各级人民检察院认为同级人民法院尚未发生法律效力的第一审判决、裁定确有错误时,应当向上一级人民法院提出抗诉,提请人民法院进行重新审判。(2)被害人及其法定代理人不服地方各级人民法院第一审的判决的,自收到判决书的5日以内,有权请求人民检察院提出抗诉。人民检察院收到请求后5日以内,应当作出是否抗诉的决定并答复请求人	—	

| 典例研习·19-3 (2017年单项选择题)

刑事案件的二审程序，必须由特定主体提起才能启动。下列上诉、抗诉的提出中，符合法律规定的是（　　）。

A.被害人提出上诉

B.被告人提出上诉

C.被告人的近亲属未经被告人同意提出上诉

D.被害人的近亲属提出抗诉

斯尔解析 本题考查刑事诉讼二审程序的启动。选项AD不当选，被害人及其法定代理人，可以有权请求人民检察院提出抗诉，无权直接提出上诉，更无权直接提出抗诉。选项B当选，被告人、自诉人及其法定代理人有权提出上诉。选项C不当选，被告人的辩护人和近亲属，经被告人同意，也可以提出上诉，未经同意不得提出上诉。

本题答案 B

2.审理

（1）审查范围。

第二审人民法院审理上诉、抗诉案件，应当就第一审判决认定的事实和适用法律进行**全面审查，不受上诉或者抗诉范围的限制**。共同犯罪的案件只有部分被告人上诉的，应当对全案进行审查，一并处理。

（2）审理方式。

情形	具体规定
应当组成合议庭、开庭审理	①被告人、自诉人及其法定代理人对第一审认定的事实、证据提出异议，可能影响定罪量刑的上诉案件。 ②被告人被判处死刑的上诉案件。 提示：被判处死刑的被告人没有上诉，同案的其他被告人上诉的案件，第二审人民法院应当开庭审理。 ③人民检察院抗诉的案件。 ④应当开庭审理的其他案件
可以不开庭	对被告人不服适用速裁程序作出的第一审判决提出上诉的案件

3.上诉不加刑

第二审人民法院审理被告人或其法定代理人、辩护人、近亲属提出上诉的案件，不得对被告人的刑罚作出实质不利的改判。

4.期限

（1）第二审人民法院受理上诉、抗诉案件，应当在2个月以内审结。

（2）对于可能判处死刑的案件或者附带民事诉讼的案件，有特殊情形的，经批准，可以延长2个月。

四、刑事执行

（一）执行的依据

刑事执行的依据，是发生法律效力的判决和裁定。发生法律效力的判决和裁定包括：

（1）已过法定期限没有上诉、抗诉的判决和裁定。

（2）终审的判决和裁定。

（3）高级人民法院核准的死刑缓期2年执行的判决和裁定。

（4）最高人民法院核准的死刑的判决。

（二）执行的机关、交付执行的期限

按照各种刑罚的不同特点和各执行主体的不同职能，可以把执行的机关分为交付执行机关、执行机关和执行的监督机关三种。

项目	概念	执行的具体规定	
交付执行机关	将生效裁判及罪犯依照法定程序交给有关机关执行刑罚的机关	一般由原第一审人民法院交付执行，被判处死刑缓期执行、无期徒刑、有期徒刑、拘役的罪犯，第一审人民法院应当在判决、裁定生效后10日内将有关法律文书送达公安机关、监狱或者其他执行机关	
执行机关	将生效裁判所确定的刑罚付诸实施的机关	人民法院	无罪、免于刑事处罚、罚金、没收财产和附带民事裁判，以及死刑立即执行
		监狱和未成年犯管教所	无期徒刑和有期徒刑
		看守所	有期徒刑余刑在3个月以下
		公安机关	被判处剥夺政治权利、拘役等
		社区矫正机构	管制、宣告缓刑、假释或者暂予监外执行
执行的监督机关	人民检察院是国家法律监督机关，依法对刑事诉讼实行法律监督		

至此，涉税服务相关法律的学习已经进行了100%，今年必过！

不要让来之不易的收获被时间偷偷带走，写下你的心得和感悟吧！

一句话总结…… 逢考必过！